FOOD
AND THE
CITY

푸드 앤 더 시티
도시농업과 먹거리 혁명

지은이 제니퍼 코크럴킹
옮긴이 이창우
펴낸이 송병섭
펴낸곳 삼천리
등 록 제312-2008-121호
주 소 121-820 서울시 마포구 월드컵로 15길 19(망원동 376-12)
전 화 02) 711-1197
팩 스 02) 6008-0436
이메일 bssong45@hanmail.net

1판 1쇄 2014년 6월 5일

값 24,000원
ISBN 978-89-94898-26-1 03300

도 시 농 업 과　먹 거 리　혁 명

FOOD AND THE CITY

푸드 앤 더 시티

제니퍼 코크럴킹 지음 | 이창우 옮김

Urban Agriculture and the New Food Revolution

삼천리

한국의 독자들에게

내 책의 한국어판 서문을 쓰게 되어 무척 기쁘다. 책상에 앉아 있는 지금, 춘삼월 늦은 눈이 내 고향 캐나다 앨버타 주 에드먼턴의 건물과 거리에 흩날리고 있다. 늘 그래 왔듯이 지난 5개월 동안 모든 게 하얗게 얼어붙어 있는 이때, 우리들은 마지막 남은 '월동 음식'을 먹고 있다. 피클이나 잼, 감자, 당근, 순무, 비트 같은 근채류, 그리고 북아메리카에서 늘 그렇듯 우리 몸이 실제 필요한 것보다 훨씬 더 많은 고기류가 그런 월동 음식이다. 몇 주만 지나면 나무에 잎이 돋아나고 꽃이 피며, 텃밭에서 거둔 첫 수확물을 한 입 맛보게 될 거라곤 상상하기조차 힘든 철이다. 해마다 목격하는 이 놀랄 만한 자연의 조화는 어김없이 나를 놀라게 한다.

난생 처음으로 한국 여행을 떠나려고 계획하고 있는 바로 지금이 그런 때이다. 영광스럽게도 서울시에서 주최하는 도시농업 국제회의에 기조연설을 해달라는 요청을 받았다. 이번이 아시아 지역으로 가는 첫 여행이 되는 나로서는 공동체텃밭과 옥상텃밭, 세계에서 '가장 정보화된 도시'의 '환경' 측면을 살펴보고 훌륭한 전통 계절 음식을 맛보게 되기를 학수고대하고 있다.

《푸드 앤 더 시티》를 쓰는 여정은 내 고향 에드먼턴에서 시작되었다. 건강하고 행복하며 환경 친화적인 공동체를 키우며 도시 공간을 개조하려 애쓰는 곳을 내가 여럿 알게 되면서, 그 여행은 곧 전 세계 도시로 확대되었다. 전 세계 가정과 지역사회, 도시에서 삶의 질과 먹거리를 개선하기 위해 일하고 있는 사람들을 만나고 그들로부터 배울 수 있어 그 여행이 나로서는 놀랄 만큼 소중한 경험이었다. 지금 나는 내가 쓴 책의 한국어판을 통해 집에서 원예를 즐기는 사람에서부터 도시계획가, 도시농부, 공동체텃밭 경작자와 식량보장 활동가에 이르는 한국 도시의 건설자들과 만나는 영광을 누리고 있다.

나는 2012년에 박원순 서울시장이 '도시농업 원년'을 선포했다고 들었다. 이것은 정말로 대단한 소식이었다. 세련미와 규모 면에서 세계적 대도시 가운데 하나인 서울에서 시 정부와 시민이 다함께 생산적이고 지속가능하며 생태적인 도시농업을 '키우는' 데 관심을 기울이고 있다는 사실을 알게 되어 기뻤다. 우리 도시인은 도시적 생활방식이 주는 편리함과 자극을 좋아한다. 하지만 우리는 바로 지금 땅에 발을 붙인 채 행복하고 건강하게 살 수 있는 공간을 도시 안에서 만들어 내야 한다는 사실을 알고 있다. 고도로 도시화된 공간은 오염되어 있으며 시민에게 고립감을 느끼게 하고 온갖 스트레스를 준다. 자연 경관과 신선한 음식에 접근할 수 없으면 시민의 정신적·신체적 건강에 문제가 생기기도 한다.

다행히도 한국 도시들은 여러 용도로 쓰이는 공간 사이의 균형을 되찾으려 노력해 왔으며, 이제는 세계가 한국 도시에서 배울 만한 것들이 많다. 고밀집 도시 지역에서 먹거리를 기르는 창조적인 방법을 찾아내고, 한 세대에서 다음 세대로 농사와 먹거리 재배 기술을 전하며, 기술 중심의 생활을 먹거리 재배라는 느리고 단순한 즐거움과 조화시키려는 노력에 대해 세계는 한국 도시에서 배워야 할 게 많다.

최근 들어 나는 먹거리 다양성이 줄어드는 게 걱정스럽다. 우려스러운 이 흐름을 막을 수 있는 유일한 힘은 가능한 많은 종류의 씨앗을 만들고 퍼뜨리도록 전통적인 농민과 협력하는 데에서 나온다. 도시농업, 공동체텃밭, 가정의 경작자들은 풀뿌리 씨앗(토종 종자) 지킴이가 될 수 있다. 나는 뜻을 같이하는 한국인들이 이 문제에 관심을 가지고 적극 도와주기를 바란다. 나는 이 책을 읽는 독자들이 봄철 토종 종자 교환 행사에 참여해 씨앗 보존에 대해 배우고 여러 세대 동안 특정 지역의 토양과 생육 환경에 맞도록 발전해 왔으나 사라져 버릴 위험에 처해 있는 재래 품종의 수호자가 되기를 촉구한다.

끝으로 내 책에 커다란 관심을 보이고 지원해 준 삼천리출판사 송병섭 대표께 감사를 표하고 싶다. 도시농업 전문가이면서 한국어로 이 책의 내용을 생동감 있게 되살리기 위해 지난 1여 년 간 애써 온 이창우 박사에게도 특별히 감사드린다. 그들이 협력해 준 덕분에 내가 한국의 도시농업 애호가와 도시농부, 가정 원예가, 도시계획가와 인연을 맺을 수 있게 된 점에 깊이 감사드린다. 오늘날 서로 연결되어 세계화된 이 세상에서 작물을 심고 기르며 그것이 자라는 모습을 두고 나눌 미래의 대화를 기대한다.

2014년 3월 26일, 에드먼턴에서

제니퍼 코크럴킹

차례

서문

도시 바로 안에서 먹거리를 생산하고 유통하는 활동인 도시농업! 책을 쓰려는 생각은 내가 그것을 찾아 갔던 만큼이나 그것이 나를 찾아온 것 같은 느낌이 든다.

나는 그동안 정원 가꾸기를 진심으로 좋아하며 먹거리에 관한 글을 써 왔다. 그리고 테라스에서 로즈메리나 바질 화분 몇 개에 물을 주고 있는 사람이 눈에 띄면 가던 길을 멈추고 이야기를 나누는 오랜 버릇이 있다. 한참 동안이나 극성스러울 정도로 맞장구를 치며 어떤 흥미로운 식용작물을 키울 수 있을지에 대해 수다를 떨고는 했다. 하지만 5년 전 무렵부터 이전에는 으레 표준규격의 제라늄이나 로벨리아 화분만 있던 아파트 발코니 철제 난간 주위를 감고 있는 토마토나 오이 덩굴이 점점 더 많이 내 눈에 띄기 시작했다. 그 후 몇몇 유별난 집주인들이 집 앞 잔디밭을 파헤치고 덩굴제비콩이나 완두콩, 당근을 심어 깔끔하게 정돈된 밭이랑으로 바꾸기 시작했다. 또 다른 시민들은 시 조례를 그렇게 교묘하게 무시하지 않으면서 뒷마당에서 닭이나 꿀벌을 치고 있었다. 마침내 내 고향뿐 아니라 내가 방문한 다른 도시에서도 왜 공동체텃밭의 면적이나 개수가 나날이 급증하는지 모른 체할 수 없었다.

얼마 지나지 않아 나는 예기치 못한 장소에서·뜻밖의 방법으로 도시에서 먹거리를 기르는 사례를 찾아보자는 생각에 사로잡혔다. 게다가 나는 왜 점점 더 많은 시민들이 집 가까운 곳에서 먹거리를 기르고 공급하는 데 갑자기 시간과 정력을 쏟는지 그 의문을 파헤치고 싶었다. 나는 도시에서 채소나 과일을 재배하고 심지어 알을 낳는 암탉을 기르거나 꿀벌까지 치는 이 열기를 부채질하고 있는 게 무엇인지 알고 싶었다.

씨앗을 사는 데 약간의 돈을 쓰고 일주일에 두세 시간을 텃밭에서 보내고 있는 이 사람들이, 과연 얼마 전까지만 해도 한결같이 농부시장을 고집하던 바로 그 사람들이었나? 지난 10년 동안 농부시장이 부활하면서 많은 사람이 신선한 제철 먹거리가 어떻게 생겼고 어떤 맛이 나는지 다시 생각하게(경우에 따라서는 배우게) 되었음을 부정할 수 없다. 이 모든 것들이 작고 여린 가지나 딸기에 무슨 농약을 뿌렸는지 걱정하지 않고 집에서 기른 작물 몇 가지를 수확하는 순수한 즐거움만을 위한 것이었을까?

아니면 이런 현상이 그저 뜨개질이나 누비질처럼 가사 기술을 한 세대가 지나고 나서 재발견한 것으로 가장한 일시적인 유행에 지나지 않았는가?

점점 더 먼 곳에서 생산된 식품이 늘 값이 더 싼 것을 보고 느끼던 흥분이 가라앉았기 때문에 나 같은 많은 사람이 스스로 먹거리를 기르는 쪽으로 돌아서고 있는 것은 아닐까 하는 생각이 들었다. 10여 년 동안 먹거리 불안 때문에 자유시장 경제에서 산업적으로 생산된 값싼 식품이라는 나무가 흔들려 온 나머지, 식료품비 몇 푼 줄이려고 우리 스스로 노출되어 있는 위험성을 나는 못 본 체할 수 없게 되었다. 식품 회사가 너무 커지고 유통 라인이 세계화되었기 때문에 오염물질에 대한 불안이 국제적으로 수백만 명의 소비자에게 영향을 끼칠 수도 있었다.

2003년에 광우병이라고도 하는 소해면상뇌증(BSE)이 캐나다 한 농장의 젖소 한 마리에서 확인되면서, 국경을 넘는 소 거래가 정지되고 몇 년 동안 미국과 캐나다의 소고기 가격이 불안정해졌다. 역시 2003년에 중국에서 생산된 어린이용 유기농 배 주스 제품군에 비소 수치가 위험할 정도로 높아 미국과 캐나다, 홍콩에서 제품을 회수해야 했다. 2006년에는 캘리포니아산 시금치 묶음 속에 있던 위험한 박테리아 'E. coli OH57:H7'의 치명적인 변종 때문에 미국 내 26개 주가 피해를 입었고 수백 명이 증세를 보였으며 다섯 명이 목숨을 잃었다. 이러한 사건들은 그 뒤로 10년에 걸쳐 점점 커져 가는 먹거리 불안의 초기 단계일 뿐이었다. 값싸고 편리하다는 미명 아래 외부 외탁한 대규모 식품 생산의 위험성을 무시할 수 없게 되었다.

이른바 먹거리 운동을 하는 많은 사람과 마찬가지로 나는 에릭 슐로서의 《패스트푸드의 제국》(Fast Food Nation: The Dark Side of the All-American Meal), 매리언 네슬의 《식품정치: 미국에서 식품산업은 영양과 건강에 어떤 영향을 끼치는가?》(Food Politics: How the Food Industry Influences Nutrition and Health), 마이클 폴란의 《잡식동물의 딜레마》(The Omnivore's Dilemma: A Natural History of Four Meals) 같은 책을 열심히 읽었다. 산업적으로 생산된 식품의 윤리와 영양, 안전에 문제를 제기한 슐로서와 네슬, 폴란 덕분에 마침내 상당히 많은 사람들이 먹거리가 어디에서 오며 어떻게 생산되는지 묻게 되었다. 내가 사는 지역의 슬로푸드 지부에서 나 스스로 푸드마일(food miles, 우리가 먹는 음식이 농장에서 내 손의 포크까지 이동한 거리와 그 과정에서 사용된 화석연료의 양)을 감시하는, 새로 나타난 수많은 의식 있는 식품 소비자 가운데 한 사람이 되기로 했다. 평균적인 식료잡화점 물품이 산지에서 식탁의 내 접시까지 2,400킬로미터 이상 이동하는 상황에서, 식품망이라는 복잡한 알고리즘에 대한 통제력이 완전히 상실되어 버린 것 같았다.[1] 값싼 식품이라는 윤리적인 문제와 신선하고 건강한 식품에 대한 불평등한 접근이라는 정치적인 문제를 우려하는 이야기가 마침내 대화의 핵심 주제가 되고 있었다.

음식의 푸드마일을 계산하는 일이 심지어 내가 살고 있는 도시의 다른 사람이 누리지 못하는 사치라는 사실도 깨닫게 되었다. 많은 대도시 중심부는 제대로 된 식품점이 자취를 감추고 이른바 '식품사막'으로 바뀌어 갔으며, 그 결과 집 바로 가까이에서 값싸고 영양가 높고 신선한 식품을 구하기가 더 어렵게 되었다. 대개 그 지역에 남은 것이라고는 편의점과 패스트푸드점이 전부였다.

우리 가운데 몇 사람이 화학비료를 잔뜩 주고 농약에 의존해서 화석연료를 마구 써서 만든 산업적 식품의 대안을 찾으려고 노력하는 게 그렇게 놀랄 만한 일이었던가? 그러고 보면 우리는 먼 곳에서 기른 먹거리를 먹었고 운이 좋다면 그 대부분을 슈퍼마켓에서 샀다. 이전에 당연하게 여겨 온 것의 대안을 생각하게 되었다. 어떤 종류의 먹거리가 얼마나 많이 도시에서 실제로 생산될 수 있을지 궁금해지기 시작했다.

도시농업에 흥미를 느낀 나는 지난 2007년에 쿠바에 갔다. 캐나다의 농업 전문가 웬디 홈이 기획한 쿠바 섬 일주 '먹거리 여행'에 참여했다. 우리 일행은 섬 전체에 걸쳐 있는 상업적 도시 유기농장인, 쿠바의 어디에서나 보이는 오르가노포니코(organopónico) 몇 군데를 방문했다. 콘크리트 바닥 위 높임 화단 속 30센티미터 남짓한 깊이의 흙에서 작물을 재배하는 풍경이 펼쳐졌다. 놀랄 만큼 생산적인 이런 텃밭을 보고 사람이 정말 마음을 먹고 전력을 다하면 도시에서 얼마나 많은 먹거리를 생산할 수 있는지 눈을 뜨는 순간이었다. 아주 근사한 샐러드용 작물, 채소, 허브, 심지어 비타민 C가 풍부한 노니 과일과 같은 '녹색' 의약품이 도시 텃밭마다 넘쳐 나고 있었다. 솔방울 모양의 울퉁불퉁한 노니 과일은 북아메리카의 건강 식품점에선 차세대 '슈퍼과일'로 팔리고 있다. 게다가 쿠바의 도시 텃밭은 수도 아바나뿐 아니라 섬의 한쪽 끝에서 다른 쪽 끝까지에 걸쳐 우리 일행이 방문한 중소도시마다 있었다. 마침 쿠바는 갑자기 국가 식량공급 체계를 완전히 바꿀 수밖에 없는 상황이었다(14장에서 설명하겠지만, 쿠바는 주요 무역 상대국이던 소련이 해체된 1990년대 초 갑작스러운 연료 위기를 겪었다. 그 어떤 외부 무역 상대국과도 단절되면서 연료 위기가 급속히 식량 위기로 이어졌고, 그래서 쿠바는 화학비료나 화석연료 없이 신속하게 식량 체계를 재편성해야만 했다. 그렇지 않으면 굶어죽을 상황이었다). 이 위기를 겪고 나서 쿠바에서는 도시농업이 부수적인 활동이 아니라 오히려 새로운 후기 산업사회 식량 체계의 중심이 되었다. 이것이 도시 바로 안에서 신선하고 영양가 높은 먹거리를 기르고 유통시키는 방법에 대한, 낮은 수준의 기술이지만 효과적이고 지속가능한 '쿠바식 모델'이 되었다.

비슷한 시기에 나는 캐나다 국민 전체가 의존하고 있는 거대한 산업적 식품 분야의 취약성이 점점 걱정스러워졌다. 선진 공업국에 사는 사람들이 거의 모든 먹거리를 사는 식품점은 무척 효율적이고 적기 공급 생산하는 장거리 공급망으로 운영된다. 하지만 실상은 이러한 시스템이 너무 효율적이어서 도시에는 어떤 주어진 시간에 겨우 3일치 식품 재고만이 남아 있다는 것이었다. 만약 연료 위기나 국경 봉쇄, 전쟁이나 환경 재앙이 발생하여 이러한 공급망이 끊기기라도 한다면 식품점 진열대는 며칠 안에 텅 비게 될 것이다.

쿠바뿐 아니라 캐나다의 여러 도시에서도, 먹거리를 바로 길 저쪽에서 기르고 파는 도시농업을 훨씬 더 많이 이해하기 시작했다.

내가 매주 식품점 통로를 따라 장을 보는 것을 대신할 방법의 급진적인 새로운 가능성에 눈을 뜨기는 했지만, 먹거리 기르기 같은 수익이 거의 나지 않는 사업을 위해 북아메리카 도시들이 땅값이 비싼 도시 토지를 포기할거라고 생각할 정도로 순진하지는 않았다. 정원을 가꾸고 있는 사람으로서 나는 비산업적 농업에는 대부분의 사람이 더 이상 감당할 수 없는 인간의 육체적인 노력이 필요하다는 사실도 알고 있었다. 국내 식품 체계에 본질적인 문제가 있다는 사실조차 전혀 인정되지 않고 있는 마당에 먹거리 혁명은 여전히 까마득한 일로 보였다.

그렇긴 해도 나는 여세를 몰아 자신감을 갖고 내 고향 앨버타 주 에드먼턴(한 해의 절반은 눈에 파묻혀 있는 캐나다 북부 도시)에서라도 우리가 어떠한 종류의 식품을 먹고 있고 그 식품들이 어디에서 재배되는지 현황을 조사해 보기로 했다. 되돌아보니, 내가 먹거리와 도시가 함께 앞으로 나아갈 수 있는 방법을 두고 진정한 변화가 임박했다고 생각하기 시작한 것은 2008년 11월의 어느 몹시 추운 저녁이었다.

그날 저녁 나는 에드먼턴 시 30년 개발계획에 우려를 표명하는 시민들의 일부가 될 것으로 예상하며 시청에서 열리는 공청회에 갔다. 30년 개발계획 보고서는 2040년까지 예상되는 인구증가와 경제성장 목표에 대처하는 주택 및 교통 계획을 다루고 있었다. 시민들이 11월의 평일 저녁에 소파와 텔레비전을 떠나 시의회 회의실 방청석으로 향하고 싶은 생각이 들게 하는 그런 내용은 전혀 아니었다. 하지만 그 보고서가 신경에 거슬렸다. 이 계획은 도시 농지의 마지막 부분인 우수한 경작지를 보호하지 않고 있기 때문이었다. 100일이 약간 넘는 짧은 생육기에도 불구하고 지금도 남아 있는 몇몇 농원 운영자는 믿기 힘들 정도로 다양하고 신선한 농산물을 생산하여 지역 시장에 내놓고 있다. 마침내 약간의 지지를 얻고 있는 것처럼 보이는 풀뿌리 시민 로비 활동에도 불구하고, 지역 내 먹거리의 생산과 유통, 소비에 대한 더 안전하고 건강하며 평등한 접근 방법을 위한 신중한 공공정책 계획인 도시 식량 정책에 대한 언급도 없었다. 이 30년 개발계획은 기이하게도 부엌을 없애는 대규모 주택 리모델링을 위한 청사진과도 같았다.

나는 그날 저녁 시청에 도착해 우왕좌왕하다가 자리가 다 차 버려 입장하지 못한 사람들을 위해 급하게 마련한 세 번째 방으로 들어갔다. 무려 550명이 넘는 사람들이 와 있었다. 몇몇 먹거리 운동가나 잃어버린 생활방식에 관해 이야기하면서 점점 향수에 젖어드는 햇볕에 그을린 농부만 온 게 아니었다. 에드먼턴 시의회 의원들은 한 번도 이런 광경을 본 적이 없었다. 그 무렵 설립한 지 몇 년 되지 않은 시민운동 단체 에드먼턴대도시권연합(Greater Edmonton Alliance)도 이런 모습을 본 적이 없었을 것이라고 감히 추측해 본다.

한 지붕 밑에서는 좀체 만나기 힘든 다양한 연령, 인종 집단, 소득 계층의 사람들과 온갖 사회단체들이 모여 있었다. 공청회 규칙에 따라 몇몇 시민단체 대표가 시의원들에게 발언하는 것이 허용되었으며, 그날 저녁 내내 모든 회의 내용이 폐쇄회로 오디오를 통해 임시로 마련된 별도의 방들 전체에 전해졌다. 식당 주인들은 진정한 로컬푸드 문화를 지키기 위한 향토 음식 보존의 중요성에 대해 이야기했다. 부모들은 수천 킬로미터 떨어진 곳에서 시작하는 전 세계 식품망의 안전 문제에 대해 우려를 표명했다. 교회 지도자들은 토지 관리의 도덕적 의무에 대해 말했으며, 지역사회 지도자들은 회복력 있는 식품 안전망을 자체적으로 만드는 데 지역사회 구성원을 참여시키기 위해서뿐 아니라 식량 부족과 가격 인상의 충격을 줄이기 위해서 식품망을 단축할 필요가 있다는 점에 대해 말했다. 한마디로 말해 몇 세대 만에 처음으로 먹거리가 다시 정치 메뉴에 올랐다. 수백 명의 사람이 식품망을 단축하고 도시 식량보장 문제를 스스로 해결하는 것을 지지하며 나와서 도시 내 먹거리 기르기에 대한 지지를 보여 주고 있다는 사실은 너무나도 중요해서 시 의원들이 도저히 무시할 수가 없었다.

이런 일이 내가 사는 도시에서 일어나고 있다면, 다른 도시에서도 변화의 씨앗이 싹트고 있을 게 틀림없다는 생각이 들었다. 사실 몇 달 전에 슬로푸드 운동가들 한 무리가 샌프란시스코 시청 앞에 있는 이른바 '빅토리가든'에 농작물을 심어 45킬로그램이 넘는 신선한 농산물을 수확해 샌프란시스코 시 푸드뱅크에 보내면서 선풍적인 관심을 끌었다. 2009년 봄 미국 대통령 부인 미셸 오바마는 백악관 남쪽 잔디 광장인 사우스론의 일부 공간을 일구어 만든 100제곱미터 가량 되는 텃밭에 유기농 채소를 심었다. 또 시애틀 시의회는 2010년을 공식적인 도시농업의 해로 선포했다.

겉으로 보기에는 어디에서나 도시에 식량정책협의회가 구성되고 있고 공동체텃밭이 크게 증가하고 있다. 시 정부는 도시에서 닭 몇 마리를 키우거나 꿀벌을 치는 것을 허가할지, 상업농이 도시 내 다른 상업 활동과 공존하는 것을 허용할지 표결에 부치고 있는 것 같았다.

나는 대서양 건너 런던에 3만 개나 되는 얼로트먼트(allotment, 분구농원으로 번역되며 우리나라의 텃밭에 해당한다—옮긴이) 구획이 있다는 사실을 알게 되었다. 영국에서는 장기임대 공동체텃밭을 얼로트먼트라고 한다. 2012년 런던 올림픽 개막 때까지 런던에 2012개의 먹거리 텃밭을 더 만드는 시 지원 운동이 있었다. 대도시 중심부에 있는 소규모 혼합농장으로서 대부분 암소나 닭, 오리, 염소를 키우는 도시농장이 영국 전역에서 붐을 일으키고 있고, 공동체 과수원은 공동체텃밭 경작 동호회만큼이나 빠르게 인기를 얻고 있었다. 집약적 현대 도시농업의 발상지인 파리는 자신만의 방식으로 도시 텃밭 경작의 부흥을 경험하고 있었다. 유례없이 많은 파리 시민이 도심에서 심지어 양봉까지 하고 있었다.

되돌아보면 혁명의 기운이 감돌고 있었다. 2007년에 시작된 심각한 세계 경제 붕괴의 도미노 효과는 여러 나라에서 거의 동시에 특정 식품의 갑작스럽고 극적인 가격 인상이나 그런 식품의 완전한 공급 중단이라는 일련의 식량 파동으로 빠르게 발전했다. 세계 신용 위기가 미국이나 영국 같은 선진 대국의 금융 산업 때문에 일어났지만 그 즉각적인 결과는 이집트, 예멘, 러시아, 인도의 거리와 식품시장에서 더욱 구체적으로 나타났다. 쌀, 밀, 감자 같은 주요 식품의 가격이 치솟으면서 폭동이 일어났다. 얼마 후 멕시코에서 옥수수 가격이 급등하면서 '토르티야 폭동'이 수차례 일어났다.[2] 이탈리아에서는 성난 소비자들이 파스타 값 20퍼센트 인상에 항의하여 '파스타 파업'을 벌였다.[3] 아르헨티나 국민들은 토마토 가격이 서민이 살 수 없을 정도로 뛰어오르자 가격을 안정시키라고 정부를 다그쳤다.[4] 이제 다른 상품과 마찬가지로 개방된 세계시장에서 사고파는 상품이 된 주요 식품은 불안한 세계시장의 급격한 가격 변동에 쉽게 영향을 받았다. 더욱이 쌀, 옥수수, 밀 같은 주요 곡물이 이제는 급성장하는 바이오연료 산업의 투입물로 여겨지고 있어서 주요 식료품 가격이 이제 화석연료 가격과 연동되고 있다.

산업적 식품은 지난 수십 년 동안 전 세계의 빈민에게 식량을 공급하여 기아를 퇴치하고 세계의 굶주림을 끝내겠다며 허세를 부렸지만 그저 문제를 엄청나게 크게 키웠을 뿐이었다. 지구 인구가 증가하고 있는 가운데 쥐어짜듯이 엄청난 농작물을 생산하면서 토양이 고갈되고 침식되었다. 전 세계 인구는 2011년에 70억을 넘어섰고 2045년이 되면 90억 명이 될 것으로 예상된다.[5]

문제는 그동안 누구는 과식을 하고 누구는 영양실조에 걸리는 불평등 문제를 해결하지 못했다는 점이다. 이제 우리는 유전자변형(GM) 식품과 농작물을 전 세계의 기아에 대한 해결책으로 내세우는 사람들한테서 똑같은 주장을 듣고 있다. 그들은 지구 인구를 먹여 살리기 위해서는 유전자변형이 필요하다고 말하며, 특정 '빈곤' 국가뿐 아니라 전 세계에서 영리 목적 특허 식품의 판매를 촉진하기 위해 같은 논리를 이용한다.

캐나다에서는 중산층이 노동 빈곤층이 되고 빈곤층은 극빈자가 되고 있는 가운데 굶주리는 사람이 급격히 늘고 있다.

1996년 유엔 세계식량정상회의에서 정의한 것처럼, 식량보장은 "모든 사람이 건강하고 활기찬 삶을 유지하기 위하여 충분하고 안전하며 영양이 풍부한 먹거리에 언제나 접근할 수 있을 때" 존재한다.[6] 대개 식량보장은 좋은 먹거리를 획득할 수 있는 육체적 능력과 경제적 능력 모두를 나타낸다. 이러한 조건의 한 가지나 둘 모두가 충족되지 않을 때 개인, 집단, 전체 국가는 식량이 불안정하다고 말할 수 있다.

2008년과 2009년, 5,020만 명의 미국인은 식량보장이 되어 있지 않았다. 말하자면 그들은 어느 특정한 날에 다음 끼니를 어떻게 해결해야 할지 알 수 없는 처지에 놓여 있었다.[7] 이 수치에는 그러한 가정에 사는 어린이 1,720만 명이 포함되어 있었다.[8] 1995년 이후 미국 내 식량보장 문제를 추적해 온 미국 농무부 경제연구소(ERS)는 이 수준이 "1995년 전국을 대상으로 식량보장 조사가 시작된 이래 가장 높은 비율"이라고 보고했다.[9] 또한 이 보고서에 따르면 "식량 불안정은 농촌 지역이나 대도시 교외보다 대도시 안에서 더 흔하게 나타났다."[10] 시장이나 식품점이 없는 도시 내 지역을 가리키는 '식품사막'이 늘었다. 식품사막에서는 주민들이 건강하고 신선한 천연 식품에 거의 접근할 수 없는데, 그 까닭은 부유한 소비자들이 이사 간 교외로 식품점도 덩달아 옮겨갔기 때문이다. 도심부 저소득층 주거지역에는 유일하게 선택할 수 있는 패스트푸드점과 편의점만 남았을 뿐이다. 지난 10년 동안 미국인들이 집에서 가장 가까운 식품점까지 이동해야 하는 평균 거리는 10킬로미터 가까이 된다. 멀고 값싼 교통수단을 선택할 수 없는 상황에서 결국 좋은 먹거리는 경제적으로나 물리적으로도 접근할 수 없게 되었다. 마침내 이러한 식품사막에 사는 사람들은 천연 식품을 알아보는 법과 기초적인 식재료로 식사를 준비하는 법을 잊어버리거나 배우지 못하게 된다. 일종의 '식맹'이 되는 셈이다.

도시농업 운동이 외부와 접촉 없이 일어나고 있었던 것은 분명 아니었다. 산업적 소비자로서 우리가 처해 있는 절망적인 상태에 대해 알면 알수록 도시농업 혁명의 본질이 얼마나 혁명적이고 전복적이며 필연적인 것처럼 보이는지 점점 더 분명하게 다가온다. 100년가량 지속된, 산업화되고 최근에는 세계화된 식량 체계 실험이 참담하게 실패하게 된다면 공동체텃밭, 도시양계, 공공 과수원, 도시양봉, 상업적 도시농장, 지식 공유, 나아가 공상과학소설 같은 수직농장(vertical farm, 도심에

고층 건물을 짓고 각층에 농장을 만들어 농작물을 재배하는 일종의 아파트형 농장—옮긴이)의 가능성이 모두 합쳐져서 금방이라도 새로운 도시 먹거리 혁명이 일어날 듯이 보였다. 경제학자라면 누구라도 이렇게 말하겠지만 단축된 식품망이 우리의 미래였다.

일단 도시농업의 실마리가 보이기 시작하자, 내가 할 수 있는 일이란 계속 따라가는 것뿐이었다. 산란용 암탉의 매력적인 사진과 낳은 달걀 개수를 자랑하는 말로 가득 찬, 도시에서 기르는 닭에 관한 업데이트된 소식이 들어 있는 이메일이 친구들한테서 쏟아져 들어왔다. 패티 밀리건은 초보 도시양봉가 강좌를 열어 달라는 수많은 요청을 감당할 수 없다고 알려왔으며, 열세 살짜리 이웃 제레미는 벌과 꿀에 매료된 것이 그냥 지나가는 단계가 아니라는 사실을 마침내 부모에게 납득시켰다 (벌과 꽃 만화를 솜씨 좋게 그려 넣은 양봉용 목제 벌통 두 개로 그 아이는 라벤더와 박하 향기가 나는 도시 꿀을 성공적으로 생산해 내고 있다). 나는 몇 해 안 되는 짧은 기간에 어떻게 도시의 최신 유행족, 공동체 활동가, 베이비부머 모두에게 올해의 사교 행사가 마치 북아메리카 전역의 마을 공동체 협의회가 봄철에 종자를 교환하는 마당이 되어 버린 것처럼 보였는지 지켜보았다.

도시농업 분야에서 갑자기 일어나고 있는 한바탕의 소란에 대해 책을 쓰겠다고 결심했을 때, 나는 내가 살고 있는 도시를 넘어 더 넓은 시각을 포함시켜야 한다고 생각했다. 장거리 여행길에 나서면서 나는 식량 체계를 되찾고 그 체계를 도시 환경에 맞게 개조하는 데 앞장선 여러 도시를 선택했다. 온갖 노력을 기울인 끝에 열정이 넘쳐흐르는 젊은 초보자뿐 아니라 도시농업 운동에 투신해 온 진보적인 선구자들을 찾아냈다.

나는 전체 가구의 42퍼센트가 집 뜰에서 채소를 기르는 브리티시컬럼비아 주 밴쿠버 시와[11] 가구의 40퍼센트가 스스로 먹을 식품 상당량을 생산하는 온타리오 주 토론토 시[12] 같은, 잘 알려진 북아메리카 도시농업의 주요 거점에서 시간을 보냈다. 나아가 밀워키, 디트로이트, 시카고 같은 뜻밖의 도시에서 뿌리 내리고 있는 획기적인 프로젝트에 매료됐다. 나는 굳이 멀리 떨어진 런던까지 가서 마크 리즈딜 스미스를 만났는데, 그는 자신이 살고 있는 아파트의 가로 세로 180×270센티미터 발코니와 창가 화분 몇 개에 신선한 채소, 과일, 허브를 수천 달러어치 기르고 있다. 곧 이어 그는 나를 아술-발레리 토메에게 소개해 주었는데, 토메의 '하늘에서 내려온 먹거리'는 원래는 흙에서 냉장 진열대까지 이르는 데 몇 시간도 채 안 걸리게 채소를 수확하고 포장하고 판매할 수 있는 곳에 있는 식품점의 옥상 농원이다. 나는 런던에서 새로 나타나 급성장하고 있는 도시와인 운동에 완전히 마음을 빼앗기고 있다가, 나중에서야 도시 포도밭이 파리 어디에나(파리 대도시권에 132곳) 있고 저 멀리 오스트리아 빈(시 행정구역 내 포도밭 면적 688헥타르)에도 있다는 사실을 알게 되었다. 지난 10년 동안 시 행정구역 내 화학 살충제 사용을 금지한 덕분에 번성하고 있는 한 도시양봉 공동체를 파리에서 찾고는 그동안 수집한 도시양봉 성공 스토리에 그 사례를 추가했다.

그러고 난 뒤 나는 한 차례 더 쿠바에 갔다. 생물다양성이 높은 자연에서 발견되는 생태계를 모델로 한 생태계인 퍼머컬처 먹거리 생산에서 쿠바는 전 세계의 경쟁 상대보다 여전히 앞서 나가고 있다. 후기 농업사회 식량 체계에 대한 최신 사고방식을 대표하는 쿠바에는 농업 지식을 배우고 교류하기 위해 문을 두드릴 그런 분야가 많다.

혁명은 이유가 있어 일어나는 법이다. 1장에서 5장에 걸쳐 그 이유를 충분히 설명할 것이다. 미국인의 3분의 2가 과체중이거나 비만이지만 역설적이게도 동시에 영양실조에 걸려 있다. 푸드뱅크 서비스를 비롯한 기아구제 프로그램의 수요가 해마다 두 자리 숫자로 증가하고 있다는 보도가 나오고 있다. 기아는 멀리 떨어진 곳뿐 아니라 바로 우리들의 고향에서도 점점 심각해지고 있는 문제다. 도시는 그야말로 전 지구의 축소판이라 할 만하다. 10억 명이나 되는 사람들이 과식을 하고 있을 때 또 다른 10억 명이 매일 밤 굶주린 채 잠자리에 들고 있다. 이 지구에는 식량이 먹고 남을 만큼 충분한데도 가난한 사람들은 너무 적거나 질 나쁜 음식을 먹는다. 마침내 먹거리 위기가 모든 선진국 정부의 예산을 압도할 듯한 건강 위기를 불러오고 말았다.

어떻게 식량 체계가 그렇게 건강에 해롭고 그렇게 불공평하며 그렇게 환경을 파괴하고 파멸적으로 실패하게 된 지경에까지 이르렀는지 이해할 필요가 있다. 대책 없는 낙관주의자들이 은행은 '대마불사'라고 되풀이해서 말했던 것처럼, 세계화되고 산업화된 식량 체계도 그런 단계에 이른 것 같다. 만약 식량 체계가 스스로의 탐욕과 관리 부실로 무너지고 있다면, 그것은 식량 체계가 너무 커져서 먹거리를 적절하게 공급할 수 없게 되었기 때문이다. 피크 오일(peak oil), 피크 워터(peak water), 피크 소일(peak soil)의 냉엄하고 괴로운 현실을 더 이상 극복할 수 없다면 대대적인 시장 수정은 피할 길이 없다. 미래의 경제가 불확실해지고 있는 가운데, 이미 힘들어하고 있는 많은 공동체에서 식량보장은 서서히 무너져 내릴 것이다.

이 때문에 나는 이 책의 대부분을 뒷마당에서 닭 몇 마리를 치는 사람들(토론토에서처럼 가끔은 불법적으로), 도시의 콘크리트 정글 속 건물 옥상에서 작물을 재배하는 농원(뉴욕과 런던), 예기치 못한 곳에서 이루어지는 공공 과수원 사업(캐나다 캘거리), 사회변화의 도구로 이용되는 공동체텃밭(밴쿠버의 다문화 공동체텃밭 사업), 온 나라가 도시농업을 국가 식량 체계의 주춧돌로 받아들인 쿠바 이야기로 구성했다. 6장에서 14장에 이르기까지, 새로운 도시 먹거리 혁명에서 변화의 씨앗인 사람과 도시, 도시 텃밭과 농장을 확인하게 될 것이다.

이 책의 출판 계획이 구체화될 무렵부터 출간될 때까지 걸린 5년 사이에, 도시 공간 안에서 먹거리를 생산한다는 생각은 일부 학자나 원예에 재능이 있는 사람, 반문화 비평가의 비주류적인 관심사에서 실제로 손에 흙을 묻히는 주류적인 사회, 환경, 경제 혁명으로 나아갔다.

내가 했던 여행과 인터뷰, 발견이 언제나 직선 경로를 따른 것은 아니었다. 하지만 공간적으로 의미가 있거나 적어도 주제로서 의미가 있도록 구체적으로 이야기하려고 최선을 다했다. 이러한 이야기를 하면서 다소 두서없이 왔다 갔다 하고 있다면, 그 이유는 바로 내 속에 있는 정원사 기질 탓이다. 여러분이 내 정원을 본다면 질서정연한 줄을 거의 찾을 수 없을 것이다.

나는 날마다 내 레이더에 잡히는 획기적인 프로젝트에 너무나도 감탄한 나머지 인쇄에 들어가는 바로 그 순간까지 이 책 지면에 더 많은 이야기를 집어넣었다. 2012년 여름에 열리는 런던올림픽은 특히 런던 시내에 계획된 2012곳의 도시 먹거리 텃밭에서 먹거리를 조달하는 식량 정책이 시행되는 최초의 대규모 스포츠 이벤트가 될 것이다. 도시 한가운데에 생선이나 과일, 채소, 허브를 제공하는 층상 구조의 혼합농장인 수직농장을 세계 최초로 건설하려는 경쟁이 벌어지고 있다. 관광의 요소가 있는, 귀신이 나올 것 같은 공장식 농장인 초현대적 '애그로파크'(agro-park) 계획이 중국에서 끊임없이 나오고는 있지만 정확히 누가 언제 수직농장을 건설하게 될지는 알 수 없다.

2012년 현재 상태에서 도시농업의 동력을 보고 나는 도시농업이 도시 공간을 설계하고 이용하는 방법, 식량을 공급하는 방법, 식량 생산자와 지구를 대하는 방법에서 중요한 전환점이 되리라고 기대한다. 도시농업이 그저 한때 반짝하는 '녹색 유행'이 아니며, 이 운동의 열기가 식을 기미가 보이지 않는다는 점을 그 어느 때보다도 더 확신하고 있다. 앨버타 주 캘거리에서 활동하는 로컬푸드 활동가이자 도시양계 운동가인 폴 휴스는 즐겨 사람들에게 이렇게 알려 준다. "이것은 단지 아이스버그 상추의 일각에 지나지 않습니다(빙산의 일각이라는 뜻—옮긴이)."

현대 식품점의 허울

"높이높이 쌓아 두고 싸게 판다."

잭 코언(테스코 창업자)

슈퍼마켓

아무리 철학적으로 '로커보어'(locavore, 지역에서 나는 식품만 먹으려고 노력하는 사람)이고 농부시장을 지지한다 하더라도, 나는 여전히 일주일에 두어 번 쇼핑카트를 밀면서 슈퍼마켓 통로를 오르내린다.

알고 보면 이러한 쇼핑 행위는 아주 전형적인 것이다. 버지니아 주 알링턴에 있는 식품마케팅협회(Food Marketing Institute, 미국 전체 소매 식품 매출의 4분의 3을 차지하는 식품소매협회)에 따르면 슈퍼마켓 쇼핑 고객은 매주 평균 1.7회 슈퍼마켓에 간다.[1]

무엇보다 슈퍼마켓은 더할 나위 없이 편리하다. 보통 일주일에 7일 문을 열며, 일부 체인이나 어떤 곳은 하루 24시간 내내 영업하고 있다. 나는 슈퍼마켓에 가기도 전에 그곳에서 무엇을 살 수 있는지 알고 있다. 그곳에서 파는 식품은 대부분 값이 싸다. 돈을 펑펑 쓸 의사가 조금만 있다면 한겨울인 1월에도 딸기를 살 수 있다. 그러니 웬만한 사람이라면 먹을 것을 사러 슈퍼마켓에 가는 게 당연한 일이다.

식품 가격에 대한 이러한 독점적 지배력 때문에 슈퍼마켓이 태초부터 우리 곁에 있었다고 생각될 지경이다. 슈퍼마켓이 없는 세상을 상상하기란 어려운 일이고, 그래서 슈퍼마켓이 겨우 네 세대 전에 생겼다는 사실이 믿기지 않는다. 학자이자 식량 정의 운동가인 라즈 파텔은 《식량전쟁: 배부른 제국과 굶주리는 세계》(Stuffed and Starved: The Hidden Battle for the World's Food System)에서 이렇게 지적하고 있다. "슈퍼마켓은 특허 받은 발명품이다. 모든 혁신적인 발명이 그렇듯이 슈퍼마켓은 이러한 생각이 싹튼 특정한 시간과 장소의 필요에 따라 만들어졌다."[2]

20세기로 넘어오는 시기에 공업국가, 특히 미국은 식품을 비롯한 온갖 제품을 만드는 일에 무척 능수능란했다. 농부들은 작업 시간에 제한이 있는 밭갈이 말과 인간 노동력 대신에 트랙터, 콤바인 같은 기계화된 농기구를 사용하게 되었다. 그들은 훨씬 더 넓은 토지를 개간하여 작물을 심고 수확할 수 있어 그 어느 때보다도 더 큰 농장을 경영할 수 있었다. 농부들이 농기구의 효율성을 극대화하는 데 집중하게 되면서, 농장에서 다양한 작물과 가축을 생산하던 혼합농업은 가급적 단일한 곡물, 콩류, 유지작물(주로 식용의 기름을 짜기 위해 심는 작물—옮긴이)을 전문적으로 재배하는 단작농업으로 바뀌었다. 가축이 병들기 쉽고 도축과 판매에 적합하지 않은 밀집 사육 시설이 항생제 덕분에 가능해졌다. 마찬가지로 몇 번 수확하기도 전에 지력을 고갈시켰을 단일작물 재배는, 쉽게 구할 수 있는 화학비료와 살충제, 토양 처리제 덕분에 가능해졌다. 기본적으로 농장은 낮은 단가로 대량생산이 가능하고 한정된 종류의 생산물을 효율적으로 생산하는 쪽으로 특화된 공장이 되었다.

산업 공정 덕분에 산업적 농업이 가능해지자 산업적 농업을 통해 식품이 생산되었다. 그리고 식품 제조업체가 유통기한이 긴 포장식품이나 조리식품으로 끊임없이 재결합될 수 있는 한정된 종류의 원재료에 의존하기 시작하자 더욱 더 많은 산업적 식품이 생산되었다.

식품 생산이 산업적 식품망의 끄트머리에서 효율성을 띠게 되면서 공급 부족 현상은 순식간에 과잉생산으로 변화했다. 다른 소매 상품과 마찬가지로, 식품 가격이 내려가면 사람들은 실제로 필요하지 않는데도 여분의 식품을 사들인다는 사실이 알려졌다(상품작물이 과잉생산되면 생산 감소가 아니라 소비 증가를 중시하듯이).

하지만 '실제로' 소비를 늘리기 위해 식품 소매업체들은 현대식 셀프서비스 식품점을 만들어 낼 필요가 있었다. 이 셀프서비스 식품점은 북아메리카 사람들에게 어울리는 대량소비라는 대항 수단을 실행에 옮기기 위해 저렴하며 산업적으로 생산된 새로운 식품과 거기에 짝을 맞춘 셀프서비스 모델이라는 두 가지 신개념을 모두 이용했다.

지금은 생각하는 것조차 거의 우스꽝스럽게 보이지만, 예전에는 식료품을 구입하려면 사고 싶은 품목과 수량을 적은 목록을 가게 주인에게 건넸다(잡화점은 바나나나 감귤 때로는 건포도 같은 몇 가지 물품을 살 수 있는, 주로 마른 식료품 가게였다는 사실을 명심하자. 신선한 농산물은 전통적인 중앙 시장에서 팔았다. 신선한 고기는 정육점이나 시 공설시장의 정육 가판대에서 팔았다). 가게 주인은 주문 받은 갖가지 식료품을 찾아 모은 후, 손님이 값을 치르면 계산대 너머로 그 물품을 건넸다. 만약 가게 주인에게 신용이나 평판이 좋은 사람이라면 외상 장부에 기입하고 물건을 받을 수도 있었다. 물품은 대부분 뒷방에서 가져온다. 가게 주인이나 점원이 방금 들어온 새 상품을 한번 써 보라고 권하기도 하겠지만 웬만해서는 충동구매가 일어나지 않는다. 게다가 그 시절에는 식료품이나 잡화를 사려면 여러 전문점에 몇 차례 들러야 했다.

1914년 앨버트 제라드와 휴 제라드 형제는 제1차 세계대전 때문에 일어난 식료품 가격 급등을 막을 수 있는 기업가적인 아이디어를 냈다. 진열대 앞에서 고객이 스스로 필요한 식료품을 고르게 해서 간접비를 줄인다는 생각이었다. 끝없이 혼란을 불러일으킬 것이 분명한 급진적인 아이디어였지만, 사람들이 물품을 직접 찾아내기 쉽도록 제라드 형제는 식품 품목을 알파벳 순서로 갖추어 진열함으로써 고객에게 도움을 주기로 했다. 그들은 캘리포니아에 있는 그 가게에 '알파베타'라는 이름을 붙였다.

식료잡화상 클래런스 손더스도 비슷한 아이디어를 가지고 있었으나 그는 좀 더 깊이 생각했다. 손더스는 1916년 테네시 주 멤피스에서 자신이 만든 최초의 셀프서비스 식료잡화점 '킹 피글리 위글리'를 개업했다. 이 새로운 피글리 위글리 소매점 모델에서는 고객들이 회전문을 밀고 식료잡화점 매장에 들어와 쇼핑 바구니를 들고는 통행 흐름이 한 방향으로 나 있는 각 통로를 따라 구불구불 이어진 코스를 따라간다. 그러다 보면 마침내 계산대에 다다르고 거기서 돈을 지불하고 바로 지나서 있는 회전식 출구를 통해 다시 밖으로 나오게 되어 있었다. 오늘날의 슈퍼마켓에서는 고객이 더 자유롭게 돌아다닐 수 있지만, 아직도 대부분의 식료잡화점이 미로같이 생긴 기본 구조로 만들어져 있다. 게다가 고정수요 상품을 매장에서 가장 외진 곳에 두는 소매 수법이 더해져 가능한 한 많은 곳을 들르고 수많은 고수익 제품 곁을 지나갈 수밖에 없다. 자동차나 화장품, 향수 같은 몇 가지 물품을 제외하고는 셀프서비스 소매 모델이 소비재 쇼핑 경험을 대부분 지배하고 있다.

자신의 아이디어를 특허사무소에 정식으로 제출한 최초의 인물은 제라드 형제가 아니라 손더스였다. 1917년 '셀프서비스 상점'이라는 자신의 발상에 대해 미국 특허 1242872호를 받았다. 10년이 지나지 않아 피글리 위글리 상점 1,200곳이 미국 전역에서 문을 열었다.[3] 1932년에는 이 셀프서비스 상점이 2,660 곳으로 늘었다.[4]

1937년 손더스는 식료잡화점의 기능을 완전히 자동화하기 위해 셀프서비스 계산대라는 아이디어를 생각해 내기도 했다. '키 더즈 올'(key does all)을 어색하게 조합한 키두즐(Keedoozle)이란 이름의 식품점이 겨우 몇 곳 문을 열었으나, 있어야 할 자동 판매 기술은 분명 없었다. 오늘날 슈퍼마켓에서 쇼핑을 하는 사람이라면 누구나 알고 있듯이, 손더스가 처음 시도한 상점이 실패하고 세월이 50년이 흐른 뒤에야 마침내 셀프서비스 계산대가 소매점 분야의 현실이 되었다. 산업적 식품망에서 실제로 인간과 상호작용하는 대상인 계산대 점원(소비자에게 남겨진 유일한 접촉)이 점점 사라지고 있다는 사실에 사람들이 너무나도 무관심한 듯해서 놀랍다. 우리는 우리가 먹는 식품을 생산하는 농민이나 어민, 목장 주인이나 과일 재배자를 볼 수 없다. 머지않아 식품을 바코드 스캐너에 통과시켜 물건 값 지불을 처리하는 사람을 더 이상 못 볼 수도 있다(당분간 나는 계속 도전적인 자세로 타협을 거부하는 다른 사람들과 함께 몇 곳 남지 않은, 사람이 처리하는 슈퍼마켓 계산대에 줄을 설 것이다).

식품의 단가를 낮추는 데에만 관심이 있는 산업적 식품 체계와 슈퍼마켓 모델이 몇 세대 안에 아무런 의심도 없이 받아들여졌다. 오늘날 북아메리카에서 소비되는 식품의 99퍼센트가 산업적 식품 체계를 통해 공급되고 있다는 사실을 생각하면, 이것이 지배적인 모델이라고 말하는 것은 하나 마나 한 소리이다.[5] 이 모델에 바치는 충성의 대가로 38,718가지 다양한 식품 품목을 고를 수 있다.[6] 잘 팔릴 것으로 기대되는 17,000종의 신제품이 해마다 이런 식품점에 출시되고 있다. 값은 또 얼마나 싼가! 미국인은 소득의 평균 9퍼센트 정도를 식품 구입비로 쓴다.[7] 다른 어떤 나라보다도 더 적다. 교통비로 쓰는 것보다 더 적다.

그렇다면 무엇이 문제일까?

선택이라는 환상

식품점 안에는 선택이라는 환상이 있다. 4만 가지 품목이라니 종류가 아주 많은 것 같지만, 자연이 보유하고 있는 물품 재고 목록에 견주면 그건 아무것도 아니다. 유엔 식량농업기구(FAO)에 따르면, 농업이 산업화된 결과 20세기에 먹거리 생물다양성의 75퍼센트가 사라진 것으로 추정된다. 다른 조사에 따르면, 전 세계 먹거리 다양성의 최대 90퍼센트까지나 사라졌다고 한다.[8] 재배되는 여러 형태의 당근, 콩, 시금치 같은 식량 작물의 다양성, 수산 식품 자원의 유전적 다양성, 가축 품종의 다양성과 우리가 이용하는 먹거리의 전체 생물다양성이 우리 시대에 심각하게 감소했다. 우리 할머니 할아버지가 선택할 수 있었던 먹거리의 종류는 지금보다 사실상 훨씬 더 많았다.

무슨 까닭일까? 다양성은 기계화의 적이다. 그래서 산업적 농업은 장거리 수송을 위해 크기나 모양이 일정하고 오래도록 변하지 않는 것은 중요하게 여기면서도 맛과 같은 품질은 안중에 없다. 겨우 몇 세대 전에 있었던 맛의 만신전에서 우리가 잃어버리는 것을 한번 생각해 보

자. 그때 이후, 산업적 식품 체계의 인위적 선택 탓에 과일과 채소 품종의 97퍼센트 정도가 사라졌다.[9] 해마다 전 세계 농작물의 유전적 다양성이 2퍼센트가량 사라지고 있다.[10] 어쩌면 점점 더 적은 종류의 먹거리를 좋아하는 법을 배우는 편이 더 좋을지도 모른다. 전 세계에서 단 150가지 서로 다른 식량 작물이 대규모 상업농에 의해 재배되고 있다.[11] 농민들이 5천 가지가 넘는 식물종을 작물로 재배해 왔는데도 산업적 식품망은 그중 단 3퍼센트만 이용하고 있다.[12]

예를 들면 북아메리카에는 수백 가지 사과 품종이 있다. 이런 사과는 크기와 모양, 빛깔이 다 다르다. 색조와 촉감, 풍미도 저마다 조금씩 다르다. 저장이 수월한 것도 있고 잘 되지 않는 것도 있다. 애플파이를 굽기에 안성맞춤인 것도 있고 말리기에 최적인 것도 있다. 훌륭한 사과 주스를 만드는 것도 있고 사과 탄산음료의 재료가 되는 것도 있다. 6월에 나뭇가지에서 익는 것도 있고 10월까지 달려 있어야 하는 것도 있다. '이것이' 바로 선택이다.

안타깝게도 식료잡화점에서는 이러한 선택을 할 수 없다. 지난번에 나는 식품점에 그래니스미스, 골든딜리셔스, 스파르탄, 후지(부사)가 나와 있는 것을 보았는데, 운이 좋으면 핑크레이디 사과를 볼 수도 있을 것이다. 이런 사과 품종은 모두 날것으로 먹기 위한 것이다. 다 익기 전에 따서 멍들지 않게 운송하고 몇 달 동안이나 저장할 수 있기 때문에 선택된다. 만약 손수 사과 주스를 만들거나 정말 좋은 파이를 굽고 싶다면 나한테 맞는 사과 품종이 여기에는 없다.

토마토도 마찬가지다. 수백 가지 유형과 모양 가운데 산업적 식품망에서 견뎌 낼 수 있을 만큼 강인한 것만이 허용된다.[13] 다 익은 후에 딴 토마토를 맛보고 싶어도 슈퍼마켓에서는 그런 토마토를 찾기가 쉽지 않다. 이렇게 사과와 토마토를 선택하는 일은 놀랍게도 일 년 내내 변함이 없다. 이 선택의 균일성을 '세계의 항시 여름'(global summertime)이라 한다. 곧 식품의 공급 라인이 전 세계 여러 곳까지 미친다면 그 어딘가는 항상 여름이라는 뜻이다. 1월에 갖추어 놓은 농산물이 6월에 나온 농산물과 너무도 비슷하다. 이래서는 안 된다. 브로콜리는 사실 계절식품이다. 피망도 딸기, 사과, 토마토도 마찬가지다. 식품점 안에서는 이 사실을 깨닫지 못할 뿐이다.

더욱이 진열대나 냉장고 안에 있는 식품을 내 손으로 선택한다고는 하지만 그것은 대개 진정한 선택권이 아니다. 여러 상표가 붙은 달걀 가운데 하나를 선택할 수는 있다. 2010년 8월 아이오와 주 농장 두 곳에서 발생한 살모넬라균 때문에 전국에서 달걀 5억 개가 회수되었을 때 다른 수십 개 상표의 달걀이 영향을 받았다. 왜 그랬을까? 5억 개 모두 대규모 생산 업체 한 곳에서 나왔기 때문이다. 물론 갖가지 상표를 달고 판매되었지만 모두가 동일한 거대 기업농에서 생산되었다. 이 정도로는 정신이 번쩍 들지 않는다면, 미국 식품 공급의 90퍼센트 뒤에는 단 5개 기업만 있다는 사실을 생각해 보라.[14]

슈퍼마켓 바깥에서도 환상은 계속된다. 우리가 여러 대형 체인점 가운데 선택할 수는 있겠지만, 결국 슈퍼마켓을 통하는 것 말고는 식품을 구할 수 있는 방법을 선택할 수 있는 권리가 거의 없다. 코스트코와 월마트 가운데 양자택일하는 것은 코카콜라와 펩시콜라 중에서 하나를 고르는 것이나 마찬가지다. 기본적으로 그 속에 들어 있는 재료는 똑같다.

무정부 상태에서 아홉 끼니

특정한 시점에 특정 도시나 국가가 비축하고 있는 식량을 추적 조사하는 식량보장서클이라는 단체가 있다. 여기에서는 논의되고 있으나 일반적인 논의에서는 거의 다루어지지 않고 있는 중요한 주제가 있다. 오늘날 도시에는 특정한 시점에 주민에게 공급할 수 있는 식량이 단 3일치만 비축되어 있다는 추정이다.

2000년에 영국의 농민과 화물트럭 운전사들은 휘발유와 디젤유 가격 인상과 함께 자신들에게 심각한 피해를 입힐 것으로 예상되는 정부의 유류 관세에 반대하는 시위를 벌였다. 전략적인 시위와 도로 봉쇄 탓에 국가의 유류 공급 상황이 크게 악화되었고 차량을 통한 수송이 마비되었다. 도시 진출입 교통 시스템을 방해하기 위해 주요 간선도로 위에서 이른바 파상 봉쇄도 벌어졌다. 세인스베리, 테스코, 세이프웨이 같은 대형 식품 체인점에서는 사재기가 눈에 띄었으며, 매장 진열대에 상품을 다시 채울 만큼 안정적인 배달이 안 되자 사흘째 되던 날이 체인점들은 식품 공급을 제한하기 시작했다.

이 사건으로 영국 정부는 런던 같은 대도시에서 얼마나 빨리 식량이 동날 수 있는지 깨닫게 되었다. 곧 영국 정부는 식량보장 문제를 연구하기 위해 농촌청(Countryside Agency)이라는 기관을 설립했다. 2007년에 농촌청장 캐머런 경은 영국이 공급 라인의 정상적인 흐름에 지장이 생겨 일어나는 식량 파동에 몹시 취약하다는 결론을 내렸다. 이 연구보고서는 영국 대도시들이 특정한 시점에 '무정부 상태에서 아홉 끼니' 밖에 버틸 수 없다고 결론지었다.[15]

대형 슈퍼마켓들이 사흘째 되는 날 남은 물품에 대해 공급 제한에 들어가야 한다는 사실을 깨달은 것은 우연의 일치가 아니다. 대형 슈퍼마켓들이 이것을 '무정부 상태에서 아홉 끼니'라고 부를 리는 없겠지만, 이른바 '3일의 법칙'이라는 것을 활용하고 있는 것이다.

슈퍼마켓 소매업은 경쟁이 무척 심하다. 슈퍼마켓 수익은 판매량에 의존하게 마련이다. 식품마케팅협회(FMI)가 발표한 2010년도 통계에 따르면, 세금을 내고 나면 슈퍼마켓의 연평균 순수익이 1퍼센트가 채 안 된다.[16] 더 중요한 것은 그 수익 가운데 얼마라도 잃지 않기 위해 그들은 비용을 엄격하게 통제하는 데 매달린다. 식료품 소매상의 처지에서 재고를 많이 쌓아두면 손해가 이만저만이 아니다. 우유나 빵, 신선한 과일이나 채소처럼, 시들거나 썩거나 유통기한을 넘겨 곰팡이가 생기면 대부분 버리는 상하기 쉬운 식품의 재고는 식료잡화점으로서는 최악의 재고다. 손님을 매장으로 끌어들이는 미끼 상품임에도 이런 제품을 매장 뒤쪽 깊숙한 곳에 놓아둔다. 손님들이 장기 보존이 가능하고 더 비싸며 가공 처리된 다른 제품들 곁을 어쩔 수 없이 지나가도록 하기 위해서다.

될 수 있는 대로 재고량을 줄이기 위해 식품 체인점들은 무척 정교한 적기 공급 생산 방식의 '가치사슬물류'(value chain logistics) 시스템을 만들어 냈다. 그들은 재고 관리를 잘 해서 특정한 시점에 유통 체계상에 사흘치 식량만 남겨놓으면 된다.

식품점에 물품을 계속 공급해 주는 이 엄격하게 통제된 공급 라인이 문제가 생길 때까지는 순조롭게 작동한다는 사실을 지적해 둘 필요가 있다. 우리가 먹는 식품 대부분이 아주 먼 곳에서 오고 있는 오늘날, 연료 공급이 중단되거나 자연재해로 도시 진입이 차단되거나 테러 공격으로 국경이 폐쇄되어 국내 수송이 정지된다면 어떤 일이 벌어질까?

사흘치 식량은 결코 충분한 재고가 아니다.

2001년 뉴욕 세계무역센터 쌍둥이 빌딩에 비행기 두 대가 돌진했을 때, 미국 내 운송이 크게 제한받았지만 사흘쯤 지나 곧 뉴욕에서 식량이 떨어지자 결국 재개되어야 했다. 허리케인 카트리나로 뉴올리언스에 물자 보급이 끊겼을 때도 동일한 '3일의 법칙'이 현실로 나타났다. 이런 현실은 특정한 시점에 미국이나 캐나다의 어떤 도시에도 다 적용시킬 수 있다. 현대 식료품 '공급망' 체계에 관해 직접적인 지식이 있는 사람이나 비상 대책 정책 결정자에게 한번 물어보라. 그들이 공개적으로 말할 수는 없겠지만, 도시에 기껏해야 3일치 식량만 있다는 사실을 부인하지는 못할 것이다.

슈퍼마켓은 사실상 산업적 식품 체계를 위한 아울렛 몰일 뿐이다. 바야흐로 산업적 식품 체계가 끝나가고 있거나 아니면 적어도 커다란 위기에 직면해 있다면, 마지막으로 매장 진열대가 텅 비게 될 경우 어떻게 먹거리를 마련할 수 있을지 생각하기 시작하는 편이 좋을 것이다. 수많은 기관과 경제 전문가들이 경고하고 있는 바이기도 하다.

이것이 어느 날 내가 지역에서 생산된 제철 뿌리채소와 양배추 몇 포기를 찾다가 포기하고는 농산물 매장에 서 있었을 때, 그동안 가지고 있던 풍요의 환상 즉 슈퍼마켓 모델이 무너진 이유다. 나는 이 모든 것이 교묘한 속임수라는 것을 알았다. 마이클 폴란이 날카롭게 지적하듯이, 우리들은 우리 몸과 환경을 해치면서 "산업적 식품망의 끝부분에서 먹고 있다."[17] 하지만 그 산업적 식품망의 끝부분에서 먹는 일도 '끝나가고 있다면?'

FOOD AND THE CITY

02

산업적 식품

"검은색이기만 하다면 어떤 고객이라도
원하는 색 차를 가질 수 있다."

헨리 포드(1922)

2008년에 개봉한 다큐멘터리 영화 〈식품, 주식회사〉(Food, Inc.)의 도입부에, 마이클 폴란은 계산대에서 값싼 편의 식품을 사고 세 번이나 씻고 미리 잘라 봉지에 담은 시금치를 얻는 대가로 우리가 잃어버린 것을 설명하고 있다. "우리의 식습관이 과거 1만 년 동안보다 지난 50년 사이에 더 많이 변했지만, 그것은 식품을 팔기 위해 이용되는 이미지일 뿐이다. …… 슈퍼마켓에 들어서면 흔히 농민들의 사진이 눈에 띈다. 말뚝 울타리와 저장탑, 1930년대 농가와 푸른 초원……. 사실 사진 속에 있는 것은 농장이 아니다. 그것은 공장이다. 고기는 목장이나 농민과 거의 관계가 없는 거대 다국적기업이 가공 처리하고 있다."[1]

식품 운동가나 저널리스트, 영화 제작자들만 이런 발언을 하는 것이 아니다. 할머니 할아버지, 어머니 아버지, 숙모나 삼촌, 아니면 나이 지긋한 이웃에게 한번 물어보라. 그들이 어렸을 때 식탁에 어떤 음식이 올라왔고 식품점이 어떠했는지. 그들은 집 옆 텃밭에서 먹거리를 어떻게 길렀고, 그날 식탁에 올라오지 못한 수확물을 겨울에 먹으려고 어떻게 통조림으로 만들어 지하실에 저장했는지 말해 줄 것이다. 그들은 음식이 요즈음 찬장에 넣어 두는 토스터 페이스트리나 스파게티오스와는 전혀 달랐다고 이야기해 줄 것이다.

물론 나는 이러한 변화의 생생한 사례를 찾으러 이리저리 돌아다닐 필요가 없었다. 나의 조부모와 외조부모 모두 농장에서 자라났으며, 지역에서 생산된 제철 음식을 먹고 잘 살았다. 손수 만들거나 재배하거나 사육할 수 없는 것은 가까운 도시의 잡화점에서 구입했다. 할머니와 외할머니는 두 분 다 노동자의 아내로서 도시에서 가난하게 살았지만 나중에는 슈퍼마켓에 가는 것이 그냥 일상적인 일이 되었다. 1950년대 초에는 새로 장만한 자동차를 주차장에 세우고서 최신식 슈퍼마켓 안으로 걸어 들어가는 것이 그들로서는 아주 신나는 시간이었을 터이다. 그들은 자신들이 한 시대에서 나와 다른 시대에 발을 들여놓고 있다는 사실을 전혀 몰랐다.

내 친할머니는 1911년 서스캐처원 주의 작은 농가에서 태어났다. 스물두 살이 되던 해에 할아버지와 결혼했고, 둘째 아이가 태어났을 무렵 가족 모두 농촌을 떠나 도시로 나왔다. 제2차 세계대전이 일어나기 직전에 아이를 하나 더 낳았고, 전쟁이 끝나갈 무렵 막내인 넷째가 태어났다. 그때는 아주 어려운 시절이었다. 할머니는 사랑하는 아이 넷이 몇 년째 날마다 궁핍하게 지내는 것을 보며 가슴이 찢어지는 것 같았다고, 수십 년 후 눈물을 글썽이며 나에게 말하곤 했다. 돈이 없어서인지 식량이 부족했던지 아니면 끝내 닥친 식량 배급 때문이었는지는 모르겠지만, 어렸을 때 하루 세끼 죽을 먹었던 기억이 있는 아버지는 지금도 죽사발을 보면 화를 발끈 낸다. 할머니는 다시는 아이들이 배곯는 일은 없게 하겠다고 다짐하며 여생을 보냈다.

전쟁이 끝나고도 식량 부족과 높은 식품 가격이 계속되었다. 캐나다에서는 설탕 배급이 1947년까지 이어졌다. 설탕 배급이 중단된 바로 그날 할머니는 밖으로 나가 설탕 한 봉지를 샀다고 한다. 그날 저녁에는 제대로 된 식사를 하지 못하고 케이크만 먹었다. 아이 하나에 케이크 하나가 돌아갔다(북아메리카 사람들은 배급제에서 조금은 쉽게 벗어났다는 사실을 언급해 둔다. 영국에서는 1954년이 되어서야 배급제가 끝났다).

그 시절에는 집의 조그만 텃밭에서 채소나 과일을 기르는 것을 누구나 당연하게 여겼다. 때로는 뒷뜰 전체가 먹거리 생산에 이용되었다. 어려운 시기에 사람들이 하던 바로 그런 일이다.

제1차 세계대전 이전에도 공터 텃밭 경작은 북아메리카와 유럽 도시 대부분에서 이루어지던 조직적인 운동이었다. 식품을 돈 주고 살 형편이 안 되는 가정이나 개인을 위한 일종의 푸드뱅크 구실을 했던 것이다. 전쟁 중에는 도시에서 텃밭을 경작한다는 아이디어가 구호 차원의 '승리 텃밭'(Victory Garden) 운동과 더불어 벌이는 후방 지원으로 바뀌었다. 수많은 농민들이 전쟁터에 나간 탓에 식량 생산이 급격히 감소했다. 국내 전선에서 사기를 높이는 역할도 했지만, 아마도 식량 부족과 식품 가격 급등을 완화하기 위해서 많은 시민 텃밭 경작자들이 생겨났을 것이다. 제1차 세계대전이 끝나던 해, 찰스 래스럽 팩이 승리 텃밭에 대해 각별히 열정을 쏟아 연구한 결과물을 내놓았다. 《승리의 전쟁 텃밭》(The War Garden Victorious)에 따르면, 미국에 "그런 텃밭이 5,285,000개"나 되었다.[2]

제1차 세계대전이 끝나고 도시 먹거리 재배에 대한 관심이 일시적으로 떨어졌다가, 최악의 대공황 기간에 '구호 텃밭'과 함께 되살아났다.

10년 뒤 제2차 세계대전이 발발하면서 승리 텃밭 열풍이 다시 불기 시작했다. 미국 농무부는 〈승리 텃밭〉 이라는 20분짜리 공익 영화를 상영했는데, 이 영화는 가족들을 '징집해' 후방 지원 역할을 하는 데 참여하도록 설득했다. 이 영화는 집 옆에 있는 1,000제곱미터 땅을 조생종이나 만생종 작물 텃밭으로 어떻게 바꾸며, 수확물을 통조림하거나 병조림하는 것이 가족이 겨울을 나는 데 도움이 되고, 식량 부족에 대비한 일종의 보험이 될 수도 있는 '진정한' 승리 텃밭이 어디에서 시작하는지를 설명했다. 가족이 자기네 집 승리 텃밭 옆에 내걸 수 있는 특별 증서도 발급했다. 그 증서에는 이렇게 적혀 있었다. "1942년에 …… 우리 가족은 승리 텃밭에서 …… 을 경작할 것이다. 비축 식량의 중요성을 깨달은 우리는 가정에서 먹을 식량을 생산하고 저장할 것이다."[3] 이것은 한편으로는 인증 현판이자 애국 서약이었다. 현판 하단에는 승리 텃밭 경작자의 서명도 들어갔다.

직접 승리 텃밭을 경작하는 것은 폼이 나면서도 애국적인 행동으로 한껏 장려되었다. 식량 자급자족의 장점을 찬양하는 포스터와 텃밭 경작 안내서도 널리 배포되었다. 1942년에 출간된 《승리의 뒷마당 텃밭: 직접 채소를 기르는 간단한 방법》(Victory Backyard Gardens: Simple Rules for Growing Your Own Vegetables)의 머리말은 이렇게 시작된다. "모든 미국인이 역할을 하고 있는 이 세계적인 전쟁에서, 채소를 많이 생산하는 모든 경작자는 국가의 안녕과 승리에 이바지한다."[4] 대통령 부인 엘리너 루스벨트까지 백악관에 조성한 텃밭에 작물을 심어 제2차 세계대전 승리 텃밭 경작자 대열에 합류했으나, 클로드 위커드 농무부 장관은 그런 행동이 전국 식품 가공업체의 상업적 이익에 손해를 끼칠 수도 있다며 그녀를 만류했다.

제2차 세계대전 시기에 미국의 시민농부 대량 동원은 무척 성공적인 운동이었다. 이 운동이 최고조에 달했을 무렵 미국의 사유지와 공유지에 조성된, 집 뒤뜰 크기의 승리 텃밭 2천만 군데에서 전국 채소의 40퍼센트가 생산되고 있었다.[5] 전쟁 중에는 교전 상대국에서도 유사한 시민농부 운동이 광범위하게 벌어지고 있었다.

자식들이 다 크고 나서 할머니는 도시에 살면서도 농장에서 배운 여러 가지 수완 좋은 방법에 의존했다. 할머니는 뒤뜰 '텃밭'에서 철따라 감자, 당근, 양파, 양배추, 허브, 콩, 완두콩 같은 주요 작물을 길렀다. 기나긴 겨우내 먹을 수 있도록 오이를 절이고 집에서 만든, 소금에 절인 양배추를 병조림하고 과일로 설탕 절임을 만들었다. 복숭아나 배, 사과, 체리를 병조림으로 만들기도 했는데, 계단 아래에 깊숙이 숨겨 둔 갖가지 여름 과일 잼은 할머니의 겨울 식료품 저장실의 자랑거리가 되었다. 늦가을에는 텃밭에 심은 뿌리채소를 캐내 지하 냉장실의 모래 속에 묻어 두었다. 겨울이 오기 전부터 할아버지는 친구들과 오리나 거위, 때때로 꿩을 잡으러 연례 가을 사냥 여행에 나섰다. 그 여행은 겨우내 이어지곤 했으며, 봄이 되면 냉동실이 인근 호수에서 잡은 강꼬치고기나 흰연어, 창꼬치, 호수송어로 가득 차곤 했다. 할머니 할아버지는 식량을 자급자족했다고 볼 수는 없었다. 하지만 공급 물량이 있고 돈에 여유가 있을 때 커피, 홍차, 통조림 햄, 코코아, 밀가루, 바나나, 건포도, 갖가지 통조림과 별미 음식을 준비해 두었다. 그래서 북아메리카에서 사랑받는 가공 치즈 제품인, 밝은 색 통에 든 벨비타 등을 사는 것 외에는 식료품비가 거의 들지 않았다. 몇몇 수입품이나 가공품을 제외하고는 그 식품망이 대부분 짧기도 했다.

조부모의 집안 형편은 전후 경제 붐 시기에 들어서면서 서서히 좋아졌다. 잡화점과 '셀프서비스 식품점'은 어느새 백화점 식품관으로 바뀌었다. 점점 종류가 다양해지는 신선한 파인애플, 아보카도, 아티초크, 아이스버그 상추 같은 이국적인 과일이나 통조림 식품을 제공하는, 전국적인 망을 갖춘 슈퍼마켓이 자영 식료잡화점 대신 들어서며 널리 퍼져 나갔다. 그렇지만 음식은 집에서 손수 만들어 먹었다. 여전히 식당이란 아주 특별한 날에나 가는 곳이었다.

레인지나 부엌 싱크대 앞에 서서 하루 온종일 일만 하던 대부분의 여성과 마찬가지로 할머니는 1950~1960년대에 점점 늘어가는 갖가지 조리 식품을 환영했다. 텔레비전 앞에서 새로 구입한 텔레비전 트레이에 놓고 먹는 '텔레비전 디너'(데우기만 하면 한 끼 식사가 될 수 있게 조리한 후 포장해서 파는 식품으로 텔레비전을 보면서 요리가 가능한 즉석 냉동식품—옮긴이)는 나름대로 너무나도 신나고 현대적이며 멋져 보이기까지 했다. 껍질을 벗기고 식재료를 썰고 뜨거운 레인지 앞에서 보내는 시간이 줄어드는 것이 할머니로서는 좋은 일이었다. 가공식품이 점점 더 많이 나타나기 시작했다. 그녀가 집에서 하는 요리에는 통조림 과일 칵테일과 통조림 귤 조각과 미니 마시멜로에 '드림 휩' 식용유 토핑을 끼얹은 암브로시아 샐러드 같은 눈부신 발전이 있었다. 요리를 '하와이식'으로 보이게 하려고 특히 스팸이나 통조림 돼지고기의 사촌격인 클릭, 캠, 프렘 같은 제품 위에 통조림 파인애플을 마구 던져 놓기도 했다. 편리함이 왕이었다. 실시간 텔레비전 광고에서는 형광 젤로(과일의 맛과 빛깔과 향을 낸 디저트용 젤리—옮긴이) 몰드와 미라클 휩(샐러드용 드레싱—옮긴이)을 이용한 음식들을 상다리가 휘어지게 차려놓은 식탁을 보여 주었다. 가정학자와 요리책 저자들은 현대적인 생활방식과 함께 나온 미니트 라이스와 인스턴트 푸딩이 주는 짜릿한 자유를 되풀이해 말했다.

아내로서 어머니로서 해야 하는 집안일을 두고 사고방식의 변화에 조용히 환호하는 할머니의 모습이 눈에 선하다. 캐나다 신문의 푸드 섹션 칼럼니스트인 뮤리얼 윌슨은 《빅토리아 타임스콜로니스트 요리책》(Victoria Times-Colonist Cookbook)에서 이렇게 썼다. "고생고생하며 힘들게 일해 봐야 아무런 소용이 없다. 최신식 믹스(물을 첨가하거나 그대로 오븐에 넣어 케이크, 쿠키를 만들 수 있는 혼합물—옮긴이)와 끝내주는 인스턴트식품과 조리된 통조림 냉동식품에 익숙해지는 것은 즐거운 일이다. 젤라틴이 필요할 때 큰 냄비 한가득 송아지 다리뼈를 넣고 몇 시간이고 끓여야 했던 할머니로서는 이 제트기 시대의 요리법을 보고 눈이 휘둥그레졌을 터이다. 지금은 포장 식품에 손만 뻗으면 된다. 포장 식품에 상상력을 조금만 보태면 누구라도 자랑스러워할 수 있는 음식이 만들어진다."[6]

예전에는 귀하고 비싸고 노동집약적이던 먹거리가 이제는 슈퍼마켓까지 차로 10분만 가면 살 수 있고 놀랄 만큼 편리하게 가공되고 '조리된' 상품이 되어 버렸다. 대공황 시기에 자라고 제2차 세계대전 중에 아이들을 길렀던 한 여성에게는 약간의 편리함이 더욱더 큰 의미가 있었다. 그러나 할머니는 말년에 현대적 식생활과 관련 있는 두 가지 질병인 제2형 당뇨병과 암을 앓으셨다.

우리 할머니의 일생은 우리가 먹거리를 기르고 수확하여 요리하고 먹는 방법에서 드러난 뚜렷한 변화의 축소판이었다. 20대 초반에 결혼해서 여든이 넘어 돌아가실 때까지 할머니가 살았던 세계는 엄청난 전환의 시대였다. 화석연료 1칼로리당 음식 에너지 2.3칼로리를 만들어 내던 지역 제철 음식 체계에서, 고도로 가공되어 칼로리가 높지만 영양분은 부족한 현대적 식품 1칼로리를 만들어 내기 위해 적어도 화석연

료 10칼로리가 들어가는 체계로 전환되었다.[7]

먹거리를 대량생산할 수 있는 인간의 능력에 비약적인 발전이 이루어졌다. 그런데 그 대가가 너무 크지 않은가?

산업적 식품 생산의 짧은 역사

20세기 초에 전 세계 인구는 16억 명이었다.[8] 그 무렵에는 지구가 수용 능력의 한계에 이르렀다는 게 일반적인 상식이었다. 선진 공업국들에 널리 퍼져 있던 정서를 표명하면서, 영국의 화학자이자 물리학자인 윌리엄 크룩스 경은 1898년에 이렇게 주장했다. “영국을 비롯한 문명국은 식량이 충분하지 않은 심각한 위험에 처해 있다. 먹여 살려야 할 식구가 늘어나면 식량 자원은 줄어든다. 땅의 면적은 한계가 있으며, 밀을 재배하게 될 토지는 다루기 힘들고 변덕스러운 환경에 전적으로 의존하고 있다.”[9]

우려스러운 점은 지구에 해마다 0.5퍼센트(900만 명)씩 늘어나는 인구를 먹여 살릴 충분한 식량이 없다는 사실이었다. 이런 변수를 바꾸어 내기 위해서는 무엇이라도 해야 했다. 그 상태라면 당시 인류는 오늘날 우리가 쓰는 용어로 ‘피크 푸드’(peak food)라고 불렀을 상황에 직면한 셈이다.

질소가 식물 생장과 성장 속도, 수확량을 대폭 향상시키는, 토양 속의 주요 요소라는 사실은 이미 알려져 있었다. 퇴비에는 썩어 가는 식물성 물질에서 나오는 질소가 풍부하기 때문에 농민들은 논밭에 퇴비를 뿌리곤 했다. 농민들은 콩, 완두, 렌즈콩, 살갈퀴, 알파파 같은 갖가지

콩과 식물을 심기도 했다. 콩과 식물 역시 질소를 공급해 토양을 비옥하게 했다. 콩과 식물의 뿌리에 살면서 흙 속의 질소를 식물이 이용할 수 있게 해주는 토양 박테리아 덕분이다. 지면에 내리치는 번개가 공기 중 질소의 결합 물질을 만들어 내기도 했다. 그래서 번개가 친 다음에 내리는 비는 고맙게도 질소 공급원이 되기도 했다. 하지만 퇴비를 만들고 질소고정 식물을 기르는 데는 시간이 오래 걸렸으며 번개는 너무도 우발적인 것이었다.

무척 풍부한 편이고 자연적으로 발생하는 질소 공급원인 초석, 즉 질산칼륨을 토양에 섞어 넣기도 했다. 하지만 초석은 대부분 라틴아메리카의 칠레 광상에 한정되어 있어 희소했다. 그래서 칠레가 거의 독점적으로 초석 가격을 정할 수 있었다. 더욱이 농업은 이 광상을 차지하기 위해 경쟁해야 했다. 훌륭한 비료가 되는 이 질소 화합물은 한편으로 무서운 폭탄이 되기도 했다.

바야흐로 군사용, 농업용으로 질소 화합물을 화학적으로 합성하려는 경쟁이 시작되었다. 인구 압력과 세기 전환기의 정치 풍토를 고려할 때 20세기 초의 상황은 위기에 처해 있었다. 마침내 1908년 독일의 화학자 프리츠 하버가 공기 중의 질소를 질소와 수소의 화합물인 암모니아로 바꾸는 방법을 찾아냈다. 프리츠 하버는 '구성 원소에서 암모니아를 합성하는 방법'을 발견한 공로로 1918년에 노벨 화학상을 수상했다.[10] 독일의 또 다른 화학자 카를 보슈는 하버의 기술적 발견을 받아들여 더 빠르고 값싸게 합성하는 방법을 찾아냈다. 마침내 카를 보슈는 대량으로 암모니아를 생산하여 단위 비용을 줄이는 방법을 통해 산업화하는 데 성공했다. 하버-보슈 공정 덕분에 암모니아의 대량생산이 가능해졌으며, 제2차 세계대전을 맞아 산업화가 시급해지면서 그 규모가 확대되어 대단히 수익성 높은 사업이 되었다.

웨인 로버츠는 《세계 식량에 대한 아주 특별한 상식》(The No-Nonsense Guide to World Food)에서, 프랭클린 루스벨트 대통령이 전쟁으로 지친 세계가 '전쟁의 원인을 없애는' 데 힘을 돌리도록 촉구하는 가운데 전후에 "좋은 일이라고 시작한 것이 정크푸드와 농촌 빈곤과 농업 오염으로 가는 길이었다"라고 쓰고 있다.[11] 전쟁의 원인은 기아와 식량 불안정에서 비롯되는 경우가 많았다. 모두에게 충분한 식량을 제공하는 방법을 찾는 일은 미국이 나서야 할 일종의 세계적 사명이 되었다. 이미 군수 시설이 건설되어 가동되고 있었기 때문에 농산업을 위해 군수산업에서 거둔 성과의 일부를 전환하는 것이 수월했을 뿐 아니라 그것은 중요한 국내 전후 정책이 되었다.

암모니아를 생산하는 시설이 이미 갖추어져 있던 군수공장은 화학비료를 생산하기 위해 개조되었으며, 신경가스 같은 화학전 기술은 벌레를 표적으로 삼는 살충제 생산으로 전환되었다. 바야흐로 화학 살충제와 제초제, 비료가 사상 처음으로 상업적 농업을 위한 일반적인 관행으로 자리 잡아 갔다. 이런 방식이 아주 보편적으로 받아들여지게 되면서 요즘은 농장에 화학제품을 통상적으로 이용하는 것을 '관행 농업'이라고 한다.

자연스럽고 더딘 토양 양분 회복과 재생 속도에 의존하는 윤작이나 퇴비 사용 같은 전통적인 방식이 화학비료로 대체되었다. 새로 발견한 이 능력 덕분에 지구에서 기를 수 있는 식량의 양은 무한한 것처럼 보였다. 인구 폭발이 일어나고 결국은 그 모든 굶주린 부양 인구를 먹여 살리기 위해 점점 더 많은 화학 화합물을 사용해야 했다. 살충제와 제초제, 중장비의 도움을 받아 규모의 경제와 지역 특화가 발달했다. 이는 농업 영역에서 벌어진 현대적이고 산업화된 전쟁의 또 다른 유산이었다.

인구 폭발과 녹색혁명

1950년대 내내 미국은 기근과 굶주림 탓에 사회정치적으로 불안해진 제3세계에서 공산주의의 여건이 형성될 것이라는, 냉전의 우려에 사로잡혀 있었다. 굶주린 사람에게 먹을거리를 주어 공산주의의 확대를 막는다는 명목으로 미국은 특정한 나라에 수십억 달러에 달하는 식량을 원조했다. 그런가 하면 최첨단 다수확 곡물과 살충제, 제초제, 화학비료로 이루어진 산업적 농업 체계를 다른 나라로 수출했다. 멕시코가 이 '녹색혁명'을 수출한 시험 사례가 되었다. 그 결과 1950년대에 멕시코는 사실상 밀의 순수입국에서 순수출국으로 변모했다. 하지만 이 녹색혁명은 대규모 산업적 농업이 멕시코의 전통적인 생계형 농업을 대체하는 가운데 수백만 명의 자영 가족농이 더 이상 시장에서 경쟁할 수 없게 되는 부작용을 낳았다. 멕시코 사람들은 땅을 버리고 도시로, 국경 너머 미국으로 이동했다.

1960년대에 녹색혁명이 전 세계에서 기록적인 농작물 수확고를 올리며 퍼져 나가는 가운데 1960년대 후반 세계 인구는 유례없이 해마다 2퍼센트의 성장률을 보였다. 스탠퍼드대학의 생물학자 폴 얼릭이 쓴 《인구폭탄》(The Population Bomb)은 1968년 베스트셀러가 되었다. 이 책은 미국과 발전도상국 가리지 않고 나타나는 인구의 무한한 성장 때문에 1970~1980년대에 전 세계에 걸쳐 기아 사태가 벌어질 것이라고 예측했다. 이 종말론적인 시나리오는 사람들을 극도의 공황 상태에 몰아넣었다. 이 책에 실린 지구 최후의 날 가상 시나리오는 미국 정부와 동맹국들이 당시 제3세계의 농업을 급속히 산업화해야 한다는 논의를 지지하는 구실을 했다. 기근 때문에 생기는 대규모 기아가 인도에서 예측되고 있던 가운데, 인도 정부는 멕시코 농업 변화의 배후에 있는 미국의 농학자 노먼 볼로그를 초청해 최악의 시나리오를 막는 데 도움을 줄 수 있을지 알아보았다. 바야흐로 녹색혁명은 멕시코에서 성공했듯이 인도에서도 성공을 거두었다.

인구는 산업적 농업, 다소 값싼 석유와 더불어 계속해서 급증했다. 이 때문에 세상이 바뀌었고 1960년 이후 지구상 인구는 2배 이상이 되었다.[12] 2008년 세계 인구는 또 하나의 기준점을 통과했다. 전 세계 인구의 절반이 넘는 사람들이 이제 더 이상 토지에 매여 있지 않고 도시에 살고 있었다.[13] 북아메리카나 유럽 같은 곳은 인구의 80퍼센트가 도시에 살고 있다. 현재 전 세계에는 1천만 명 이상이 밀집되어 있는 '메가시티'가 스물한 곳이나 있다.[14] 이러한 메가시티 때문에 세계의 힘의 균형이 기울고 있다. 《포린 폴리시》에 쓴 글에서 지정학 경제학자 파라그 카나는 "아프리카의 도시화 진행률이 중국의 속도에 접근하고 있으며, 아프리카에서 인구 100만 명이 넘는 도시의 수는 이미 유럽과 같다"고 적고 있다.[15]

중국, 인도, 아프리카, 라틴아메리카 같은 곳에서 지금도 벌어지고 있는 투쟁에서, 산업적 농업이 지속성이 높고 적응력 있는 소규모 혼합 가족농을 밀어내고 있다. 게다가 도시로 인구 이동이 전례 없이 빠른 속도로 일어나고 있다. 농작물이 역사상 가장 낮은 가격으로 팔리는 바람에 농장에 더 이상 머물 수 없게 된 농촌 주민들이 토지를 떠나고 있다. 농민들이 농촌의 빈곤을 피해 도시로 오지만 도시에서 발견하는 자신들의 생활은 더 비참한 경우가 많다. 현재 살아 있는 사람 일곱 명 가운데 한 명은 빈민가에서 살고 있다.[16]

녹색혁명에서 유전자 혁명으로

산업적 농업은 최첨단 화학비료를 최대한 사용해서 보충할 수 있는 것보다 더 빠르게 땅에서 양분을 빼앗아 간다. 농지의 마지막 자연 자본이 산업적 식품 생산이라는 마지막 왈츠를 추기 시작한 가운데, 몇십 년 동안 '허니문 기간'을 거친 뒤로 농작물 수확량이 감소하고 있다. 이 때문에 선진 공업국들이 아주 조그만 수확량 증가를 위해서라도 농작물의 유전자변형 같은 한층 더 극단적인 식량 생산 방법에 눈을 돌리고 있다.

1980년대 이후 우리에게 화학비료와 살충제를 가져다준 바로 그 기업들이 다시 한 번 식량 생산량을 끌어올리려고 유전자 차원에서 농작물과 가축을 만지작거려 왔다. 최초의 유전자변형 식물이 생산된 1984년 이래, 서로 다른 농작물 170종이 실험실에서 개발되어 현장 실험용으로 심어졌다.[17] 농기업의 홍보 캠페인에는 이타주의 정신과 소비자들이 유전자변형 농산물을 받아들이지 않는다면 어떻게 될 것인가 하는 종말론적인 예측이 불안한 심정으로 기묘하게 뒤섞여 있다. 그런데 반대하기에는 이미 너무 늦어 버린 게 아닌지 모르겠다.

유전자변형 작물은 1996년이 되어서야 상업적으로 재배되었으나, 이미 가공식품의 70퍼센트에는 유전자변형 성분이 어느 정도 들어 있다.[18] 현재 미국에서는 유전자변형 작물을 심은 토지 면적이 6,680만 헥타르에 이른다.[19] 이 분야에 비교적 늦게 뛰어든 브라질에서는 유전자변형 작물을 심은 토지 면적이 2,540만 헥타르에 이른다.[20] 문제는 옥수수, 알파파, 유채 같은 온갖 식량 작물은 바람이 불거나 벌이 꽃가루를 이 식물에서 저 식물로 옮길 때 가루받이가 된다는 점이다. 사실상 유전자의 이동을 통제할 수 없게 되었고, 유전자변형 작물은 만일 유전자가 변형되지 않은 작물이 근처에 있다면 그 작물과 타가수분(他家受粉)될 수도 있다. 특정 작물의 전통적인 품종을 보존하기 위해 노력하고 있거나 공인된 유기농 생산자가 되고 싶은 사람들에게는 자신들이 기르는 작물에 몰래 들어온 유전적으로 변형된 유전자를 발견한다는 것은 치명적일 수 있다. 멕시코의 외딴 지역에 있는 농민들은 자신들이 기르는 전통적인 야생종에서 유전자변형 옥수수의 증거가 발견되고 있다고 항의하면서 수천 년을 이어 온 전통을 겨우 한 세대 안에 잃게 될까봐 걱정하고 있다.

유전자변형 작물이 가져온 또 다른 결과는 유전자변형 목화, 옥수수, 콩 같은 살충제 내성 작물을 경작할 때 일상적으로 사용하는 화학 제초제에 내성이 생긴 '슈퍼잡초'가 나타났다는 사실이다.[21] 이것은 일상적인 항생제 남용이 항생제 내성 '슈퍼버그'를 불러온 의료 분야의 결과와 흡사하다.

유엔에 따르면, 2045년이 되면 지구상에는 지금보다 20억 명의 인구가 더 살게 된다. 누구나 떠올리는 의문은 우리가 훨씬 더 많아질 사람들을 먹여 살리기에 충분한 식량을 생산하고 분배할 수 있느냐 하는 점이다. 이해관계의 대립이 더욱 첨예해지고 있는 가운데 유전적으로 변형되고 특허 보호를 받는 식량의 미래에 대한 기업의 시각과 무상

공개 형태로 소규모를 지향하는 일반대중의 관점 사이의 틈이 점점 더 벌어질 것이 틀림없다.

너무 적은 사람의 손에 쥐어 있는 너무 많은 권력

2006년 유엔무역개발회의(UNCTAD)가 《시장집중 경향 추적: 농업 투입 산업의 사례》(Tracking the Trend toward Market Concentration: The Case of the Agricultural Input Industry)라는 제목의 보고서를 발간했다. 이 보고서는 세계 식량 체계 속에서 활동하는 기업의 수가 놀랄 만큼 적다는 사실을 밝혀냈다. 몇 안 되는 기업이 '수직적 통합'(제품의 전체 공급 과정에서 기업이 일정 부분을 통제하는 전략으로 다각화의 한 방법—옮긴이)을 통해서, 종자와 비료, 제초제, 살균제뿐 아니라 지금은 주요 작물의 특허 받은 유전자 특성까지도 소유하고 있다.[22] 바이엘크롭사이언스, 신젠타, 바스프(BASF)가 세계시장에 나와 있는 농약의 절반가량을 좌지우지하고 있다. 몬산토는 252억 달러 규모 산업인, 전 세계 독점 판매종자 생산의 5분의 1을 지배하고 있다.[23] UNCTAD 보고서는 2년 뒤에 출간된, 종자-식품 유통업의 놀라운 집중을 다룬 또 다른 보고서의 결과와 흡사했다. 그 보고서에 따르면 2005년까지 아처대니얼스미들랜드, 카길, 번기 3대 기업이 세계 곡물 무역의 90퍼센트를 지배했다.[24]

대규모 농기업은 자포자기에 빠질 정도로 자작농을 경제적으로 압박하고 있다. 유전자변형 작물의 수확량이 줄어들고 있지만 종자나 독점 판매되는 제초제 살균제 혼합 비료(비료에 제초제와 살균제가 혼합되어 있는 것—옮긴이)의 가격은 높은 수준을 유지하고 있다. 농업이 주요 다국적기업의 손에 집중되어 있기 때문에 상품작물의 판매가를 낮게 유지할 수 있어서 대량생산 회사만이 이익을 낼 수 있다. 파키스탄, 인도, 한국의 농민들은 농사를 지어서 이러한 유전자변형 투입물을 구입하느라 지게 된 부채에서 벗어나기를 기대하고 있으나, 수많은 농민이 절망한 나머지 그리고 개별 농민을 위한 자리가 더 이상 없어진 시스템에 항의하여 스스로 목숨을 끊고 있다. 한국 농민 이경해는 2003년 멕시코 칸쿤 세계무역기구(WTO) 회의가 열리던 곳 바깥에서 세계화의 희생자인 소작농에 관심을 돌리게 하고자 할복자살했다.[25] 2010년 현재, 인도 정부의 추정에 따르면 불과 13년 사이에 부채와 세계화의 영향 때문에 농민 20여만 명이 자살했다.[26]

산업화되고 유전적으로 변형된 이 세계적 식품망의 어느 한 부분도 원하지 않는다고 하더라도 그걸 피하는 것은 불가능하다. 만약 여러분이 경작지를 소유하고 있고 수십 년에 걸친 전통적인 영농 경험이 있다 하더라도 사실상 피할 길이 없다. 캐나다의 농부 퍼시 슈마이저에게 한번 물어보기로 하자.

슈마이저는 다윗과 골리앗의 소송사건에서 10년을 끌며 캐나다 대법원까지 갔다. 그는 일종의 특허권 간접 침해로 유죄 판결을 받았는데, 그 이유는 모르고(그의 주장에 따르면 고의성 없이) 서스캐처원 주에 있는 자신의 농장에서 몬산토가 특허권을 보유한 '유전자변형 라운드업 레디' 유채를 일부 재배했기 때문이었다.[27] 말하자면 이러한 형태의 유전자변형 유채는 몬산토의 '라운드업' 제초제에 내성이 있도록 조작되었는데, 이 제초제를 밭에 뿌린다면 라운드업 레디 유채만 빼고 모든 작물이나 잡초가 죽을 수 있다. 몬산토는 종자를 구입한 농민들이 다시 심을 종자를 저장하지 않겠다는 약속을 받아 낸다. 그에 따라 농민들이 몬산토가 만든 유채에 작용하도록 조작된 라운드업 제초제뿐 아니라 해마다 새 몬산토 종자를 반드시 구입하게 해서 이 특허 작물을 강력하게 보호하고 있다.

하지만 슈마이저는 몬산토로부터 종자를 구입하지 않았으며, 사실은 봄에 다시 심으려고 전해에 얻은 종자의 일부를 저장하는 전통적인 방식을 따랐다고 주장했다. 그는 다른 밭에서 온 유전자변형 유채가 몇 년 동안 자신의 종자 풀(pool)을 오염시킨 게 틀림없다고 주장했다. 몬산토가 특허를 낸 유채가 자기 밭에서 자라고 있었다고는 해도 그가 고의로 그 유채를 심지는 않았다. 또 그는 라운드업 제초제를 자신이 재배하는 유채에 사용하지 않았고, 따라서 알지 못하는 사이에 자신의 토지에 영향을 미친 이 유전 기술로부터 이익을 얻지도 않았다.

슈마이저 이웃에 사는 농부 다섯 사람이 라운드업 레디 유채를 재배했다고 한다. 종자는 운송 중에 트럭에서 날려 가기도 하고 바람이나 새를 통해 옮겨지기도 한다. 몬산토는 종자가 어떻게 해서 슈마이저의 경작지에 들어가게 되었는지는 전혀 관심이 없는 듯하다. 몬산토는 기필코 슈마이저를 본보기 삼아 처벌할 작정이었다.

몬산토는 특허를 침해했다는 이유로 슈마이저를 캐나다 법원에 고소했다. 뒤이은 법정 투쟁 끝에, 대법원은 비록 고의성이 없었다 하더라도 특허권 사용료를 지불하지 않고 라운드업 레디 유채를 재배한 것에 대해서 슈마이저에게 유죄 판결을 내렸다. 몬산토는 이 회사의 공격적인 판매 전술에 저항해 온 모든 소농들을 오싹하게 만드는 데 이 소송 사건을 이용했다. 몬산토 유채의 재배를 원했든 원하지 않았든지 간에 그 일부가 어쨌든 그들의 경작지에 들어올 수도 있었기 때문이다. 사실 가장 편한 길은 몬산토의 약자 괴롭히기 전술에 굴복하는 일이다. 특허가 있는 유전자변형 종자를 구입하지 않고, 완고하게 타협을 거부하는 이 마지막 남은 몇 안 되는 사람들은 분명 몬산토에게 눈엣가시였다. 예외를 더 이상 용인하지 않겠다는 점을 몬산토는 분명히 했다.[28]

아마도 이것이 농업이 농촌을 떠나 도시로 들어오게 된 또 다른 이유일 수도 있다. 자기 땅에 자신이 직접 농사를 짓고자 하는 농민이 되려면 반드시 '빅 애그'(Big Ag, 농업 대기업—옮긴이)의 레이더에서 벗어나야 한다. 너무 작아서 문제가 되지 않도록 할 필요가 있고, 바로 도시 안 잘 보이지 않는 곳에 숨는 것이 도움이 될 수도 있다.

식품 소비자

"무엇을 먹는지 말해 준다면 당신이 누구인지 말해 주겠소."

장 앙텔므 브리아-사바랭, 《미식 예찬》(1825)

인간

텍사스 주에 사는 페르난데스 씨 집에는 아들 하나에 딸 하나 해서 사춘기를 앞둔 아이 둘이 있다. 할머니가 가족과 함께 산다. 매주 한 번 사 오는 식료품과 테이크아웃 식품이 부엌 식탁 위에 놓여 그들 앞에 부채 모양으로 펼쳐져 있다. 특히 빵가루를 입힌 막대 모양 생선 튀김, 기름기 없는 다진 소고기, 런천미트, 아보카도, 토마토, 바나나, 도넛, 사과, 아이스버그 상추, 수제 토르티야, 테이크아웃 피자 등이 눈에 띈다. 그 주에 가족이 먹을 식품을 구입하는 데는 242.48달러가 들었다.[1]

레비스 씨 가족은 노스캐롤라이나 주가 고향이다. 어머니와 아버지가 일주일 동안 먹을 식료품이 놓인 식탁 뒤에 서 있다. 식탁 위에는 감자 칩 몇 봉지, 탄산수, 3.8리터 들이 우유, 돼지 갈빗살, 훈제 칠면조 몇 조각, 포도 몇 송이, 봉지에 든 채소가 놓여 있다. 십대 아들 둘이 커다란 피자 박스를 무릎 위에 올려놓고 앉아 있는데, 나머지 일주일치 식품과 함께 곧 정신없이 먹어치울 다른 패스트푸드 포장들도 보인다. 레비스 씨 가족은 그 주에 식품 구입비 341.98달러를 썼다.[2]

케이븐 씨 가족은 캘리포니아 주에 산다. 아버지가 네 살이 채 안 된 남자아이를 안고 있고, 그 아이의 누이는 손을 턱 밑에 괴고 머리를 한쪽으로 기울인 채 카메라를 보고 우스꽝스러운 표정을 짓고 있다. 어머니는 아버지와 어린아이 옆에서 미소를 짓고 있다. 그들이 펼쳐 놓은 식료품에는 갖가지 빵과 소시지를 옥수수 빵으로 싼 핫도그, 냉동 콩, 아침식사용 시리얼 몇 박스도 있다. 다진 소고기 한 팩과 달걀 몇 개, 브로콜리, 바나나, 사과, 귤도 보인다. 그 주에 먹을 식료품에 들어간 비용은 단 159.18달러이다.[3]

나는 실제로 이들 가족의 집에 들어가 일주일 내내 그들을 졸졸 따라다니지 않았다. 이 이야기는 피터 멘절과 페이스 달뤼시오가 쓴 《헝그리 플래닛: 세계는 지금 무엇을 먹는가》(Hungry Planet: What the World Eats)에 나온다. 2005년에 출간되어 높은 평가를 받은 이 책에서 저자들은 가정 식단을 생생하게 들여다보기 위해 전 세계 24개 지역 30가족의 사진을 찍었다. 미국, 캐나다, 독일, 쿠웨이트, 영국, 아랍에미리트, 일본, 멕시코를 비롯한 여러 나라의 가족이 나오는 이 책은 산업화된 식품 소비자들의 식단을 생생하게 보여 주고 있다.

선진 공업국에 사는 사람들은 지방과 소금, 설탕이 많이 들어가 있고 섬유질과 영양분이 적은 식품뿐 아니라 고기와 정제 탄수화물을 많이 섭취한다. 그들은 갖가지 유가공 식품에 치우쳐 과일이나 채소, 씨앗이나 통 곡물은 거의 먹지 않는 경향이 있다. 훨씬 더 중요한 사실은 보통 급하게 텔레비전 앞이나 차 안에서 온갖 식품을 너무 많이 먹는다는 점이다. 공칼로리(단백질과 비타민은 부족하면서 탄수화물과 지방이 과다한 음식의 열량—옮긴이)의 값싼 가공식품이 식단을 대체하면서 통 곡물, 신선한 과일, 제철 채소가 밀려나고 있다.

대단히 미국적이고 늘어나는 허리둘레와 관련이 있었기 때문에 이것은 본디 '서양 식단'이라고 불리었다. 현재 이 현상은 산업화의 길을 걷고 있는 대부분의 나라에서 일어나는 영양 전이로 이해되고 있다. 한때 문화적으로 미국이나 서유럽 특유의 식단으로 여겨지던 것이 지금은 점점 중국이나 인도의 식단이 되고 있다. 중국과 인도가 세계 인구의 3분의 1을 차지하고 있다는 점을 감안하면, 이 나라 국민들의 식습관에서 나타나는 아주 작은 변화가 미치는 영향이 식품 생태계의 커다란 변화가 될 것이다. 월마트가 보호주의로 악명 높은 인도에 매장을 개설하기 위해 협상을 하고 있는 가운데 영국의 대형 식료잡화 판매회사인 테스코와 프랑스의 까르푸도 협상을 벌이고 있다는 사실이 놀랍지 않은가? 중국에 있는 월마트의 대형 쇼핑센터는 아주 수지맞는 국제적인 실험이었음을 이미 증명해 주었다. 1990년대 북아메리카와 영국에서 경험한 대형마트 혁명이 바야흐로 세계화되고 있다.

푸드마일, 연료, 고속도로

1990년대는 슈퍼마켓이 규모면에서 비약적인 발전을 이룬 10년이었다. 슈퍼마켓은 세계무역이 늘어나고 식품 가격이 떨어지는 현상과 더불어 성장했다. 슈퍼마켓이 대형슈퍼가 되었고 식품 판매 대형마트(대형슈퍼보다도 더 큰)가 도시 확산을 좇아서 점점 더 바깥으로 나갔다. 식료잡화점이 얼마나 커질 수 있는지, 아주 멀리 떨어진 곳에서 온 식품이 매장 안에서 얼마나 많이 발견될 수 있는지는 한계가 없는 듯이 보였다.

꼬투리째 먹는 중국산 완두콩과 마늘에서 뉴질랜드산 사과, 남아메리카산 아스파라거스와 포도, 캘리포니아산 딸기와 아티초크에 이르기까지, 세계의 '항시 여름'이 식료잡화점 안에서 한창이었다. 하지만 이런 현상이 가족농에게는 대재앙이었다. 국내 중소 규모(가족) 농가는 세계 시장에서 경쟁하기 위해서 규모를 키우든가 그렇지 않으면 농사를 그만두라는 말을 들었다. 해마다 5만 농가의 비율로 파산하면서 대부분이 농사를 그만두었다.[4] 1990년대 식량 작물의 무역 자유화 탓에 세계 시장에는 한층 더 싼 상품작물이 넘쳐났다. 그 정도가 너무 심해져 풍년인데도 종자와 비료, 기계에 들어가는 비용은 농민이 작물을 팔아 얻는 수입보다 더 많았다.

미국과 캐나다에 마지막으로 남아 있던 가족농들이 이렇게 대량 멸종하자, 기업농들이 농지를 사들여 엄청난 규모의 토지를 모을 수 있었다. 이 때문에 대기업이 어쨌든 상업농 차원에서만 작동하고 있던 규모의 경제를 최대한 이용할 수 있었다. 그 결과 값싼 식품은 더욱더 싸졌다. 어디에 살고 있든 우리는 1월에 딸기를 사먹을 수 있게 되었다.

1990년대는 식품이 정말 먼 거리를 이동하기 시작한 10년이었다. 세계적 식품 교환이 시작된 것이다.

2001년 6월 아이오와주립대학 '레오폴드 지속가능한 농업 연구센터'(Leopold Center for Sustainable Agriculture)가 미국 식품 체계에서 나타나는 식품 생산과 수송, 유통에 대한 획기적인 보고서를 내놓았다. 《식품, 연료, 고속도로》(Food, Fuel, and Freeways)라는 이 보고서는

"소비자들은 대부분 오늘날의 몹시 복잡한 글로벌 식품 체계를 이해하지 못한다. 대부분의 식품 생산과 가공은 소비자가 살아가고 식료품을 사는 곳에서 아주 멀리 떨어진 곳에서 이루어지고 있다"[5]는 글로 시작했다. 사람들 대부분이 글로벌 식품 체계 탓에 화석연료 사용이 급증한 사실을 걱정하기는커녕 알지도 못한다고 저자들은 단정했다. 칠레의 생식용 포도가 기후변화나 온실가스 배출과 관계있다고 생각하는 사람은 별로 없었다. 이 보고서는 연구 결과를 수집하고 통계를 내어, 오늘날에도 여전히 사용되고 있는 일부 중요한 논지들을 로컬푸드 운동에 제공했다. 이 보고서는 식품점에서 파는 평균적인 품목이 재배된 경작지에서 우리 식탁까지 터무니없이 먼 거리를 이동하고 있다는 사실도 밝혀냈다. 또한 이 연구센터가 발간한 보고서는 식품의 소매가격에 거의 반영되어 있지 않은 '생산, 가공, 저장, 운송과 관련한 외부 환경 및 공동체 비용'과 이렇게 증가한 '푸드마일'을 분명히 구분했다.[6]

37쪽 분량의 이 보고서는 기존 식품 체계에 대한 수많은 과거의 연구와 현재의 문제점을 다루고 있다. 미국의 식품 소비자라면 누구나 알 수 있는 일반적인 식품점 품목을 대상으로 경작지에서 식탁에 이르는 복잡하고도 긴 여정을 생생하게 보여 주었다는 점에서 이 보고서는 획기적이었다. 보고서는 운송과 유통 부문에 중점을 두면서 식품 체계의 에너지 사용에 대한 연구 결과를 실었다. 보고서는 기존 '통합 소매-도매 시스템' 즉 슈퍼마켓 의 경우 농장에서 매장까지 식품이 이동한 거리와, '공동체 지원 농업'(CSA, Community Supported Agriculture)이나 농부시장을 통해 직접 소비자에게 판매하는 농민과 지역 소매업체를 위해 생산하는 지역 농업협동조합을 아우르는 지역 체계의 경우 식품이 이동한 거리를 비교했다. 또 신선한 농산물을 사용해 몇몇 식품 체계의 수송 과정에서 이동한 거리, 사용한 화석연료, 발생한 이산화탄소 배출량을 조사해 비교했다. 기존 식품 체계의 이러한 '숨은 비용'을 기록하는 조치를 취하라고 권고하고 지방 및 광역 식품 체계를 지지하는 논거도 제공했다. 결국 이 보고서는 일반적인 식품점 품목이 농장에서부터 소비자에게 이르는 데 2,400킬로미터 이상을 이동한다는 사실을 밝혀냈다. 이로서 오늘날의 산업적 식품 품목을 상징하는 가장 핵심적인 내용이 드러났다.

이 보고서가 아이오와 주에서 나왔다는 사실은 눈여겨볼 만한 일이다. 아이오와 주는 1,335만 헥타르의 농지에서 옥수수나 콩 같은 상품작물과 돼지나 소를 주로 기르는 농업 주이다. 《식품, 연료, 고속도로》 보고서가 나왔을 때에는 이런 농산물 거의 전부가 수출용이었다. 보고서에는 이렇게 적혀 있다. "육류 생산을 위한 가축이 예외가 될 수 있겠지만, 아이오와 주에 있는 농장 대부분은 더 이상 아이오와 주 소비자에게 직접 공급하기 위해 식량을 생산하지 않는다."[7] 그 대신 경작지에서 생산된 식량은 원료가 되어 주를 떠난다. 그 뒤에 그 원료는 가공업자가 '부가가치'를 보태고 그 결과 식품에 비용이 추가된 다음 아이오와 주로 역수입된다.

한때 아이오와 주가 다양화된 지역 농업 중심지로 번성했다고 저자들은 언급했다. 1920년대에 실시한 미국 농업 센서스의 기록에 따르면, 아이오와 주에서는 적어도 1퍼센트의 농장에서 34종의 서로 다른 농산품을 생산하고 50퍼센트가 넘는 농장에서 10종의 서로 다른 농산품을 생산하고 있었다. 예를 들면, 아이오와 주의 농장에서는 사과, 감자, 체리, 자두, 포도, 라즈베리, 딸기, 사탕옥수수, 배가 생산되었다. 1997년이 되자 넓은 구역에 걸쳐 단작하는 옥수수와 콩이 아이오와 주 농장의 50퍼센트 이상에서 재배되었다. 식품의 다양성이 줄어들면서 지방 가공업체의 다양성도 사라졌다. 1924년 아이오와 주에는 옥수수 하나만을 가공 처리하기 위해 36개 카운티에 통조림 공장이 58곳이나 있었다. 1998년이 되자 아이오와 주에는 통조림 공장이 두 곳만 남게 되었다. 한때 농업이 무척 발달했던 아이오와 주는 농산물의 90퍼센트를 수입해야 하는 처지가 되었다.[8]

다른 곳과 마찬가지로 아이오와 주의 먹거리는 주로 디젤유를 사용하고 이산화탄소 배출가스를 내뿜는 대형 트럭으로 오고간다. 보고서에 따르면 농산물 생산에서 가공, 운송에 이르는 식품 체계는 미국의 총 에너지 소비량의 16~17퍼센트를 차지하는데, 운송 부문에서만 식품 체계 내에서 사용되는 에너지의 11퍼센트를 차지한다.[9] 식품 체계에서 사용되는 화석연료를 줄인다면 전반적인 환경 문제에 틀림없이 커다란 영향을 끼칠 것이다.

요즈음 미국에서 소비되는 식품 품목의 평균 푸드마일을 계산할 때, 많이 사용되는 수치가 바로 이 보고서에서 비롯되었다.[10] 평균적인 신선한 농산물 품목이 생산지에서 판매 지점까지 이동하는 거리가 2,400킬로미터(미국에서는 보통 1,500마일이라고 부른다) 정도 된다. 게다가 이 보고서의 저자들은, 대형 식품 소매점들이 영업 활동을 강화하는 가운데 정부가 운영하는 식품 유통센터가 사라지고 있기 때문에 이런 식으로 계산하는 것은 점점 더 어려워지고 있다고 언급했다. 한때는 체인점조차도 정부가 소유하고 운영하던 유통센터나 식품 도매시장을 통해 농산물과 신선육을 구입했지만, 점점 더 효율성과 수직 통합을 중요하게 생각하게 되면서 이제는 체인점들이 자체 유통 시스템을 만드는 쪽을 택했다. 식품 유통센터가 사라지자 자영 식품점들이 중요한 도매 공급 라인을 잃어버렸다. 보고서가 언급하고 있듯이, 이 수치는 1998년 시카고의 여러 식품 유통센터들을 거쳐 간 다양한 신선한 과일, 채소, 고기, 기타 식품에 대한 생산 및 운송 기록에서 추정한 것이다. 다양한 재료가 들어간 가공식품의 푸드마일을 계산하는 것은 훨씬 더 복잡했다.[11] 상당량의 공급 식품이 이러한 민간인 소유 유통망을 거치고 있기 때문에 요즈음에는 푸드마일에 대한 정확한 통계 자료를 얻기가 사실상 불가능하다.

동물

이 식품망에서 인간이 산업화된 식품의 유일한 소비자는 아니다. 우리는 우리가 먹는 가축과 생선 역시 산업적 식품 소비자로 변화시켰다. 가축은 이제 더 이상 풀밭에서 행복하게 풀을 우적우적 씹어 먹는 두서너 마리 암소이거나 진흙 속에서 뒹굴고 농가 마당을 코로 파헤치고 다니는 돼지들이 아니다. 본디 초식동물인 암소는 이제 비좁은 우리 안에서 지내며 콩과 곡물을 먹는다. 자연에서 무척 다양한 먹이를 찾아다니는 동물인 돼지는 몇 가지 필수 비타민을 섞은 콩과 밀 알갱이로 이루어진 단조로운 사료를 먹는다. 양식장 먹이사슬에서 큰 물고기는 이제 더 이상 작은 물고기를 뒤쫓아 가서 잡아먹지 않는다. 그저 알갱이 형태의 어분, 시리얼, 채소를 먹는다.

집중가축사육시설(CAFO, Concentrated Animal Feedlot Operation)이 이제 식품 체계의 육류 생산에서 아주 일반화되었다. 이 시설은 이름이 암시하는 그대로다. 적어도 소 1천 마리가 작은 공간에서 될 수 있으면 빨리 체중을 늘리기 위해 고칼로리 사료를 먹는 공장식 축산 농장이다. 가금류 CAFO에는 적게는 튀김용 닭 1만 마리에서 많게는 산란용 닭 10만 마리가 득실거리고 있다. 알을 낳는 양계장 닭은 몸을 충분히 돌려 세울 수도 없는 철망 우리 안에 갇혀 있다. 부리는 서로 쪼아서 죽을 수도 있기 때문에 지져서 제거한다. 돼지 CAFO에는 2천 5백 마리가 넘는 돼지가 수용되는데 보통 5천 마리 가까이 들어 있다. 노스캐롤라이나 주 타힐에는 세계 최대의 도축장이 있다. 이곳의 스미스필드 돼지 가공 공장에서는 하루에 무려 3만2천 마리가 도축된다.[12]

이 가축들은 비좁고 스트레스를 일으키는 환경 탓에 면역 체계가 약해지고 병에 잘 걸린다. 그래서 CAFO에서 일상적으로 항생제를 남용하는 것은 공장식 육류를 생산하는 현실의 단면이다. 2009년 미국 식품의약국(FDA)이 축산업 부문의 항생제 사용에 대해 처음으로 보고서를 작성했다. 2010년에 발표된 이 보고서에서 FDA의 가장 그럴듯한 추정에 따르면 미국에서 사용되는 항생제의 70퍼센트는 인간이 아니라 CAFO에 있는 동물에게 사용되고 있다는 사실이 밝혀졌다.[13] 그래서 의학계가 병원에서 신종 항생제 내성 슈퍼버그와 씨름하고 있을 사이에, 농업 분야에서는 몸을 돌릴 수조차 없을 정도로 좁은 공간에서 가축을 사육하는 데 가장 비용 효과적이라는 단순한 이유로 생명을 구하는 데 쓰이는 이 약이 마구 사용되고 있다.

그렇다고 해서 CAFO가 당장 사라지지는 않을 것이다. CAFO가 있다는 단 한 가지 이유로 우리는 날마다 그렇게 많은 동물성 단백질을 섭취할 수 있다. 전 세계 육류와 가금류 소비량은 2015년까지 25퍼센트가량 증가할 예정이다.[14] 더 많은 육류를 값싸게 생산해야 한다는 압력은 발전도상국에서 나올 것이다. 지금은 전 세계 인구 대부분이 채식 위주로 식사를 하고 있지만 여러 국가가 산업화하면서 그들 국민의 식사도 산업화하고 있다. 이렇게 동물성 단백질이 풍부한 식사로 전환하면 지구의 한정된 경작지와 수자원에 더 큰 부담을 줄 수밖에 없다. 더욱이 이 때문에 많은 식물 기반 칼로리가 인간의 인접 식품망을 떠나서 동물의 먹이사슬에 들어가고 만다.

고기 1파운드를 '늘리기' 위해 동물은 사료 10파운드를 먹어야 한다.[15] 그 결과 캐나다에서는 곡물의 73퍼센트가 가축 사료용으로 사용되고 있다.[16] 미국에서는 그 비율이 60퍼센트나 된다.[17] 미국에서는 독일보다 더 큰 면적인 40만 헥타르가 오로지 가축 사료용 곡물을 재배하는 데 사용되고 있다.[18] 그 결과 가축 배설물이 130만 톤이나 나오는데, CAFO에서 이것은 엄청난 오염 문제를 일으킨다. 이런 점도 한번 생각해 보자. 건조 중량 1킬로그램의 쌀을 생산하는 데 물 3천 리터가 필요하지만, 소고기 1킬로그램을 생산하기 위해서는 1만5천 리터라는 상상을 초월하는 물이 필요하다.

예전에는 국내에서 소고기와 돼지고기, 가금류 고기를 생산했지만, 지금은 가격을 낮추기 위해 자원은 풍부하지만 재정이 부족한 국가에 가축 생산을 위탁하고 있다. 천식을 앓는 지구의 허파 남아메리카 열대우림은 대부분이 육식 위주의 식사에 대한 갈망을 충족시키기 위해 초당 0.4헥타르씩 대량으로 파괴되고 있다.[19] 하지만 이러한 현상이 발전도상국에서 일어나고 있기에 우리는 이렇듯 환경이 악화되는 문제에 정면으로 맞서거나 비용을 지불하지 않으려는 경향이 있다. 다른 누군가가 이 일을 하고 있다.

기계

2007~2008년에 일어난 주요 식품 가격 급등과 2011년에 일어난 또 한 차례의 가격 폭등은 값싼 식품이 종말에 이르렀음을 보여 준다. 그러나 2007년과 2008년에 이어진 풍작은 또 어떻게 된 일인가? 왜 이 풍작이 산업화된 농업이 의존하고 있는 화석연료의 가격 상승을 적어도 상쇄하지 못했단 말인가? 자유시장에서 공급량이 증가하면 가격이 떨어져야 하는 것 아닌가? 한데 그렇지 않았다. 식품 시장이 현재 연료 시장과 관련이 있기 때문이다.

화석연료 위기에 대비하기 위해 지난 10년 동안 옥수수나 밀 같은 곡물로 만든 '녹색 연료'로 전환이 나타났다. 주요 작물은 갑자기 연료 가격에 맞서 경쟁해야만 했다. 워싱턴에 있는 지구정책연구소(Earth Policy Institute)의 소장이자 《플랜 B 2.0: 파산하는 지구를 구하는 생태경제학》(Plan B 2.0: Rescuing a Planet under Stress and a Civilization in Trouble)의 저자 레스터 브라운은 시사 주간지 《슈피겔》에 쓴 글에서 이렇게 말하고 있다. "사실상 석유 가격이 먹거리 상품의 지지 가격이 된다. 한 상품의 먹거리 가치가 연료 가치 아래로 떨어질 때마다 시장은 그 상품을 연료로 전환할 것이다."[20]

같은 글에서 95리터 용량의 SUV 승용차 연료탱크를 에탄올로 채우는 데 필요한 곡물로 한 사람을 1년 동안 먹일 수 있다고 지적한 것을 감안하면, 위 내용은 특히나 충격적이다. 일주일에 차에 연료를 두 번 가득 채운다고 가정했을 때, 1년 동안 들어가는 곡물은 26명을 먹일 수 있다.[21] 유한한 석유 공급량이 채취량의 종형 곡선을 미끄러져 내려가기 시작해서 희소성이 커지고 가격이 올라가는 지점인 피크 오일에 접근하고 있는 한에서는 식품을 연료로 전환하는 것이 점점 더 이익이 될 것이다. 연료 부족이라는 한 가지 문제를 해결하려다가 훨씬 더 크고 심각한 문제가 발생하게 될 것이다.

전 세계 곡물의 겨우 5퍼센트가 농업 연료로 전환되었는데도 세계 곡물 가격이 75퍼센트나 올랐다.[22] 바이오연료라는 발상이 식품 가격에 재앙을 가져왔기 때문에 유럽연합은 농업 연료 정책을 다시 평가하고 있다.

미국인은 해마다 약 90킬로그램의 고기를 먹는다.[23] 캐나다인도 그에 못지않다(108킬로그램).[24] 2000년 이후 유색인 부모한테서 태어난 미국 어린이 둘 가운데 한 명은 조발성 당뇨병에 걸렸다. 백인 가정에서 태어난 어린이에 대한 통계 수치는 약간 나아서 셋 가운데 한 명이 당뇨병에 걸리게 된다.[25] 미국 정부의 질병관리예방센터(CDCP)의 최신 통계에 따르면, 미국 성인 인구 가운데 3분의 1은 과체중이고 또 다른 3분의 1은 비만이다.[26]

그런데, 소비하는 이 모든 음식에 우리는 돈을 너무 적게 쓴다. 북아메리카 가정의 총지출 가운데 식료품비는 사상 최저치를 기록하고 있다. 대체로 미국인은 가구당 평균적으로 식품 구입에 가처분 개인 소득의 9.4퍼센트를 쓴다.[27] 이것은 전 세계에서 가장 낮은 지출 비율이다. 그러나 이렇게 낮은 이유는 산업적 식품 체계가 값싼 식품이 초래하고 있는 환경·사회적 비용 같은 실제 비용을 숨기는 데 특히 뛰어나기 때문이다. 우리는 선택한 식품이 가져온 건강상의 결과와 환경 영향이라는 두 가지 측면에서 '선매 후불' 방식을 취하고 있다.

라즈 파텔은 《경제학의 배신》(The Value of Nothing)에서 햄버거의 실질 비용을 계산해야 한다고 주장한다.[28] 그는 만약 산업적 육류 생산에 따른 환경 악화, 생물다양성 감소, 브라질 같은 곳에서 벌어지는 생태계 파괴에 화폐 가치가 부여된다면 드라이브스루 햄버거 가게에서 파는 가격표에는 4달러가 아니라 200달러가 표시될 것이라고 주장한다(파텔은 브라질에서 콩 수확을 위해 산림을 벌채해서 가축 사료용 콩을 재배하고 목초지를 만드는 일이 소매가격에 포함되어야 한다고 주장한다). 더욱이 이것은 보통 발전도상국인 다른 누군가가 지불하는 비용인데, 발전도상국은 때때로 5달러 이하의 가격으로 과체중인 미국인에게 버거, 감자튀김, 탄산음료를 먹거리로 공급하기 위해 표토를 잃고 지하수면을 오염시키고 생물다양성을 감소시키고 있다. 이 비용은 실질적이지만 거치되어 있고 예약 할부제로 숨겨져 있거나 너무 자주 발전도상국이 지불하도록 떠넘겨진다. 이것은 눈에 보이지 않아서 곧 잊힌다.

환경 부채를 직접 지불할 필요가 없을지도 모르지만 우리가 값싼 식품의 대가로 계속 오르고 있는 의료비를 지불하고 있는 것은 분명하다. 미국에서는 만연한 비만 때문에 단지 드라이브스루 생활방식을 위해서만 연간 1,470억 달러라는 엄청난 의료 예산이 추가되고 있다.[29] 파텔에 따르면, 미국에서 의료비 5달러 가운데 1달러는 당뇨병 환자를 돌보는 데 사용된다.[30] 그런데도 미국 정부는 옥수수와 곡류 작물에 터무니없이 많은 보조금을 유지하겠다고 고집하고 있다. 이 보조금 덕분에 아주 값싼 식품으로 이루어진 식사가 가능해지면서 미국인 셋 가운데 두 명이 과체중이 되었으며, 의료 제도가 한계에까지 몰리고 있다.

캐나다에는 그런 보조금이 없지만 주로 앉아서 지내는 현대적 생활방식과 패스트푸드 식사 탓에 지금도 큰 피해를 입고 있다. 캐나다인 넷 가운데 한 명이 비만이며 국가 의료 예산 2,020억 달러 가운데 43억 달러가 비만 치료에 쓰인다.[31]

그러나 의료비와 가계 식비라는 두 수치는 장부의 다른 변에서 계산되기 때문에, 좀처럼 함께 논의되지 않는다. 잘못된 부분이긴 하지만 농업 부문에 보조금이 지급되고 있으며, 그 결과 우리는 과식 때문에 발생한 의료비 청구서를 꼼짝없이 떠맡게 된다. 이 모든 비극에서 벗어날 수 있다 하더라도 이것은 코미디다.

FOOD AND THE CITY

04

식량 위기와 지구

"당신도 경제학자가 된다면 식욕이 떨어질지 모른다."

제프 루빈, 《세계가 이제 막 아주 작아지려 하고 있는 이유》(2010).

특정 시스템에서 여분의 것을 없애면 효율성은 커지겠지만 적응력과 회복력도 줄어들게 마련이다. 규모의 경제를 활용하기 위해 집중시키면 시스템 전체를 붕괴시킬 수 있는 손쉬운 표적이 생긴다. 식품 체계에서 다양성을 없애 버리면 아일랜드 감자 기근 같은 일이 벌어진다.

이익에는 위험이 따르고 효율성에는 취약성이 따른다. 어떤 물건이 싸다면 다른 누군가가 돈을 더 내기 때문이다. 자본주의와 무역 자유화에는 규제 완화와 투기가 따른다. 이 이야기가 그렇게 자주 듣는 상반관계는 아니다.

세계화와 자유무역의 시대에 값싸고 풍부한 식량을 생산하겠다는 산업적 농업의 약속은 몇 십 년 만에 사실상 실현되었다. 대규모 공장식 농장이 전례 없이 빠른 속도로 식품을 생산했으며 발전도상국 농장 노동자의 싼 인건비 덕분에 먹거리가 그 어느 때보다도 싸졌다. 옥수수 가격이 너무 싸지는 바람에 이를 이용하는 새로운 방법을 찾기 위해 식품 과학자들은 시간외 근무까지 했다. 옥수수는 탄산음료(감미료로서 액상과당이 사탕수수나 사탕무로 만든 설탕을 대체했다)에서 화장품(옥수수 전분과 옥수수기름)과 일회용 기저귀(옥수수 전분)에 이르기까지 온갖 제품에 쓰이게 되었다. 또 옥수수는 목초지 방목보다 더 빨리 가축을 살찌운다. 한때 고급 음식이었던 스테이크와 닭고기, 생선은 이제 일상 음식이 되었다.

대서양 연어를 예로 들어 보자. 연어는 양식장에서도 잘 자라는 튼튼한 물고기로, 여러 번 냉동과 해동을 반복해도 양호한 상태를 유지한다. 연어는 산업 제품이 되기에 아주 적합하다. 경제 전문가 제프 루빈은 베스트셀러 《세계가 이제 막 아주 작아지려 하고 있는 이유》(Why Your World Is about to Get a Whole Lot Smaller)에서 값싼 석유 덕분에 어떻게 값싼 식품을 생산할 수 있는지 보여 주는 사례로 대서양 연어 소비 증가를 언급한다. 루빈에 따르면, 노르웨이 앞바다에서 잡힌 연어는 소형 어선 선상에서 통째로 냉동되어 항구로 운반된다. 그 후 냉동 연어는 더 큰 배로 옮겨져 더 큰 항구(아마도 로테르담이나 함부르크 같은 곳)로 운반된다. 이제 다시 연어는 중국으로 운송된다. 중국에서는 하루 종일 일한 대가로 턱없이 낮은 임금을 받는 공장 노동자들이 그 연어를 해동하고 껍질을 벗기고 토막을 내고 뼈를 발라낸다. 이 연어는 서쪽으로 되돌아가기 위해 다시 냉동된다. 결국 북아메리카의 코스트코 매장이나 영국의 테스코 매장으로 가게 될 것이다. 대양을 두 번이나 이동하고 몇 달 동안 냉장되는 데도 불구하고 연어 가격이 저렴하다는 사실은 우리가 값싼 석유와 노동력 시대에 살고 있음을 입증한다.[1] 그러나 루빈의 책 전체에 걸친 논점은 값싼 석유 시대가 끝났다는 데 있다. 그리고 값싼 석유가 끝나면 세계화도 끝난다.

전 세계 인구 대부분이 여러 해 동안 세계화의 쓴 맛을 보고 있을 때, 북아메리카의 중산층이 매주 연어가 나오는 저녁식사를 못하게 된 일을 두고 화를 내기는 어렵다. 산업적 식품 생산이 세계의 기아, 특히 대부분이 기근과 영양실조의 위험에 처해 있는 국가의 기아를 끝내 줄 줄 알았다. 하지만 1970년대 녹색혁명이 시작된 이래 굶주리는 사람의 수는 늘어나기만 했다.

2007년 말과 2008년 초에 식품 가격이 치솟았다. 기록적인 세계 곡물 풍작에도 불구하고 몇 주 동안 두 자릿수, 심지어 세 자릿수에 달하는 식품 가격 폭등이 아시아, 아프리카, 중동의 여러 도시를 휩쓸고 지나갔다. 몇 년 동안 식품 가격이 낮았던 탓에 이미 식품을 구하기 힘겨운 사람들에게는 사실상 소득이 급격한 하강 곡선을 그었다. 그 도화선은 세계 금융위기였지만, 이것은 몇 년 동안 진행되고 있던 숨은 재앙을 드러냈을 뿐이다. 유엔 식량농업기구(FAO)는 2008년에 전 세계에서 8억6,200만 명이 굶주리고 있으며, 2009년에는 이 수치가 10억 명에 육박할 것이라고 발표했다.[2] 전 세계 인구 6분의 1이 굶주리게 되는 셈이다.

이 문제에 대응하여 캘리포니아 주 오클랜드의 식량발전정책연구소 '푸드 퍼스트'(Food First)는 2008년 10월에 《세계 식량 위기》(The World Food Crisis)라는 제목의 정책 요약 보고서를 출간했다. 이 보고서는 "수십 년에 걸쳐 왜곡된 농업 정책과 불공정한 무역, 세계의 식량 체계를 마침내 호황과 불황이 주기적으로 일어나는 불안한 상황에 빠뜨린 지속 불가능한 발전" 때문에 빈부 격차가 점점 더 벌어지고 있다고 비난했다.[3] 또한 이 보고서를 쓴 푸드 퍼스트의 사무국장 에릭 홀트-히메네스는 녹색혁명의 유산을 유전자변형 식품 혁명으로 이어 가야 한다는 주장을 받아들이지 않았다. 다시 말해, 늘어 가는 인구를 먹여 살리기 위해서는 이 세계가 산업적 농업과 유전자 조작 작물과 가축을 이용해야 한다고, 기업농이 엄청나게 로비 활동을 하는 이면에 있는 신화에 이의를 제기했다('물론' 기업농과 바이오 기술 회사들은 그들의 전매 상표가 붙은 기술 없이는 늘어나는 인구를 지탱할 수 없다고 주장할 것이다). 그러나 홀트-히메네스는 생산이 문제가 아니라 가격과 분배가 문제라고 지적한다. 지난 20년 동안 세계 식량 생산은 사실상 해마다 2퍼센트씩 증가해 왔으나 인구 증가는 1.14퍼센트로 그 속도가 둔화되어 왔다. "인구는 식량 공급을 초과하고 있지 않다. 식량이 충분하지만 사람들이 가난해서 돈 주고 살 수 없을 뿐이다."[4] 식품이 점점 더 싸지면서 특히 발전도상국 국민의 구매력은 한층 더 빨리 줄어들었다. 오늘날 전 세계 인구 가운데 30억 명은 하루 2달러도 채 안 되는 돈으로 살아가고 있다.[5] '값싸고 풍부하다는 것'이 윈도쇼핑밖에 할 수 없는 사람들과는 무관한 일이다.

2007년 말과 2008년에 걸쳐 30여 국가가 식량 폭동을 겪었다. 미국에서 식량 폭동이 일어나지 않았다는 사실이 식량 위기가 미국인에게 피해를 입히지 않았음을 뜻하는 것은 아니다. 푸드뱅크는 수요가 너무 많아 주체를 못하고 있었다. 미국에서 어린이 1,720만 명을 포함해 인구의 15퍼센트나 되는 5,020만 명이 충분한 먹거리를 구하지 못하고 있었다.[6]

나중에 밝혀진 것처럼 이것은 세계 식량 위기의 첫 번째 파도에 지나지 않았다. 두 번째 파도는 몇몇 주요 식량 재배 지역에서 일어난 기상 이변 사태로 촉발되었다. 전 세계 밀 수출량의 11퍼센트를 차지하는 러시아에서는 2010년 여름, 가뭄에 혹서가 겹쳤다.[7] 기록적으로 높은 기온과 산불 때문에 밀 수확량이 큰 타격을 받았다. 블라디미르 푸틴 대통령은 밀 수출 금지를 발표했다. 세계에서 네 번째로 큰 밀 수출국이자 세계 밀 수출량의 또 다른 11퍼센트를 생산하는 오스트레일리아는 2011년 1월, 프랑스와 독일 국토 면적을 합친 크기의 지역에 홍수 피해를 입었다.[8] 역시 홍수 피해 탓에 오스트레일리아는 설탕 수출량을 25퍼센트나 줄여야 했다.[9] 유엔은 세계 식량 가격이 최고치에 달했던 2008년의 기록을 뛰어넘었다고 보고했다. 예상된 일이지만 과격한 폭동이 2011년 초 다시 시작되었다.

산업적 농업이 값싸게 무한정으로 식량을 공급해 주겠다는 약속을 더 이상 지켜 나갈 수 없는 지점에 도달했다. 변수가 바뀌었고 시스템이 붕괴되고 있다. 기후변화 때문에 경작지가 사라지고 일기 순환 예측이 어려워지고 있다. 전례 없는 속도로 민물과 토지가 고갈되고 있다. 값싼 석유의 시대가 끝나 가고 있다. 마침내 값싼 식량 시대가 종말에 이르렀다.

기후변화

1950년대 이후 지구가 눈에 띄게 따뜻해졌다.[10] 주로 탈것에 미쳐 있는 부지런한 인간이 만들어 낸 결과이다. 대기 중으로 이산화탄소를 배출하는 화석연료를 태웠고, 더 많은 농지와 주거지를 만들 공간을 확보하기 위해 숲의 나무를 베어 내고 불태워 왔다. 균형 잡힌 생태계에서 식물계는 동물계를 위해 이산화탄소를 산소로 변화시키며, 무척 정연한 주기로 동물계는 산소를 들이마시고 이산화탄소를 내쉰다. 거대한 세계의 숲을 줄이고 이산화탄소를 배출하는 기계를 늘려 가는 것은 분명히 자연의 균형을 어지럽히는 일이다. 게다가 우리는 결국에는 부패하면서 메탄을 내뿜는 거대한 쓰레기 더미에 다시 쓰레기를 쌓아올려왔다. 메탄은 이산화탄소와 마찬가지로 온실가스이다. 이 두 기체는 지난 수십 년에 걸친 지속적인 지구온난화의 양대 주범이다.

기후변화는 중대한 기상이변을 일으켜 전통적으로 안정적이던 식량 재배 지역에 큰 피해를 입히고 있다. 기후변화는 단순히 평균기온이 상승하는 것이 아니라 가중되는 기후변화로 증가하는 듯이 보이는 격심한 자연 이변이기도 하다. 가뭄과 홍수, 한파, 화재, 변화하는 기상 패턴이 식량 공급에 피해를 입히고 있을 뿐 아니라 지구온난화는 전반적으로 우리의 식량 재배 능력을 줄이는 결과를 가져올 것으로 보인다. 2011년 1월, 전 세계 신문에 동시에 게재된 기사 〈식량 폭동의 미래〉에서, 2008년 출간된 《기후대전》(Climate Wars)의 저자 그윈 다이어는 이렇게 썼다. "어림잡아서 지구 평균기온이 1도 올라갈 때마다 세계 식량 생산량이 약 10퍼센트씩 줄어든다."[11] 한층 더 불길한 예측을 내놓으며 다이어는 이어서 이렇게 썼다. "그래서 여러 해에 걸쳐 식량 부족이 심해질 것이며 식량 가격이 오를 것이다. 폭동이 반복해서 일어날 수밖에 없다."[12]

러시아와 오스트레일리아의 밀, 캘리포니아와 플로리다의 토마토, 브라질의 오렌지처럼 주요 작물이 특정 지역에 고도로 집중되어 재배되는 상황에서, 단 한 곳에서 생긴 흉작 때문에 비교적 국지적인 재앙인데도 세계적인 식량 부족과 가격 폭등으로 확대될 수 있다.

역사적으로 볼 때 국가는 예비로 식량을 비축해 식량안보 문제를 직접 다루었다. 곡물은 기근에 대비하여 전통적으로 창고에 보관되었다.

그러나 1990년대의 세계화 광란 속에서 국가 곡물 비축은 불필요하며 심지어 자유무역을 반대하는 조치라고 여겨졌다. 대부분의 정부는 세계시장이 대비할 것이라는 태도를 보였으며, 그래서 국가 곡물 비축분을 저장하는 것은 새로운 세계 경제에서는 불필요한 것이 되었다. 세계은행이나 국제통화기금의 채무 면제나 국제 기금 수여 자격을 얻기 위해 발전도상국들은 국가 곡물 비축분을 민영화하거나 팔아 버리라는 압력을 받았다. 농업 보조금이 미국이나 유럽 정부에서 자유롭게 흘러들어오는 상황에서 세계시장의 상품작물 가격이 매우 낮아 라틴아메리카나 아프리카 농민들처럼 보조금이 없는 국가의 농민은 경쟁할 수가 없었다. 그 덕분에 선진 공업국의 곡물 대기업들이 세계 곡물 무역을 지배할 수 있었다.

전 세계가 이같은 현재의 식량 위기로 접어들고 있던 때에 홀트-히메네스는 일부 이런 기업들의 연간 수익을 계산해 보았다. 경제 위기가 드러나고 있던 바로 그때 아처대니얼스미들랜드의 수익이 1년 사이에 38퍼센트 늘었고 카길의 수익이 128퍼센트 늘었으며 카길의 자회사 모자이크 비료가 2006~2008년에 무려 1,615퍼센트의 수익을 올렸음을 알게 되었다.[13]

그래서 세계 곡물 재고량이 70일분 아래로 내려가면 언제든지 가격이 급등하면서, 곡물과 종자, 비료, 제초제, 살충제를 장악하고 있는 다국적 대기업들이 터무니없이 많은 수익을 올리게 된다. 종종 이런 일이 벌어지고 있다. 그런데 자본가에게는 희소성이 사업에 큰 도움이 된다. 기업이 재난 덕에 큰 수익을 올릴 수 있다는 사실을 알게 되면서 이러한 상황을 표현하는 '재난 자본주의'라는 용어도 생겨났다.[14]

피크 랜드

지구상의 경작지 가운데 90퍼센트는 이미 사용 중에 있다고 생각된다. 농지를 더 많이 만들기 위해서는 숲을 베어 내는 방법도 있고 아프리카, 라틴아메리카, 아시아 일부 지역과 위기에 처한 국가들의 값싼 미개간지나 충분히 활용되지 않는(때로는 사실상 지속가능하게 경작된다는 것을 의미하는) 농지를 사들이는 방법도 있다.

한국의 해운·수송 분야 대기업인 대우로지스틱스는 자연자원 개발기업이 되겠다는 미래상을 세우고 마다가스카르에 상당한 에너지와 자금을 투자하기 시작했다. 2008년에 이 기업은 마다가스카르 정부가 옥수수와 야자유 농장용으로 토지 130만 헥타르를 99년간 임대하는 것을 허가하는 계약을 준비하고 있었다.[15] 이 계약은 현재의 식량 위기가 시작된 이후 단 하나의 외국이 아프리카 농지의 이용권을 확보하는 최대 규모 거래가 될 터였다.[16] 이 계약을 통해 한국은 당시 미국과 남아메리카에서 구매하고 있던 필요한 옥수수의 절반이나 되는 양을 안정적으로 공급해 주는 곳을 확보하게 될 터였다. 그런데 이 계약으로 대우가 마다가스카르 농지의 절반을 이용할 수 있는 권리를 얻게 되었는지도 모른다는 사실이 소문나면서 계약이 취소되었다. 시민들의 대규모 항의 시위에 떠밀려 정부는 이 계약을 취소할 수밖에 없었다. 엄청난 돈을 투자한 대우로지스틱스는 당연히 계약이 취소되자 큰 손실을 입었다. 대우로지스틱스는 옥수수와 야자유의 안정적인 공급원을 확보하고 큰 수익을 기대하고 있었다. 2009년 7월 이 회사는 법정관리에 들어가고 말았다.

아마도 몰락의 원인이 되었던 것은 이 토지 수탈의 대담한 규모였던 것 같다. 하지만 특히 아프리카에서는 오늘날에도 다른 토지 거래들이 전례 없이 많이 일어나고 있지만, 주의를 기울이는 정부는 거의 없는 것 같다.

날마다 토마토 30톤과 자연 상태의 신선한 농산물 수백 톤이 에티오피아의 아와사를 떠나 아디스아바바로 향한다.[17] 20헥타르에 걸쳐 있는 이 에티오피아 최대 온실재배 기업은 99년간 임차한 토지 1,000헥타르를 차지하고 있다. 에티오피아의 수도 아디스아바바는 이 농산물의 마지막 목적지가 결코 아니다. 이 농산물 가운데 그 어떤 것도 에티오피아에 남지 않는다. 이 농산물은 바로 그날이나 이튿날 석유가 풍부하나 물이 부족한 중동 국가들의 가게에 진열된다. 에티오피아의 대규모 온실은 사우디아라비아의 억만장자 셰이크 모하메드 알 아무디가 소유하고 있다. 그는 투자 대상을 유전에서 토마토와 감자로 바꾸고 있는 '석유 군주' 가운데 한 사람일 뿐이다.

이것은 사우디아라비아 소비자용으로 향후 몇 년에 걸쳐 쌀과 밀, 채소, 꽃을 재배하기 위해 에티오피아에 50만 헥타르의 토지를 취득하려는 계획의 첫 단계인 것 같다. 정부가 연간 헥타르당 1달러라는 가격에 가장 비옥한 토지 300만 헥타르를 임대하려고 하기 때문에 상업농들이 에티오피아 곳곳에서 생겨나고 있다. 에티오피아 하면 기근과 식량원조가 떠오르는 국가이기도 하다. 에티오피아에는 지금보다 식량이 더 필요한 국민이 아직도 1,300만 명이나 있다.

에티오피아가 특히 안타까운 사례이기는 하나 유일한 곳은 아니다. 전 세계적으로 5,050만 헥타르의 토지를 부유한 나라가 외부 위탁으로 경작하고 있다. 일본과 한국은 필요한 곡물의 70퍼센트를 수입하고 있으며, 아프리카는 신식민주의적 토지 수탈이 벌어지는 곳이다. 아프리카에는 비옥한 농지와 수자원뿐 아니라 최고 입찰자에게 기꺼이 경작권을 팔려고 하는 절박하거나 부패한 정부가 있다. 인도, 중국, 멕시코와 미국처럼 거대 곡창지대를 완전히 바꾸어 버린 산업화된 농업혁명이 아프리카에서는 일어나지 않았기 때문에 현재 아프리카의 여러 국가는 지속가능하고 기름진 농지의 마지막 변경으로 여겨지고 있다. 그리고 이 농지는 값싸게 팔리고 있다. 아프리카의 토지는 아시아 토지 가격의 10분의 1에 임대되고 있다. 몇 나라만 예를 들면 수단, 나이지리아, 탄자니아, 말리, 우간다, 시에라리온, 가나, 케냐, 말라위 같은 곳에서 부자 나라들이 임대 농지를 마구 사들이고 있는 현상은 놀랄 일이 아니다.

외국에서 대규모 상업농이 들어옴에 따라 생계형 농민과 영세 가족농은 토지와 생계수단을 팔아 치우고 있다. 그들은 10년간의 작물 수확량에 해당하는 돈을 받고 있다. 가난한 농민에게는 이 돈이 상당한 액수처럼 보이지만 사실은 한 세대의 반 동안 버는 소득에 지나지 않는다. 이것이 아프리카 국가에게는 '발전의 수단'으로, 잠재적인 투자자에게는 새로운 전략적 금융자산으로, 관심을 보이고 싶어 하는 나머지 세계에게는 다수확 유전자변형 작물과 단일작물, 상업농을 통해 2045년 무렵의 추정 세계 인구 90억 명을 먹여 살릴 유일한 방법으로 받아들여지고 있다. 이것은 집단 망상을 믿게 하기에 충분하다.

이러한 토지 수탈을 일삼게 하는 것은 비단 식량안보 문제만이 아니다. '그레인'(GRAIN)이라는 국제 비정부기구는, 지난 몇 년에 걸쳐 일어난 세계 금융 및 식량 위기 때문에 "연금이나 헤지펀드 같은 금융 및 농산업 분야의 모든 관계자들이" 파생 금융상품 시장을 포기하게 되었고, "식량 위기와 금융 위기가 함께 일어나는 바람에 농지가 새로운 전략 자산이 되었다"고 보고하고 있다.[18] 연금 기금이 농지에까지 투자되고 있는 셈이다.

이러한 역외 농업 합병이 아프리카에만 있는 것은 아니다. 미국 중서부와 캐나다 대초원 지역에 있는 일부 값싼 농지에 누군가가 '매물' 표지판을 내걸 수 있는 곳이라면 어디에서든 일어나고 있다. 북아메리카에서 현재 진행 중인 농장의 위기는 더 이상 신문 1면 뉴스가 아니지만 그렇게 되어야만 한다. 미국과 캐나다의 농민들은 대공황 시절을 능가하는 기록적인 손실을 계속해서 내고 있다. 압류 처분이나 막대한 부채가 생겼다 하면 농지 취득을 전문으로 하는 전략적 자산 회사가 바로 뒤쫓아 온다. 이러한 회사들은 국제 투기 세력의 수익과 소유권을 늘리기 위해 가족농장을 개시 가격으로 잽싸게 사들이고 있다. 감상적인 이름의 '월턴인터내셔널' 그룹은 캐나다와 미국의 밀 생산 지대에 있는 농지 2만4천 헥타르를 소유하고 있다.[19] 투자 자본은 독일과 일본, 중동에서 온다.

대세를 거스르고 필사적으로 생계를 꾸려나가는 중농이나 가족농으로 보이는 경우도 이미 소작농인지도 모른다. 평균적인 미국 양계 농민이 양계업 초기 비용에 50만 달러 이상을 투자해야 하는데도 겨우 연간 1만8천 달러를 벌게 된다면 어떻게 다른 방법이 있을 수 있겠는가?[20] 아니면 밀이 언제나 생산비보다 부셸당 1달러 더 싸게 팔린다면? 만약 우리가 원하는 것이 점점 더 값싼 먹거리라면, 우리는 의도적으로 가족농을 극빈 상태로 내몰고 마침내 멸종시키고 있는 셈이다.

피크 오일

'피크 오일'(peak oil)은 지구의 마지막 유정(油井)에서 최후의 검은 황금 한 방울을 얻어 내는 시점을 말하는 게 아니다. 오히려 이것은 석유 자원을 추출하는 능력이 가장 높은 지점에 도달하는 때를 가리킨다. 피크 오일은 세계 생산량 종형 곡선의 꼭대기이지, 올라가고 나서 정점에서 수직으로 곧바로 떨어지는 절벽이 아니다. 기록적으로 높은 수준의 공급과 기록적으로 낮은 수준의 비용에 이른 다음, 그 이후에는 석유 1배럴을 채굴하기도 급격히 더 어려워지면서 석유 생산이 최종적인 감소 상태로 들어간다. 결국에는 감소가 고갈로 바뀌고, 마지막 몇 방울이 채취될 때 석유는 엄청나게 비싸진다.

피크 오일이 보편적으로 받아들여지는 생각은 아니다. 석유에 대한 수요가 있는 한 항상 누군가가 공급을 찾아내기 마련이라고 믿는 사람도 있다. 이것은 석유 1배럴 가격이 65달러 이상에 머물러 있을 때에만 실현 가능한 주장으로서 기업들이 타르샌드(오일샌드)에 함유된 석유를 뽑아내기 위해 캐나다 북부 앨버타의 드넓은 지대를 파내기 시작했을 때에는 분명히 그랬다.

그러나 대부분의 경제학자나 지질학자, 정부는 피크 오일을 확신하고 있으며, 산업화된 세계가 화석연료로 작동된다는 사실에 대해서는 논쟁의 여지가 없다. 가정 난방에서 식량 재배와 가공, 수송, 판매에 이르는 모든 과정은 화석연료에 의존한다. 하지만 석유는 점점 줄어드는 유한한 자원이다. 우리들은 이미 새로운 비용 절감이나 심지어 석유를 대체하기 위한 새로운 에너지원을 찾으려고 이리저리 궁리하고 있다. 이미 정점에 도달했다고 확신하는 피크 오일 전문가도 있고, 새로운 유전의 중대한 발견이 없을 경우 2020년이 되면 정점에 도달하게 될 것이라고 예측하는 전문가도 있다.

땅속에 정말로 더 이상 석유가 남아 있지 않을 때 일어나게 될 대혼란과 석유의 종말에 대한 추측은 끝이 없다. 캐나다 겔프대학의 에번 프레이저 교수와 앤드루 리마스 교수는 함께 쓴《음식의 제국: 음식은 어떻게 문명의 흥망성쇠를 지배해왔는가》(Empires of Food: Feast, Famine, and the Rise and Fall of Civilizations)에서 조금은 암울한 상황을 이렇게 묘사하고 있다. "데릭 기중기가 원유를 퍼 올리는 작업을 중단하면, 비료 감소 때문에 곡물 수확량이 반으로 떨어질 것이다. 30억 명이 하루치 양식을 잃게 될 것이다."[21]

여러 뛰어난 지성들이 석유 종말로 맞이하는 지구 최후의 날 시나리오에 대해 신중한 태도를 보이고 있다는 사실은 짚고 넘어가야 한다. 풍력 에너지든 태양 에너지든, 아니면 다른 지질학적 자원이든 어떤 형태의 에너지가 점점 증가해 석유를 대체할 것이라고 생각하는 이들이 있다.

바츨라프 스밀은 캐나다 마니토바대학 환경학부의 저명한 교수이자 에너지와 환경, 식량, 인구, 경제, 역사, 공공정책 연구에 학제적 전문 지식을 갖춘 국제적인 비판 사상가이다. 《에너지 신화와 현실》(Energy Myths and Realities)에서 스밀은 화석연료에서 다른 에너지원으로 전환하는 과정이 몇 년 사이에 일어나지는 않을 것이며 오히려 상당한 대가를 치르고 올 것이라고 본다. 사람들 대부분이 알고 있는 것보다 훨씬 더 오랜 기간에 걸쳐 일어날 것이라는 주장이다. 스밀은 완전한 에너지 전환이 일어나기까지는 몇 세대가 걸릴 것이라고 주장한다.[22] 현재 압도적으로 석유 의존적인 먹거리 체계에 놓여 있는 우리에게, 몇 세대에 걸친 전환이란 매우 비관적인 예측이다. 바이오연료 같은 적합한 대체 에너지를 찾고자 한 초기의 시도는 그렇게 잘 진행되지 않았다.

피크 워터

식량을 재배하는 데는 엄청난 양의 민물이 필요하다. 그 양은 거의 믿을 수 없을 정도이다. 한 사람이 하루에 필요한 먹거리를 생산하는 데는 최대 5천 리터의 물이 들어간다.[23] 현재 전 세계에서 사용되는 모든 민물 가운데 70퍼센트는 농업 분야에 사용된다.[24] 유엔은 물, 특히 부족한 민물이 다음 세기의 결정적 자원이 될 것이라는 점을 인정했다. 오늘날 세계는 비축유를 두고 전쟁을 일으키지만, 몇 세대 뒤에는 민물 이용권을 두고 전쟁을 일으킬 수도 있다.

이집트가 이웃 나라에서 흘러 들어오는 물에 의존하고 있듯이 미국은 캐나다에서 흘러오는 민물에 의존하고 있다. 물이 풍부한 나라에서 물이 부족한 나라로 가는 수도의 꼭지를 잠그면 대재앙이 일어날 게 뻔하다. 이 물을 농업을 위해 필요한 곳으로 이동시키는 데에는 에너지가 들어간다. 캘리포니아에서 사용되는 에너지의 20퍼센트가 그저 물을 한 곳에서 다른 곳으로 보내는 데 쓰인다. 따라서 수자원은 에너지 자원과 깊은 관련이 있다.

중국은 북부에 있는 풍부한 강물을 먹거리 재배보다 수익성이 더 좋은 공업용으로 사용하는 것을 선호한다. 이율배반적인 것은 중국이 수입 밀과 세계 밀 시장의 변동에 의존해야 한다는 사실이다. 중동 국가들은 밀과 마찬가지로 물이 많이 들어가는 주곡의 경작을 아프리카에

외부 위탁하고 있다. 사우디아라비아 정부는 단지 민물을 절약하기 위한 수단으로 국내 곡류 생산량을 12퍼센트 줄인다는 공식적인 목표가 있다.[25] 식량을 수출하는 나라는 밀, 소고기, 사과, 상추 몇 포기만을 수출하는 것이 아니다. 그런 나라들은 수자원도 수출하고 있다. 물이 희소해지면 식품 가격이 올라가게 되고 물이 풍부한 국가가 유리한 지위에 오르게 될 것이다.

피크 농업지식

산업화된 농업을 둘러싼 이 모든 논의에서 거의 관심을 끌지 못하는 한 가지 이슈는 전 세계가 자연자원을 잃고 있는 것보다 더 빠르게 농업 지식을 잃고 있다는 점이다. 67억 명이 사는 지구에 오늘날 약 28억 명의 농민이 남아 있다.[26] 현재 산업화된 농민 한 사람이 평균 140명 이상을 먹여 살리고 있는 셈이다.[27] 놀랍게도 전체 미국인 가운데 고작 2퍼센트만이 농민이다.

대부분은 소작농민과 자급자족 농민이다. 대개 농민은 정말 가난하다. 수많은 농민이 토지등기부가 없는 곳에서 살고 있다. 계속 자신들의 토지를 경작할 수 있을지도 확실히 알 수 없다. 그들이 쫓겨나면 그 지역 고유의 먹거리 재배 기술 지식이 한 세대 안에 사라져 버릴 것이다. 축적하는 데 수만 년이 걸린 인류의 전통적인 지식이 자취를 감추는 셈이다.

이 모든 요인들이 작동하고 있는데도, 세계 식량 위기가 우리 대부분의 허를 찔렀다는 것은 정말로 놀라운 일이다. 이미 2006년에 투자은행들은 파생 금융상품과 다른 투기성 금융시장 옵션보다는 특히 작물 같은 상품 시장으로 돌아서고 있었다. 밀을 비롯한 곡물은 바이오연료처럼 수요가 아주 많다. '애그플레이션'(agflation)이란 상품작물의 가격 상승과 일반적인 인플레이션에서 일어나는 물가 상승의 연관성을 설명하기 위하여 국제 금융시장에서 사용하는 용어인데, 이때까지는 상품작물이 일반적인 인플레이션의 외부 요인으로 여겨졌다. 아시아와 아프리카는 이러한 애그플레이션의 충격을 정면으로 받았다. 밀 가격이 곱절로 뛰어오르고 다른 주요 농산물 가격이 인플레이션으로 급등했을 때, 육지에 둘러싸인 서아프리카 국가 부르키나파소에서는 2008년 2월 대도시 세 곳에서 폭동이 일어났다. 곧 아프리카와 중동, 특히 이집트와 예멘에서는 더 많은 식량 폭동이 일어났다.

그 후 식량 폭동이 유럽과 남북 아메리카와 아시아에서 끓어오르기 시작했다. 밀 가격 상승 때문에 이탈리아에서 '파스타 폭동'이 일어났다. 그리고 옥수수 시장의 인플레이션 때문에 '토르티야 폭동'이 일어났다. 아르헨티나에서는 국민들이 가장 좋아하는 채소의 가격 급등에 항의하는 '토마토 불매운동'이 벌어졌다. 브라질 정부도 당분간 쌀 수출을 중단하겠다고 발표했다. 2008년 3월 쌀 가격이 2주 만에 두 배가 되었을 때, 아시아에서도 식량 폭동이 발생했다. 2009년 인도에서 감자 가격이 136퍼센트나 올랐으며, 병아리콩, 렌즈콩, 강낭콩 같은 다른 먹거리 가격이 40퍼센트 이상 올랐다.[28]

그다음으로 식량 가격이 급등한 2011년에는 폭력 사태가 늘어나면서 정부가 완전히 무력화되기도 했다. 이집트 국민들이 밀 가격 상승과 그에 따른 일용 주식인 빵 가격 상승에 항의하여 가두시위에 나섰다. 식량 부족과 빵 같은 주식의 가격 상승이 중동의 정부를 몰아내고 있는 대부분의 정치 불안에 도화선이었다는 사실이 대중매체에서는 아직도 충분히 보도되지 않고 있다.[29]

2011년 유엔 식량농업기구는 전 세계적으로 식량 가격이 2008년의 기록적인 최고점을 뛰어넘었다는 사실을 나타내는 또 하나의 충격적인 식량가격 지수를 발표했다. 광범위한 식량 폭동의 두 번째 파도가 튀니지의 여러 도시에서 시작되면서 장기 집권자가 권좌에서 쫓겨났다(식량 폭동이 도시에서 일어났다는 사실은 놀랄 일이 아니다. 식량이 부족하거나 식품 가격이 오르면 언제나 도시 주민이 농촌 주민보다 더 피해를 입기 쉽다). 그 후 이 소요 사태가 바레인, 알제리, 요르단, 예멘, 알바니아, 시리아, 레바논, 이집트로 퍼져 나갔다. 급기야 리비아, 수단, 아이보리코스트까지 옮겨갔다. 기아는 가장 독재적으로 통치되고 있는 곳에서조차 혁명의 확실한 점화장치다.

지구가 수용 능력의 한계에 이르렀음을 확신하고 그다음 반세기에 태어날 것으로 예측되는 수십억의 추가적인 인구를 먹여 살릴 또 한 번의 비약적인 농업 발전을 기대하던, 20세기 초 우리가 출발했던 그곳으로 다시 돌아간 것처럼 보인다. 새로운 기술이 지극히 한정된 종류의 먹거리를 생산하는 데 이용되면서 전체 농업 분야를 동질화하고 있다. 그럼에도 '빅 애그'(농업 대기업)는 등록상표가 붙은 고가의 유전자 조작 종자와 가축, 화학 살충제, 제초제, 살균제, 항생제, 비료 같은, 자신들이 개발한 특허 받은 '생명과학' 기술에 훨씬 더 많이 의존해야 한다고 말한다. 하지만 세계 식량 위기에 대해서는 이미 싹트고 있는 다른 해결책이 있다. 이것은 한 해 전까지만 하더라도 열대우림이 서 있던 지평선까지 끝없이 펼쳐져 있는 유전자변형 콩밭과는 전혀 달라 보인다. 사실 이것은 빅 애그가 아닌 그 모든 것이다. 이것은 지방분권적이고 무상 공개에 소규모이며 믿기지 않을 정도로 다양하고 사방에 흩어져 있으며 심지어 조금 무질서하기까지 하다. 이것은 중장비나 고가의 인프라 없어도 농작물 생산이 가능하다. 이것은 손이 닿을 정도로 가까운 곳에 있다. 이것은 바로 도시 안에서 기르고 분배하고 공유하고 먹는 움직임이다.

FOOD AND THE CITY

05

새로운 먹거리 운동과 도시농업

"우리는 모두 공동 생산자다."

카를로 페트리니(2007)

첫 번째 물결

1992년 11월, 비쩍 마르고 키가 크고 목소리가 부드러운 학자풍 인물이 〈푸드 파일〉(Food File)이라는, 영국 '채널 4' 텔레비전 매거진 프로그램에 출연했다. 출연자 팀 랭은 자신이 선택한 주제에 대해 '마우스피스'라는 코너에서 몇 분 동안 거리낌 없이 의견을 밝혔다. '지속가능한 농업·식량·환경'(SAFE, Sustainable Agriculture, Food, and Environment) 연합 의장으로서, 팀 랭은 그 무렵 거의 대부분의 사람이 몰랐던 문제인 글로벌 식품 체계의 현실을 알리고자 했다. 슈퍼마켓에서 파는 누가 봐도 외국산인 과일뿐 아니라 많은 먹거리가 다른 대륙은 말할 필요도 없이 다른 나라에서 왔다.[1]

랭은 식품 체계의 복잡한 사정에 대해 알고 있었으며 점점 더 세계화되는 식품망이 어디로 향하고 있는지 심각한 우려를 드러냈다. 그는

1970년대 소규모로 가축을 사육하던 농민이었다가 1980년대 초에 학계로 들어왔다. 1984년부터 1990년까지 랭은 지자체가 설립하여 재정을 지원하던 초창기 식량정책협의회 가운데 하나인 런던식량위원회(London Food Commission)의 위원장이었다.[2]

1990년대 랭은 인식과 변화를 이끌어 내기를 기대하며 세계 식량 무역의 불합리성을 부각시키기 위해 집요하게 운동을 벌였다. 랭은 특히 세계무역기구(WTO)의 전신인 관세무역일반협정(GATT)을 이끌고 있던 인물을 비롯한 정책 결정자들에게 무역 자유화의 예기치 못한 숨겨진 생태적·사회적·경제적 결과를 고려하라고 촉구했다. 점점 낮은 식품 가격을 추구하다보니 일반적인 식품점 물품이 생산에서 상점 구입 시점까지 복잡한 경로와 터무니없이 긴 거리를 이동하게 되었다. 아무도 잠재적인 환경·건강·문화적 비용을 따져 보지 않는 것 같았다. 오히려 정책 결정자들은 개방된 시장이 곧 발전이라는 생각을 갖고 내달리고 있었다.

랭은 소비자를 겨냥해 상품 라벨 정보에서 무엇이 빠져 있는지 알게 하면 이 논의에 영향을 미칠 수 있지 않을까 하고 생각했다. 이미 랭과 SAFE 연합의 동료들은 먹거리가 생산지와 최종 소비자 사이에 이동한 거리를 약칭하는 '푸드마일'(food mile)에 대해 이야기하고 있었다. 어쩌면 푸드마일은 "먹거리가 어디에서 어떻게 오는가 하는, 먹거리의 미래에 관한 투쟁의 중요한 국면에 소비자가 참여하도록 도와주는" 용어였다.[3]

먹거리의 생산, 가공, 유통, 판매 방법(그리고 장소)에 눈에 보이지 않는 혁명이 일어났고, 소비자들이 이 혁명을 매일같이 입에 집어넣고 있다는 사실을 알아야 한다고 랭은 통감했다. 이 짧은 텔레비전 프로그램 코너가 그에게는 이때까지 세계 식량 체계에 대해 내부 사정에 밝은 사람만이 알고 있던 것을 다루고, 식료품을 선택할 때 가격이나 겉모양뿐 아니라 푸드마일까지 고려해야 한다는 생각을 널리 전하는 기회였다. 이 용어는 텔레비전에 나오는 소비자 친화적이고 인상적인 한마디로 딱 맞아떨어졌다.

텔레비전에서 방영된 프로그램 코너에서 랭과 여러 대의 카메라는 런던 중심부에 있는, 과일과 채소와 꽃을 파는 거대한 식품 매장인 코벤트가든 마켓을 찾았다. 주요한 전국 식품점 체인 대표와 인터뷰했고 노점에서 먹거리를 파는 사람과도 인터뷰했다. 15미터 상공에서 찍은 마지막 장면은 랭이 거대한 세계지도 위에서 이곳저곳으로 쇼핑카트를 밀고 다니며 전 세계에서 물품을 선택하고 나서 각 구매 물품의 푸드마일을 더하는 모습을 보여 주었다. 그다음 랭은 위와 비슷하게 대부분이 영국과 유럽산인 먹거리를 구매하기 위해 이동하고 나서 훨씬 낮은 총 푸드마일을 집계해 보여 주었다.

랭은 10년 후 국제 슬로푸드 운동의 정기간행물인 《슬로푸드》(Slow Food) 2006년 5월호에 이렇게 썼다. "사람들이 가격이나 겉모양뿐 아니라 얼마나 멀리 이동했느냐 하는 푸드마일로도 그들이 먹는 식품을 판단하고 싶어 할 것 같다고 기대하며 사람들에게 제안할 수 있었죠. 그것은 초현실적으로 보였으며 재미있게 하려고 한 것이었어요. 그 프로그램은 내가 불합리하고 해로운 에너지 사용을 줄이기 위해 푸드마일에 세금을 부과하자고 제안하는 것으로 끝났죠."[4]

곧 랭은 전국의 텔레비전에 방영된, 베니 힐(영국의 유명한 코미디언—옮긴이)식으로 표현했던 짧은 장면이 영국 쇼핑객의 공감을 불러일으켰다는 사실을 알게 되었다. 1993년이 되자 '푸드마일'이라는 용어가 일

반적으로 통용되는 어휘에 들어갔고 영국 주요 신문에서도 자주 사용되었다.[5]

1994년 SAFE 연합은 《푸드마일 보고서》(The Food Miles Report)에서 안젤라 팩스턴이 책임을 맡아 내용을 충실하게 만들고 구체화한 연구로 영국 내 푸드마일 열풍에 부채질을 했다.[6] 1999년 SAFE와 전국식품연합이 합쳐져 태어난 '서스테인연합'(Sustain Alliance)이 2001년에 또 하나의 획기적인 보고서 《석유를 먹는다》(Eating Oil)를 뒤이어 내놓았다.

한편 이탈리아에서는 세계화에 대한 또 다른 반응이 일어나고 있었다. 1986년 맥도날드가 로마의 주요 랜드마크이자 공공집회 장소 가운데 하나인 스페인광장 옆에 매장을 열었다. 이것은 미국에서 슬며시 들어오고 있는 것 중에서도 특히 빅맥이 자신들의 위대한 음식 문화를 침략하고 있는 모습을 본 많은 지역 주민에게는 최후의 결정타였다. 칼 오너리가 2004년에 펴낸 책 《느린 것이 아름답다》(In Praise of Slow: How a Worldwide Movement Is Challenging the Cult of Speed)에서 멋지게 표현했듯이, 이것은 "도가 지나친 식당이다. 이방인이 성문 안에 들어와 있으니 무슨 조치가 취해져야 했다."[7]

통찰력 있는 푸드 저널리스트인 칼 오너리는 이탈리아식 삶의 정취와 관습이 값싸고 빠르며 뻔한 것들에 압도당하게 될 미래를 보았다. 음식 문화의 세계화와 동질화라는 이 모욕에 대한 그들의 본능적인 반응으로 카를로 페트리니와 동료 패스트푸드 반대자들은 '슬로푸드'라는 이름을 택했다. 1989년, 페트리니는 15개국에서 온 똑같이 분노한 미식가들을 파리의 슬로푸드 창립 회의에 모이게 했다. 그들은 그곳에 한데 모여 이탈리아 시인 폴코 포르티나리가 쓴 슬로푸드 선언을 승인하고 채택했다. 슬로푸드 선언은 이런 문장으로 시작되었다.

> 산업 문명의 휘장 아래 시작되고 발전해 온 우리 세기는 우선 기계를 발명하고 이것을 생활의 전형으로 받아들였다.
>
> 우리는 속도의 노예가 되어 모두가 동일한 잠행성 바이러스에 굴복당했다. 우리의 관습을 붕괴시키는 패스트 라이프가 우리 가정의 사생활에 배어들어 패스트푸드를 먹게 만든다.
>
> 그 이름이 욕되지 않도록, 호모 사피엔스는 속도 때문에 인간이 멸종 위기에 처한 종이 되기 전에 거기서 벗어나야 한다.
>
> 조용한 물질적 즐거움의 확고한 방어는 패스트 라이프의 보편적인 어리석음에 맞서는 유일한 방법이다.

그러나 푸드마일에 대한 우려, 사라지고 있는 먹거리 관련 전통에 대한 인식, 감성적인 반대 입장은 결국 모두 똑같은 것이었다. 이 상황에 대하여 사람들은 실제로 무엇을 '하고 있었던가?'

두 번째 물결

첫 번째 물결은 몇몇 계몽된 식품 소비자를 일깨웠다. 21세기에 접어들면서 소비자들이 산업화된 장거리 식품망에 대한 우려를 표명하기 시작했다. 영국의 쇼핑객들은 주요 식품점 체인들이 로컬푸드를 더 많이 갖다 놓아야 한다고 요구하기 시작했다. 그때까지 지배하고 있던 먹거리 선택에 대한 하향식 의사 결정과는 반대로 영국의 푸드마일 열풍이 소비자에서부터 대형 식품점 체인의 대표에게로 서서히 확산되어 올라갔다. 이 움직임은 광범위한 소비자 운동이 식료품 업계가 대응해야 하는 진정한 변화를 어떻게 가져올 수 있는지를 보여 주는 본보기가 되었다.

슬로푸드의 철학과 융통성 있는 조직 구조는 이탈리아 바깥으로 급속히 퍼져 나갔다. 아이러니하게도 지역 음식을 먹자는 운동이 세계적 운동으로 확대되었다. 슬로푸드의 이상과, 지부를 가리키는 '콘비비아'(convivia)가 샌프란시스코, 포틀랜드, 시애틀, 뉴욕 같은 곳에 일찌감치 자리를 잡았다.

미국과 캐나다에서 1970~1990년대에 거의 사라졌던 농부시장이 요란한 소리를 내며 되돌아왔다. 1998년에 미국에서 운영되는 농부시장은 2,756곳이었다.[8] 2009년이 되자 5,274곳으로 늘어났으며, 이제 농부시장은 수많은 시민들이 주말마다 으레 찾는 곳이 되었다.[9]

더욱이 마이클 폴란이 적절한 시기에 적절한 책을 펴냈다. 2006년에 출간된 《잡식동물의 딜레마》(Omnivore's Dilemma)는 산업적 식품 분야의 현실을 폭로했다. 얼마나 많은 슈퍼마켓 물품이 식품이라기보다 식품 과학이라고 할 만한 것인지, 산업적 식품 문화가 우리의 몸과 가족, 사회에 미치는 영향이 얼마나 심각한지를 보여 주었다. 이전엔 입에 들어가는 것에 대해 신경을 쓰지 않던 친구들이 갑자기 농부시장으로 향하고, 지역에서 생산된 유기농 닭고기와 쇠고기, 돼지고기를 어디에서 구할 수 있는지 물어 왔다.

먹거리를 농민들한테서 직접 구입하면서, 공동체지원농업(CSA, Community Supported Agriculture) 프로그램이 '바코드를 사용하지 않는' 다른 대안으로서 농부시장과 함께 등장하기 시작했다. 공동체지원농업은 초봄에서 늦가을까지 자기 몫의 농산물을 받는 대가로 지역(보통 소규모) 농업 경영체에 가구가 선불로 돈을 지불하는 것을 말한다. 미국 농무부에 따르면, 2001년에 전국적으로 400곳에 공동체지원농업이 운영되고 있었다. 2009년에는 1,400곳이 넘는 공동체지원농업이 있었다.[10]

슬로푸드라는 아젠다가 교육에서 운동으로 발전하는 가운데 영향력이 전 세계로 뻗어 나갔다. 슬로푸드 운동은 생물다양성 보존과 농업 노동에 대한 공정한 임금 촉구, 가족농 지원, 전통적인 식품에 대한 지식 보존 등으로 활동 방향을 돌렸다. 새로운 슬로푸드 철학은 문제의 근본 원인을 회피하기보다는 "맛과 문화의 표준화, 다국적 식품 회사와 산업적 농업의 무제한적인 힘"에 정면으로 맞섰다.[11] 현재 회원국이 수십 개국에 이르는 슬로푸드 운동 단체는 좀 더 정치적 색채를 띤 '모두를 위한 좋고 깨끗하며 공정한 먹거리'로 단체의 메시지를 압축했다.[12]

잘 알려져 있듯이 2000년대 말에 이르러 카를로 페트리니는 전 세계 슬로푸드 회원에게 '소비자'라는 수동적인 명칭을 버리자고 촉구했다. 그 대신에 회원들에게 '공동 생산자'라는 임무를 맡겨서, 즐거움에 초점을 맞춘 슬로푸드의 논리적 근거를 희생하지 않고 그들이 보고 싶어 하는 변화에서 정치적·경제적 역할을 효과적으로 수행할 수 있게 했다. 슬로푸드는 단체의 웹사이트에서 이렇게 단언하고 있다. "당신에게 좋은 것은 세상에도 좋다!"[13] 더 잘 먹고 음식에 돈을 쓰고 즐거움에 스스로를 열어 주면서 동시에 세계를 구하자는 얘기이다.

일반 소비자들의 인식이 불과 몇 년 사이에 눈에 띄게 발전했다. 우리의 먹거리가 어디에서 오고 있는지에 대한 논의가 관심사로 자리 잡았다는 사실을 부인할 수 없게 되었다. 2007년 말, 《뉴옥스퍼드 미국영

어사전》(New Oxford American Dictionary)은 '로커보어'(locavore)를 그해의 단어로 공표했다.[14] 로커보어는 환경과 식품 품질을 이유로 슈퍼마켓보다 농부시장에서 먹을거리를 사는 사람이다. 로컬푸드 먹기가 적어도 명목상으로는 주류에 들어섰다.

세 번째 물결

모든 세대는 자신들이 변화하는 시대에 살고 있다고 느끼는 것 같다. 그러나 통계적으로 보면, 전 지구적으로 현재의 우리가 가장 근본적으로 변화된 세계에 살고 있다.

2008년 유엔 인구기금(United Nations Population Fund)은 인류가 '보이지 않지만 중대한 시점'을 지났다고 보고했다. 역사상 처음으로 지구상 농촌보다 도시에 더 많은 사람이 살게 되었다. 2030년이 되면 전 세계 인구의 3분의 2 이상이 도시에서 살게 될 것이다. 미국, 캐나다, 영국 같은 선진 공업국 인구의 80퍼센트가 이미 도시에서 살고 있다.[16] 우리는 이제 도시라는 서식지에서 사는 도시종이며, 음식과 주거 같은 기본적인 생활필수품을 준비할 때 선택하는 방법은 그런 환경에 영향을 받을 것이다.

우리가 농촌 생활과 관계는 끊었는지 모르겠지만 음식 섭취의 필요성과 관계를 끊은 적은 없다. 마이클 폴란이 다양한 식품망을 거치는 여행을 통해 《잡식동물의 딜레마》에서 의인화하고 있듯이 제2의 물결이 "저녁에 무엇을 먹을까?" 물었다면, 제3의 물결은 "오늘 저녁 먹을 것은 어디에서 왔을까?" 하고 묻고 있다.

아주 오랫동안 우리는 주위의 농지가 계속해서 식량을 생산하고, 점점 더 멀리 떨어진 곳에서 식품을 수송하기 위해 값싼 연료가 변함없이 유입되기를 줄곧 기대해 왔다. 그에 따라 교통과 주택, 오락, 위생의 수요 중심으로 도시를 계획해 왔다. 농업을 다른 대륙에 위탁하는 것은 연료 집약적인 산업화된 농업의 마지막 몸부림처럼 보인다. 에너지를 절약하면 세계 식품망이 단축될 것이다. 이 모든 것 때문에 우리는 도시로 다시 돌아가게 된다. 우리는 식품 수요를 염두에 두고 이제 도시를 다시 생각하기 시작했다. 식품과 도시의 본질적인 관계에 대한 탁월한 견해를 알고 싶으면 캐럴라인 스틸의 《음식, 도시의 운명을 가르다》(Hungry Cities: How Food Shapes Our Lives)[17]를 읽어 보기 바란다. 도시에는 먹거리 생산에 필요한 토지, 물, 노동, 편리한 시장 같은 자원이 있다. 우리 '공동 생산자'가 살아가는 바로 이 도시에서 먹거리를 길러 식품망을 단축하자는 것은 지극히 합당한 생각이다.[18] 우리는 먹거리를 염두에 두고 의식적으로 도시를 계획한다면 어떤 일이 벌어질지 그 가능성에 이제 막 눈뜨고 있다.

전통적으로 농업과 먹거리는 중앙정부뿐 아니라 주나 도 같은 광역자치단체의 관할이었다. 하지만 우리는 연담화(連擔化)된 대도시권에서 수천만 명이 모여 사는 메가시티 시대에 들어가고 있다. 21세기에는 국가나 국민적 의제가 아닌 도시가 이제 변화의 새로운 동력이라는 사실이 놀랄 일이 아니다.

이 책이 초점을 맞추고 있는 도시농업은 도시가 계획되는 방법, 도시가 작동되는 방식, 도시의 외관과 인상, 냄새까지 모두 바꾸게 될 것이다. 인구가 급속히 도시에 집중하는 가운데 도시에 먹거리를 어떻게 공급할 것인가 하는 문제는 이번 세기 내내 우리를 괴롭히게 될 것이다.

도시 먹거리 생산과 지방 유통망은 도시 주민이 어떻게 살아가고 무엇을 먹을 것이냐 하는 문제에서 획기적인 전환점이 되는 주된 요인으로 떠오르고 있다.

현재 전 세계에서 약 8억 명이 어떤 형태로든 도시 먹거리 생산에 종사하면서 대략 5억 달러어치의 과일과 채소를 기르고 있다. 이 수치를 보면 도시농업이 마치 전 세계에 널리 퍼져 있는 것처럼 보인다.[19] 하지만 도시농업과 공동체지원농업, 농부시장이라는 대안적 식품 체계는 선진 공업국 먹거리 분야에서 겨우 1퍼센트를 차지하고 있을 뿐이다. 미국 농무부는 미국에서 식품 판매량의 1퍼센트 이하가 농부시장이나 공동체지원농업을 통해 농민한테서 소비자에게 직접 판매된다고 보고하고 있다.[20] 지금 같은 초기 단계에서는 도시농업에서 나오는 먹거리의 판매량이 차지하는 비율을 알 수 있는 수치가 사실상 없다.

식품 판매량의 나머지 대부분은 여전히 비용을 줄이는 데 있는 관심을 쏟는 슈퍼마켓과 그 공급망을 통해 들어오고 있다. 그처럼 낮은 가격은 세계 상품 시장과 고도로 전문화된 산업적 식품망에서 비롯된다. 바꾸어 말하면 식품 체계를 쇄신하기 위해서는 갈 길이 무척 멀지만 피크오일, 피크워터, 심지어 피크랜드 이후의 미래에 대부분이 도시에 사는 인구를 어떻게 먹여 살릴 것인가 하는 문제가 재검토되기 시작했다. 여러 권의 책을 쓴 식량정의 운동가 반다나 시바가 《석유가 아니라 토양: 기후위기 시대의 환경정의》(Soil Not Oil: Environmental Justice in an Age of Climate Crisis)에서 지적하고 있듯이 "그 어떤 사회도 탈식량 사회가 될 수는 없다."[21] 즉 가장 낙담한 농부라도 말하겠지만, 우리는 반드시 먹어야 한다!

파리

현대 도시농업의 뿌리

"우리는 우리의 정원을 가꾸어야 한다."

볼테르, 《캉디드 혹은 낙관주의》(1759)

이 책을 쓰기 위해 다닌 모든 여행 중에서 가장 마음에 들었던 순간은 나무가 늘어선 파리의 대로를 걸어 내려가고 있을 때였던 것 같다.

칠흑 같이 검은, 상자 모양의 경찰서는 창문조차 검은 색이어서 그 주위에 뒤섞여 있는 새 건물과 낡은 건물 중에서 돋보였다. 그 경찰서는 주눅 들게 하고 공포에 떨게 하려고 디자인된 1970년대 브루탈리즘(현대 건축양식의 일종으로 장식을 배제하고 콘크리트의 거친 질감을 노출시키는 것을 특징으로 함—옮긴이) 건축물의 아주 좋은 예였다. 그러나 누군가가 보도 옆 1층 둘레 윈도우 웰(지하실 방의 창문 채광을 위해 움푹하게 파 놓은 곳-옮긴이)에 포도나무를 심어 놓았고, 어린 나무들은 용감하게 이 미끄럽고 거대한 암체를 타고 오르려고 최선을 다하고 있었다. 공격성에서 영감을 받은 이 인간미 없는 건물의 의도적인 가혹함을 누그러뜨리려고 애쓰는 포도나무들이 나란히 서 있는 모습에 나는 웃음을 터뜨렸다. 포도나무의 노력도 그 포도나무를 심은 정원사의 노력도 모두 헛되지 않았다. 포도나무가 승리하고 있었다.

19세기 파리, 프랑스식 집약 농업의 탄생

프랑스 도시농업은 담장을 친 중세 파리의 텃밭에서 시작해 19세기 파리의 최전성기로 발전했다. 텃밭을 둘러싼 높은 돌담은 소중한 농산물을 보호하고 밤에 열을 텃밭 지역으로 돌려보내기 위해 낮에 열을 흡수한다. 담장으로 둘러싸여 비바람으로부터 안전한 이곳은 여린 식량 작물에게는 미기후 지역으로서 생장기를 연장해 줄 뿐 아니라 과일의 조기 숙성과 가장 연약한 채소 작물의 거의 연중 재배도 가능하게 해준다. 파리에 널려 있던 말똥 거름을 충분히 주어 높임 화단(온도 유지와 배수를 위해) 안 토양의 지력이 꾸준히 증진되었다. 그렇지 않았더라면 말똥은 당시 도로를 오염시키는 큰 골칫거리였을 것이다. 영양분이 흙으로 돌아갔을 뿐 아니라 거름이 아래쪽에서 퇴비화되면서 나오는 열기로 발효 온상이 만들어져 서리가 여린 작물에 영향을 미치지 않게 해주고 생장기를 거의 연중으로 연장시켜 주었다. 담장이 열을 보존하는 능력을 이용하는 것과 높임 화단에서 사용된 거름을 통해 열을 만들어 내는 것은 제철이 아닌데도 많은 먹거리가 재배될 수 있는 두 가지 주된 이유였으며 시장 판매용 채소 경작자에게 큰돈을 가져다주었다.

유리를 씌워 작물 위에 놓는 '냉상'이나 종 모양의 유리 덮개(프랑스어로는 클로슈)가 고가의 식량 작물을 조기에 생장시키고 숙성시키기 위해 널리 사용되었다. 밀식을 해서 물주는 양을 줄였고, 잡초와 해충 둘 모두를 억제하기 위해 혼식이 개발되었다. 특정한 풀이나 꽃은 흔히 보이는 해충을 쫓아낸다. 예를 들면 골파, 양파 또는 금잔화도 진딧물을 쫓아낸다. 해바라기는 진딧물을 모여들게 하지만 토마토나 돼지감자에 진딧물이 못 가게 하는 데 이용하기도 한다. 일부 공영식물(함께 심으면 서로 좋은 영향을 미치는 식물—옮긴이)은 줄기를 지지하는 구실을 한다. 옥수수는 덩굴제비콩의 '지주'로 사용하기도 한다. 호박은 옥수수나 다른 키 큰 식물이 자라는 곳에서 잡초를 억제하는 흔한 키 작은 지표식물이다.

이러한 효과적인 재배 기술의 결합은 흔히 '한평 텃밭 경작' 또는 '포타제'(potager) 경작이라고 불리는데 지금도 여전히 활용되고 있다. 이른바 프랑스식 집약 농업으로 알려져 있다. 이 덕분에 19세기 후반 파리 시 인구가 100만에서 200만으로 두 배가 되었을 때에도 파리에서 신선한 과일과 채소 생산이 활발하게 이루어질 수 있었다.

마레 지구는 센 강의 오른쪽 기슭에 있는 파리 역사 지구로 현재 파리 시 하부 행정단위인 제3구와 제4구로도 알려져 있다. 한때 파리의 도시농업의 중심지였다(프랑스어로 '늪'을 뜻하는 마레는 이 지역이 질척거리는 늪지여서 붙여진 지명이다. 늪지는 12~13세기에 말라 버렸지만 그 이름은 남았다). 그 유산으로 프랑스 전역에서 시장 판매용 채소 경작자는 원래 늪지 경작자를 뜻하는 '마레쉐'(maraîchers) 또는 '마레쉐르'(maraîchères)라고 한다.

현재 쿠바나 캐나다에서 이용되고 있는 집약적 도시농업 방법의 이러한 기원에 대해서는 그렇게 많은 관심을 보여 오지 않았다. 1977년, 농업 학술지 《농업-생태시스템》(Agro-Ecosystems)에 집약적 도시농업 대한 가장 훌륭한 설명이 실렸다. 제럴드 스탠힐 박사는 〈도시의 농

업 생태계: 19세기 파리의 사례〉에서 "도시농업에서 가장 중요한 시기였던 19세기 후반, 파리의 '마레'가 탁월한 도시 농업 생태계 가운데 하나였다"고 지적한다."[1]

스탠힐에 따르면, 19세기 후반에 대략 8,500명의 도시농부 즉 마레쉐가 파리 시내에서 당시 파리 시 면적의 6분의 1에 해당하는 1,400헥타르가 조금 안 되는 땅을 경작하고 있었다. 이 작은 도시농장들이 1년 내내 값비싼 고급 샐러드와 채소 작물 10만 톤을 파리에 공급했고 나머지는 영국으로 수출했다. 1인당 하루 2,400킬로칼로리가 필요하다고 가정하면, 1헥타르 구획이 15명의 파리 시민에게 필요한 칼로리와 54명의 파리 시민에게 1인당 하루 57그램의 식물성 단백질을 공급할 수 있었다. 이 시스템은 파리 시민들에게 한 해 1인당 50킬로그램의 신선한 샐러드, 채소, 과일을 제공했다. 스탠힐은 이것이 극단적인 채식주의 식단인 점을 인정하지만, 도시 식품 생산 체계로서 이 시스템은 "현재의 농업 작부 체계 가운데 가장 생산성이 높은 체계의 생산량과 같다"는 점을 인정한다.[2] 더욱이 "농산물 수확량 측면에서 볼 때, 백 년 전의 '마레 시스템' 생산량은 오늘날 재배되는, 거의 최고의 수확을 올리는 당류나 곡류 작물의 생산량과 같았다."[3] 또한 스탠힐은 이러한 시장 판매용 채소 경작자들이 최고 수확량이나 가장 칼로리가 높은 작물에는 관심이 없었다고 특별히 언급하고 있다. 그 대신 그들은 제철이 아니어서 고수익을 올릴 수 있는 고급 작물을 촉성 재배했는데, 그래서 이 경작 체계가 한층 더 인상적이다.

스탠힐은 시장 판매용 채소 농원에서 생산되는 10~20종의 갖가지 샐러드, 채소, 과일 작물을 확인할 수 있었다. 마레쉐는 간작을 했다. 다시 말해 그들은 줄기 지지대 용도로(예를 들면 덩굴성 강낭콩을 옥수수와 함께 심는 것) 공영식물을 이용하거나, 돼지감자나 토마토에 진딧물이 끼지 않도록 해주는 방향성 허브처럼 다른 작물의 성장이나 보호를 강화해 준다고 알려진 작물을 동시 파종했다. 이런 방식으로 마레쉐는 많으면 한 해에 여섯 차례, 적어도 세 차례나 수확할 수 있었다고 한다. 이것은 기록된 것 중에서 가장 생산적인 경작 체계의 하나라고 생각된다.

19세기 말에 이르러 수송 수단으로서 차가 말을 거의 완전히 대체하고 도시 내부 토지를 두고 경쟁이 일어나면서 파리에서 이러한 형태의 도시농업이 갑자기 쇠퇴했다. 높임 화단의 주된 재료인 말똥을 구하기가 힘들어졌다. 게다가 기계화된 교통수단 덕분에 농부들은 도시 바깥에서 토지를 찾게 되었고 그럼에도 농산물을 시장에 가져갈 수 있게 되었다.

도시 집약적 시장 판매용 채소 경작은 파리에서 상당히 오래 지속되었지만, 지난 20년 사이에 거의 자취를 감추었다. 1988년에 여전히 1,900명의 마레쉐가 '일드프랑스'라는 파리 대도시권에서 농작물을 재배하고 판매하고 있었다. 1997년이 되자 마레쉐는 800명밖에 남지 않게 되었다.[4]

이제 극소수의 도시 시장 판매용 채소 경작자가 파리 대도시권에 남아 있는데, 나는 정말 우연하게도 그중에 한 명을 찾아냈다. 10년 넘게 파리에서 살고 있는 내 친구 질(캐나다인 여성)과 함께 지역 거리 시장인 마르쉐 오귀스트-블랑키(le Marché Auguste-Blanqui)를 구경하고 있었는데, 질이 무심코 지역의 도시 시장 판매용 채소 경작업체인 '마레쉐 얼-램'의 시장 노점을 가리켰다. 가판대 위에는 양끝이 조금 납작하게 눌린 예쁜 골든 토마토와 끝이 뾰족한 빨간 에일룸 토마토가 쌓여 있었다. 그곳에는 피라미드처럼 쌓아 놓은 셀러리 뿌리, 다양한 종류의 샐러드, 바질, 엄청나게 크고 잎이 넓적한 이탈리안 파슬리 묶음들, 갓 캐낸 당근, 감자도 진열되어 있었다. 신선도와 품질은 비길 데가 없었다. 살고 있는 아파트에서 겨우 몇 블록 떨어져 있고 일주일에 화·금·일 사흘 열리는 멋진 대규모 거리 시장에서 질이 정기적으로 들르는 곳 가운데 하나가 공교롭게도 이 노점이다.

질은 내 얼굴에 나타난 표정을 흘낏 보고서, 웃는 얼굴로 이렇게 말하는 듯했다. "이게 바로 엎어지면 코 닿을 데 있는데 왜 차를 타고 슈퍼마켓에 가야 하지?" 우리는 무엇을 고를까 곰곰이 생각하며 몇 분을 보낸 후 예쁘게 생긴 반결구상추와 약간의 치커리를 사기로 했다.

오늘날의 파리

유럽과 북아메리카의 여러 도시들과 마찬가지로 파리에서 도시 먹거리 경작에 대한 관심은 1990년대에 사상 최저 수준으로 떨어졌다. 하지만 사라질 조짐이 보이고 있을 바로 그때 되살아나기 시작했다. 충분히 활용되지 않거나 버려진 도시 용지에 토지 소유자의 승인 없이 텃밭을 꾸미는 활동가인 '게릴라 가드너' 한 무리가 1999년 과거 공업 용지였던 곳에 불법으로 텃밭을 조성했다. 몇 년 후에 '녹색 손'(La Main Verte)이라는 프로젝트가 공식적인 승인을 받았다. 2001년의 선거에서 당선된 후 베르트랑 들라노에 파리 시장이 파리의 유명한 벨리브 자전거 공유 프로그램과 시 전역에 걸친 원예용 살충제 사용 금지 같은 도시 재생과 도시 녹화 사업을 지원했을 무렵이었다.

현재 '녹색 손'은 파리의 공식적인 공동체텃밭 경작 자원 조직이며,

공동체 먹거리 텃밭은 이 프랑스 수도에서 다시 인기를 얻고 있다. 지난 10년 동안 지역의 요리 전통을 보호하려는 관심이 새롭게 일어나면서 퐁투아즈 양배추, 몽마녜 민들레, 아르장퇴유 아스파라거스, 몽모렌시 체리, 파로 사과 같은 전통적인 농산물과 과일이 다시 인기를 얻고 있다.[5] 2011년 현재, 파리 시 공식 웹사이트에는 58곳에 이르는 공동체텃밭 경작 사이트가 올라와 있다.[6]

마르쉐 오귀스트-블랑키에서 아침 장을 본 후, 나는 질과 여섯 살 난 딸 제시, 질의 남편 뤽이 몇 주 전에 우연히 발견한 동네 근처 공동체텃밭을 찾아 나섰다. 불르바르 도피탈 공동체텃밭(Jardins familiaux du boulevard de l'Hôpital)은 1960년대 프랑스 정부 보조 공동주택 블록과 건너편에 있는 임대료가 비싼 아파트 사이에 끼어 있어서 두 건물 사이를 가로지르는 보도로만 접근할 수 있다. 우리가 그곳에 가까이 다가서자, 말랐지만 체격이 단단하고 머리가 희끗희끗한 남자의 모습이 눈에 띄었다. 그는 이중 초점 안경을 코끝까지 내려쓰고 불붙이지 않은 담배를 아랫입술에 달랑달랑 매단 채 한 줄로 심은 포도나무들을 만지작거리고 있었다. 전설적인 해양탐험가 '자크 쿠스토' 풍으로 입은 크루넥 스웨터는 실이 몇 가닥 풀려 있었다. 포도나무의 가지치기를 할 때 베레모를 쓰고 바게트를 겨드랑이에 끼고 있었더라면 더 프랑스 사람처럼 보였을 것이다.

보도로부터 텃밭 구획을 지켜 주는 것은 아장아장 걷는 아기나 조그마한 애완동물이 들어오지 못하게 할 정도인 무릎 높이 울타리와 그보다 더 낮은 출입문이었다. 곧 그 남자는 텃밭에 들어오라고 손을 흔들었다. 내가 누구이고 왜 우리가 이 텃밭에 흥미를 느끼는지에 대한 설명에는 거의 관심이 없는 것 같았다. 장 그리포는 자기를 소개하고서

파리 시 13구에 있는 불르바르 도피탈 공동체텃밭(2010년 10월 2일).

우리 세 명을 '그의' 굉장한 텃밭으로 따뜻하게 맞아 들였다.

약간 쓸모없어 보이는 울타리에 대해 말을 꺼내자 그리포도 그 울타리가 농작물 도난을 막는 데 별 효과가 없다는 점을 인정했다.[7] 처음에는 농작물 도난이 문제가 되었지만 지금은 상당히 줄어들었다고 설명했다. 대부분 어린아이들이 하는 저지레이고 그것은 정상적인 행동이라고 덧붙였다. 그리포도 어릴 때 그런 행동을 했다. 하지만 어른이 그런 행동을 한다면 그것은 곤혹스럽다. 물론 어른들이 쇼핑백을 들고 와서 익은 듯이 보이는 것은 무엇이든 따 가는 모습을 본 적이 있다. 하지만 보통은 주위에 경작자가 있어서 그런 종류의 바람직스럽지 않는 행동이 억제된다.

"여기에는 구획이 27개가 있죠" 하고 말하는 동안, 불붙이지 않은 담배가 아랫입술 위에서 계속해서 위아래로 까닥거렸다. 모든 경작자는 자신의 공간을 관리해야 한다고 그는 강조했다(프랑스에서는 모든 사람이 일을 함께 나누고 수확물도 함께 나누는 공유 형태의 텃밭이 많은데, 흔히 이것을 공동체텃밭이라고 한다. 반면에 북아메리카에서는 같은 용어가 거의 언제나 경작자마다 작업을 하는 지정된 장소가 있는 형태의 텃밭을 가리킨다). 경작자는 개인에게 배정된 공동체텃밭 구획과 창고, 공용 연장, 물 이용에 대한 사용료로 1년에 90유로(약 13만 원)를 낸다.

그리포는 여기서 5년 동안 경작해 왔다고 말했다. 그 전에는 실내용 분재 화초에 물을 준 적도 없었다고 한다. 이 동네에서 나고 자랐다는 그리포는 조금 들뜬 기분으로 "나는 콘크리트에서 태어났으니 콘크리트에서 죽을 겁니다" 하고 단언했다. 자기 텃밭 구획을 가지고 나서는 대부분 다른 경작자들이 일하는 모습을 어깨너머로 보면서 경작하는 법을 배웠다.

우리가 느릿느릿 작은 텃밭 사이를 걷고 있을 때, 그는 마치 작물 이름 퀴즈쇼처럼 우리 지식을 시험했다. 무, 월계수, 토마토, 리크, 돼지감자, 셀러리, 딸기는 너무 쉬웠다. 곧 그는 러비지, 시나몬 바질 같은 좀 더 어려운 작물로 넘어갔다. 2010년에는 날씨가 너무 습해서 어쩔 수 없이 곰팡이의 영향을 받으며 작물을 재배할 수밖에 없었지만, 심어 놓은 한 이랑의 샤슬라 포도처럼 그가 보이는 경작의 대담성은 매력적이다. 그리포는 가까이 다가와 이웃 구획에 있는 만생종 복숭아인 페쉬드 비뉴 나무를 가리켰다. 전통적으로 포도 수확 작업을 하는 동안 먹을 간식거리로 포도나무 사이에 이 복숭아를 심었다고 말했다.

파리 출신 프랑스인 그리포의 국제적인 요리에 대한 모험심 역시 인상적이었다. 그는 900그램짜리 길고 하얀 동양무를 뽑아 진흙을 닦아 내고는 제시에게 건네주었다. 어린 제시는 그것을 받아 들고 어떻게 해야 할지 몰랐다. 그리포는 향긋한 꽃향기가 나는 일본 바질인 차조기도 자기 텃밭 구획에서 키우고 있었다.

어떤 구획은 허브, 과일, 꽃, 채소가 한데 어우러진 '국제연합' 같았다. 앤틸리스제도 출신의 한 경작자는 차요테 호박을 기르고 있었다. 또 어떤 경작자는 줄기가 유난히 긴 자이언트 양배추를 여러 포기 기르고 있었다. 전통적인 프랑스 식품이 아닌 게 확실한 호박도 눈에 띄었다. 아주 늦은 만생종 딸기도 있었다. 때는 10월의 첫 주였다.

"비너스의 젖꼭지!" 우리가 끝이 조금 뾰족한 자홍색 토마토 열매가 달린 나무에 다가가자 그리포는 짓궂게 소리치며 말을 이었다. "올해 처음 시도해 보는 새 작물이죠." 그 시점에 우리는 다른 경작자의 구획에서 제대로 약탈을 하고 있었다. "걱정하지 마세요, 나는 그렇게 해도 괜찮아요." 그는 담배를 들고 있는 손을 머리 위로 흔들며 우리를 안심

불르바르 도피탈 공동체텃밭에 있는 포도나무를 가꾸고 있는 장 그리포(2010년 10월 2일).

시켰다. 걷는 동안 그는 익은 것은 무엇이든 따서 제시에게 건네주었고, 제시는 기쁜 마음으로 천 장바구니를 채웠다.

한 시간쯤 지나자 어느새 우리는 그리포에 관해 꽤 많이 알고 있었다. 어느 구에서 태어났는지를 비롯해 인근에 여자 친구가 있고 그가 허브에 폭 빠져 있으며 퇴비 처리장과 지렁이 통을 가장 자랑스러워한다는 사실을 알게 되었다. 우리가 텃밭의 농기구 창고와 깔끔하게 라벨을 붙인 퇴비 통을 돌아서자 그는 긴 목제 여물통 안에 있는 삼베 조각을 들어 올렸다. 그곳에는 부엌에서 나오는 벗긴 채소나 과일 껍질과 퇴비로 이루어진 식사를 기다리는 수천 마리의 붉은 색 지렁이가 꿈틀거리고 있었다.

폐가 될 만큼 너무 오래 머문 것은 아닐까 걱정이 되었다. 우리는 그리포 씨한테 시간을 내주고 공짜 농작물로 장바구니를 불룩하게 만들어 주어 감사하다고 말했다. 그러자 그는 다음날 바로 이 텃밭에서 열리는 연례 공동체텃밭 소풍 행사에 우리를 초대했다. 우리가 그곳을 걸어 나오고 있을 때, 파리에서 기른 공짜 도시 농작물의 무게로 팔에 잔뜩 힘이 들어간 질이 이런저런 얘기를 하고 있었다. 즉석 가이드 투어, 이메일 주소 교환, 먹거리 선물, 언제든 다시 방문해도 좋다는 초대, 전반적인 친밀감에 대해 언급했다. 내가 질에게 말했다. "항상 일어나는 일이야, 작은 녹색 먹거리 작물이 관련될 때에는 언제나 그렇지."

왕의 채소밭, 베르사유

질, 제시와 함께 베르사유에 가기로 한 터라 우리는 아쉽게도 그리포 씨의 공동체텃밭 소풍 행사에 참석하지 못했다. 파리 중심부의 마레쉐가 대부분 역사 속으로 사라져 버렸지만 울타리가 있는 텃밭 경작과 집약적인 도시농업 기술의 매우 훌륭한 예가 아직 남아 있었다. 베르사유 궁전에서 겨우 몇 블록 떨어진 곳인, 수도의 이 부유한 교외에 있는 '포타제 뒤 루아'(potager deu Roi) 즉 왕의 채소밭에서 지금도 경험할 수 있다.

태양왕 루이 14세가 17세기 후반 파리에서 베르사유로 궁전을 옮겼을 때, 주방과 호화 연회에 필요한 식재료를 공급하기 위해 9헥타르 면적에 채소와 과일 텃밭이 조성되었다. 비용은 아끼지 않았다. 고도로 숙련된 정원사이자 전직 변호사 출신의 장 밥티스트 라 캥티니가 1678년부터 이 텃밭을 만드는 일의 책임자였다. 라 캥티니는 1688년에 세상을 떠날 때까지 그곳의 수석 정원사였으며 왕의 채소밭은 그가 만든 최고의 작품이었다.

그 부지에는 몇 가지 문제가 있었는데, 우선 넓은 늪지의 물을 빼고 땅을 말렸다. 흙을 가져오고 돌과 벽돌로 된 담장과 테라스를 만들었다. 그 결과 만들어진 것이 한가운데 있는 커다란 분수 연못을 둘러싼 16개의 좀 더 작은 정사각형으로 이루어진 커다란 직사각형 중앙 채소밭이었다. 담장으로 둘러싼 과수원 29개가 그 둘레에 조성되었다. 높고 두꺼운 돌담이 있는 이 침상원(지면보다 바닥이 낮은 곳에 조성된 정원—옮긴이) 덕분에 미기후와 비바람이 들이치지 않는 장소가 형성되어 과일이 빨리 익을 수 있었다. 담장이 있고 손질이 잘 된 이 정원에서는 중부 유럽 기후인데도 무화과나무가 살아남을 수 있었다. 루이 14세는 무화과에 지나치게 집착했다고 한다.

왕실 마구간에서 나온 신선한 거름을 많이 주고 태양 노출 각도를 최대한 활용하며 과수원 주위에 두꺼운 담장을 세우는 등, 마레쉐한테서 배운 방법을 이용해 라 캥티니는 과일을 예정보다 5주 또는 6주나 빨리 익게 할 수 있었다. 딸기는 3월 말, 완두콩은 4월, 무화과는 6월에 수확했다고 한다. 심지어 그는 아스파라거스와 상추를 12월에 수확하곤 했다.

루이 15세 치하에서 운영 자금이 대폭 줄었는데도 라 캥티니의 후임자들은 새로운 재배 기술을 어떻게든 도입했다. 마침내 커피나무 열두 그루가 정원 온실에 적응했으며 루이 15세는 바로 이곳 베르사유에서 재배된 커피를 자랑하곤 했다. 가온(加溫) 온실을 도입함으로써 더욱 많은 외래 작물을 생산하게 되었는데, 프랑스혁명이 일어났을 때는 특히 파인애플 나무 8백 그루가 그곳에서 자라고 있었다고 한다.

베르사유 왕실 채원 지지대에 고정된 과실수로 둘러싸여 있다(2010년 10월 3일).

이 텃밭은 프랑스혁명과 두 차례의 세계대전으로 벌어진 정치적·사회적 변화에서도 살아남았다. 이 텃밭의 관리인들은 어떻게 해서든 계속해서 먹거리를 생산해 냈고, 그래서 이 텃밭은 처음 조성된 330여 년 전과 거의 같은 모습으로 지금껏 남아 있다. 왕의 채소밭은 1926년에 유적으로 지정되었고, 유럽에 남아 있는 몇 안 되는 궁전 텃밭 가운데 하나로 이름을 날리고 있다.

나는 베르사유 국립조경학교 왕실 채원 수석 정원사 앙투안 야곱슨과 짧은 이메일을 몇 차례 주고받았다. 미국 뉴저지에서 태어났으나 1980년대 이후 프랑스에서 살아온 야곱슨은 영어만큼 프랑스어를 똑같이 편하게 쓴다. 야곱슨은 왕실 채원이 4월에서 10월 말까지 화요일부터 일요일 엿새 동안 일반에 공개된다고 말해 주었다. 내가 파리에 머물던 바로 그 주말에 연례 수확제인 '채원의 맛'(Saveurs du Potager)

행사가 열릴 예정이었다.

베르사유 기차역에서 5분가량 걸어 도착한 그곳에서 질과 제시, 나는 각각 입장료 4.50유로(약 6천 원)를 냈다.

중앙 광장이 내려다보이는 테라스에 있는 라 캥티니 동상 옆에서 우리는 야곱슨과 만나기로 되어 있었다. 중앙 광장에는 서로 다른 채소 4백 종과 과일나무 5천 그루(4백여 종)가 자라고 있었다. 저 옛날 루이 15세가 바로 이 테라스에 서서 채원의 장관을 한껏 즐긴 이래 변한 게 거의 없는데도 불구하고, 야곱슨은 곧바로 이곳이 박물관 전시품 같은 정원이 '아니라' 감상에 빠질 시간이나 여지가 거의 없는, 실제로 경작되고 있는 먹거리 생산 공간이라는 점을 분명히 했다.

품종이란 것은 역사의 기록을 위해 텃밭에 남게 되는 것이 아니다. 맛이 좋거나 어떤 면에서 교육이나 연구용으로 흥미로워서 사람들이 좋아하는 과일이나 채소를 생산한다면 그 품종은 남게 된다. 신품종이 맛이 좋거나 소출이 높으면 야곱슨은 자연선택의 법칙이 효과를 나타내도록 내버려 둔다. "그냥 오래 된 것이라고 해서 다 좋은 게 아니에요." 야곱슨이 말했다.[8]

이곳은 학습센터이기도 하다. "나는 기르는 사람을 기르는 사람이죠." 야곱슨이 농담을 던졌다. 정원사를 '기르는' 것이 자신의 직업인데, 이 정원이 정원을 순환하는 160명의 조경학과 대학생을 위한 교육 프로그램을 진행하는 대가로 주로 농업부가 재정을 지원해서 운영되고 있기 때문이다. 놀랍게도 이 정원은 한 해에 고작 4만 유로(약 5,600만 원)의 예산으로 운영되고 있다. "이곳은 부지 면적이 9.4헥타르로 상근 경작자 열 명으로 운영되고 있지요. 대단히 권위 있는 공간이지만 몹시 가난한 공간이기도 해요." 야곱슨은 제멋대로 자란 짙은 눈썹을 치켜

올리며 말했다.

연간 과일 40톤과 채소 25톤에 이르는 왕실 채원 수확물은 정원 내 소매점뿐 아니라 정원 입구 건너편 대성당 광장에서 매주 한 번 열리는 농부시장에서도 판매한다. 정원 입장료에서 소액의 수입도 나온다. "열정과 훌륭한 조직으로 [자금 부족을] 보완하려고 애쓰고 있죠." 야곱슨은 웃으며 말하고 나서 무척 바쁘고 상쾌한 이 가을 오후에 또 다른 일반인 정원 투어를 이끄는 공무로 서둘러 되돌아갔다.

이 거대한 정원에 있는 다양한 야외 '방들' 사이를 어슬렁거리게 된 우리는 특히 과수원에 끌렸다. 세계 최대 컬렉션의 지지대 고정 과일나무에 둘러싸인 나는 이상하고 독창적인 가지치기 기법에 놀랐다. 지지대 고정 과일 나무(또는 초본식물)는 대부분 벽에 기대거나 가지런하게 균형 잡힌 형태로, 특히 편평한 2차원 평면으로 가지치기가 된 것이다. 그 역사가 적어도 중세로까지 거슬러 올라가는 이 방법은 과일나무가 돌담에 기대어 나란히 자라면서 담장에서 나오는 열을 최대한 이용할 수 있고 그래서 과일이 빨리 익을 수 있기 때문에 널리 이용되었다. 지지용 원통형 케이지 위에서 꽃병 형태로 자라는 두아엔 뒤 코미스 배나무 같이, 2차원이 아니지만 그래도 되도록 많은 햇빛이 과일에 이르게 하는 데 목적을 둔 여러 다른 형태의 지지대 고정 과일나무도 있다.

사과나무는 이미 수확이 끝났지만, 배나무에는 '여인의 허벅지'로 번역되는 '퀴스마담'(Cuisse-Madame)이나 좀 더 경건한 '봉크레티앵'(Bon-Chrétien '선한 기독교인')처럼 품종 이름이 자극적인, 아름답고 껍질이 부드러운 배가 가득 열려 있었다. 봉크레티앵은 라 캥티니가 가장 좋아하는 배 품종이었다고 하는데, 영국에서는 '윌리엄 배'라고 하고 북아메리카에서는 '바틀릿 배'라고 한다. 우리는 손이 닿는 곳에 있는 이름 모를 익은 배를 발견했고, 나는 파리로 돌아오는 기차 안에서 먹으려고 그 배를 남의 눈에 띄지 않게 살짝 땄다.

속죄하는 마음으로 나는 그곳 판매점에서 책 몇 권, 친구에게 줄 선물용 부엌 앞치마, 계속 늘어나는 나의 도시 벌꿀 수집품에 추가하기 위해 2010년 여름에 생산된 끈적끈적한 황금색 농원 벌꿀이 담긴 포타제 뒤 루아(Potager du Roi) 상표가 붙은 250그램짜리 꿀단지 하나를 샀다.

파리의 도시 포도밭

18세기까지 도시 내 넓은 면적을 차지했던 파리의 도시 포도밭은 시장 판매용 채소밭보다 도시화의 맹공격을 더 잘 이겨내 왔다. 현재 파리 대도시권에는 132곳의 도시 및 근교 포도밭이 있고, 파리 시 행정구역 안에는 10곳의 포도밭이 있다.[9] 새로 심은 포도나무로 20년이 채 안 된 곳도 있고 1930년대까지 거슬러 올라가는 곳도 있다. 한 곳을 제외하면 모두 수도의 주요한 역사적 포도밭 부지이고 조합이나 시 소유 경작지다. 불로뉴 숲에 인접한 '르 도멘 드 라 빌 드 파리-바가텔'(Le Domaine de la Ville de Paris-Bagatelle)은 파리 시내에 있는 유일한 개인 소유의 상업적 포도밭이다.

에펠탑 바로 동쪽에 있는 조르주 브라상 공원에는 1983년에 심은 피노 누아르 포도나무 7백 그루로 이루어진 포도밭이 있다. 이 포도밭은 18세기 말까지 한때 보기라르의 남쪽 시골 마을 전역을 차지하던 큰 포도밭 부지에 자리 잡고 있다. 일부 샤슬라 드 퐁텐블로 생식용 포도가 그랬듯이 펄레트와 피노 뫼니에 포도가 1983년에 추가되었다. 연도에 따라 다르지만 이 도시 포도밭에서는 1,200제곱미터의 부지 면적에서 최대 600킬로그램의 포도가 생산된다.[10]

13세기에 수도사들이 파리 동부에 있는 포도밭 15헥타르를 가꾸었는데, 그 가운데 일부가 현재 20구에 있는 벨빌 공원이다. 이곳은 벨빌 공원에 있는 250제곱미터 면적의 포도밭으로 1992년에 다시 만들어졌다. 이곳에는 피노 뫼니에 종과 샤르도네 종 포도나무가 140그루 있다.[11]

20구의 케 드 베르시에 있는 '비뉴 뒤 파르크 드 베르시'(Vigne du Parc de Bercy)는 센 강을 따라 뻗어 있다. 로마인들이 갈리아 지역을 정복하고 그 정착지를 '루테시아'(3세기에 파리로 이름이 바뀌었다)라고 이름 붙였던 2천 여 년 전 이곳에 양조용 포도나무가 심어졌던 것으로 여겨졌다. 13세기 무렵 이 부지에는 큰 포도밭과 포도주 양조장이 있었으며 루이 14세가 베르시에 포도주 저장 창고 회사를 설립했다고 한다. 이 회사는 1950년대까지 번창했다. 1996년에는 몇몇 역사 깊은 생식용 포도 외에도 쇼비뇽과 샤르도네 포도나무 350그루가 다시 심어졌다.[12]

파리에서 가장 오래된 포도나무는 현재 비뉴 뒤 클로 몽마르트르에 있는데, 1932년에 심은 것이다. 면적이 1,556제곱미터나 되는 이곳은 파리에서 가장 큰 포도밭이기도 하다. 작황이 좋은 해에는 75퍼센트가 가메 종인 27종의 서로 다른 와인 제조용 포도 품종에서 양조용 포도 1톤이 생산된다. 포도 재배로 역사가 깊은 협회인 르 비뉴 몽마르트르가 파리 시 공원국과 함께 이 포도밭을 관리하고 있다. 이 포도밭의 포도는 수확되어 와인으로 만들어진다. 수확기인 10월 초에 공공 축제를

열어 해마다 기념한다.[13]

이것이 도시 포도밭에 대해 내가 느낀 매혹의 끝은 결코 아니었다. 파리는 포도나무를 심어 놓은 도시 토지가 상당히 많은 유럽 유일의 도시가 아니다. 오스트리아 빈은 688헥타르의 토지에 포도나무를 심어 행정구역 내에서 우수한 포도주를 생산하는 도시 포도 재배의 성지이다. 빈의 와인은 그뤼너 벨틀리너, 리즐링, 그리고 방향성 머스캣 종 포도 계열인 겔버 무스카텔러라는 꽃향기 나는 화이트와인으로 가장 유명하다. 그런데 빈이 아니라 런던이 나의 다음 기착지였다. 알고 보니 런던의 몇몇 낙관론자들이 포도를 기르기 시작했으며, 와인 품질이 썩 좋은 편은 아니지만 돌풍을 일으키고 있다는 사실을 알게 되어 나는 매우 기뻤다.

나튀르 카피탈(Nature Capitale)

내 친구는 매일 아침 파리 중심부의 개선문을 지나는 조깅 코스를 달린다. 날마다 하는 일인데도 5월의 어느 주말에 그는 뜻밖에 길을 잃고 말았다. 파리의 유명한 대로인 샹젤리제로 나왔을 때 그는 자신이 숲속에 들어와 있음을 깨달았다. 숲 이외에도 그곳에는 정사각형 형태로 심어 허리 높이로 자란 초록빛 밀과, 아침 바람에 흔들리는 해바라기와 사탕수수, 대나무 숲도 있었다. 다른 작은 구획들 곳곳에는 양배추와 라벤더, 담배가 심어져 있었다. 양과 소, 리무쟁 돼지가 이 모든 상황을 받아들이며 우리에 갇혀 있었다. 그의 눈에 보이는 한, 파리에서 가장 붐비는 대로이면서 가장 비싼 상업용 부동산(그래서 가장 비싼 부

파리 샹젤리제의 나튀르 카피탈 거리 예술가 가드 베유의 작품으로 2010년 5월 22일부터 24일까지 설치되었다. © Nature Capitale/Resolute D.R.

티크와 상점)이 몰려 있는 샹젤리제가 식물과 가축우리와 호기심에 찬 인간 구경꾼이 모여 하나의 띠를 이룬 곳이 되었다.

내 친구는 2010년 국제 생물다양성의 해에 국제 생물다양성의 날을 축하하기 위해 프랑스의 '거리 예술가' 가드 베유가 마련한 이벤트 '파리 나튀르 카피탈'을 우연히 발견했다. 엄청난 조직화 능력을 통해 토요일 저녁 늦게 샹젤리제의 교통이 차단되었다. 그리고 운송되어 온 식물 15만 포기와 1,000구획의 흙과 다 자란 나무 650그루를 밤새도록 여러 자원봉사 팀이 일일이 설치했다. 아침이 되자 샹젤리제의 4분의 3마일(1.21킬로미터)이 이름이 같은 '엘리시언 필즈'(그리스 신화에서 선량하고 덕이 있는 사람이 죽은 후에 간다고 하는 일종의 극락—옮긴이)처럼 목가적인 산책로로 바뀌었다.

이 행사는 파리 시민에게 그들이 먹는 음식이 식품점에서 오는 것이 아니라 농장에서 오는 것이라는 사실을 일깨워 주기 위해 마련되었다. 회원이 5만5천 명인 프랑스청년농민연합(French Young Farmers Union)이 중요한 역할을 했지만 트럭 운전사, 임업 전문가, 온실 재배자, 행사 기획자, 자원봉사자의 도움도 필요했다. 월요일 밤에 모든 것을 다 치워 샹젤리제는 평상시의 붐비는 대로로 되돌아갔다.

2010년에 열린 이 행사에는 190만 명이 모여들었는데, 그들은 여기에 와서 라이밀과 경질 봄밀의 차이에 놀라워하고, 파인애플이 식물의 끝 부분에서 자라는 것을 보고, 노랗게 활짝 핀 겨자도 보았다. 모종과 농작물이 판매되었으며 파리의 정육점 주인들은 현장에서 대규모 바비큐 파티를 열었다. 이 행사는 뉴스를 통해 전 세계로 빠르게 퍼져 나갔다. 그래서 내가 관심이 있을 것이라는 사실을 아는 친구들한테서 갑자기 전화와 이메일이 쇄도했다. 그 주말에 이 행사가 엄청난 성공을 거두자 나튀르 카피탈은 앞으로 뉴욕, 런던, 밀라노, 상하이, 모스크바의 거리에서 대규모 '하룻밤' 정원 전시회를 열려고 계획하고 있다.

도시양봉

100년 전쯤에는 도시양봉이 뉴스거리가 되지 않았다. 소규모 혼합농가에서 그러했듯이 개인 저장용이나 상업적으로 팔기 위해 도시에서 꿀벌을 치는 건 흔한 일이었다. 아마도 1940년대 후반부터 설탕이 점점 싸지면서 벌꿀이 우리 식단에서 멀어지게 된 것 같다. 도시 조례들이 통과되면서 양봉이 금지되고 꿀벌이 자연환경에 존재하는 핵심적인 꽃가루 매개자라기보다는 해충으로 규정되었다. 결국 도시양봉은 뭔가 약간 유행이 지난 것이었다. 젊은 전문 양봉가인 내 친구는 몇 년 전까지만 해도 자신이 남성 은퇴자 클럽의 유일한 여성이라는 사실에 익숙해져 있었다.

이유가 어떻든 도시양봉은 토론토, 뉴욕, 밴쿠버 같은 도시와 내가 방문한 거의 모든 곳에서 갑자기 인기가 올라가고 있었다(나는 도쿄의 긴자 지구가 도시양봉의 산실이라고 들은 적이 있다). 2007년 양봉가 벌통의 대략 3분의 1에서 90퍼센트 사이에서 영문을 알 수 없는 벌의 격감 사태가 벌어졌다. 이 사태에 붙여진 이름인 '벌집군집 붕괴현상'(CCD, Colony Collapse Disorder)으로 알려진 대규모 꿀벌 감소의 파괴적인 영향을 감안할 때, 도시양봉은 도시농업 혁명에서 특히 중요한 요소가 되었다. 벌집군집 붕괴현상은 양봉가가 벌집에서 평소보다 죽은 벌을 많이 발견하면서 벌어진 현상이 아니라, 여왕벌이 있는데도 거의 비어 있는 벌집을 양봉가가 발견하고서도 벌이 벌집과 여왕벌을 버린 이유를 전혀 몰라서 벌어진 상황이다. 벌집군집 붕괴현상 때문에 현재까지 북아메리카, 영국, 유럽연합 같은 곳에서 적어도 벌꿀 개체수의 3분의 1이 계속 사라지고 있다.[14]

미국 농무부에 따르면, 1940년대에는 500만 개의 '관리 벌통'(아마도 벌꿀 생산과 꽃가루받이를 위한 상업적 벌통을 말하는 듯함)이 있었으나, 꿀벌의 수분 활동에 대한 수요가 늘어났음에도 지금은 벌통 수가 반으로 줄었다.[15] 꿀벌 개체수가 이미 줄어들었지만, 최근의 개체 격감 현상을 계기로 벌이 영문도 모른 채 계속 사라진다면 식품망이 취약해질 수 있다는 문제가 제기되었다.

미국 농무부는 식품망에서 차지하는 꿀벌의 중요성을 인정한다. 농무부는 벌집군집 붕괴현상에 대해 홈페이지 '자주 묻는 질문' 코너에 분명히 밝히고 있다.[16] "식사를 할 때 세 입에 한 입 분량은 직간접으로 꿀벌 수분의 혜택을 받은 것이다." 이 현상의 원인을 알아내려고 전 세계에서 연구가 진행되고 있다. 징후로 볼 때 벌 군집이 받는 스트레스의 '퍼펙트 스톰'(개별적으로는 위험하지 않지만 함께 발생하면 처참한 결과를 불러오는 사건들의 조합—옮긴이)이 현재 그 원인으로 지목받고 있다. 그러한 스트레스에는 기생충인 바로아 응애(Varroa mite)에 의한 전염성 감염과 상업적 꽃가루 매개자가 영양 가치가 낮은 키 작은 작물의 꿀을 먹기 때문에 생기는 영양 부족이 있다. 또한 벌이 고용된 꽃가루 매개자로 활동하는 상업적 작물에 대한 살충제 과다 사용과 영양분이 다양한 '다종작물 식단'보다 겨우 몇 가지 작물만을 찾는 상업적 꽃가루 매개 벌의 '단일작물 식단'도 스트레스가 된다. 나아가 물 접근 제한이나 오염된 수자원, 적은 수의 벌이 많은 일을 하도록 요청받는 가운데 대륙의 이곳저곳을 트럭에 실려 다니면서 생기는 이동 스트레스 등이 있다.

쉽게 말해 농촌은 유독 물질에 중독되어 있다. 도시 벌이 번창하고 농촌보다 거의 세 배나 더 많은 꿀을 생산하는 동안 농촌 벌은 계속 줄어들고 있다. 조기 개화(도시가 일반적으로 주변의 농촌보다 좀 더 따뜻해서 나타나는 현상), 단위면적당 훨씬 더 높은 생물다양성, 유전자변형 식물이 더 적다는 점과 살충제를 더 적게 쓴다는 점 등은 벌이 도시에서 더 행복하고 건강한 여러 이유 가운데 일부에 지나지 않는다.

파리

100년 전 파리에는 도시 안에 1천 개가 넘는 벌통이 있었다.[17] 그러나 제2차 세계대전 이후, 1856년에 설립된 파리 뤽상부르양봉학교에서 관리하는 벌통을 제외하고는 있다고 하더라도 극소수만 남았다.

벌집군집 붕괴현상은 유럽연합의 최대 농업 생산국인 프랑스를 비롯해 세계 각국의 농업분야 종사자에게 특히나 걱정스러운 일이 되었다. 1995년 이후 10만 개가 넘는 벌통이 자취를 감추었다. 꽃가루 매개 벌이 1년에 30퍼센트 정도씩 계속 죽어 나가고 있지만 근본 원인은 여전히 확실하지 않다.

2005년 프랑스의 전국양봉협회는 도시양봉을 지원하고 장려하기 위해 도시 벌 프로그램을 시작했다. 양봉에 대한 일반 대중의 인식과 관심을 높이기 위해 만들어진 이 프로그램은 도시 벌이 농촌 벌의 군체 수를 회복하는 데 이용되어, 점점 줄어들기 시작한 농촌 꿀벌 개체 수를 개선하는 데 도움이 될 수도 있다.

과학자들이 농촌 벌이 죽고 있는 원인을 면밀하게 연구하고는 있지

양봉가 미셸 본퐁과 아르망 말베쟁 파리 도심에 있는 집 발코니에서 도시 벌통을 살펴보고 있다. © Eric Tourneret.

만, 파리 같은 대도시에 있는 건강하고 생산적인 벌통을 잠깐 살펴보는 것만으로 그 답을 금방 찾을 수 있을지 모른다. 파리 국립오페라단의 본거지인 팔레 가르니에에서 일하던 소품 담당자 장 폭통(Jean Paucton)이 1980년대에 건물 옥상에 벌통 하나를 설치했다. 원래는 벌통을 농촌에 있는 자기 집으로 다시 옮길 때까지 임시로 놓아두기로 한 것이었지만, 곧 그 벌통이 꿀로 가득 차고 벌들이 행복해 보인다는 사실을 알고 깜짝 놀랐다. 물론 이 벌들은 밤나무가 늘어서 있는 샹젤리제를 따라서 또는 팔레 루아얄의 정원들 안에서, 심지어 아파트 주민이 가꾸는 창턱 화분에서 꽃가루와 꿀(벌의 먹이)을 찾는 데 전혀 어려움이 없었다. 더 많은 벌통이 옥상에 설치되었고 사회적으로 큰 반향을 불러일으키게 되었다. 대중적인 유명인사들과 사교계 잡지인 《파리 마치》(Paris Match)에 폭통의 사진이 실리기까지 했다. 현재 프랑스에서 가장 유명한 도시양봉가인 폭통은 펠레 가르니에 옥상에서 벌통 다섯 개를 치고 있다. 라벨에 적혀 있는 대로 '파리 오페라극장 옥상에서 채취한 꿀'은 세계에서 가장 비싼 꿀이기도 하다. 113그램짜리 작은 병 하나가 15유로(21,000원)에 팔린다. 1킬로그램 당 120유로(약 17만 원)인 이 꿀은 다른 고급 꿀보다 열 배나 더 비싸다. 그런데도 해마다 만들어지는 꿀 병 2,500~3000개는 언제나 다 팔린다. 그 뒤 폭통은 초현대식 파리 바스티유 오페라극장 옥상과 마침내 자신의 농촌 집에도 벌통을 설치했다. 하지만 설치한 농촌 벌통에서 꿀이 더 적게 생산되며 농촌 벌이 계속해서 한 마리씩 죽어 가고 있다고 보고했다.

폭통이 양봉에서, 그리고 도시 꿀로도 상업적으로 성공을 거두게 되면서 도시양봉가들이 도시 곳곳에서 지붕과 발코니에 벌통을 설치하는 새로운 바람이 일어났다.

2006년에 코린 몽셀리는 자신의 별 세 개짜리 에펠파크 호텔의 발코니에서 벌을 길러 보자는 생각을 하게 되었다. 현재 그녀는 벌통 세 개에서 한 해에 130킬로그램이 넘는 꿀(손님에게 줄 선물용으로)을 수확하고 있다. 이 벌통은 파리 양봉가인 미셸 본퐁과 아르망 말베쟁이 관리하고 있다. 본퐁과 말베쟁은 파리에 있는 펜트하우스 아파트 발코니에 개인적으로 벌통 열 개를 치고 있기도 하다.

파리에서 가장 인기 있는 볼거리 가운데 하나인 그랑팔레에 2009년 첫 번째 옥상 벌통이 생겼다. 현재 벌통이 다섯 개로 늘어났는데, 이것은 그랑펠레 선물 가게에 큰 보탬이 되었을 뿐 아니라 뜻밖의 홍보 효과도 거둔 것으로 드러났다. 현재 라데팡스 상업지역의 한 고층 건물에도 벌통이 있다. 파리 시청 옥상에도 벌통이 있고 샤를드골 공항에는 '환경에 대한 책무'를 표시하는 차원에서 벌통 네 개를 두고 있다.[18]

공원이 많고 기후가 온화한 파리는 벌이 서식하기 좋은 도시이다. 가장 중요한 사실은 파리 시가 2000년 이후 무농약 지역이 되었다는 점이다(파리 같은 도시들이 벌의 피난처가 될 수 있다는 아이러니는 우리가 농촌의 농지에 저지른 상황을 말해 준다). 도시양봉가는 파리 시 당국에 등록해야 하며, 벌통은 가장 가까운 학교나 병원에서 최소 25미터 이상 떨어져 있어야 한다. 벌떼가 나타나기도 하지만 파리 시민들은 자기네 도시를 유순한 꿀벌들과 공유하는 데 아주 만족하고 있는 것 같다.

런던

벌통이 5천 개나 있고 벌과 주민의 비율이 30 대 1인 런던은 도시꿀을 생산하는 데 가장 이상적인 도시로 평가받을 것 같다.[19] 스티브 벤바우는 몇 년 동안 런던에서 가장 오래된 고급 식품점 포트넘 앤드 메이슨의 옥상에서 벌통을 관리해 왔다. 시내 한복판에 있는 가게이다. 벤바우가 기르는 벌은 인근 버킹엄궁전의 17헥타르나 되는 정원에서 먹이를 구한다. 그래서 227그램짜리 병 하나에 12.95파운드(22,000원)나 하는데도 꿀이 금방 다 팔려 버리는 것이 놀랄 일은 아니다.

포트넘 앤드 메이슨의 옥상에서 독점적으로 관리하고 있는 벌통 말고도 벤바우는 런던 전역에 벌통을 가지고 있다. 벌통이 여러 군데 흩어져 있어 톡 쏘는 감귤 향이 나는 연한 단물에서 진한 토피에 이르기까지 그 맛도 다양하다고 한다.

2010년 12월, 사상 최초로 열린 '런던 벌 정상회의'에 과학자들이 모였다. 영국의 꿀벌과 아주 짧은 시간에 그 숫자가 배로 늘어난 도시양봉가가 직면하고 있는 문제를 논의하기 위한 자리였다. 이 대회에서는 런던 꿀 시식 대회도 열렸는데, 17종의 서로 다른 런던 꿀이 전시되었다. 꿀 색깔은 짙은 당밀 색에서 불호박 색, 샴페인처럼 옅은 빛깔에 이르기까지 다양했다. 우승한 꿀은 '뿌리와 새싹'(Roots and Shoots)이라는 장애인 청소년을 위한 비영리 생태텃밭 교육센터에서 생산한 것이었다. 그 밖에도 '캐피털 그로스'(Capital Growth)라는 단체가 런던 시에 마을 공동체 양봉 장려와 지원을 촉구하기 위해 2010년 말 '캐피털 비'(Capital Bee) 운동을 시작한 가운데 도시양봉가의 숫자는 계속 늘어날 것으로 보인다.

토론토

모두 알다시피 빳빳하고 하얀 가운과 요리사 모자, 무릎까지 내려오는 앞치마가 이상적인 양봉 작업용 복장이다. "어두운 색은 입고 싶지 않을 걸?" 내 친구 데이비드 가셀론이 옥상 허브 정원과 양봉장으로 가는 계단을 거의 다 올랐을 무렵 나에게 일러 주었다.[20] 그는 토론토 시내에 있는 페어몬트로열 호텔의 수석 요리사로 일하고 있다. 특히 색깔이 어두운 옷은 벌떼를 전면 경계 태세에 들어가게 만든다. "그런 옷은 너무 곰 같아 보여." 그는 진지한 표정으로 말했다. 가장 도시적인 사람조차 알고 있듯이 곰은 벌에게 공공의 적 1호이다. "아, 그리고 벌은 아침에 화를 잘 내는 편이지." 가셀론은 말을 이었다. "그리고 벌통 입구 바로 앞에 서 있지 마." 마치 국가원수를 만날 때 주의할 사항을 말해 주는 듯했다(사람들은 대개 벌통 앞에 나 있는 작은 틈 바로 앞에 서서 살펴보는 경향이 있는 것 같은데, 벌은 자기 집에 이르는 탁 트인 활주로를 원한다).

내가 가셀론의 옥상 양봉장을 둘러보기로 예정되어 있던 그날은 별로 좋은 날이 아니었다. 이슬비가 내리고 있었고 바람도 약간 불었다. "벌은 바람도 싫어해." 가셀론이 알려주었다. 내가 해야 할 일은 내 몸에 향수를 흠뻑 뿌리는 것뿐이었다(향수가 벌을 화나게 하지는 않지만 분명히 원치 않는 벌의 주목을 끌게 할 것이다). 그러고 나서 굉장히 인상적인 도시 벌 탐험에 나섰다.

2008년에 가셀론은 벌통이 자신의 옥상 허브 정원에 큰 보탬이 될 것이라고 판단했고, 토론토양봉협동조합의 도움을 받아 벌통 세 개를 설치했다.

14층 건물의 옥상에 있는 높임 화단에서 만생종 알프스 딸기를 뒤적여 찾고 있을 때 가셀론이 말했다. "무엇보다 대도시 도심 건물 14층에서 벌이 살 수 있느냐 하는 게 문제였어." 라벤더, 타임, 로즈메리, 골파, 딸기, 골든베리, 토마토, 바질, 박하에 이르기까지 온갖 요리용 식물이 자라고 있는 옥상 허브 정원(화단이 17개 있다)은 벌이 생존하는 데 필요한 양식을 제공할 것이다. 그러나 바람도 불고 마땅한 먹이도 달리 없는 이 높은 곳에서 과연 벌들이 살아 낼 수 있을지 그 누구도 알 수 없었다.

결과적으로 보면 벌들은 참 잘해 냈다. 그 첫해에 가셀론은 꿀을 172킬로그램이나 생산할 수 있었다. 벌통 하나당 45킬로그램이 넘는 양이다. 우리가 난간 너머로 온타리오 호 쪽을 내다보고 있었을 때 가셀론이 말했다. 작은 섬들이 작은 고리를 이루고 있는 곳(도심 바로 맞은편 온타리오 호에 있는 '토론토 섬')에서 먹이를 찾아다니거나, 어쩌면 5킬로미터나 떨어져 있는 사선 모양의 녹지대인 돈벨리까지 가는지도 모르겠다고.

2009년에 가셀론과 동료들은 벌통을 6개로 두 배 늘렸으나 계절은 춥고 습한 여름이었다. 채취한 꿀은 겨우 193킬로그램밖에 되지 않았다. 그는 내가 방문하기 2주 전에 꿀을 수확해서 병에 담았다. 꿀 병을 건네면서 벌통이 가까이 있는 옥상에서는 그 병을 열지 말라고 주의를 주었다. 꿀은 벌의 먹이이니 이 모든 규칙은 지극히 상식적인 일이다. 하지만 때로는 고생을 하면서 지금껏 일을 해오는 과정에서 어깨너머로 배운 수칙이었다. 페어몬트로열 호텔의 옥상 벌통을 취재해 이른 아침 텔레비전에 방영하는 프로그램에서 리포터가 지붕 위에서 꿀을 조금 맛보고 싶다는 말로 마무리를 했다. 끝나나 싶더니 생방송 도중에 리포터가 화들짝 놀라 화면 바깥으로 뛰쳐나가는 것으로 그 프로그램은 끝나고 말았다.

나는 안전하게 실내에서 딱 소리를 내며 꿀 병을 열었다. 이 늦계절 꿀은 아름다운 반투명 호박색이었으며, 약간 버터 같은 캐러멜이나 토피 같은 맛이 났다. 당연하게도 라벤더와 민트의 박하 향과 매콤함이 페어몬트로열 호텔 꿀에서 분명히 느껴졌다. 그 꿀은 약간 진하고 끈적거리기도 했다.

여기저기 여행하며 파리나 베르사유, 런던이나 밴쿠버 같은 곳에서 생산되는 '도시 꿀'을 찾아내면서 발견한 즐거움 가운데 하나는 꿀 병마다 들어 있는, 계절에 따라 다른 맛과 '테루아'(terroir)였다. 테루아란 포도주처럼 꿀의 독특한 특성이 생산된 해의 날씨와 장소의 지리적 특성의 세부 사항과 꿀이 만들어지고 수확된 계절과 그해의 생산물에 나타난 고유한 지질학적 속성의 상호작용에 영향을 받는다는 뜻이다. 예를 들어 작은 병에 담긴 베르사유 꿀은 좀 묽고 맑아 거의 기름 같지만 맛있는 '정제 버터' 같았다. 이 꿀도 민트와 라벤더 향이 났으나 토론토에서 선물 받은 꿀에 나타나는 옅은 캐러멜 색조는 없었다. 진한 꽃향기가 나고 달콤한 밴쿠버의 꿀과 달리 토론토 꿀은 틀림없이 인근 옥상 허브 정원과 과수원의 사과 꽃에서 왔을 것 같은 특성이다. 그 꿀들은 밝은 햇빛 속에 머물러 있는 계절처럼, 벌이 맛본 품종과 풍미의 스냅사진인 셈이었다.

도시 꿀을 맛보는 다른 즐거움은 병마다 밀폐되어 있는, 다양한 꽃에서 나오는 여러 층의 풍미였다. 늦계절 꿀이 이러한 좀 더 진하고 숙성된 풍미를 보이는 반면 이른 계절 꿀은 톡 쏘는 강한 단맛과 좀 더 은은한 꽃향기가 났다. 이런 차이가 서로 다른 계절에 피는 꽃 때문에 생기는 것만은 아니다. 도시 꿀에는 수백 가지 꽃가루가 들어 있다고 알려져 있는 반면 농촌 꿀, 특히 단작 경작지 인근에서 생산된 꿀에 들어 있는 꽃가루는 열두 가지도 안 된다.

나는 도시 꿀에 정통한 척하는 사람이 되어 가고 있었다.

FOOD AND THE CITY

07

런던

캐피털 그로스

“사람과 마찬가지로,
도시도 무엇을 먹는지 보면 알 수 있다.”

캐럴라인 스틸, 《음식, 도시의 운명을 가르다》(2009)

러시아는 유럽에서 가족 먹거리를 가장 많이 재배하는 나라이다. 러시아정원사협회는 7천만 명이나 되는 사람들이 먹거리 재배 공간을 가지고 있다고 보고한다. 모스크바 전체 가구의 65퍼센트가 스스로 먹을 먹거리의 일부를 기른다.[1] 상트페테르부르크 시민도 크게 뒤처지지 않아, 약 450만 명이 사는 도시에서 50퍼센트의 가구가 먹거리를 기르고 있다.[2] 역사적인 이유는 식품 공급이 빈번하게 중단된 것에서부터 소비에트 체제가 붕괴된 이후에서도 계속된 중앙집권 경제와 극도로 산업화되고 화학약품을 과도하게 사용하는 농업 시책 때문에 만약 신선한 유기농산물을 원한다면 스스로 재배해야 할 것이라는 사실에 이르기까지 다양하다.

하지만 농산물 가운데 도시농업으로 생산된 것은 별로 없다. 거의 대부분 도시 바깥에 있는 채소밭과 시골에 있는 ‘다차’(dacha)에서 재배되고 있다. 소득 계층이 어떻든 이런 현상은 일반 가정에서 흔한 일이다. 그 이유는 농촌 인구가 줄고 도시로 집중하는 가운데 러시아에 급격한 농지 과잉이 나타났기 때문이다. 이러한 시골 채소밭은 난방이 되는 시골집에 있는 것에서부터 침대가 갖추어져 있지만 텃밭 창고에 지나지 않는 곳에 있는 것까지 다양하다.

그런데 서유럽이나 북아메리카의 것을 모델로 한 공동체텃밭이 모스크바 같은 도시에서 나타나기 시작했다는 최근의 보고가 있다.[3] 한 달에 1,000루블(약 3만 원)을 내고 구획 하나를 빌릴 수 있다고 한다.

베를린도 마찬가지로 개인용 먹거리 텃밭 경작의 오랜 역사를 지닌 도시이나 여기는 텃밭이 바로 도시 안에 있다. 베를린에는 8만 개의 개인 소유 분구원으로 나누어진 큰 도시 공간인 540개의 '작은 마을'(colonies)이 있으며, 150년에 이르는 도시 먹거리 재배의 전통이 있다. 알베르트 아인슈타인도 베를린에 임대 텃밭을 갖고 있었는데, 지저분한 구획을 적절하게 관리하지 않으면 텃밭을 몰수당하게 될 것이라는 통보를 받았다.[4] (깔끔하지 못한 경작자들이여, 이것이 천재의 징표일 수 있음에 주목하기 바란다). 심지어 베를린 시민들은 여름에 우편물 받는 주소를 임대 텃밭으로 바꾸어 놓기도 한다.

여러 유럽 도시들 가운데 나는 브리스틀과 런던에 끌렸다. 먹거리 면에서 영국과 북아메리카는 슈퍼마켓-소매점 모델을 가진 산업적 식품 체계에 거의 전적으로 의존하고 있기 때문이다. 어쩌면 침몰하는 배를 함께 타고 있는 처지이다. 영국인은 유럽 사람 가운데 가장 '산업화된' 식품을 먹고 있는데, 세 끼 식사 중 한 끼는 패스트푸드 종류이거나 '반조리' 식품이다.[5] 영국 인구의 4분의 1이 비만이고,[6] 어린이 비만도 급증하고 있다. 영국인은 산업적으로 공급되는 슈퍼마켓 시스템을 통해 엄청난 양의 먹거리를 버리고 있다. 그 양이 무려 연간 670만 톤,

말하자면 가정에서 구입한 식품의 3분의 1에 이른다.[7]

농업 부문이 견실한데도 불구하고 영국은 식량 대부분을 외국에서 수입하고 있으며, 북아메리카인과 마찬가지로 슈퍼마켓의 진열대가 계속해서 채워질 것이라는 희망에 완전히 의존하고 있다. 달리 말하면, 영국 시민들은 놀랍도록 높은 수준의 식량 불안을 느끼고 있는 것이다. 영국의 식량 체계에 대한 2007년의 심층 보고가 있은 후, 영국이 '무정부 상태에서 아홉 끼' 밖에 버틸 수 없다고 밝힌 사람은 실제로 당시 영국 농촌청장이던 딜링턴의 캐머런 경이었다.[8] 식량보장과 도시농업이 마침내 런던이나 브리스틀 같은 곳에서 상당한 호응을 얻고 있는 것처럼 보고, 그 결과 흥미로운 일들이 서서히 퍼지고 있는 것을 보면 이 말이 영국 도시에 필요한 경고 신호였던 것 같다.

런던은 열정적인 도시 먹거리 경작자들이 약 4만 개의 얼로트먼트 구획에서 작물을 재배해 온 역사를 갖고 있다. 그런 런던에서는 바로 지금 광범위한 지역이 재개발 공사에 한창이거나 예정되어 있다. 자전거를 타고 다니고 허수아비 머리카락을 한 괴짜 런던 시장 보리스 존슨은 적극적인 녹색 신념을 가지고 있다. 그의 두 딸은 이름이 '레티스'(Lettice)와 '피치스'(Peaches)이다(레티스는 상추Lettuce를 연상시키고 피치스는 복숭아Peach를 뜻한다.—옮긴이). 나는 런던에서 가장 먼저 시작한(그리고 유일한) 상업적 포도밭 소유자이자 와인 양조업자와 같이 식물 재배에 탁월한 재능을 보인 기업가들에 대해 읽어 본 적이 있는데, 그 와인 양조업자가 새로 심은 포도나무가 현재 런던 공업지역에서 자라고 있다. 시에서 지원하는 '캐피털 그로스 네트워크'(Capital Growth Network)는 런던 시가 2012년까지 새로운 먹거리 재배 공간 2012곳을 조성하는 것을 돕는다는 목표를 발표했다. 2012년 런던올림픽위원회는 뒤에 강화된 로컬푸드 시스템이라는 유산을 남기게 될, 이러한 종류의 일로는 처음인 올림픽 먹거리 정책을 수립했다고 발표했다.

아무튼 언제나 영국은 다른 나라들보다 조금 앞서 나갔다. 런던은 산업혁명이 시작된 도시라서 일종의 탈산업화된 도시 먹거리 혁명을 선도할 준비가 되어 있었던 것 같다.

브리스틀, 세인트워버그 도시농장

마케팅 목적으로 주택단지나 도로에 목가적인 이름을 붙이는 북아메리카와 달리, 브리스틀의 워터크레스 로드는 100년 전까지만 해도 그곳에 있던 자연 상태의 물냉이밭 이름을 따서 붙였다. 이 물냉이밭은 1910년에 농장이 아니라 주택단지로 바뀌었다. 빗물 배수관이 설치되고 있을 때 인근에서 일어난 폭발로 집들이 부서졌다. 방치된 집들은 결국 1970년대 들어 헐렸으며, 1980년에 지역 주민들이 브리스틀 시의 지원을 받아 그곳을 도시농장으로 복구시켰다. 이곳이 브리스틀의 두 번째 도시농장이었다.

도시농장은 영국 시골 마을 생활의 흔적처럼 보이지만 사실 최근에야 도시농업 분야에 등장했다. 도시농장은 1970년대 런던에서 나타나 브리스틀로 퍼졌다. 윈드밀힐 농장은 1976년에 생긴 브리스틀 최초의 도시농장이며, 이후 1980년에 세인트워버그 도시농장이 생겼다. 도시농장은 말 그대로 인근 마을 공동체의 사회관계 구축에 기여하는 도시 지역의 소규모 농장이다. 도시농장은 농촌 공간, 식품, 먹거리 교육, 시민을 위한 공동체 녹지 공간을 제공한다.

브리스틀의 세인트워버그 도시농장을 알리는 그래피티(2010년 9월 29일).

찰스 황태자가 2001년 이후 영국에서 가장 중요한 도시농장 상급 단체인 도시농장·공동체텃밭협회(Federation of City Farms and Community Gardens)의 후원자 역할을 해오고 있다. 대도시 도심권에 도시농장이 9곳 있고 런던 대도시권 지역에 16곳이 있다. 가장 오래된 곳은 런던 도심부 킹스크로스 지역인 캠든 한복판에 1972년에 만들어진 켄티시타운 도시농장이다. 마을 공동체가 관리하는 회원 도시농장 120여 곳을 지원하는 도시농장·공동체텃밭협회에 따르면, 공동체텃밭 및 과수원 1,000곳과 점점 늘어나는 회원제 얼로트먼트 가든이 있고 200곳이 넘는 도시농장과 공동체텃밭이 조성되고 있는 중이다. 영국의 도시농장은 4천만 파운드(약 700억 원) 규모의 산업이다. 입장료를 받는 곳은 거의 없다. 그 대신 도시농장은 범죄나 빈곤에 빠져들 위험성이 큰 사회 취약 계층 청소년과 신체나 정신 장애가 있는 사회복지 수혜자에게 도움이 되는 치료용 사회 원예와 농업 프로그램에서 들어오는 수입과 민간 또는 공공 기금에 의존하고 있다.

세인트워버그 도시농장은 도시농장·공동체텃밭협회 설립보다 앞서 만들어졌기 때문인지도 모르겠지만 별도로 등록된 자선단체로서 독립적으로 운영된다. 이 도시농장은 고기용으로 돼지, 염소, 양, 오리, 닭, 토끼를 기르는 실제 농장이면서 청소년과 지적 장애인을 위한 온실과 교육센터이기도 하다. 일반 시민은 무료로 들어와서 마음껏 여기저기 돌아다니며 동물을 관찰하고 브리스틀 도심부같이 매우 도시화된 지역에서 공동체텃밭과 온실을 비롯한 소규모 혼합농의 다양한 형태를 이해할 수 있다. 이 농장의 주된 목적은 소득이나 신체적 능력에 관계없이 사람들에게 약간의 농촌 생활을 경험할 수 있는 장소를 제공하는 것이다. 따라서 이곳은 거의 연중 무료로 개방된다.

"우리는 이곳을 될 수 있으면 실제 농장에 가깝도록 운영하고 있어요." 비가 보슬보슬 내리는 콘크리트 회색빛 아침에 이 도시농장 마당을 둘러보러 갔을 때 농장 관리자 팀 차일드가 내게 한 말이다.[9] 그는 부드러운 목소리로 조심스럽게 말을 이어 갔다. "이곳에서 기르는 모든 가축은 고기용으로 사용하죠." 그러고 나서 그는 내 반응을 기다렸다. 채식주의 저널리스트들과 언쟁을 벌인 적이 있었던 게 분명했다.

암퇘지가 바로 지난주에 새끼를 낳았다고 한다. 우리는 나무 울타리를 재빨리 타고 넘어 콘크리트로 만든 헛간으로 들어갔다. 내가 생전 처음 본 광경이었다. 세상에서 가장 큰 암퇘지가 옆으로 누워 털이 많은 커다란 귀로 눈에 들어오는 빛을 가린 채 자고 있었다. 새끼 돼지 열세 마리는 적외선 등의 오렌지색 불빛 아래 한 구석에 우르르 몰려 있었다.

여전히 나의 인내심을 가늠하는 듯 차일드는 이 가운데 여섯 마리는 고기 생산용으로 기를 생각이며 나머지는 당장 팔아치워 버리겠다고 말했다. 일부는 인근 농장 카페의 메뉴에 올라가게 될지도 모른다고 한다. 나는 일부러 용감한 척하지도 않았고 베이컨이나 포크찹, 햄을 못 먹는 체하지도 않았다. 돼지 새끼들이 소시지 고기가 된다는 생각에 내가 울음을 터뜨리지는 않을 것임을 알게 되자, 그는 계속 말을 이어 갔다. 돼지 새끼들이 젖을 떼면 암퇘지도 떠날 것이다. "내가 암퇘지를 다시 수정시키지 않겠다고 결정하면 곧 다른 암퇘지로 바뀌는 거죠."

차일드가 이 농장에 처음 왔을 때 가축이 너무 많았고, 이곳이 그렇게 잘 운영되고 있지 못했다고 한다. 그렇게 흥미롭지도 않았다. 돼지 3,500마리를 기르는 상업적 양돈 농가에서 일했던 그는 이렇게 작은 곳에서 어떻게 그토록 다양한 동물을 기르고 괜찮은 매출액을 올릴 것인지 알아내야 했다. 해답은 농장에서 기르는 동물이 반려동물이 될 수는 없다는 것이었다.

영국의 소규모 혼합농에게는 한 번에 가축 서너 마리를 기꺼이 떠맡아 처리해 줄 도축 시설을 찾는 게 큰일이라고 차일드는 말했다. 다행히 그는 불과 24킬로미터밖에 떨어져 있지 않은 도축장과 계약을 맺을 수 있었다. 판로는 전혀 문제가 되지 않았다. 팔 수 있을 만큼 사줄 지역 주민들 명단을 가지고 있었으며, 농장에는 독립적으로 운영되는 현지 카페도 있었다. 수요가 언제나 인근 지역 주민에게 공급할 수 있는 능력을 능가하는 것처럼 보였다.

그가 현지에서 생산한 고기에 고객이 돈을 더 많이 지불하느냐고 물어보자, 차일드는 고객이 '적정가격'을 지불한다고 답했다. "그들은 고기가 어떻게 생산되는지 지켜봐 왔어요. 고기가 신선한 데다 기꺼이 농장

브리스틀 세인트워버그 도시농장에 있는 비닐하우스(2010년 9월 29일).

을 지원하고 싶어 하죠."[10]

그러나 고기 판매가 세인트워버그 도시농장의 주요 소득원은 아니었다. 민간과 공공 부문에서 나오는 자선 기부금이 농장 재정의 중심이었다. 토지 소유주인 브리스틀 시에 고작 '후추열매 임대료'(1697년 뉴욕이 영국 식민지였을 당시 윌리엄 3세로부터 교회 땅을 빌리면서 영국 왕실에 해마다 후추열매 한 개씩 주기로 했던 상징적인 임대료—옮긴이)라는 이름으로 무척 싼 토지 사용료를 내는 것도 도움이 된다. 현장 온실에서 나는 작물 판매를 통해서도 이리저리 몇 파운드를 벌어들였으며, 도시농장이 '사회복지 수혜자'에게 제공하는 교육 프로그램에서 나오는 수입도 있었다(세인트워버그 도시농장은 학습 장애가 있는 성인에게 원예 교육을 제공하고 있으며 골칫거리 학령기 청소년에게 청소년 프로그램도 제공한다).

"내 시간의 절반을 학습 장애가 있는 성인을 돕는 일에 쓰는 직업에

점박이 돼지들(2010년 9월 29일).

종사하게 될 줄은 생각지도 못했어요." 차일드가 말했다. 학습 장애가 있는 많은 사회복지 수혜자들은 학교에서 퇴학을 당하고 사회 적응에 심각한 문제가 있는 골칫거리 청소년으로 들어온다.

"학교로부터 이 아이들에 대한 보고서를 받지만 그건 읽지 않는 게 가장 좋아요" 하고 차일드가 털어놓았다. 그는 당당하고 근육이 잘 발달한 의용 소방대원 같은 체격을 갖고 있다. 차일드 앞에 서면 아무리 반항적인 사회복지 수혜자조차 말썽을 부릴 엄두가 나지 않을 거라고 나는 확신했다. 차일드의 말에 따르면, 그 아이들 가운데 어느 누구와도 전혀 문제가 없었다. "[어려운 상황에 빠져 있던] 그 환경에서 빠져나오게 하죠. 또래로부터 벗어나게 해서 환심을 사려고 애쓸 사람이 없게 해보세요. 아이들은 완전히 달라집니다."

나는 차일드와 이런저런 이야기를 나누고 나서, 엄마들은 유모차를 밀고, 아이들은 차갑고 안개가 자욱한 날을 즐기는 양, 닭, 오리, 돼지와 다른 동물들이 들어 있는 여러 우리 사이를 뛰어다니는 농장의 좁은 길들을 돌아다녔다. 안개가 비로 바뀌는 걸 보고 나는 농장 마당 가장자리에 있는 세인트워버그 농장 카페에 얼른 들어갔다. 일부가 원형 나무집인 그 카페에는 한 무리의 자유분방한 사람들이 모여 있었다. 식당 가운데에는 아장아장 걷는 아이들과 함께 고어텍스 옷을 입은 부모들이 있는 최소한 세 가족으로 보이는 사람들이 커다란 테이블에 모여 있었다. 어른들이 커피를 마시고 웃고 하는 동안 아이들은 농장에서 생산된 달걀, 소시지, 제철 채소로 만든 음식을 먹고 있었다. 이렇게 이색적인데도 불구하고 이 카페의 단순하고도 편한 농장 스타일 메뉴 때문에 세인트워버그 도시농장 카페는 전국적으로 대단한 명성을 얻고 있었다. 또한 마을 공동체를 중시하는 사회적 가치와 지속가능성에 대한 헌신 때문에 이 농장의 든든한 일꾼인 30대 요리사 레오나 윌리엄슨의 명성도 높았다. 메뉴에 푸드마일을 적어 놓는 대신(여기서는 굳이 그런 생각조차 하지 않고 있지만), 이 카페는 마땅히 '푸드야드'를 적어 놓을 수도 있을 것이다. 농장에서 기르던 돼지가 결국 카페의 메뉴에 올라올 수도 있었다.

주룩주룩 내리던 비가 이슬비로 바뀔 무렵 나는 아스팔트로 된 산책 및 자전거 전용 도로를 향해 길을 나섰다. 애슐리베일 얼로트먼트협회 텃밭으로 가는 길이었다. 나는 유명한 얼로트먼트 가든의 모범 사례를 보고 싶었다.

얼로트먼트 경작이 요즘은 많은 사람에게 여가 활동처럼 보일 수 있지만 영국에서(그리고 거의 모든 곳에서) 그 역사는 토지 없는 빈민에게 주는 사회적 특혜로 시작되었다. 17세기에 영국 내전으로 정치적·사회적 격변이 벌어졌고, 가난한 농민한테서 토지를 몰수하는 바람에 19세기의 도시 인구 증가로 이어진 18세기의 공유지 인클로저가 일어났다. 그런 상황에서 1887년의 얼로트먼트 법 제정으로 얼로트먼트를 시민의 권리로서 인정한 것은 일종의 정치적 립 서비스 구실을 했다. 텃밭 경작이 빈민들로 하여금 할 일이 없어서 하는 음주나 다른 활동을 멀리 하게 하는 수단이 될 것이라는 빅토리아 시대의 발상은 사실 그냥 빈민들이 문제를 일으키지 못하게 하려는 방법에 지나지 않았지 불평등을 바로잡는 사회정의 가치의 결과로 나온 것이 아니었다. 그런 만큼 그 법률은 거의 지지를 얻지 못했다.

1907년과 1908년에 제정된 '소규모 경작지와 얼로트먼트 법'(Small Holdings and Allotment Act)을 시작으로 얼로트먼트 개념은 마침내 필요로 하는 법률을 가지게 되었다. 이 법률과 추후의 개정 법률들 덕분에 이 운동은 더욱 엄격한 지침과 법적 강제력을 얻게 되었다. 여섯 명 이상이 먹거리를 재배하기 위한 토지를 요구하면 시 의회는 토지를 공급해야 했다. 1800년대 말부터 제1차 세계대전까지 영국의 얼로트먼트 구획은 25만 개에서 150만 개로 급증했다.

제2차 세계대전 중 영국 농업부가 후원한, '승리를 위한 경작'(Dig for Victory) 운동은 전쟁으로 초래된 궁핍과 1954년까지 이어 오던 식량 배급이라는 유산을 긍정적으로 보려는 것 같았다. 농업부는 1941년에 약 130만 톤의 식량이 얼로트먼트에서 생산되었다고 추정했다.

이것은 2008~2009년의 조사에서 확인된 생산량 대 경작지 비율과 거의 같다. 일반적인 250제곱미터 구획에서 평균 750킬로그램의 먹거리가 생산된다. 구획이 33만 개이므로 현재 영국에서는 247,500톤의 먹거리가 생산되고 있는 셈이다. 하지만 얼로트먼트를 임대받기 위해

10만 명의 경작자가 대기하고 있으므로 생산량은 322,500톤이 될 수도 있다. 일반적인 구획이 4인 가족에게 연간 '적당량'의 과일과 채소를 공급할 수 있음을 감안하면, 43만 개의 얼로트먼트 구획은 4인 가족 107,500가구에게 연간 신선한 농산물을 공급할 수 있을 것이다.[11]

'승리를 위한 경작 운동'은 대서양 건너 북아메리카로 전해졌는데, 제2차 세계대전 중에 '승리 텃밭'(Victory Garden)이 미국과 캐나다 전국 곳곳에 만들어졌다. 영국에서는 그 목적이 전쟁으로 궁핍할 때 시민들이 굶어죽지 않게 하는 데 있었던 반면, 미국에서는 경작자들에게 더욱 직접적으로 전쟁에 협력하도록 호소했다. 나는 할머니가 가지고 있던 1942년에 출판된 《승리의 뒷마당 텃밭: 채소를 직접 재배하기 위한 단순한 수칙과 도표가 들어 있는 간단한 가이드》(Victory Backyard Gardens: Simple Rules for Growing Your Own Vegetables with Simple Rules and Charts)를 지금도 갖고 있다. 이 책은 농무부 장관 클로드 R. 위커드의 인사말로 시작한다. "전시 생산의 필수불가결한 분야는 식량입니다." 위커드는 단언했다. "V자 세 개로 말해 보면, 승리를 위해 활력을 주는 채소(Vegetables for Vitality for Victory)가 되겠습니다" 하고 그는 끝을 맺었다.[12]

그러나 (공한지 텃밭과 다른 전시 도시농업 조치가 그랬듯이) 얼로트먼트는 유럽과 북아메리카 전역에서와 마찬가지로 영국에서 쇠퇴했다. 다른 우선적인 도시 개발을 위한 토지 이용 압력에 무너지면서 1970년이 되자 영국에서 얼로트먼트는 50만 구획 정도로 급감했다. 남은 얼로트먼트는 점점 허술하게 관리되었다. 1999년에 영국에는 얼로트먼트가 25만 개 정도만 남게 되었다.[13]

그런데 지난 10년 간 얼로트먼트에 대한 수요가 눈에 띄게 되살아났다. 현재 어떤 시에서는 얼로트먼트 구획의 대기자 명단에 신청자가 1천 명을 헤아리기도 한다. 영국 얼로트먼트 운동의 가장 중요한 대표 기구인 전국얼로트먼트·여가경작자협회(NSALG, National Society of Allotment & Leisure Gardeners)는 2010년에 대기자가 다시 20퍼센트 증가했다고 발표했다.[14] 가장 최근에 협회에서 나온 통계에 따르면 현재 영국에는 적어도 33만 개의 얼로트먼트 구획이 이용되고 있는 것으로 추정된다. 수많은 사람들이 지금도 대기자 명단에 올라 있는 등 얼로트먼트에 대한 수요가 급격히 증가하고 있다. 새 얼로트먼트 경작자들이 표준 크기의 구획을 기다리고 있는 가운데, 그들을 위해 얼로트먼트의 크기를 반으로 줄이는 것이 한 가지 방법이라고 협회는 언급했다.

협회가 내놓은 보도자료에는 얼로트먼트 경작의 장점이 상세하게 열거되어 있었다. 첫째 장점은 건강에 좋은 운동이다. 둘째는 좋은 친구들이다. '품질이 좋고 신선하며 값싼 과일과 채소'가 목록에 올라와 있는 게 세번째 장점이다. 운동과 좋은 친구들이 먹거리 불안에 직면한 사람에게 틀림없이 관심사이기는 하겠지만 최우선 순위는 아닐 것이다. 전국 얼로트먼트 주간(8월)보다 1주일 앞서 나온 '경작할 줄 아세요?'라는 제목이 붙은 BBC의 2006년 보도에서 이미 이런 추세가 확인되었다. '젊은 전문직 종사자들'이 '얼로트먼트 경작자의 수를 늘리고' 있다. 또 이 기사는 얼로트먼트가 '녹색 헬스클럽'으로 여겨지고 있다고 언급하고 있다.[15] 만약 얼로트먼트 운동 DVD가 아직 나와 있지 않다면, 당연히 이 DVD가 곧 출시될 것으로 예상된다.

얼로트먼트 가든 입구에서부터 젖은 흙, 퇴비, 셀러리와 뿌리채소의 강한 냄새가 감돌고 있었다. 내가 캐나다와 미국에서 방문했던 많은 공

애슐리베일 얼로트먼트 세인트워버그 도시농장 인근에 1917년 조성되었다. 5.3헥타르 부지 위에 다양한 크고 작은 얼로트먼트 구획 214개가 있다(2010년 9월 29일).

동체텃밭 공간은 먹거리 생산에 적합하게 만들어져 있다기보다 미관상 너무 손질을 많이 해서 지나치게 깔끔했다. 대조적으로 영국의 애슐리베일 얼로트먼트에 있는 텃밭들은 상쾌하게 자연 그대로이고 지저분하며 제멋대로였는데, 오히려 그렇기 때문에 아주 생산적이었다. 9월 말이다 보니 분명히 얼로트먼트 소유자들은 가을 수확량에 뒤처지지 않으려고 애쓰고 있었다. 몇몇 경작자들은 자신의 구획을 새로운 겨울 케일이나 콜리플라워를 심어 바꾸어 버리기까지 했다.

구획의 대부분은 늘어선 집 쪽으로 이어지는 가파른 수직 경사면 위에 세로로 뻗어 있는 직사각형의 긴 베드였다. 작은 목제 창고가 있는 구획도 있었고 개인용 작은 온실이 있는 구획도 있었다. 대부분의 구획에 둥글고 검은 플라스틱 퇴비 수집 용기가 있었다. 아마도 그날 내린 비 때문이었는지 텃밭 구획에 대해 이야기를 나눌 경작자들이 없었다.

나는 논처럼 수평적인 형태와 달리 왜 수직의 길고 좁은 땅이 경사면에 세로로 뻗어 있는지 알고 싶었다. 그들이 무슨 작물을 재배하며 얼마나 자주 텃밭을 찾는지도 알고 싶었다. 울타리를 친 건 굶주린 사람이나 풀을 뜯어먹는 다른 야생동물이 들어오지 못하게 할 목적이었을까? 대신에 나는 금속제 울타리 바깥으로 나와 있는 익은 블랙베리 몇 개를 땄고, 젖은 흙과 식물의 냄새를 흠뻑 들이마셨다.

버티컬 베지, 작은 공간 재배

런던에서 나의 첫 방문 약속은 비영리 기업 '버티컬 베지'(Vertical Veg)를 통해 "소규모 도시 공간에서 먹거리 재배를 장려하고 지원하는" 북런던의 경작자 마크 리즈딜 스미스를 만나는 것이었다. 이메일을 주고받을 무렵 나는 웹에서 그의 블로그를 우연히 발견했다. 내가 런던에 갈 예정이라고 알리자 리즈딜 스미스는 고맙게도 자신의 발코니 텃밭을 둘러볼 수 있도록 자기 집에 초대했다.

길거리에서 리즈딜 스미스의 집을 찾는 것은 어렵지 않았다. 2층 창턱에 놓인 화분에서 커다란 조롱박과 토마토가 풍성하게 늘어져 있는 집이었다. 그런 외관이 아니었다면 줄지어 늘어선 후기 빅토리아 시대의 채소밭 없는 연립주택들 가운데에 있어 집을 찾느라 애를 먹었을 것이다.

리즈딜 스미스와 그의 아내, 갓 걸음마를 시작한 아기는 그 주택의 윗층에 살고 있어서 아래쪽 뒷마당을 이용할 수 없다. 하지만 리즈딜 스미스는 항상 먹거리를 재배하고 싶어 2000년에 구청에 얼로트먼트 구획을 신청했다. 7년을 기다린 뒤에 다시 구청에 문의했다고 한다. "15년을 더 기다려야 할 것 같다는 말을 들었어요. 얼로트먼트를 가지게 될 무렵이면 나는 예순다섯 할아버지가 되어 있겠죠."[16]

기후변화가 걱정이 된 리즈딜 스미스는 몇몇 '저탄소 운동 단체'와 함께 사람들을 자극하기 위해 활동해 왔지만, 사람들이 할 수 없는 일에는 열의를 보이게 만드는 것이 어렵다는 사실을 알게 되었다. 그는 먹거리 재배 쪽으로 활동 방향을 바꾸었는데, 이것이 사람들이 '할 수 있는' 어떤 일이기 때문에 좋은 변화가 될 수도 있는 저충격 활동일 것이라고 판단했다. 그는 언제나 아루굴라, 샐러드용 채소, 허브를 심은 화분 몇 개를 보살피고 있었다. 가로 세로 2.7×1.8미터인 서북향 발코니와 6개의 창턱(4개는 남향이고 2개는 북향)과 현관문 바깥의 콘크리트로 덮인 작은 구획의 땅 등 자신이 갖고 있는 공간을 이용하면 얼마나 많은 작물을 재배할 수 있을지 궁금했다. 결국 그 답은 '많다'였다.

리즈딜 스미스는 버티컬 베지 웹사이트에 수확량을 기록하기 시작했으며, 같은 이름의 사회적 기업인 비영리 사업체를 설립했다. 기준을 정해 놓고 하는 도전이 필요했으며 이용 가능한 발코니와 창턱만으로, 구하지 못한 얼로트먼트 구획을 대신할 수 있을지 궁금했다고 한다. 그렇지 않았다면 한 해에 상점에서 사야 할 최소 500파운드(약 86만 원)어치의 농산물을 그가 재배할 수 있을까? 그는 다달이 파슬리가 몇 움큼 생산되고 토마토, 완두, 콩이 얼마나 수확되는지 하나하나 기록했다. 그렇지 않았더라면 야채 가게에서 돈을 주고 사야 했을 작물의 세부 내역도 적었다. 9월 말에 런던에 도착했을 무렵, 그는 초기 목표를 넘어섰고 새로운 목표치를 달성하려고 애쓰고 있었다. 그는 목표를 수정해 2010년 5월부터 2011년 5월까지 일반적인 규모의 런던 얼로트먼트에

런던 버티컬 베지 설립자 마크 리즈딜 스미스의 매우 생산적인 발코니(2010년 9월 30일).

서 연간 생산되는 작물의 평균 가격인 782파운드(136만 원)에 상당하는 생산량을 목표로 했다. 전국얼로트먼트·여가경작자협회는 250제곱미터 면적의 얼로트먼트가 1년에 1,564파운드(270만 원)어치의 먹거리를 생산한다고 추정한다. 대부분의 런던 얼로트먼트는 면적이 그 절반 정도이다. 결국 1년에 걸친 실험 기간 동안 리즈딜 스미스는 발코니 텃밭에서 초기 목표의 거의 두 배, 금액으로 치면 900파운드(약 155만 원)에 육박하는 83킬로그램의 먹거리를 생산해 냈다.[17]

리즈딜 스미스가 하는 먹거리 재배의 대부분은 작은 목재 발코니에서 일어나고 있다. 그 발코니는 아래쪽에 있는 이웃집 뒷마당 위에 있다. 너무 작아서 리즈딜과 클레어 길버트(학교 공부를 1년간 쉬면서 리즈딜에게 일을 배우고 있는 학생)가 교대로 발코니 위에 올라가야 하는 이 공간에는 놀랄 만큼 다양한 먹거리가 있었다. 레몬그라스 줄기, 밝은

빛 스위스 근대, 갖가지 토마토, 월계수, 로즈메리, 샐러드류, 케일, 블루베리, 러비지(셀러리와 비슷한 맛이 나는, 줄기와 잎이 많은 허브), 아욱, 오크라, 코코아도 있었다. 탑 모양을 이룬 붉은 강낭콩은 생산량이 가장 많을 때는 1주일에 1킬로그램이 수확되었다. 창턱에 놓아두는 목재 화분에는 새로운 작물인 해바라기와 싹이 틀 때 수확될 콩이 있었다. 깊이가 60~90센티미터이고, 발코니의 바깥 경계 주위에 고리 모양으로 배열되어 있는 화분 몇 개에는 작물이 제멋대로 자라고 있었다. 작은 합판 상자에는 양분이 풍부한 퇴비를 작물에 꾸준히 공급해 주는 지렁이가 우글거리고 있었다. 옥외 테라스 위 외팔보형 나무판자 선반에는 상추가 심어져 있는 양동이 몇 개가 놓여 있었다.

낭비되는 공간이라고는 없었다. 어떠한 요리 실험도 가능할 것 같았다. 리즈딜 스미스는 자신이 심은 와사비가 고전하고 있다고 안타까워했지만, 런던의 전설적인 코리앤더클럽(런던 스피탈필즈 도시농장의 일부인 벵골 여성의 공동체텃밭) 소속 여성들이 길러 보라고 권해 준 동양무는 잘 자라고 있었다.

리즈딜 스미스의 거실은 거의 종묘장이 되어 버렸다. 아들이 다 컸기 때문에 사용하지 않는 기저귀 가는 테이블은 다단식 상추 모판으로 다시 태어났다. 길가로 나 있는 창턱은 허브, 텀블러 토마토, 샐러드용 채소, 케일, 피망, 2엽기를 갓 지난 새로 심은 고수풀 화분들로 꽉 들어차 있었다. 침실 창턱도 마찬가지여서 주키니, 무순, 토마토, 피망으로 꽉 들어차 있었다. 나는 농담반 진담반으로 창턱 화분들이 무거워 보인다고 말했다. 창턱 화분이 토마토 풍작으로 쓰러져 떨어질 가능성이 충분히 있다고 대답했다. 아니나 다를까 그는 일어날 수 있는 사고를 방지하기 위해 추가로 설치한 지지대와 끈을 손으로 가리켰다. 그는 인터넷에서 배운 '캐나다 발명품'을 실험해 보기도 했다. 창턱 화분은 사실상 아래쪽 화분의 물이 삼투작용을 통해 안쪽 화분의 흙으로 스며 들어가는 이중 냄비 형태로서 하나가 다른 하나의 안쪽에 있는 두 개의 장식 화분이었다. 이 방식은 위에서 물을 줄 때 토양 영양분이 흙에서 씻겨 나가는 것을 방지했다.

리즈딜 스미스는 인상적인 발코니 이용 먹거리 생산에 대해 겸손해했다. 정말로 그는 그 모든 것을 너무 쉽게 보이게 했다. 그는 아주 신선한 샐러드 채소 한 봉지를 나에게 건네주기까지 했다. 이 타이 코리앤더는 결국 다음 며칠 동안 내 숄더백을 향기로 채우게 되었지만, 맛이 강하고 딱딱한 치즈와 렐리시(과일과 채소로 걸쭉하게 만들어 찬 고기와 곁들여 먹는, 톡 쏘는 맛이 특징인 소스—옮긴이)와 신선한 채소나 절인 채소와 얇게 썬 양파가 들어간 전통 영국식 샌드위치 '농부의 점심'에 새로이 중독된 그날 나는 이 창턱에서 생산된 농산물을 먹었다.

그의 인상적인 텃밭을 둘러보고 나서 바로 리즈딜 스미스, 클레어 길버트와 나는 영국에서 이러한 종류로는 최초로서 리즈딜 스미스가 도와준 새로운 먹거리 재배 공간으로 갔는데, 그곳은 런던 해링게이 자치구 크라우치엔드 인근의, 옥상 채소밭이 있는 식품점이었다.

하늘에서 내려온 먹거리

하얀색으로 멋을 낸 벽돌 구조 타운하우스와 1895년에 세워진 그림 같은 시계탑이 있는 크라우치엔드는 실물 크기의 생강과자 마을처럼 보인다. 나는 리즈딜 스미스가 크라우치엔드의 손턴스버진스라는 발음

하기 어려운 긴 이름을 가진 상점으로 가는 길을 안내해 주어서 고마웠다.

손턴스버진스는 영국 전역에서 잘 알려져 있는 식품점이다. 손턴스버진스는 각 상점이 고객층에 맞춘 신선한 로컬푸드를 전문적으로 파는 상당한 재량권을 가진, 자그마한 틈새 식품 프랜차이즈이다. 카리스마 있는 아일랜드인 앤드루 손턴이 소유하고 있는 크라우치엔드의 손턴스버진스는 회색다람쥐를 파는 최초의 상점으로 최근 신문 음식 면을 장식했다. 육류의 하나로 회색다람쥐가 다시 유행하는 것이 최신의 지속 가능한 로커보어 식사 방식인지 아니면 역겨운 동물권의 희화화인지에 대해 당시 영국은 여전히 결정을 못 내리고 있었다. 크라우치엔드에는 다람쥐 고기를 옹호하는 고객층이 있는 것 같았다. 2010년 7월《가디언》에 실린 기사에 따르면, 손턴스버진스의 크라우치엔드 상점이 재고를 유지할 수 있었을 때 '한 주에 10~15마리'가 팔렸다고 한다.[18]

그런데 리즈딜 스미스와 내가 다람쥐 고기를 구경하거나 사 보려고 거기까지에 간 것이 아니었다. 우리는 '세계 최초의 슈퍼마켓 옥상 텃밭'을 보러 그곳에 갔다.[19] 리즈딜 스미스는 2010년 봄에 한 슈퍼마켓의 옥상을 허수아비와 티베트 기도 깃발과 그물침대를 갖춘 450제곱미터의 먹거리 텃밭으로 완전히 바꾸어 놓은 자원봉사자 20명 가운데 한 사람이었다.

우리가 옥상에 올라가니 '하늘에서 내려온 먹거리'(Food from the Sky)의 창립자 아술-발레리 톰이 낮은 의자에 쪼그려 앉아서, 씨앗을 맺도록 내버려 둔 한 줄의 마른 꼬투리에서 겨자잎 씨를 비벼서 꺼내고 있었다. 생물역학 달력에 따르면 그날이 '씨앗 날'이라고 말하는데, 아크릴로 만든 익살맞은 무당벌레 모양 반지를 낀 손을 내밀어 나를 맞았다.

그녀는 한동안 생물역학 농법의 아버지인 루돌프 슈타이너가 쓴 글을 참고하며 '슈타이너를 공부하고 있었다'고 말했다.[20] 생물역학 재배는 농업과 먹거리 생산에 대한 유기적이고 전체론적인 접근 방법으로서 최적의 파종과 이식과 수확을 위해 천체력 일자를 이용한다. 조금 신비스럽게 보이기는 하지만 나는 겉으로 보기에 엉뚱해 보이는 생물역학 개념을 무시해서는 안 된다는 것을 알게 되었다. 그 까닭은 내가 생물역학 농법에 따라 재배된 건강에 좋은 작물과 맛있는 결과물에 아주 자주 큰 감명을 받고 있기 때문이다.

그녀는 15년 동안 영국 서남부 데번 카운티의 20헥타르 규모의 유기농장에서 생활한 후 "모든 편평한 지붕을 과수원과 딸기로 덮고 싶다는 꿈"을 안고 런던에 왔다고 한다. 톰은 부지런히 씨앗 껍질을 벗기면서 프랑스어에 영어가 매력적으로 겹쳐진 악센트로 설명했다. 런던에는 약 100제곱킬로미터나 되는 지붕 공간이 있다고 알려주었다. 런던에 도착한 직후 그녀는 손턴을 만났다. "손턴이 말했죠. '나에겐 지붕이 있어요. 올라가서 보고 싶어요?'" 그리하여 하늘에서 내려온 먹거리가 2010년 봄에 태어났다.

톰이 나와 함께 옥상 농장 이곳저곳 걸어 다니는 동안 리즈딜 스미스는 씨앗을 채종하는 일을 과감하게 넘겨받았다. 씨앗 중 일부는 지역의 공동체 단체나 개인에게 무료로 나누어 주거나 기부한다고 톰은 설명했다. 일부는 나중에 심기 위해 따로 간수해 둔다. 일부 씨앗은 상업적 종자 회사에 인기가 없어졌거나 처음부터 상업 목록에 전혀 보이지 않던, 대부분이 유럽 품종인 다양한 멸종 위기 종자를 제공하는 '대출 도서관'인 '토종종자은행'(Heritage Seed Library)에 '반납'한다. 하늘에서 내려온 먹거리는 생물다양성과 공동체 먹거리 회복력이 더 이상 쇠퇴하지 않도록 하는 역할을 하고 있었다. 미래 세대를 위해서 공개적인 꽃가루 공급원이 되는 식물(바람으로 수분이 되거나 벌이나 꽃을 좋아하는 다른 곤충이 찾아오기 때문에 존재하는 식물) 종자의 군락보호구역 확대에 기여하는 수단으로 귀한 채소 품종 씨앗을 경작자에게 맡기고 있는 것이다.

(일반적으로 상당히 돈이 많이 들어가는 하중 지지 능력 평가, 재설계, 배수 시설 설치, 방수가 필요한) 지붕 위에 흙을 덮기보다는, 해링게이 자치구가 플라스틱 재활용 용기 수백 개를 기부했으며, 런던 시가 가정의 주방과 정원 쓰레기를 수거하여 퇴비로 만들어 뒷마당 경작자, 얼로트먼트 소유자, 배양토를 찾는 누구나에게 다시 나누어 주는 유기성 퇴비인 런던웨이스트 10톤이 지붕에 제공되었다(런던의 가정 녹색 폐기물 수거 프로그램 덕분에 연간 4만9,604톤의 유기성 폐기물이 매립장으로 가지 않고 전용된다.[21] 메탄은 이산화탄소보다 21퍼센트나 더 환경에 해로운 가스이다. 따라서 대량의 퇴비화 가능 물질을 다른 데로 돌리는 것은 지속가능한 도시계획에서 큰 역할을 한다).

톰은 자원봉사자와 함께 플라스틱 재활용통에서 놀랄 만큼 잘 자라는 다양한 작물을 심고 이식하고 키우고 수확했다. 톰은 내가 사진을 찍을 수 있도록 야구공만 한 황소피 비트를 힘차게 뽑아 들었다. 이 비트는 가는 가지에 자그마한 무화과 몇 개를 자랑스레 매달고 있는 무화과나무 옆 재활용 통에서 잘 자라고 있었다. 밀짚 거적으로 만든 수직 울타리는 줄지어 심은 토마토 덩굴, 아루굴라, 무, 용도가 바뀐 판지 달걀판에서 싹트고 있는 다양한 다른 씨앗을 보호해 주었다.

나는 꽃을 찾는 벌이 아주 많다고 한마디 했다. 윙윙거리는 벌 소리는 도로 소음보다 더 잘 들렸다. 식물에 첫 번째 꽃이 나오고 딱 1주일

'하늘에서 내려온 먹거리'에서 재배한 황소피 비트(2010년 9월 30일).

후에 벌이 찾아왔다고 톰이 말했다. 자원봉사자 가운데 한 사람이 지붕 위에서 최대 30종의 서로 다른 곤충을 본 적이 있었다. 당연히 호박벌, 꿀벌, 나비, 단생벌(사회생활을 하지 않는 벌—옮긴이) 같은 수분 매개체들이 마음껏 꽃가루 뷔페를 즐겼다. 건강한 생태계임을 알려 주는 거미, 파리, 지렁이도 눈에 띄었다. "수개월 전만 하더라도 여기는 몹시 황량한 도시 지역으로 생명이 없는 곳이었죠. 생물이 찾아왔어요. 생명체들이 이사를 왔죠." 걸걸한 웃음소리를 내며 톰이 자랑스럽게 말했다.

씨앗을 채종하는 일은 로메인 상추를 수확하고 세척하고 포장하는 일로 바뀌었다(내가 떠날 무렵, 지붕에서 딴 총알처럼 생긴 아삭아삭한 로메인 상추 속잎이 상점 앞 특별 진열대에서 팔리고 있었다). 계절에 따라 그해 여름에는 크라우치엔드의 고객들이 딴 지 겨우 몇 시간 뒤에 샐러드용 채소, 아루굴라, 초이, 갓, 크고 검은 겨울무, 자주색 브로콜리, 보리지(푸른 색, 하얀 색 또는 핑크 색 별 모양의 꽃이 피는 요리용이나 약용 허브), 토마토, 파슬리, 비트, 당근, 수영(수프나 샐러드용으로 쓰이는 잎이 많은 다년생 허브)을 구입할 수 있었다.

품질이 좋고 신선해서 그녀가 생산한 농산물이 높은 가격에 팔리고 있지만 '하늘에서 내려온 먹거리'를 계속 운영하는 데 필요한 수입이 먹거리 판매에서만 나올 수 없다고 톰은 말했다. '어린이와 노인에게 집에서 먹거리를 재배하는 방법과 도시의 생물다양성을 높이는 방법을 보여 주는' 워크숍이나 교육, 견학은 대안의 일부였다. 그때 그녀는 슬쩍 웃으며 말했다. "있잖아요, 생물다양성에 인간도 포함되는 거죠." 하늘에서 내려온 먹거리는 아주 신선한 상추와 채소를 부유한 크라우치엔드 식도락가들에게 제공하는 것보다 더 큰 목적이 있다. "퍼머컬처와 생물역학 사이에서, 우리는 450제곱미터의 공간 안에서 우리가 온 생명, 정말 창조된 모든 것을 연결하고 있다고 느껴요. 이것은 놀라운 기회입니다. 먹거리를 재배할 뿐 아니라 지붕에서 가능한 본보기를 만들 수 있는 기회죠."[22]

런던 최초의 상업적 포도밭

한때 런던에서 살았던 친구들에게 2009년 킹스크로스 지역에 영리를 목적으로 하는 포도밭이 만들어졌다고 말하니 당혹감과 혐오감이라는 두 가지 반응이 나왔다(하지만 런던 중심부에 있으면서 산업화 이후 불쾌한 현실을 적나라하게 보여 주는 킹스크로스의 평판이 그리 오래 가지는 않을 것이다. 이곳에서는 현재 대규모 재개발 사업이 벌어지고 있다). 영국 와인이라니! 아무리 생각해 봐도 상상이 안 된다고 친구들은 말했다. 더군다나 런던 와인이라고? 신기함이 품질보다 더 중요하다면야 물론 가능하겠지만. 몇년 동안 런던에서는 도시 와인 지하운동이 벌어져 왔다. 직접 내 눈으로 런던 최초의 상업적 와인 양조장을 둘러보기로 작정했다.

그런데 킹스크로스 지하철역에서 칼리 가 쪽으로 빠져 나가는 동안 내 열정은 불길한 예감 속으로 빠져들고 있었다. 그 지역은 하나의 거대한 공사 현장이었다. 번쩍거리는 새 세인트판크라스 유로스타 기차역을 제외하면 킹스크로스는 도시 재개발로 변화될 모습까지 아직 갈 길이 멀었다. 20분 정도 더 가서 마침내 주거와 공장이 혼재된 지역에 이르렀는데, 포도밭을 찾아 가는 노력이 헛되지 않았기를 바랄 뿐이었다.

도시농업 탐험을 하고 있는 그 시점에 나는 새삼 열린 마음을 가져야 한다는 것을 깨달았다. 포도밭의 입지는 내가 생각하던 것과는 전혀 딴판이었다. 그 포도밭은 나중에 알고 보니 2층짜리 알라라 홀푸즈(Alara Wholefoods) 창고 건물의 뒤쪽 한적한 곳에 자리하고 있었다.

짙은 회색 양복에 검붉은 넥타이를 맨 알라라 소유주 앨릭스 스미스는 와인 양조업자라기보다 일반 기업의 CEO처럼 보였다. 하지만 이른바 '꿈의 농장'을 걸어서 둘러보는 동안, 그는 우리가 생각하는 그런 평범한 기업주가 아니며 이곳이 우리가 생각하는 그런 평범한 기업 본사의 창고가 아니라는 사실을 알게 되었다.

곧바로 '포도밭'을 향해 가기보다 스미스는 자신의 먹거리 텃밭을 자랑하고 싶어 했다. 좀 더 구체적으로 말하면 우리는 텃밭에 나 있는 길의 가장자리에 있는 텃밭 농기구 창고 '카브 드 뱅'(cave de vin)에서 시작했다. 용도 변경된 선적용 컨테이너를 창고로 사용하고 있었다. 스미스가 사유지에 있는 딱총나무 꽃으로 만든 '샴페인'을 한 모금 맛보라고 권했다. 솔직히 말해 기차역에서 알라라까지 '한참 동안' 힘들게 걸어온 탓에 나는 잠시도 머뭇거리지 않고 받아 들었다.

시큼하고 톡 쏘고 상큼한 것이 자몽 맛이 났다. 마침 우리는 나뭇가지가 우거진 100년 된 딱총나무 아래에 서 있었다. 그 나무의 작고 하얀 봄꽃과 야생 효모로 이 샴페인을 만들었다. 공업 용지에 있는 오래된 나무에서 마실 수 있는 발포주를 만들 수 있다면, 이곳 어딘가에 포도밭이 숨어 있을지도 모른다고 생각했다. 스미스가 자신이 어떻게 런던 최초의 상업적 와인 양조업자가 되었는지 이야기해 주는 동안 우리는 와인 유리잔의 술을 홀짝홀짝 마셨다.

앨릭스 스미스는 1970년대 초 건축을 배우러 런던 도심으로 왔다고 한다.[23] 많은 사람이 런던의 높은 생활비가 점점 더 빈곤으로 몰아넣고 있다는 사실을 알고 있던 상황에서, 그는 곧 개발업자들이 런던의 특정 지역에서 부당한 이득을 취해 달아나는 것을 보고 놀라게 되었다. 스미스는 런던 중심부 상업지역의 주요 도로인 토트넘코트 로드의 북단에 있는 빅토리아 시대 초기의 랜드마크인 토머스스퀘어의 운명에 관심을 가지게 되었다. 토머스스퀘어는 재개발 경매 지구 옆에 있었는데, 유령회사들은 으레 부동산을 매점해 사람이 살 수 없는 곳으로 만들기 위해 고의로 파손하고 나서 그곳을 대규모 재개발 부동산으로 변화시켰다. 이렇게 고의로 방치된 건물 하나가 붕괴되면서 보도에 있던 보행자 두 명이 사망하는 일이 벌어졌다. 그 사건을 본 스미스는 맞서 싸워야 하겠다고 결심했다.

"그곳에서 나는 건축을 공부하고 있었고, 이런 일은 내가 하고 싶어 하는 이 분야에서 계속 벌어지고 있었죠." 우리가 탄산으로 거품이 이는 딱총나무 열매 술을 짤끔짤끔 마시는 동안 스미스는 설명을 이어갔다.[24] 단순히 이익이라는 이름으로 안전을 무시하고 아름답고 역사 깊은 광장의 공공 기물을 파손한다는 생각에 스미스는 절망했다. "내가 이런 상황에 실제로 적절하게 도덕적으로 저항할 수 있는 유일한 방법은 돈 없이 그곳에 사는 것이었죠." 재개발이 예정된 이 지역에서 불법 무단 점유자가 되기로 한 자신의 결정에 대해 말했다. 게다가 돈 한 푼 없이 1년간의 생활을 시작했다. 그해 생일 선물로 5파운드 지폐를 받았을 때 그는 몸을 따뜻하게 하려고 지폐를 불쏘시개로 썼다고 한다.

1년 동안 이어진 이 프로젝트는 스미스가 길거리에서 2파운드짜리 지폐를 발견하면서 끝이 났다. 그는 친구의 트럭을 빌려 런던 남서부의 채소와 과일이 유통되는 대규모 시장인 뉴코벤트가든 마켓에 들어갈 때 내는 차량 입장료를 지불하는 데 그 돈을 썼다. 그는 노점상의 쓰레기통을 찾아 돌아다니며 팔리지 않았거나 팔 수 없는 과일과 채소를 주워 담았다. 살고 있던 불법 거주 건물에 돌아온 그는 그 과일과 채소를 팔아 5파운드를 벌었다. 그다음에는 그 5파운드를 시장에 다시 돌아가는 데 사용했다. 이번에는 무단 점유 공동체에 팔기 위해 더 많은 먹거리를 주워 모았다. 다음 주에는 시장에서 통밀가루를 약간 사서

알라라 홀푸즈의 포도밭에 서 있는 와인 양조업자 알렉스 스미스(2010년 9월 28일).

무단 점유자 거주지에 방치되어 있던 오븐에서 빵을 구웠다. 되팔기 위해 쌀이나 말린 콩 같은 다른 천연 식품도 샀다. 알라라 홀푸즈가 탄생하는 순간이었다.

스미스는 함께 회사를 설립하고 지금도 같이 운영하고 있는 아내와 여러 차례 알라라를 다른 곳으로 옮겼다. 마지막으로 2005년에 세인트판크라스 역 북쪽 유로스타 철도 선로에 아주 가까운 작은 땅으로 옮겨온 것이다. 부지를 정리하고 대청소를 하는 일이 엄청났다고 한다. '쓰레기 50톤'을 치워 내고 울타리를 설치하고 텃밭을 만들기 위해 경사지를 계단 모양으로 팠다. "쓰레기의 종류를 짐작해 보려면 기차역에서 걸어 동네 어두운 구석에 들어가 보면 됩니다." 스미스는 내가 그 상태를 머리에 그려볼 수 있도록 목소리를 점점 낮추며 말했다. "이곳은 좀 불결한 곳이었어요." 그가 마지막으로 덧붙였다.[25]

그렇긴 했지만 그 땅을 치우다가 몇 가지 뜻밖의 좋은 일이 생겼다. 커다랗고 평평한 로마시대 석판 2개와 조지 왕 시대 주춧돌 1개, 로마 이전 시대 건축 석재 1개가 발굴되었다. 밝혀진 바에 따르면, 알라라가 자리 잡은 킹스크로스의 부지는 이전에 배틀 브리지(Battle Bridge)라고 했던 지역이었다. 플리트 강의 옛 나루터는 서기 60년 무렵 '론디니움' 정복에 저항하던 전사 부디카 여왕이 이끄는 켈트족 반군 이케니와 로마 군대가 운명을 건 최후의 일전을 벌인 곳이라고 한다. 결국 로마군이 이겼고 그것이 켈트족의 마지막 저항이 되고 말았지만, 현재 의회 건물 근처 템스 강 북쪽 제방에는 두 딸과 전차를 타고 있는 부디카의 커다란 동상이 서 있다. 심지어 부디카가 킹스크로스 기차역 10번 플랫폼 아래 묻혀 있다는, 끈질기게 계속되는 신빙성 없는 도시 괴담도 있다. 스미스가 킹스크로스 역사의 이 같은 일면과 약간의 도시 이야기를 자세히 하는 동안, 나는 공책에 'PR 노다지!'라고 갈겨쓰고는 마케팅 회사들이 이 와인 양조장 배경 이야기를 이용하려고 서로 경쟁하게 될 것이라고 판단했다. 게다가 뿌리 깊은 인류 거주 천년의 역사를 추적할 수 있는 장소에서 에덴동산 같은 정원이 생겨났다는 사실에 감탄했다.

그런데도 파인애플 구아바나무와 석류나무가 무성했다. 블랙베리와 나무딸기 줄기가 제멋대로 뒤엉켜 있었다. 허리 높이까지 자란 로즈메리, 세이지, 피버퓨(약용으로 쓰이는 꽃 피는 허브), 컴프리(중요한 유기성 비료)도 있었다. 아시아 배나무, 고지 베리(울프베리라고도 하는, 생울타리에서 자라는 빨갛고 길쭉한 열매), 아스파라거스 펀, 살구나무, 블루베리, 키위 덩굴, 토마토, 돼지감자, 배, 구스베리 나무, 누에콩, 강낭콩도 있었다. 스미스가 푸른 콩 나무라고 부른, 불그스름한 푸른색 꼬투리가 달린 다년생 콩나무도 있었다. 창고에 붙어 있는 이 정원에는 50여 종이나 되는 식용작물이 자라고 있었다.

1년 내내 텃밭에서 조달되는 이 식용작물은 직원들이 점심 때 먹고도 남을 정도라고 스미스는 설명했다. 초등학생들도 갖가지 프로그램으로 이곳에 와 정원을 둘러보고 나서 먹을거리를 따 창고 부엌에서 점심을 준비했다.

2009년 스미스는 민영 주차장에 붙어 있는 이웃 기업체의 큰길 위에 과실수 열두 그루를 심었다. 몇 년 후에는 '도매형 현금 지불 무배달 판매' 할인 식료품점인 부커 도매(Booker Wholesale)가 그곳에서 물건을 사라는 추가적인 유인책으로 무료 나무 열매라는 경품을 줄 수 있을 것이다.

마지막으로 우리는 포도밭이 있는 창고 쪽까지 갔다. 2009년에 《런던 이브닝 스탠더드》가 이 포도밭을 '런던 최초의 대규모 포도밭'이라고 언급한 적이 있었다. 나는 매스컴에서 발표하는 것이 늘 그렇듯 그 기사가 과장되었다는 사실을 곧 깨달았지만, 그럼에도 이곳은 도시 포도밭이었으며 어쨌든 런던 최초의 상업적 포도밭이었다.[26]

포도밭은 너비 8미터에 길이가 45미터인 갓길을 차지하고 있었다. 거기에는 서리에 잘 견디며 노균병에 잘 걸리지 않는 붉은 색 조생 교배종 포도가 열리는 론도 포도나무 30그루(2009년 2월에 심었다)가 있었다.[27]

10월 초 내가 방문했을 무렵 2010년도 수확은 이미 끝나 있었다. 포도나무가 아직 어려 보였지만 스미스는 포도주 25병 정도는 나올 포도 35킬로그램을 수확했다고 했다. 실험용인 이 포도주는 스미스의 집에서 지금도 잘 발효되고 있었다. 본격 시판용 포도주는 2011년에 나올 것 같으며, 최초의 공식적인 상업적 수확, 압착, 입병을 위해 런던 도시와인 회사의 전문지식을 이용할 것이다. 100병 정도는 나올 것으로 기대되는 첫 포도주를 사고자 하는 구매자가 이미 나타났다. 이 포도밭에 가까운 에이콘하우스 식당은 알라라 2011년산 포도주를 식당의 메뉴에 올릴 계획이었다.

런던의 도시와인 회사

런던에서 포도를 재배한다는 아이디어와 관련하여, 나는 알렉스 스미스가 언급한 런던 도시와인 회사에 관해 좀 더 자세히 알아보았다. 런던 남부에 사는 리처드 샤프는 프랑스에 휴가를 가 있는 동안 도시

와인 회사라는 아이디어를 떠올렸다. 그는 수확기에 온 마을 주민이 다 함께 포도를 따고 으깨는 모습을 보고 감탄했다. 런던 중남부의 투팅 지역에 사는 몇몇 친구들처럼 그의 집 정원에도 포도나무 몇 그루가 있었다. 그는 친구들에게 포도를 공유하자고 제안했고, 2007년 가을 첫 포도 압착이 있었다. 도시와인 회사가 태어난 것이다. 처음으로 양조된 포도주는 퍼즈다운 블러쉬 샤토 투팅 포도주 20병이었다.[28]

도시 규모가 크고 콘크리트로 많이 덮여 있으면 자체 미기후를 만들어 낸다는 사실이 이제는 잘 알려져 있다. 이것을 '열섬' 효과라고 한다. 미국 환경청(EPA)은 열섬을 "도심 지역이 인근 농촌 지역보다 기온이 더 높은" 현상이라고 정의한다.[29] 더욱이 미국 환경청은 인구 1백만 명 이상 도시의 연평균 기온이 주변 지역보다 1~3도 정도 더 따뜻하다고 언급하고 있다. 밤에는 기온 차이가 12도나 나기도 한다.[30]

루크 하워드라는 아마추어 기상학자가 처음으로 이 현상을 설명하고 열섬 효과라고 이름 붙인 것은 사실 1800년대 초 런던에서였다. 하워드는 런던의 기온이 밤에 주변 농경지 지역보다 몇도는 더 따뜻하다는 것을 알게 되었다. 783만 명이 사는 런던과 인근 대도시 지역을 합치면 런던 대도시권에 1,200~1,400만 명의 인구가 살고 있다.[31] 런던 중심부의 기온은 주변 농촌 지역보다 보통 5도, 최대 10도는 더 따뜻하다.[32] 이 때문에 런던은 독일이나 프랑스 북부와 경쟁할 수 있는 경작상의 이점이 있다.[33]

런던에는 얼로트먼트와 뒷마당 경작자들도 있지만, 놀랄 만큼 많은 포도밭이 여러 자치구 사이를 굽이치며 이어져 있다. 2010년에 도시와인 회사에는 100명의 런던 주민이 조합원으로 있었다. 회원 자격 조건은 특정 '수확 날' 집결지에 잘 익은 포도를 최소한 3킬로그램 보내는

퍼즈다운 블러쉬 샤토 투팅 2008년산 와인 도시와인 회사 창립자 리처드 샤프가 병을 들어 보이고 있다 (도시와인 회사의 허락을 얻음).

것이다(조생종 포도는 감산율甘酸率이 좋은 숙성기에 따게 되며 필요하다면 냉동된다). 수확한 포도는 트럭에 실어 런던 외곽에 있는 와인 양조장으로 운반된 다음, 꼭지를 따고 으깨어서 몇 달간 발효 탱크에 둔 후 병에 담는다. 이 포도 수확으로 1,300병의 런던 와인이 생산되었다.[34] 조합원은 그 대가로 1인당 와인 여섯 병을 받았다. 적포도주와 백포도주를 따로 만들려면 적어도 포도 1톤이 필요하기 때문에, 지금까지 와인은 붉은 포도와 청포도를 섞어 만들어 왔다. 2009년에 1.5톤이 수확되고 2010년에 다시 1.5톤이 수확되었다. 곧 따로 백포도주와 적포도주, 발포 포도주까지 생산할 수 있을 정도로 수확량이 늘어날 것이다. 샤프에 따르면, 런던 전체에서 포도를 재배하는 공동체가 많아지고 있다. 2010년 5월, 도시와인 회사는 런던 동부에 있는 이스틀리아 커뮤니티 스쿨에 포도나무 30그루를 심기도 했다.[35] 다음 세대 런던 와인 양조업자를 키우기 위한 준비인 것 같다.

재활용 스킵 가든

알라라 포도밭을 방문한 뒤 미들랜즈 길을 따라 남쪽으로 거닐다가 나는 운 좋게도 킹스크로스 스킵 가든을 발견했다. 그곳은 대형 철제 쓰레기통인 스킵을 재활용한다는 독창적인 아이디어에 따라 텃밭으로 바뀐 공간이었다. 원래는 재개발 건설 부지였던 곳이다.

킹스크로스는 런던 최대의 재개발 지역이다. 킹스크로스 센트럴 재개발 기본 계획에 따라 약 27헥타르가 2020년까지 재개발될 예정이다. 건설용 크레인과 공사 현장 울타리가 일반적인 광경이어서 나는 이런 대규모 건설 현장에서 먹거리 텃밭을 발견할 거라고는 전혀 기대하지 않았다. 그러나 나중에 알고 보니 이곳은 시에서 지원하는 환경보전 사업 추진 기구인 캐피털 그로스가 장려하고 지원하는 장소 가운데 하나였다.[36] 2012년까지 런던에서 새로운 먹거리 재배 장소 2012곳을 만드는 것이 목표라고 한다.

그림으로 장식된 울타리의 틈을 통해 그 안을 꽤 오랫동안 들여다보고 있었더니 청바지에 티셔츠를 걸친 청년이 나에게 손짓을 하며 들어오라고 했다. '글로벌 제너레이션'에서 일하는 20대의 프로그램 애니메이션 제작자 버트 더트카는 어린 학생을 대상으로 하는 현장 수업을 막 끝낸 참이었다. 그 학생들은 텃밭이나 얼로트먼트에 못 가더라도 스킵 가든에서 먹거리를 재배하는 방법을 배우며 오후 시간을 보냈다.

스킵은 영국에서 사용되는 이동식 쓰레기통으로 이런 대규모 건설 지구에는 어디에나 있다. 공사 현장에서 나오는 건설 폐기물을 담아서 옮기는 데 주로 사용된다. 스킵은 편리하고 크레인을 이용할 수 있다면 옮기기도 수월한 먹거리 재배 공간이 된다. 스킵 가든은 2009년 여름에 만들어졌다.

더트카는 지속가능한 공동체를 향한 혁신적인 지식과 기술을 가질 수 있도록 젊은이의 능력을 키우는 데 전념하는, 청년을 기반으로 하는 조직인 '글로벌 제너레이션'에서 일한다. 글로벌 제너레이션은 스킵 가든을 관리하고 교육 프로그램을 운영한다. 더트카는 한 해에 400명이 넘는 어린이가 스킵 가든에서 이루어지는 현장 프로그램에 참여한다고 말했다.[37] 어린이들은 식용작물이 어떻게 생겼고 어떻게 자라는지 알게 되며, 나아가 식용작물을 심고 관리하고 수확하는 실제 체험을 하게 된다.

런던 킹스크로스 스킵 가든 내부 왼쪽에 세인트판크라스 유로스타 역이 있고, 오른쪽에 이동식 먹거리 텃밭으로 용도 변경된 건설용 스킵이 있다(2010년 9월 28일). 영국 런던.

마당 한가운데에 있는 스킵 3개는 파스닙, 누에콩, 붉은 근대와 녹색 근대, 비트, 허브, 옥수수를 심었고 둘레 가장자리에는 금련화 같은 한해살이풀을 심었다. 스킵 가운데 하나에는 스킵 가든식 온실이라고 할 수 있는, 폴리에틸렌으로 덮인 반원형 터널이 있다.

이 부지의 측면을 따라 있는 스킵들 가운데 하나는 이동식 과수원이다. 사과나무 다섯 그루, 배나무 두 그루, 포도나무 두 그루, 나무딸기, 풍성하게 늘어지는 알프스 딸기 같은 씨 없는 작은 과일이 심겨 있다. 다양한 식물이 자라고 있는 이 과수원 스킵에서 어린이들은 한해살이와 여러해살이 식물의 차이를 배운다.

킹스크로스 센트럴에 재개발이 이루어지는 2020년까지 글로벌 제너레이션은 이 건설 현장에서 저 건설 현장으로 옮겨 다녀야 하기 때문에 스킵의 이동성이 중요하다고 더트카는 말했다. 재개발이 진행되는 동안에는 과실나무와 채소를 그 지역의 신축 건물 옥상에 심을 생각이다.

옥상정원 사업가이자 킹스크로스 스킵 가든을 비롯한 여러 도시농업 사이트의 현장 책임자이기도 한 폴 리친스는 "힘든 곳에서 하는 경작 훈련"이기 때문에 이 프로젝트에 매력을 느꼈다고 말하며 대화에 끼어들었다.[38] "이것은 전형적인 '도시농'이에요. 이보다 더 도시적인 건 없을 겁니다. 말하자면 이용할 수 없는 공간을 이용하는 도전인 거죠." 우리가 건설 먼지와 자갈이 섞여 있는 울퉁불퉁한 땅을 걷는 동안 리친스가 말했다.

리친스는 스스로 '지렁이 카페'라고 불렀던 지렁이 사육 통 세 개가 각각 분리되어 들어 있는 스킵인 '녹색 엔진'을 가장 자랑스러워했다. 매우 풍부한 질소 공급원이자 짓이기거나 물에 담그면 '퇴비 홍차'가 되는 우수한 유기성 비료가 되는 평범하게 생긴 러시안 컴프리가 무성하게 띠 모양을 이루어 녹색 엔진의 가장자리에 세로로 길게 뻗어 있었다. 내가 컴프리 과즙기를 본 것이 이번이 처음은 아닌 듯했다. 120센티미터 길이의 PVC 배수관이 스킵의 측면에 수직으로 매달려 있었다. 갓 꺾은 컴프리 잎을 관 속에 채워 넣고 사슬 끝에 달린 추로 짓누르면 암녹색의 액체가 흘러내려 변형된 3.8리터짜리 플라스틱 우유 통 안으로 들어가게 된다. "이 세상에서 가장 역겨운 냄새가 나는 액체가 아래쪽에서 흘러나오죠." 리친스가 좀 들떠서 말했다. 어느 정원사라도 인정하는 컴프리는 지독한 냄새가 나지만 현존하는 최고의 유기질 비료이다.

리친스는 비행기에 사용되는 1,000리터짜리 중고 용기에 눈길을 주고 있었다. 작물에 물을 다 주려면 일주일에 평균 300리터가 필요하다고 말했다. 2010년 여름 기온이 무려 46.4도까지 올라가는 기록을 보여 주었듯이, 무더위가 런던을 강타하면서 리친스는 그 양의 두 배를 썼다. 런던의 수돗물은 pH(산성 또는 알칼리성의 정도를 나타내는 수소 이온 농도 지수—옮긴이)가 식물에 맞지 않기 때문에 환경적으로 실용적이지 않을 뿐 아니라 바람직하지도 않다. 그는 수돗물에 포함되어 있는 염소도 썩 내키지 않았다. "만약 염소가 치아의 박테리아를 죽인다면, 흙 속에 있는 다른 것들도 죽이지 않겠어요?"[39]

더 맛있게, 더 건강하게, 더 푸르게!

지금까지 런던에서 가장 야심적인 로컬푸드 추진 기구는 2012년 여름에 열리는 올림픽과 장애인 올림픽의 런던 조직위(LOCOG)가 될 것이다.[40] LOCOG는 조직 관리 계획과 유치 신청의 일환으로 먹거리에 대한 비전을 내놓은 최초의 올림픽조직위원회다. LOCOG의 공식 문서인 '출전자를 위하여'(For Starters)에는 이 계획이 '야심찬 기준'으로 담겨 있다. 이 기준은 상업적 파트너와 음식 공급자, 공급업체가 달성해야 할 조달과 공급망 목표를 정하게 될 것이다. 대규모 국제경기에 참가한 선수와 방문객, 스텝들에게 음식을 제공하는 것은 중대한 일이다. 런던을 비롯한 영국 전역에서 지속가능한 로컬푸드 체계를 서두르기 위해 중요한 국제 행사를 활용하는 것은 진일보한 조치이다(2000년 런던 시민이 소비한 식량 690만 톤 가운데 81퍼센트는 외국에서 수입되었다).[41]

결과적으로 선수촌과 프레스센터, 국제방송센터와 31개 경기장에서 치르는 955개 경기에 제공되는 약 1,400만 끼 식사에 제공되는 모든 음식이 이 먹거리 정책에 따르게 될 것이다. 이 정책은 영국에서 생산될 먹거리를 방문객과 선수 중심에 두게 될 것이다. 바나나와 차, 커피 같은 수입 식품은 페어트레이드 인터내셔널의 인증을 받은 공정무역 제품이어야 한다. 이는 반드시 생산자가 그들이 만든 제품에 대해 생활임금을 받아야 한다는 위원회의 기준을 충족해야 함을 뜻한다. 예를 들어 초콜릿은 노동자, 가축 또는 생산 환경을 착취하지 않는 방법과 여건에서 생산된 제품을 말하는, 윤리적으로 조달된 제품이거나 공정무역 제품이어야 한다. 예를 들어 체다 치즈 같은 전통적인 영국 치즈는 반드시 영국에서 생산되어야 한다. 올림픽 기간 중 올림픽 선수촌에서는 25,000개가 넘는 식빵, 감자 232톤, 우유 75,000리터, 달걀 19톤, 과일과 채소 330톤이 소비될 것으로 추정된다. 이렇게 전망된 목표치를 달성하고 영국 국내에서 이 물품들을 조달하려면 도시 먹거리 생산이 충분한 역할을 해야 할 것이다.

도시를 거쳐 가는 서커스단처럼 올림픽도 런던을 거쳐 다른 나라 도시로 옮겨갈 것이다. 이 먹거리 쇼윈도 장식이 올림픽 이후에도 남아 있을지는 아무도 모른다. 그러나 한 가지는 분명한 것 같다. 도시에서 먹거리를 재배하는 것에 습관이 들면 그것이 규범이 된다는 사실이다. 보리스 존슨 런던 시장이 별난 언동을 많이 하고는 있지만, 지속가능한 식량보장에 초점을 맞추고 있는 시 정부의 정책을 깎아내리기는 쉽지 않을 듯 싶다.

FOOD AND THE CITY

08

로스앤젤레스

두 농장 이야기

“변화가 시작되자 초조해진 서부의 땅!”

존 스타인벡, 《분노의 포도》(1939)

날씨가 맑은 6월 어느 날, 비행기를 타고 캘리포니아 주 로스앤젤레스로 진입하는 하늘이었다. 나는 오늘날 멕시코와 라틴아메리카에서 사람들을 불러들여 딸기나 토마토 밭에서 일하고 오렌지를 따고 아보카도를 수확하게 하는 대기업체뿐 아니라, 더스트볼이 일어난 여러 해 동안 서부로 이주자들을 모여들게 했던 저지대와 농업 지대와 과수원 토지를 지도에 모두 표시해 보려고 했다. 그러나 로스앤젤레스 대도시권 상공에서 접근하는 것은 다른 방식의 지리 수업이 되어 버렸다. 인구 1,280만 명(그들이 소유한 자동차도 있다)이 살고 있는 연속된 도시지역에는 자연적인 기준점이 없었다.

비행기가 선회하면서 하강하고 있을 때 로스앤젤레스는 끝없이 펼쳐진 단색의 대형 컴퓨터 회로 판으로 보였다. 지형은 서로 다른 회색 색조로만 그저 구별될 뿐이었다. 연한 회색의 상자 모양과 직사각형은 창고와 쇼핑몰 또는 주차장이었고, 중간 회색의 거대한 고속도로는 도시의 위와 가운데를 가로지르고 있었다. 로스앤젤레스 주거지역으로 보이는 곳 위에는 진한 회색 스모그가 머물러 있었다. 이 도시가 완전히 콘크리트로 덮여 있고 끊임없는 도시 확산이 이루어진 곳이라고 수도 없이 읽었는데도 막상 녹색 공간이 없는 것을 보고 나는 기겁을 했다.

로스앤젤레스 바로 북쪽 작은 산맥 너머에 캘리포니아의 거대한 센트럴밸리 남쪽 끝인 베이커스필드가 있다. 센트럴밸리는 북쪽에서 남쪽으로 뻗어 있는데, 그 길이가 720킬로미터이며 너비는 60~100킬로미터에 이른다. 여기가 미국과 캐나다 그리고 어쩌면 다른 나라 식품점을 가득 채우는 상추와 토마토, 딸기가 재배되는 곳이다. 북아메리카 대륙의 '농산물 바구니'와도 같은 센트럴밸리는 미국 전체 농지의 1퍼센트도 안 되는데도 농산물의 8퍼센트나 공급하고 있다. 로스앤젤레스 북쪽의 산과 태평양 연안도시 몬테레이와 샌프란시스코를 가르는 산은, 여전히 남캘리포니아와 특히 로스앤젤레스를 형성하는 빛나는 현대적인 도시 및 끝없이 이어지는 교외와 농촌 농지 사이에 아주 뚜렷이 구별되는 장벽을 이룬다.

먹거리와 고속도로 사이의 이러한 마찰은 커다란 악영향을 끼쳤다. 세계에서 14번째로 큰 로스앤젤레스 대도시권은 아주 잘사는 사람과 아주 못사는 사람이 사는, 무절제가 도를 지나친 곳이자 식품 불안이 만연한 곳이다. 로스앤젤레스의 백인 주거지역에는 흑인 지역보다 3배, 라틴계 지역보다 2배가 더 많은 슈퍼마켓이 있다.[2] 남부 로스앤젤레스는 '식품사막'의 교과서적인 사례로 제시되는 경우가 많다.

남부와 중부 캘리포니아가 농업 생산량이 무척 높지만 로스앤젤레스 시민 가운데 1백만 명이 매일 굶주리거나 식량 공급 불안을 겪고 있다. 그래서 이곳에서는 도시화가 빈곤과 만날 때 일어나는 과도하게 높은 비율의 비만, 당뇨병, 심장병, 기타 건강 관련 질환과 똑같이 기아가 만성질환이 되고 있다. 보조영양지원 프로그램(SNAP, Supplemental Nutrition Assistance Program, 이전에는 '푸드 스탬프' 프로그램이라 했다)에 따르면 로스앤젤레스는 미국의 '기아 진원지'다. 내가 로스앤젤레스에 온 주목적은 2004년 남부 로스앤젤레스에 있는 5.7헥타르 규모 도시농장을 없애려는 시도에 맞서 싸우는 과정에서 전 세계적으로 주목을 받았던 농부 몇 사람을 만나는 것이었다. 그 도시농장은 당시로서는 최대의 공동체텃밭 경작 프로젝트였는데, 이것을 없앤 사건이 아카데미상 후보에 오른 가슴 아픈 다큐멘터리 영화 〈정원〉(The Garden, 2008)의 소재가 되기도 했다. 이 도시농장은 시대를 앞서 간 것 같았으나, 그보다 수년 전에 또 다른 초창기 도시농업 투쟁이 산타바버라 인근 골레타밸리에서 일어났다. 시골 농장으로 시작한 이 농장은 현재 도시농업센터로 변모했다. 몇 년 동안 무질서하게 들어선 주택들로 사방이 둘러싸여 버린 페어뷰가든스 농장(Fairview Gardens Farm)은 존속할 수 있는 권리를 유지했다.

도시농업 분야에서 벌어진 중요한 투쟁에서 이기기도 하고 지기도 한 초창기 전쟁터 로스앤젤레스에서 내가 발견한 것은 이곳이 여러 면에서 아직도 접경지대라는 점이다. 이 지대는 탐욕과 정치, 인종 갈등, 극심한 도시화가 한 도시의 영혼을 어떻게 파괴할 수 있는지에 대한 교훈적인 이야기를 들려준다. 로스앤젤레스는 이러한 어려움에 대처하는 일에 대단한 진보를 이루고 있다. 먹거리 재배 공간과 대안적인 먹거리 분배 모델을 그 이미지 변신의 중심에 두기 위해 일하는 몇몇 사람이 있다.

로스앤젤레스의 악명 높은 식품사막에 텃밭이 생겨나고 있다. 로스앤젤레스의 통합교육구에는 현재 생산량이 다양한 학교텃밭 500개가 있다. 로스앤젤레스 카운티에는 70개의 공동체텃밭이 있어 3,900가구가 먹거리 재배용으로 텃밭을 이용하고 있다. 2010년에 로스앤젤레스는 강력한 힘을 가진 식량 정책 태스크포스를 구성했는데, 이 팀은 로스앤젤레스 식품유역(foodshed, 인근 도시나 마을에 식료품을 공급하는 지역 또는 로컬푸드의 범위—옮긴이)의 평가와 품목을 작성하고 시와 지역 식량 정책을 지지하는 108페이지짜리 보고서를 내놓았다.

페어뷰가든스 농장

로스앤젤레스 카운티는 1950년대까지 미국에서 가장 큰 농업 카운티였다. 로스앤젤레스 카운티는 다양한 농산물과 함께 감귤, 호두, 딸기, 토마토, 유제품, 육류를 대량으로 생산했다.[3] 전후 호황기에 카운티의 도시들이 성장하는 가운데 주 전역에서 도시화가 급속히 진행되었다. 농업은 개발을 위해 자리를 내줄 것으로 예상되었다. 주거 공동체, 학교, 소매센터, 도로, 상업지역, 공업지역 같은 도시 성장은 추정컨대 사실상의 우선권을 가지는 것처럼 보였다. 식량 생산과 농민, 농지는 '진보'에 방해가 안 되도록 비켜 줄 것으로 예상되었다.

이런 규칙의 두 가지 주목할 만한 예외가 도시농업 분야에서 유명한 재판 사건이 되었다. 하나는 1990년대 내내 산타바버라 인근 골레타밸리에 있는 페어뷰가든스 농장을 지키기 위한 마이클 에이블먼의 성공적인 투쟁이고, 또 하나는 2006년 남부 로스앤젤레스 산업단지와 폭력단이 들끓는 지역 한가운데에서 아보카도와 바나나 나무, 콩, 차요테 호박, 얌, 사탕수수를 계속 재배하기 위해 벌인 투쟁에서 지고 만 사건이다. 지금은 사우스센트럴 농부(South Central Farmers)라고 알려져 있는 라틴계 캄페시노와 캄페시나가 그 투쟁에 참여했다.

마이클 에이블먼은 우연히 도시농부가 되었다. 사진작가가 되고 싶었으면서도 전원생활에 관심이 많았던 그는 열여덟 나이에 캘리포니아주 오자이에 있는 40헥타르 규모의 배와 사과나무 밭을 관리하는 농업 공동체에서 일하기 시작했다. 이곳에서 그는 캘리포니아의 태평양 연안을 따라 북쪽으로 가서 산타바버라 인근의 아보카도와 감귤 묘목을 키우는 종묘장을 관리했다. 20대 초반이던 1981년 에이블먼은 로스앤젤레스에서 북쪽으로 160킬로미터, 산타바버라에서 16킬로미터 떨어진 곳에 있는 페어뷰가든스에 와서 주로 오렌지 나무 접붙이는 일을 하면서 유기농 지식을 늘였다. 얼마 지나지 않아 에이블먼을 고용한 농장 책임자는 자신이 휴직을 할 테니 "눌러앉아 농사를 지어 달라"고 에이블먼한테 부탁했다. 그 책임자는 다시 돌아오지 않았고 페어뷰가든스 농장에서 20년에 걸친 에이블먼의 여정이 시작되었다.

페어뷰가든스는 원래 1895년 정부에서 공여한 농지로 표토의 깊이가 10미터 가까이 되었다. 1950년대까지 이곳은 골레타밸리의 과수원과 농지가 누비이불 모양으로 이어진 조각보 같은 들판이었다.

에이블먼이 《좋은 땅에 대하여: 도시농장 자서전》(On Good Land: The Autobiography of an Urban Farm)에서 자신이 페어뷰가든스에 왔을 무렵에 대해 쓰고 있듯이, 골레타밸리는 이미 농업에서 탈농업으로 전환하는 상태에 있었다. 페어뷰가든스를 소유하고 있던 채프먼 씨 가족은 그 토지의 경작을 더 이상 원하지 않았으며, 에이블먼이 5헥타르 농장의 미래에 대해 상상력을 마음껏 발휘하도록 기꺼이 허락했다.

에이블먼이 야심차게 이곳저곳 손을 대다 보니 농장은 몇 가지 과일나무를 기르는 과수원에서 복숭아, 아보카도, 감귤, 아티초크, 아스파라거스, 콩, 브로콜리, 상추, 멜론, 토마토, 당근을 비롯하여 무척 다양한 과일과 채소를 기르는 곳으로 다각화되었다. 남캘리포니아의 상업농 대부분이 멀리 떨어진 슈퍼마켓에 내다팔기 위해 단작 농사를 짓고 있을 때, 에이블먼은 자신이 페어뷰가든스 농장을 "농업 식물원처럼 다양하고 항상 변하는, 그 자체로 일종의 슈퍼마켓"으로 바꾸고 있었다고 쓰고 있다.[4]

에이블먼의 농업 식물원이 발전하고 있을 동안, 수영장이 딸린 단독주택, 가로등이 있는 보도, 잔디밭, 막다른 길, 그리고 교외의 다른 표지판이 서서히 밀고 들어왔다. 1990년대 초가 되자 주거와 상업 개발이라는 수렁이 농장을 사방에서 포위했으며, 새로 도착한 도회지물이 든 이웃들은 트랙터, 농장 안 가게, 수탉, 퇴비 더미를 달가워하지 않았다. 농장 주변의 경관이 시골에서 도시로 바뀌고 있는 가운데 에이블먼은 변함없이 농장을 운영할 수 있는 권리를 지켜야 했다. 농장은 가까이 있어 편리하고 신선한 유기농 로컬푸드를 재배했지만, 새 주민들이 생각하기에 도시라면 당연히 연상되는 경관과 냄새, 소리와는 어울리지 않았다. 농장의 퇴비 만들기를 두고 중지 명령이 내려졌고 수탉이 매일 새벽 소란을 일으키는 바람에 공적 불법 방해라는 항의가 제기되었다. 그 결과 지지자와 반대자가 서로 충돌하면서 대중매체에 큰 파장을 불러일으켰다. 교외 확산이라는 거대한 힘에 직면하여 수십 년 동안 농장이 그래 왔듯이, 에이블먼은 농장을 계속 운영하려고 애쓰는 데 많은 시간과 에너지를 쓰고 있었다.

페어뷰가든스는 100가지나 되는 다양한 과일과 채소를 생산했고 30

명을 고용했으며 농장 내 판매와 농부시장을 통해 약 500가구에 먹거리를 공급했다. 농장은 매출이 가장 많았을 때엔 100만 달러 가까운 수익을 올리고 있었다.[5] 농장은 시나 공동체가 주는 그 어떠한 특혜 없이도 스스로 두 발로 설 수 있는 발전 가능성 있는 경제적 실체였지만 여러 측면에서 결코 그렇게 취급되고 있지 않았다.

농장 토지는 아파트 건물 52채를 지을 수 있는 주거지역으로 이미 용도가 변경되었다. 개발업자들은 군침을 흘리고 있었지만 농장을 소유했던 가족은 공동체에 넘겨줄 토지 유산과 그 상속인들의 잠재적인 수입에 대해 복잡한 감정을 가지고 있었다. 이것은 그 가족의 여성 가장인 코닐리아 채프먼이 분명히 농장이던 토지에 정서적으로 연결되어 있지 않았더라면 에이블먼이 틀림없이 졌을지도 모르는 싸움이었다. 마침내 에이블먼은 미래 세대에게 어디에서 어떻게 먹거리가 생산되는지 알려 줄 수 있도록 그 토지가 농지로서 트러스트에 남겨져야 한다고 채프먼 씨 가족을 설득했다. 에이블먼은 채프먼 씨 가족이 그들의 토지에 대해 합리적으로 제값을 받는 것이 중요하다는 점도 알고 있었다. 결국 농지로서 그 토지의 시가와 주거용 부동산으로서 그 토지가 가져올 상상도 할 수 없는 가격 사이의 큰 차이에서 기적적으로 타협이 이루어졌다. 마침내 코닐리아 채프먼은 에이블먼의 현관문 아래로 자신이 제시하는 마지막 금액을 적은 쪽지를 밀어 넣었다. 그 쪽지에는 '75만 달러 확정. 더는 따지지 말 것!' 이라는 글이 친필로 써 있었다.[6]

에이블먼은 요구하는 돈을 가까스로 마련할 수 있었고 지체 없이 그 토지의 미래를 이끌어 나갈 이사회와 내규를 갖춘 비영리 법인을 설립했다. 마침내 페어뷰가든스 도시농업센터는 1997년 미국 최초의 농업 보호구역 가운데 하나가 되었다. 선례가 될 도시농업 사례가 만들어졌다. 결국 그것은 모두 토지 이용과 판매 가격, 산타바버라 교외 지역의 미래에 관한 매우 점잖은 합의였다. 현재 농장은 농산물 판매대, 공동체지원농업(CSA) 프로그램, 교육센터, 도시농업과 농지 보존의 국가적 모델이 갖추어져 작동하는 기업으로 운영되고 있다.

미국에서는 1분에 4,000제곱미터가 넘는 농지가 상업 및 주거용 개발에 빼앗기고 있다.[7] 명백한 이유로 양질의 농지 옆에 도시가 형성되어 왔지만 평평하고 물이 잘 빠지는 공지여서 확산이 쉽게 일어났다. 먹거리는 다른 곳에서 아주 값싸게 구할 수 있기 때문에 토지는 언제나 미래의 쇼핑몰로서 더 가치가 있다. 누가 봐도 도시농장은 말할 것도 없이 소규모 농장에도 유리할 가능성이 전혀 없다.

마이클 에이블먼과 페어뷰가든스 이야기는 희박한 가능성에 맞서 거둔 드문 성공 사례이다. 그러나 에이블먼은 경제력 있는 기부자와 재단 지원금, 농장 단골손님 같은 공동체의 지원이 있었기에 필요한 돈을 마련할 수 있었다. 또 그는 채프먼 씨 가족이 장기간 소유하고 있던 자산을 정리하여 현금화한 뒤 지주 영농 기업을 그만두고 싶어 했으나 바가지를 씌우려 하지 않아 다행이었다. 당시의 에이블먼은 그렇게 느끼지 않았겠지만 사회경제적으로 비교적 동등한 사람들 사이에 이루어진 꽤 솔직한 거래였다.

중남부 로스앤젤레스에 사는 선거권이 없는 시민이 구아바 나무, 사탕수수, 토마틸로, 실란트로를 로스앤젤레스의 콘크리트에서 키울 만큼 유리한 입장에 있지 않았다. 결국 사우스센트럴 농장 5.7헥타르 규모의 녹지대는 당대의 지배적인 사고 체계에서 너무 벗어나 있었기 때문에 생존이 허용되지 않았다. 울타리가 쳐진 채 버려진 남부 로스앤젤레스의 이 공간은, 원래 그럴 의도는 아니었지만 인종차별과 사적 토지 소유권 원칙과 공익 원칙의 대립이 여전히 미국 도시를 형성하는 대단히 중요한 요소라는 점을 상기시켜 준다.

사우스센트럴 농장의 탄생

1992년 4월 29일 오후 3시 15분, 배심원단은 로스앤젤레스 시민 로드니 킹에게 과도한 폭력을 행사했다는 혐의에 대해 로스앤젤레스 경찰관 4명에게 무죄판결을 내렸다. 1991년에 한 구경꾼이 비디오카메라로 찍은 이 구타 장면은 수많은 유색 로스앤젤레스 시민이 느끼기에 흔히 있는 일이었고, 대부분 백인인 부패한 로스앤젤레스 경찰국이 저지른 억제되지 않은 인종적 동기에 의한 잔인한 폭력을 충격적으로 보여주었다. 아프리카계 미국인 로스앤젤레스 시민인 킹이 땅바닥에 주저앉아 있는 동안 경찰봉으로 두들겨 맞고 발길질을 당하는 장면이 텔레비전에 방송되었으며 관련 내용이 전 세계 신문에 보도되었다. 대부분 백인인 배심원단이 경찰관들에게 무죄판결을 내리자, 가난하고 폭력단이 들끓는 흑인 및 라틴계 거주 지역 가운데 로스앤젤레스에서 경제적으로 가장 혜택 받지 못한 지역인 특히 사우스센트럴이라고 하는 곳에서는 한계점에 이르렀다.

오후 3시 45분에 군중 300명이 로스앤젤레스 법원 청사로 모여들었고 저녁이 되자 갑자기 아수라장이 되었다. 수에서 압도당한 경찰은 최악의 폭력 현장에서 퇴각할 수밖에 없었다. 사흘 동안 군중이 거리를 배회했고 구타와 살인, 약탈, 방화가 일어났다. 로스앤젤레스가 붕괴되고 있었다. 나흘째 되는 날 로스앤젤레스에 중무장한 군인 4천 명과 함께 육군, 주 방위군, 해병대가 투입되었다. 55명이 사망한 것으로 전해졌으며, 소식통에 따라 2천~4천 명이 부상당했고 1만2천 명이 체포되었으며, 피해액은 10억 달러 이상에 달했다. 이 사건은 뒷날 1992년의 LA 인종 폭동이라 불리게 되었다.

도리스 블로크는 그 무렵 로스앤젤레스 지역 푸드뱅크의 책임자였다. 농무부와 시가 파괴된 동네를 평상 상태로 복구하는 것을 돕기 위해 그 밖에 다른 무엇을 할 수 있을지 그녀에게 물어보자, 그녀는 길 건너 버려진 길고 좁은 토지를 손으로 가리켰다. 그곳은 누구 얘기를 들어봐도 쓰레기가 어지럽게 널려 있고 쥐가 들끓는 불쾌한 공간이었다. 시가 쓰레기 소각장을 지으려고 1986년에 이 토지를 매입했으나 지역 주민들이 반대하는 바람에 소각장은 세워지지 않았다. 블로크는 지역사회를 치유하고 기아와 지역 주민의 푸드뱅크 의존 문제를 다루는 한 가지 방법으로 공동체텃밭을 시작해야 한다고 제안했다. 1994년 시는 LA 지역 푸드뱅크에 공동체텃밭을 조성해 토지를 점유할 수 있는 '철회 가능 조건부 허가'를 내주었다.

남부 로스앤젤레스에는 라틴아메리카 출신 인구가 많고 농사 경험이 풍부한 라틴계 사람들이 최근 더 많이 들어오고 있다. 그들은 황폐해져 보기 흉한 이른바 '그 농장'을 믿을 수 없을 정도로 식물이 무성하고 생산적인 5.7헥타르의 오아시스로 빠르게 변모시켰다. 이곳은 먹거리 생산뿐 아니라 수많은 라틴계 미국인에게 익숙한 마을 광장과 같은 '제3의 공간'이자 새 소식이 교환되고 축하 행사가 벌어지는 친목의 장소 역할도 했다. 그런가 하면 도시 공원 용지를 대신해 가족 소풍이나 모임을 할 수 있는 녹지이기도 했다. 이곳은 심각한 대기오염 문제로 어려움을 겪고 있는 도시에 선선한 그늘과 깨끗한 공기를 제공했다. 나아

과거 사우스센트럴 가든을 하늘에서 내려다본 모습 © Lane Barden Photography.

가 아이들이 뛰어놀고 라틴계 경작자들이 자신들의 문화적·정신적 뿌리와 다시 가까워지는 안식처 역할도 했다. 멕시코계 주민이 소중히 여기는 조상 전래의 채소와 과일, 허브가 이곳에서 재배되었는데, 그 중에는 여러 품종의 옥수수, 멕시코산 야생 얌, '차요테'(배 모양의 박), 바나나, 아보카도, 구아바, 아마란스(씨앗과 잎을 먹을 수 있는 꽃 피는 허브), 사포딜라(라틴아메리카산 나무열매), '에파조테'(실란트로와 비슷한, 톡 쏘는 맛이 나는 녹색 허브), '호자 산타'(또 다른 녹색 허브로 이름이 스페인어로 '신성한 잎'으로 번역된다)도 있었다.

사우스센트럴 농장에 있는 작물의 목록을 작성했던 워싱턴대학 인류학과 데번 G. 페냐 교수는 그곳에서 자라는 작물의 종류가 100~150종은 되었다고 믿고 있다. 혼식과 같은 실용적인 경작법과 작물을 의학과 영양, 정신적 용도로 고려하는 혼합농업의 좋은 예이다(옥수수와 호박과 콩은 '세 자매'라고 부르는데, 그 까닭은 옥수수는 콩 식물이 기어 올라갈 수 있는 줄기를 제공하고, 호박은 옥수수 아래 생태 지피를 제공하고, 콩은 토양 속 수분 유지에 도움을 주며 잡초가 자라면서 소중한 토양 양분을 다 써버리지 못하게 하기 때문이다. 밝혀진 바에 따르면 이 세 작물은 같이 먹으면 영양에도 큰 효과를 발휘한다).

이 농장의 항공사진을 보면 그곳이 아스팔트와 창고, 텅 빈 거리의 바다에 떠 있는, 초목이 무성한 살아 있는 직사각형 섬이란 것을 한눈에 알 수 있다. 하지만 지역 주민 모두가 이 텃밭에 만족한 것은 아니었다.

일부 경작자는 남는 농작물을 얼마간 팔곤 했는데, 이는 그 농부들이 텃밭 구획에서 이익을 얻고 있다는 인상을 주었다. 라틴계 주민이 점점 많아지면서 지역사회에서 좀 더 오래 살아온 나이 많은 아프리카계 미국인 유력인사들이 소외감을 느끼는 가운데 이 문제는 커지고 있는 지역사회 마찰의 희생양이 될 가능성이 있었다(하지만 도시농부들이 지역사회를 조직하는 과정에서, 다수가 수십 년 동안 풀뿌리 활동가와 시민권 운동 경험이 있는, 사우스센트럴의 아프리카계 미국인 지역사회 구성원들의 도움을 받았다는 사실은 지적되어야 한다).

옥시덴탈대학 도시환경학과 교수이자 로스앤젤레스 도시환경정책연구소 소장인 로버트 고틀리브는 2007년에 출간한《로스앤젤레스의 개혁: 글로벌 도시의 자연과 공동체》(Reinventing Los Angeles: Nature and Community in the Global City)에서 사우스센트럴 농장이 "도심지 식량보장, 도시 녹화, 새로운 형태의 공공 및 공동체 공간의 모델"이 되었다고 결론짓고 있다.[8] 고틀리브는 "사람들이 그곳에서 무슨 일이 벌어지고 있는지 갑자기 관심을 보였다"고 덧붙인다. 제3의 인물이 등장하면서 이야기는 한층 더 복잡해졌다. "아마도 가장 중요한 것은 그 토지가 시에 인수될 때 소유자였던 랠프 호로비츠가 그 부동산을 돌려받고 싶다고 결심했다는 사실이다."[9]

그 필지가 도심부에서 안전하고 깨끗하며 정돈된 지역에 있었기 때문에 가격이 다시 오르게 되었다. 이곳도 로스앤젤레스 항구와 롱비치 사이에 있는 화물 조차장인 알라메다 거리에 있었다. 이전 소유자는 1986년의 원래 매매 계약에 따르면 자신이 그 토지를 다시 구입할 수 있는 권리가 있다고 주장하면서 시 정부를 상대로 토지반환권 소송을 제기해 승소했다. 토지매각 판결문뿐 아니라 매매 가격이나 계약 조건도 계약이 성사된 후까지 공개되지 않았다. 농부들이 미처 모르는 사이에 그 부지는 모호한 계약을 통해 호로비치에게 조용히 되팔렸다. 약 17년 전에 시에 팔았던 것과 거의 같은 가격인 500만 달러가 조금 넘는 돈을 주고 호로비치가 그 토지를 되살 수 있게 허용되었다는 사실이 뒤에 알려졌다.

농부들이 묵묵히 따를 것으로 예상되었으며 그들이 이 소송사건에 너무 많은 관심을 받고 싶어 하지 않을 것이라고 여기는 것이 당연해 보일 수 있다. 그 대신 농부들은 변호사와 상의했고 그들 사이에 구획을 재편성했으며 가장 중요한 것은 스스로를 사우스센트럴 농부라고 부르기 시작했다는 점이었다. 이 사건이 토지에서 돈을 벌기 위한 투쟁이 아니라 가족을 먹여 살릴 권리로 여겨져야 한다는 사실을 외부에 알리기 위한 표시로서, 농부 가족들이 경작하는 구획 수에 제한을 두어야 한다는 결정이 농부들 사이에서 민주적으로 이루어졌다.

괴롭힘을 당하고 궁지에 몰리는 것이 그들 대부분에게는 낯설지 않았다. 그러나 이번에는 그냥 조용히 떠나지 않겠다고 결심했다. 그들은 그 토지에 정서적으로 정신적으로 연결되어 있었다. 그들은 맞서 싸울 계획이었다.

아버지가 초창기 경작자 가운데 한 사람이었고 수많은 농부에게 땅을 경작하고 먹거리를 성공적으로 재배하는 방법을 가르쳐 준 테조조목(Tezozomoc)은 논리 정연하고 지칠 줄 모르는 농장 노동자 루피나 후아레스가 그랬듯이 정당 조직책, 활동가, 외부 연락관 역할을 맡았다. 이 농장 이야기는 영화 제작자 스콧 해밀턴 케네디가 2008년 다큐멘터리 영화 〈정원〉(The Garden)에서 농부들이 벌인 투쟁의 마지막 날들을 잘 포착해 보여 주면서 지역적인 관심거리에서 전 세계 관객을 감동시키는 데까지 발전했다. 불도저가 옥수수와 구아바, 아보카도 나무 같은 농작물을 휩쓸어 버리고 폭동 진압복을 입은 경찰특수기동대(SWAT)가 시위자와 농부들을 체포하는 것으로 영화는 끝이 난다. 이 80분짜리 영화는 미국에서 일어난 정치적 운동으로서 도시농업의 탄생과 식량보장 문제가 정치적 의제로 떠올랐을 때의 도발적인 순간을 잘 포착해 보여 주었다.

2006년 6월 13일 아침, 폭동 진압복을 입은 로스앤젤레스 경찰은 사전 통지된 퇴거 명령을 집행하기 위해 전기 체인 톱으로 울타리를 절단했다. 조용히 물러나지 않은 농부들과 시위자들은 체포되었고 곧바로 불도저가 350개가 넘는 텃밭 구획을 쑥대밭으로 만들었다. 이 사건은 도시 텃밭에서 일어난 가장 널리 알려진 물리적 충돌이었다.

오늘날 그 토지는 또 다시 보기 흉하게 방치되어 있으며, 무단 점유자와 농부의 복귀를 막기 위해 감시 아래 놓여 있다(시가 사우스센트럴 농부를 위해 로스앤젤레스에 대체지로 2.8헥타르 면적의 부지를 조성했으나 대부분이 그곳을 받아들일 수 없다는 것을 알게 되었다. 위치도 좋지 않고 부분적으로는 그곳이 고압 전선이 치직 하는 소리를 내며 머리 위를 지나가는 구역 안에 있다는 사실 때문이었다). 도로 쪽에서 보면 그 농장이 있던 자리는 농부들이 돌아와서 작물을 심지 못하도록 그물형 철조망으로 둘러싼 묘하게 삭막한 곳으로 변했다. 구글어스 위성사진으로 보면 지금도 이전 텃밭 구획의 윤곽은 물론 불도저가 지나간 가늘고 길게 팬 자국까지 보인다.

그 이야기에 관심을 가지고 있던 나는 해밀턴의 다큐멘터리 영화에서 불도저가 아보카도 나무를 밀어 넘어뜨리고 텃밭 창고를 짓밟는 초현실적인 뉴스 장면을 보고 나서 당혹감을 느꼈다. 저것이 정말로 이 환상적인 농장의 종말이었나? 그토록 강렬한 희망과 그렇게 많은 잠재력을 가진 것처럼 보였던 싸움에서 불도저가 정말로 최후의 결론이었나? 이것이 로스앤젤레스 같은 다문화 도시가 지원해야만 했던 극심한 도시 빈곤, 박탈감, 영양 불량, 건강 문제, 문화적 강제 이주에 대한 답이었단 말인가? 이것이 내가 2010년 밴나이스에 가서 테조조목을 만나 알아내고 싶었던 것이다.

농장에 마지막 퇴거 통지문이 게시되고 4년에 한 주 모자란 시간이 흐르고 나서 나는 테조조목의 맞은편에 앉았다. 실물을 보니 몸집이 산만 한 남자였다. 영화 〈정원〉에서 과시했던 길고 흐트러져 물결치듯 곱슬곱슬한 머리카락은 아주 짧게 잘라져 있고 이제 중년의 나이가 되어 희끗희끗했다. 우선 나는 한 낱말로 된 토착적인 중앙아메리카 이름에 대해 물었다. "그냥 테조조목이죠" 하고 대답했다. "이것은 일종의 익명화예요." 그는 씽긋 음흉한 미소를 지으며 덧붙였다.[10]

우선 그에게 어떤 사정으로 자신의 가족이 로스앤젤레스에 오게 되었는지 물었다. 전통적인 생계형 농업 공동체를 파괴하고 있던, 농업을 산업화하려는 시도 때문에 쫓겨난 테조조목의 가족은 경제 사정이 좀 더 좋아질 거라는 기대를 안고 1960년대에 로스앤젤레스에 왔다. "우리 모두는 시골에서 농사짓던 사람이에요. 수천 년 동안 대대로 농사를 지어 왔죠. 모두 경제 사정 때문에 이곳에 왔어요. 우리는 녹색혁명의 산물입니다." 그는 그 농장 주위로 모여든 라틴계 사람들에 관해 설명하며 그렇게 말했다.

테조조목의 아버지는 건물 관리인으로 일하다가 장애를 입어 더 이상 일을 계속할 수 없었다. 그 농장이 열정을 쏟는 대상이 되었다. "그것은 다시 연결하는 수단이었어요."

테조조목은 말을 이어 갔다. "애초에는 정치적인 주장으로 시작한 게 아니었어요. 진화상의 적응으로 시작했죠. 배는 고프고, 직장은 구할 길 없고, 나이는 많고……. 만약 당신이 편모 가정의 어머니로서 일을 나간다면 누군가가 아이들을 돌보아 주어야 할 텐데, 그럴 경제적 여유가 없다면 어떡하겠어요?"

사우스센트럴 농부가 싸웠던 첫 번째 사상 전투 가운데 하나는 정원사라고 불리는 것에 반대하는 일이었다. "우리는 정원 일을 하고 있지 않았어요. 우린 먹거리를 기르고 있었다고요!" 상류층 정원사의 세계와 그들 자신을 구별하기 위해 캄페시노들은 결국 자신들을 '가족을 먹여 살리는 사우스센트럴 농부'라고 부르며 자치 조직이 되었다.

"그건 매우 중요한 일이었어요. 우리가 이 일을 취미 삼아 하고 있었던 게 아니라는 사실을 강조하고 싶었던 거죠. 그럴 거라면 차라리 안 하는 편이 나아요. 먹거리 문제는 이론적인 개념이 아니에요. 생사가 걸린 문제입니다."

"우리의 투쟁을 오해할 수 있는데, 그들이 우리가 '서민'의 본보기가 되는 것을 원치 않았기 때문에 우리의 투쟁은 패하고 말았죠." 그러나 그것은 현상의 균열에 발길질을 해 '가진 자'의 권리와 특권을 경제적·사회적으로 소외된 사람들의 손이 닿지 않는 곳에 두기 위해 사용된 장벽을 드러냈다. 텃밭과 텃밭 경작자는 미국처럼 심하게 자본주의적이고 제국주의적인 경제에서는 거의 받아들여지지 않는 일종의 '아웃사이더' 행동을 의미한다. 그 농장은 소득을 산출하는 경제적 능력의 측면에서 토지에 가치를 부여하지 않았으며, 오히려 비경제적인 측면에서 사회적이고 문화적이며 지식을 보존하는 자본으로서 평가되었다. 보편적인 미국 정서에 한층 더 거슬릴 수도 있겠지만, 그 농장은 토지 한 필지에 대한 법적 권리를 가진 부재지주가 명백한 사회적 선을 제공하는 생산적인 점유자를 실제로 이겨야 하느냐 하는 문제를 제기했다.

"우리가 보여 준 것, 사우스센트럴이 보여 준 것은 일종의 탈주…… 그 통제 시스템으로부터의 탈출이었어요. 왜냐고요? 어쨌든 우리가 한 필지의 토지를 얻어 냈기 때문이죠. 어떻게든 우리는 그것으로 이럭저럭 살아갈 수 있었죠."

테조조목은 그 다큐멘터리 영화가 "고도로 도시화된 공간에서의 생존 가능성에 관한 모든 문제"를 좀 더 분명히 드러냈더라면 좋았을 거라고 생각한다. "도시화의 허울은 어떤 시점에서 우리 모두가 싸워야 할 무엇이죠. 어느 모로 보나 이건 지속될 수 없는 환경입니다."

시 당국이 양보를 해서 대체 경작지가 조성되었다. 일부 농부들은 흩어져 사라졌지만 많은 농부들이 계속해서 먹거리를 재배했다. 이것은 원래부터 있던 다른 도시 먹거리 텃밭을 자극하는 기폭제 역할도 했으며, 도시 유기농업을 통해 공동체 기반 자력갱생과 자립의 모델을 제시했다.

내가 로스앤젤레스의 식량보장이라는 주제에 대해 좀 더 깊이 캐묻자 테조조목은 조용해졌다. "이 도시가 어떻게 움직이는지 모르겠어요. 더 이상 산업이라는 게 없어요. 로스앤젤레스는 자연에서 배제된 상태를 유지하는 데 힘든 시간을 보내고 있어요." 그는 오늘날 로스앤젤레스의 위기에 대한 해결책은 도시농업의 범위를 넘어설 수도 있다고 넌지시 말했다. 미래는 건강하고 자연에 가까운 로컬푸드로 돌아가는 것이다. 도시농업은 특히 로스앤젤레스 같은 곳에서 그러한 논의를 가장 중요시하고 있다.

2006년 이후, 사우스센트럴 농부는 계속 농사를 지어서 신선한 유기농 먹거리를 도심부에서 가장 필요로 하는 공동체에 가져다주었다. 하지만 그들은 저 멀리 로스앤젤레스 북쪽, 차로 네 시간 거리에 있는 새프터에 있는 토지를 임차해야 했다. 장거리 이동에도 불구하고 농부들은 농부시장 열한 곳을 열고 있는데, 그중 여덟 곳이 로스앤젤레스에 있다. 아이러니컬하게도 그들은 베이커스필드의 대부분이 상업적 농업 공동체들에 있는 농부시장에서 팔기 시작했는데, 그곳은 이따금 도시만큼이나 신선한 유기농산물에 접근하기가 어려운 곳이다. 현재 사우스센트럴 농부는 공동체지원농업 프로그램을 통해 카운티 두 곳에서 먹거리를 판매하고 있다.

* * *

테조조목이 강력하게 권하는 바람에, 나는 로스앤젤레스에서 북쪽으로 두 시간 거리인 버턴윌로까지 가야 했다. 개인이 기부한 관목 수풀로 뒤덮여 있는 34헥타르 규모의 새 농지 헌납 기념행사에 참석하기 위해 며칠 더 로스앤젤레스에 머물렀다. 테조조목은 행사에서 공개할 '중대 발표'에 대해 넌지시 알려 주었는데, 그 계획은 도심 농장 퇴거 4주년을 맞는 날에 맞춘 것이기도 했다.

버턴윌로 농장은 영구적이기 때문에 농부들이 또다시 토지에서 강제로 쫓겨나지 않을 것이다. 그곳은 목화, 아몬드, 감자를 비롯한 대규모 단일 경작 상품작물이 재배되는 컨 카운티 농업 중심지의 바로 한가운데에 자리 잡고 있다. 버턴윌로의 대단히 '전통적인' 분위기에도 불구하고 이 공동체가 사우스센트럴 농부와 공동체지원농업 유기농 모델을 기꺼이 받아들이는 것으로 밝혀졌다. 몇몇 지역 기업들이 협력해서 이 농장에는 없는 필수 운영 장비를 이 협동조합에 제공했다. 20만 달러가 넘게 드는 우물과 관개 시스템도 기부했다. 덕분에 캘리포니아 농업 중심지의 한가운데에서 값싼 가격으로 유기농산물을 제공할 수 있을 것이다.

추마시족 출신 북아메리카 원주민 노인들과 연령이 다양한 무용수들이 새벽 5시 45분에 북을 치고 춤추며 땅에 축복을 내리기 시작했다. 내가 도착한 정오 무렵에는 바람이 이미 불쾌할 정도로 더웠으며, 유일한 그늘은 더운 날씨에도 불구하고 춤과 북치기와 노래 부르기가 계속되고 있던 평평한 들판 한쪽을 빙 둘러싼 텐트촌이었다. 서너 시 쯤 한바탕 춤이 끝나는 때를 신호로 우물이 작동되었다.

오랫동안 공개적으로 사우스센트럴 농부를 지지해 온 여성 국회의원 맥신 워터스는 격한 연설을 쏟아 냈다. "전 지역이 그냥 빈민촌에서 생산적인 토지로 바뀐 땅이 있었습니다. 그리고 탐욕과 인간성 결핍 때문에, 그 토지를 고수하려는 투쟁은 많은 사람들이 오랫동안 본 적이 없던 그런 투쟁이었습니다."[11] 연설을 마친 그녀가 하이힐을 신고 먼지 덮

사우스센트럴의 새 농장 현수막 캘리포니아 주 버턴윌로(2010년 6월 12일).

인 들판을 가로질러 가서 우물에 걸려 있는 리본을 자르고 스위치를 꾹 눌러 펌프를 작동시켰다. 파이프에서 탁한 물이 펑펑 소리를 내며 처음으로 쏟아져 나오자 환호성이 터져 나왔다. 바로 이튿날부터 농부들이 작물을 심을 수 있었다.

"사우스센트럴 농부에 대해 이야기하지 않고 세계 먹거리 운동에 대한 책을 쓸 수 있다고는 생각하지 않아요." 우리가 천막 아래에서 그날의 더위가 끝나기를 기다리는 동안 콩, 쌀, 실란트로 속을 채운 밀가루 토르티야를 앞에 두고 존 퀴글리가 나에게 말했다.[12] 환경운동가인 퀴글리는 베어 버릴 예정으로 있는 나무 위에 설치된 플랫폼을 점거해서 벌이는, 환경 인식과 시민 불복종 행동인 '나무 위 농성'의 전문가이다. 그는 23일째 사우스센트럴 농장에서 지냈으며, 귀한 시간과 대중매체

사우스센트럴 농장에서 춤추고 있는 추마시 무용수들 땅에 축복을 내리는 이 의식은 동틀 무렵 시작되어 한낮까지 진행되었다(2010년 6월 12일).

의 관심을 끄는 힘으로 농장에 도움을 준 로스앤젤레스 유명인사의 순환 근무 당번을 조정했다. 퀴글리의 역할은 유명인사의 영향력과 대중매체의 관심을 활용해 농장이 계속 운영되게 하거나, 아무도 모르는 사이에 농장이 파괴되지 않도록 하는 것이었다.

퀴글리에 따르면, 로스앤젤레스는 미국에서 녹지 공간이 가장 적은 도시이다. "1990년대 초, LA 상공에 떠 있는 굿이어 비행선을 탄 적이 있었지요. 도시 절반 이상이 콘크리트로 덮여 있는 거예요. 그 때문에 '그 농장'이 그만큼 더 특별했어요."

"오늘처럼 무더운 날, 41번가와 알라메다 길모퉁이에서 길을 건너 농장 안으로 걸어 들어갔어요. 그곳은 10도나 더 시원했죠. 그곳은 조직

축하 행사 '팜첼라'에서 나온 점심
(2010년 6월 12일).

사우스센트럴 농부들이 버턴윌로 농장이 가동되기를 기다리는 동안 이용하고 있던 다른 부지에서 기른 농산물이 든 바구니를 들고 있다. 이 농산물은 로스앤젤레스 지역의 농부시장에서 그리고 사우스센트럴 농부의 공동체지원농업 프로그램을 통해 판매된다(2010년 6월 12일).

폭력단이 들끓는 지역에서 어린 아이들이 작물 사이로 마음껏 뛰어다니면서 안전하다고 느낄 수 있는 그런 장소였죠."

그때 테조조목이 무대에 올랐다. 뜨겁게 내리쬐는 햇볕 속에서 눈을 가늘게 뜨고 쳐다보는 80여 명 앞에서 그는 41번가와 알라메다 거리에 있던 그 토지를 구하기 위한 투쟁이 다시 의제에 올랐다고 큰 소리로 말했다. 농촌의 농업 공동체에 있는 34헥타르의 토지도 좋지만, 토지를 가장 필요로 하는 바로 그 공동체에서 먹거리를 재배할 수 있는 것이 여전히 궁극적인 목표이다.

내가 101번 고속도로를 따라 좌우로 흔들리는 차를 몰고 북부 로스앤젤레스로 다시 들어가는 동안, 퀴글리와 나누었던 대화가 내 귀에 쟁쟁하게 울렸다. 한때 드넓은 밀 재배 지역이었던 그곳은 지금 샌페르난도밸리의 시가지 전경을 지배하는 쇼핑몰과 24시간 헬스클럽, 패스트푸드점으로 떠들썩하다. "언젠가 우리가 먹고 살아왔던 이 산업화된 음식물, 그것의 종착점을 허황되게 떠올리며 '그건 먹을 수 없다'고 깨닫게 될 겁니다. 하늘에서 본 그 작은 녹색 사각형이 나에게는 최초의 공간이자 최초의 행동이에요. 다시 그곳을 녹지로 만들 수 있게 되는 순간 엄청난 파급효과가 나타날 겁니다. 그곳을 다시 녹지로 만들 때 모든 게 속도를 내게 될 겁니다."[13]

콘크리트로 뒤덮인 에덴동산

미국의 토지 이용에 영향을 주는 더 심각한 문제가 딱 두 개 있다. 일반적인 원칙은 사적 소유권이 여전히 공익보다 더 중요하다는 것이며, 이 원칙에 따라 어떠한 형태의 소유권과 이용 정책이 허용되는지, 허용되지 않는지가 결정된다.

인구 폭발의 온갖 아이러니 가운데 하나는 우리에게 먹거리를 주는 토지를 포장하고 있는 것이다. 도시는 대부분 가장 비옥하고 생산적인, 먹거리 경작 토지나 그 인근에 생겨났다. 미국농지트러스트(American Farmland Trust)에 따르면, 미국에서 재배되는 과일의 91퍼센트와 채소의 78퍼센트는 도시 영향권 지역에서 생산된다. 도시화에 대한 이야기를 하지 않고서는 더 이상 농업에 대해 이야기할 수 없다.

우리는 먹거리 재배를 도시에서 벗어나 시 경계 바로 너머에 있는 다른 농지로 옮겨가면 된다고 잘못 가정하고 있다. 언젠가 우리는 살고 있는 지역의 경작 가능한 농지 외곽을 포장하고 오염시켜 버릴 것이다. 언젠가는 우리가 구석구석까지 죄다 포장해 버렸다는 사실을 알게 될 것이다.

FOOD AND THE CITY

09

밴쿠버

캐나다 환경운동의 발상지

"도시로 이주하고 나서, 우리는 경제 덕분에 생활할 수 있으며 경제가 좋으면 쓰레기 수거와 하수 처리, 신선한 음식, 물, 전기 비용을 지불할 수 있다고 생각한다."

데이비드 스즈키(데이비드 스즈키 재단 공동 설립자)

2009년, 캐나다 밴쿠버 시는 《밴쿠버 2020: 찬란한 녹색 미래》(Vancouver 2020: A Bright Green Future)라는 보고서를 발간했다.[1] 74쪽에 이르는 이 보고서에는 로컬푸드와 도시농업을 지원하겠다는 밴쿠버 시의 약속이 3쪽 분량에 걸쳐 나와 있다. 이 보고서에 따르면, 모든 관공서 시설에 녹색 지붕을 비롯한 생산적 조경 25퍼센트를 의무화하는 정책이 추진된다. 로컬푸드 시스템의 중심이 될 식품 허브를 만들기 위해 도시농업 회사, 소규모 먹거리 생산자, 카페, 지역사회 먹거리 교육 전문가 등 도시 내 다른 새로운 먹거리 조직들과 협력한다. 시는 유휴지를 도시 작물 재배 공간으로 전환하는 토지 소유자나 개발업자에게 유리한 세율을 적용해 도시 경작을 지원한다. 전체적으로 밴쿠버 시는 식품의 탄소 발자국을 33퍼센트 줄일 계획이다. 2020년까지 세계에서 가장 훌륭한 녹색도시가 된다는 목표를 달성하기 위해 밴쿠버 시는 그런 목표를 계획하고 있는 런던, 시드니, 코펜하겐, 뉴욕, 포틀랜드,

스트래스코나 공동체텃밭에 있는 다국어 표지판 다문화 도시인 밴쿠버는 공동체텃밭과 공공녹지가 넘쳐난다(2011년 1월 27일).

시애틀, 샌프란시스코, 시카고, 토론토, 베를린, 파리, 스톡홀름 같은 다른 도시들보다 더 환경친화적인 정책을 펴야 할 것이다.

이것은 시청에 설치되어 있는 홍보 영상 모니터에나 나오는 허풍이 아니다. 실제로 밴쿠버는 녹색도시가 되는 것을 매우 진지하게 받아들이고 있으며, 노력한 결과 실제로 성과를 거두고 있다. 《이코노미스트》는 몇 년 동안 연이어 캐나다 밴쿠버를 '세계에서 가장 살기 좋은 도시' 1위로 뽑았다. 밴쿠버는 2011년에도 1위로 선정되었으며, 이 책에 나오는 캐나다의 다른 두 도시 토론토와 캘거리가 아주 근소한 차이로 뒤를 이었다.

시티파머, 마이클 레벤스턴

길을 물으며 여기저기 돌아다니면서 주변의 다른 모든 공동체텃밭을 놓치지 않았던 내가 마이클 레벤스턴의 시범 텃밭과 사무실을 찾을 수 없었다는 건 아이러니였다. 그 모든 꽃과 작물에도 불구하고 '캐나다의 도시농업부'(Canada's Ministry of Urban Agriculture)라고 불리는, 레벤스턴의 시티파머(City Farmer) 본부가 정말로 전혀 보이지 않았다.

나는 다른 여러 도시에서, 찾고 있던 도시 텃밭을 마침내 찾아냈다는 것을 알려주곤 하던 네모난 녹지를 발견하려고 거리를 느릿느릿 걷는 데 익숙해져 있었다. 밴쿠버에서는 내가 찾던 바로 그 공동체텃밭이 맞는지를 자주 확인해야만 했다! 2007년에 밴쿠버 시가 실시한 조사에 따르면, 자기 집에 마당이 있는 가구의 절반이 그 공간에서 작물을 기르고 있었다.[2] 밴쿠버 시 웹사이트에는 마당이 없는 밴쿠버 시민이

특급 호텔의 옥상 텃밭 밴쿠버 도심부에 있는 페어몬트 워터프론트 호텔의 테라스 허브 정원과 과수원에는 벌통 6개뿐 아니라 허브, 식용 꽃, 과수, 채소 60여 종이 자라고 있다(2010년 7월 19일).

이용할 수 있는, 2,200 구획에 이르는 등록된 공동체텃밭 55곳의 목록이 올라와 있다. 밴쿠버에서는 도시에서 작물을 재배하는 것이 특별한 경우가 아니라 일반적이라고 말해도 좋을 정도이다.

더구나 밴쿠버는 캐나다에서 1년 내내 작물 재배가 가능한 몇 안 되는 도시 가운데 하나이다. 여러 종류의 교목, 관목, 초본이 생존 가능한 곳을 알아내는 데 이용되는 '식물 내한성 구역' 기준에 따르면 밴쿠버는 런던, 시애틀, 포틀랜드 심지어 애틀랜타나 조지아와 마찬가지로 8구역에 속한다. 국경 너머로 퍼져 나가는 밴쿠버의 사회운동과 환경주의에는 이 도시를 세운 사람들의 신분이 남긴 오래된 반항적인 일면도 있다. 밴쿠버는 1970년대에 일어난 캐나다 환경운동의 발상지이다. 그린피스가 밴쿠버의 키칠라노 마을에서 설립되었고, 그 마을에 레벤스

키칠라노 마을의 공동체텃밭 밴쿠버 시의 시티파머 사무국 인근에 자리 잡고 있다(2010년 7월 22일).

턴의 세계 본부와 유명한 시범 텃밭이 있다. 길고 좁은 텃밭으로 변한, 오래된 철도 용지를 따라 있는 공동체텃밭 구획에서 꾸무럭거리며 일하고 있던 몇몇 텃밭 경작자의 도움을 받아 나는 마침내 '시티파머'를 찾아냈다. 그곳은 단풍잎이 장식된 격식을 차린 대사관 같은 건물이 아니라 조용한 주택가에 있는 코발트 빛 집이었다.

캐나다의 도시농업부

레벤스턴은 20대 후반이던 1978년에 밴쿠버 에너지절약센터에서 여름 아르바이트를 하면서 도시 식량 생산이 에너지를 절약하는 수단이 될 수 있을 것이라는 생각을 떠올렸다. 이 아르바이트 일이 오래가지는 못했지만, 도시 식량 생산의 환경적 편익에 대한 인식을 높여야 한다는 생각은 그대로 간직하고 있었다.

도시에서 농사를 짓는다는 것은 일반적인 관습을 따르지 않는 밴쿠버에서조차 1970년대에는 급진적인 생각이었다. 레벤스턴과 같은 시대를 살던 수많은 사람이 시골로 돌아가 유기농장을 만들려고 도시 생활을 버리고 떠나가고 있던 상황에서, 이것은 반-반문화(counter-counter-culture) 행동이기도 했다. 하지만 레벤스턴은 농촌에서 농사짓는 일이 자신과 맞지 않다는 것을 알았다. 그는 젊었을 때 두 해 여름을 나무를 심으며 보낸 적이 있었다. 도시에서 멀리 떨어진 오지에서 새벽부터 해질녘까지 땅 파고 묘목 심는 일을 해야 하는 이 계절 일자리는 돈벌이는 좀 되지만 허리가 휠 정도로 몹시 힘들다. 더위, 벌레, 고독, 극심한 육체적 부담은 견디기 힘들었다. 한마디로 그는 이 경험이 고통스러울 정도로 불쾌하다고 느꼈다.

"나는 토론토 출신의 도시 남자였어요. '도시'에서 탈출하여 '시골로 돌아가고' 싶었죠." 우리가 한여름 무성하게 자란 시티파머 텃밭을 건너다 보며 좁은 사무실과 텃밭 사이의 차양이 있는 테라스에 앉았을 때, 레벤스턴이 웃으며 말했다.[3] 도시농업은 도시 생활의 안락함을 포기하지 않고서 환경과 농업 운동에 대한 욕구를 달래려고 레벤스턴이 생각해 낸 방식이었다.

레벤스턴과 한 무리의 친구들은 직접 길을 헤쳐 나가기로 했다. 그들은 시티파머를 비영리단체로 시작하면서 당돌하게도 이 단체를 캐나다 '도시농업부'로 정했다. "이것이 당시에는 너무 터무니없는 일이어서 아무런 신경도 쓰지 않았다"고 레벤스턴은 시인했다(그들은 캐나다 정부로부터 승인이나 인가를 받지 않았으며 아마 관심을 끌지도 못했을 것이다). 레벤스턴이 이전에 온타리오에서 학교를 다닐 때 대학 신문기자로 일한 덕분에 시티파머의 신문이 곧 나왔다.

1981년 레벤스턴은 말을 잘 해서 임대료도 내지 않고 시에서 토지를 한 필지 얻어 6번가와 메이플 스트리트의 귀퉁이에서 도시 먹거리 생산 시범 텃밭을 시작했다. 캐나다태평양철도의 선로 인근에 있는 이전 주거 용지는 너무 심하게 오염되어 있어서 토양을 제거하고 건강한 유기성 퇴비와 흙으로 교체하는 데 2년이 걸렸다.

레벤스턴은 텃밭 구획이 모양을 갖추어 갈 무렵 지역의 경작자들과 자원봉사자들의 도움을 얻었다. 이 텃밭은 식용작물이 도시 내 주거지역에서 자랄 수 있다는 증거가 될 뿐 아니라 사람들이 텃밭에 와서 경험 많은 경작자한테 직접 배울 수도 있기 때문에 일반 대중에게 문을 열어 두었다. 이 시범 텃밭은 장차 도시농부와 공동체텃밭 경작자가 될 사람들에게 자신들의 화단에 여름철의 호박과 겨울철의 케일에 이르는 온갖 농작물을 심도록 지도하고 격려하는 야외 학교 운동장이었다.

레벤스턴은 1980년대 중반과 1990년대 초반에 걸쳐 밴쿠버에서 불붙은, 급성장하는 공동체텃밭 경작 운동에 대해 자문 요청도 받았다. 한편, 그 무렵 캐나다와 미국의 대다수 지방자치단체는 인기가 없어진 방치된 텃밭을 없애고 있었다. 1985년 레벤스턴은 스트래스코나 공동체텃밭을 새로 만드는 일을 도와주었다. 도심부의 동쪽에 있는 이 공동체텃밭은 1.2헥타르 면적에 200구획에 이르는 공동체 과수원과 텃밭이 있으며, 지금은 밴쿠버 도시 '녹색 경관'의 자랑거리이다.

언제나 도시농업 정보를 전파하고 공유하는 새로운 방법을 세심히 살피고 있던 레벤스턴은 일찌감치 인터넷의 잠재력을 알아보았다. 1994년 10월 15일 시티파머의 웹사이트가 '작동하기' 시작했는데, 곧

이 웹사이트는 도시농업에 관한 유일한 온라인 정보센터 역할을 했다. 전 세계 독자들이 이 웹사이트에 모여들었고 몇 년 사이에 150개국에서 접속할 정도로 세계적인 사이트가 되었다.

현재 레벤스턴은 주로 전 세계에서 들어오는 도시농업 관련 이야기와 주요 뉴스를 웹사이트에 올리고 관리하는 일을 하고 있다. 이 사이트는 지금도 도시농업의 최전선에서 나오는 뉴스를 얻기 위해 "도움을 청할 수 있는 대단히 믿음직한" 글로벌 사이트이다. "나는 이 사이트를 도시농업 뉴스의 CNN이라고 불러요" 하고 레벤스턴이 농담을 하지만 틀린 말은 아니다. 사람들이 링크할 내용을 보내면 레벤스턴이 사이트에 올리고 관리하는데, 시티파머 시범 텃밭 운영과 다른 실무 작업을 하는 틈틈이 보통 하루에도 서너 편의 기사를 올린다. 시티파머 시범 텃밭은 지역 주민과 접촉하고, 인터넷은 이 시범 텃밭이 세계와 접촉하는 것을 돕는다. "내가 밤낮으로 쉬지 않고 일하는 이유라고 생각해요. 이 둘은 모두 중요합니다."

밴쿠버 시는 레벤스턴에게 봉급을 지급해 퇴비교육센터를 관리하고 교육을 하게 한다(음식물과 정원 쓰레기로 퇴비를 만들어 도시농업에 사용하는 것은 밴쿠버 시 환경 정책의 한 부분이다). 현재 하늘을 찌를 듯이 높은 것으로 악명 높은 밴쿠버 시 부동산 가격 중에서도 아주 고가인, 면적 230제곱미터의 정원과 작은 사무실은 지금도 시에 임대료를 내지 않는다. 시티파머 일은 1978년 이후 레벤스턴의 유일한 직업이다. 7월 중순 내가 그곳에 있던 날 퇴비 만들기에 관해 문의하는 전화가 빗발쳤다. "전화가 북아메리카 곳곳에서 옵니다, 하하하." 레벤스턴은 이렇게 말했으나 사실 대부분 밴쿠버 시내에서 오는 전화다.

레벤스턴은 도시농업에 대한 열정을 본업으로 삼을 수 있었고, 이것이 30여 년 동안 자신의 직업이 되어 왔다는 사실을 자랑스러워한다. 그는 시에서 토지를 얻게 된 것이 행운이라는 것을 알고 있고, 자신의 상근 급료에 더해 그에 상당하는 직원의 다른 상근 급료까지 그럭저럭 정당화시켜 왔다. 물론 이것이 캐나다에서 가장 친환경 도시 가운데 하나인 밴쿠버의 이미지에 손상을 입히지도 않았다. 멀리 한국이나 독일 같은 곳에서 기자나 영화제작진이 그를 찾아온다. 누구나 인정하는 도시농업 분야의 핵심 국가인 쿠바의 대표단이 방문하기도 한다. 한 쿠바 여성이 레벤스턴의 텃밭을 도시농업의 메카라고 칭찬했더니 그가 이렇게 정색했다고 한다. “여기는 메카가 아니에요. 그냥 평범한 텃밭일 뿐입니다!”

그러고 나서 레벤스턴은 실험 중에 있는 새 전기 퇴비화 기기가 있는 텃밭 구석으로 급히 갔다. 그는 한 시간 가까이 지역 텔레비전 뉴스 제작진과 시간을 보냈다. 밴쿠버 시는 생활 폐기물 문제로 고심해 왔다. 대부분의 밴쿠버 시민들이 시가 제안한 소각장을 받아들이지 않고 있어서 레벤스턴은 이 대용량 퇴비화 기기를 자랑하며 이 기기가 아파트 동이나 동네에 좋은 선택이 될 수 있을 것이라고 말했다.

나는 레벤스턴이 방송 제작진을 상대하고 있을 동안 공책에 다양한 텃밭 농작물의 목록을 빠르게 적어 나갔다. 그곳에는 내 키보다 더 높게 자란 구스베리가 있었는데, 루비처럼 생긴 반투명 베리를 주렁주렁 매달고 있었다. 흔한 장식용 꽃인 보라색 로벨리아가 카펫처럼 깔려 있는 곳에 크기가 한 아름이나 되는 은빛 양배추와 붉은색 상추가 솟아 있었다. 알프스 딸기가 흙 위를 뻗어나가고 있었다. 크게 자란 민트, 세이지를 비롯한 식용 허브가 빽빽이 들어차 있었다. 판지 상자 몇 개에 빽빽이 들어 있는 통마늘이 텃밭과 좁은 사무실 사이의 차양 아래 목

밴쿠버의 시티파머 텃밭에 있는 냉상과 높임 화단(2010년 7월 19일).

제 테라스 위에서 건조되고 있었다. 나는 곧 오가는 경작자와 방문객의 수를 세는 일을 그만두고 주위에서 계속 울려대는 퇴비 상담 전화에 익숙해졌다. 그곳은 대도시 한복판에서 끊임없는 움직임과 평온함이 기묘하게 뒤섞여 있는 곳이었다.

레벤스턴이 텔레비전 출연 후 테라스로 다시 돌아왔을 때, 나는 30년 전에 도시농업 혁명이 닥칠 것을 예상한 사람에게 도시농업이 어디까지 갈 것인지 물어봐야겠다고 작정했다. 가까운 미래에 우리가 먹는 것 대부분을 도시 텃밭에서 조달하게 될 것인가? 북아메리카 전역 여러 도시에 상업적 도시영농 회사가 생겨나게 될 것인가? 옥상 도시농장이나 유리와 철로 된 30층 수직농장 같은 넘쳐나는 '미래 시나리오'에 대해 그는 어떤 생각을 했을까?

레벤스턴이 보는 도시농업은 반쯤은 유행이고 반쯤은 필연이다. 도시농업은 흐름이 있어서 사람들이 먹거리 불안이나 흔들리는 경제나 식품 가격, 에너지 위기를 걱정할 때 다시 유행한다. "분명히 오늘날 사람들에겐 도시농업이 필요합니다."

레벤스턴은 도시농업이 자신에게는 언제나 개별 가구가 뒤뜰이나 앞마당에서 하고 있는 일에 관한 것이 될 것이라고 담담하게 덧붙였다. 레벤스턴은 이 운동을 정확하게 파악하기 위해 내가 만나 본 최초의 전문 도시농부였다. "사람들은 채소나 씨 없는 작은 과일 또는 허브를 택하게 되겠죠. 그리곤 이만큼이나 그만큼 기르게 될 겁니다. 노는 땅을 이용할 수 있거나 그렇지 못하거나 하겠죠. 하지만 암소는 아닐 겁니다. 논도 아닐 거구요. 밀도 아닐 거예요." 그리곤 이 시범 텃밭에서 나오는 농산물의 행방을 전혀 추적하지 않고 있다고 시인했다.

레벤스턴은 도시 인구 밀집 탓에 가구 규모에서 사람들이 먹거리를 생산하는 능력이 떨어질 것 같아 걱정이다. "무엇인가를 하고 생산하는 데 충분한 공간이 있을 때 텃밭은 제 기능을 합니다. 그래서 현대의 도시농업 안에는 갈등이 있죠."

"도시농업이 실효성이 있을지 솔직히 걱정이 많습니다." 꽤 진지한 표정으로 그는 말을 이었다. 그는 2010년 여름에 있었던, 밴쿠버 시 도시양계 조례 개정 사례를 언급했다. 이 조례는 도시 닭의 수와 시내 입지를 추적하기 위해 시행되었다. 양계가 이미 도심에서 큰 문제없이 이루어지고 있었다고 하는 것은 도시양계 활동가들이 필요로 하는 증거일 수도 있었다. "단 일곱 명만 시에 닭을 등록하겠다고 신청했어요." 그의 논점은 새로운 정책이 쏟아져 나온다는 것이 변화를 상징하지만 그 정책들 자체가 실제로 변화로 이어졌는가 하는 점이었다.

그 후 그의 신중함은 낙관주의로 바뀌었다. 그러나 최근에 분위기가 다르다는 점을 끝내 인정했다. “여러 블로그에서 보이는 열정과 생산성을 깎아내리기가 쉽지 않아요. 사람들이 그런 블로그를 비판적으로 읽고 있는 한 괜찮아요. 식량 체계가 어디로 향하고 있는지 아무도 모르고 있어요. 농업이 어디로 향하고 있는지도 모르죠. 처음으로 시 정부들이 지원을 해주는 것 같아요. 발전도상국의 도시화는 새롭고 불확실합니다. 현재 도시 인구가 엄청나게 많아요.” 여러 변수가 바뀌었고 그래서 식량 체계도 바뀌게 될지 모르겠다.

YMCA 다문화 공동체텃밭

레벤스턴은 연결해 주는 사람이다. 아침을 시티파머 본부에서 보낸 다음 나는 밴쿠버 이곳저곳에 있는 도시농업 운동의 주요 인물들과 약속이 잡혀 있었다. 사실 바로 다음날 아침, 나는 밴쿠버 도심지에 있는 백 년이나 된 병원의 옥상에 서서 저술가이자 수목 전문가이며 환경설계자, 게릴라 가드너, 밴쿠버 공동체농업 네트워크 책임자이면서 세인트폴 병원 YMCA 다문화 공동체텃밭 사업 책임자이기도 한 데이비드 트레이시와 이야기를 나누고 있었다.

“이곳은 공동체텃밭으로는 특이한데요, 왜냐하면 딱히 먹을 것이나 생태, 환경, 영양, 그리고 공동체텃밭이 목적으로 하는 다른 그 모든 것과도 무관하니까요. 밴쿠버를 더 쾌적한 장소로 만들려고 한번 해보는 거죠.” 우리가 파스텔 톤의 병원 복도에서 나와 7월의 눈부신 햇빛 속으로 걸어 들어갔을 때 트레이시는 그렇게 설명했다.[5]

밴쿠버는 캐나다에서 가장 다문화적인 도시 가운데 하나이다. 이 공

밴쿠버 YMCA 다문화 공동체텃밭 현재는 DIGS의 텃밭으로 운영되고 있다(2010년 7월 20일).

동체텃밭은 새로 이민 온 사람이나 캐나다인 양쪽 모두의 관심을 끌기 위한 노력의 일환이다. "모든 사람이 대부분 밴쿠버에서 사이좋게 잘 지내고" 있지만 미묘한 인종차별이 분명히 존재한다고, 그는 말을 이었다. 서로 다른 이민 집단들이 많은 것을 공유하고 있지만 그들 사이에 교류가 늘 있는 것은 아니다. "그래서 사이좋게 지내기는 하지만 그들이 실제로 함께 하는 일은 거의 없어요. 이 프로젝트는 밴쿠버를 서로 다른 문화가 실제로 함께 노력하고 함께 일하는 사실상의 다문화적인 곳으로 바꾸어 낼 수 있는지 알아보려고 하는 거예요."

트레이시가 한 첫 번째 일은 밴쿠버 도심지에서 적당한 텃밭 공간을 찾는 것이었다. 그는 운이 좋았다. 마침 세인트폴 병원 건물 위 테라스에 1970년대에 보수한, 널찍한 외부 공간이 있었다. 그곳에는 이미 창턱에 놓는 화분 형태의 흰색 재배 용기가 경계 난간 바로 아래에 붙어 있었다. 그곳 테라스에서 스카이라인과 저 너머 언뜻 보이는 바다가 내려다보였다. 테라스 가운데에는 교목, 관목, 키큰 풀이 심겨진 콘크리트로 만든 높임 재배 용기가 2,000제곱미터 면적 전체에 걸쳐 놓여 있었다. 재배용 상자들이 허리 높이여서 휠체어를 탄 사람이나 노인들이 접근할 수 있었고 일하기에도 딱 좋았다. 트레이시는 공동체텃밭을 만들기 위해 병원 운영진과 계약을 맺었다. 이 계약이 중대한 발걸음이었다. 병원이 이러한 그룹에게 먹거리를 재배하는 데 공간을 사용하게 한 것은 전례가 없는 일이었다. 그렇긴 해도 그곳의 공동체텃밭 경작자들도 병원이 안고 있는 몇 가지 문제에 도움을 주었다.

첫째, 그 공간은 마약 밀매자들이 부적절하게 사용하고 있었다. 왜냐하면 그곳이 일종의 공적 공간인 데다가 공원 같은 환경이어서 마약 밀매자들이 거래를 하는 데 약간의 비밀을 확보할 수 있었기 때문이었다. "우리가 이곳에 온 이후, 마약 밀매자들은 약간 불편해졌어요. 만약 경작자들이 어쩌면 어린이와 함께 자주 드나든다면, 와서 거래를 하는 게 좀 더 힘들어지겠죠."

경작자들이 제공하는 또 다른 서비스는 다채로운 경관이다. 경작자들이 처음에 한 일은 약 30세제곱미터에 이르는 오래되고 메마른 흙을 재배 상자에서 제거한 다음 같은 양의 질 좋은 흙을 위쪽으로 가져와 다시 채우는 것이었다. "우리는 병원을 가로질러 그 흙을 가져와야 했어요! 적재 구획에서 출발해 시체 해부실을 지나서 승강기를 타고 이곳 위에 흙을 내려놓아야 했죠." 다행히도 병원은 바퀴달린 플라스틱 세탁물 통 몇 개를 막 처분하려고 하던 참이었다. "그래서 병원 세탁물 통을 흙 운반용으로 재활용했어요." 세탁물 통은 흙을 가득 담은 초대형 외바퀴 손수레가 되었다. 트레이시는 임시 '텃밭 창고'에 있는 초대

다비 빌리지 공동체텃밭 도심 다문화 공동체텃밭(DIGS)이 있는 곳인 세인트폴 병원 테라스가 다비 빌리지 공동체텃밭 표지판의 오른쪽에 보인다(2010년 7월 20일).

형 플라스틱 세탁물 통을 손가락으로 가리켰다.

"보통 새 공동체텃밭이 만들어지면 사람이 많이 모여들기 마련이지만 그들은 대부분 이 시스템이 어떻게 운영되는지 아는 정착한 캐나다인인 경우가 많죠. 대개 백인 중산층일 때가 많아요." 언어 장벽과 사회적 억제 탓에 이민자들은 공동체텃밭 공간에 대한 자신들의 권리를 주장하지 못한다. 이 텃밭은 달라지고자 했다.

트레이시에 따르면, 이 공동체텃밭이 자리 잡은, 면적 3.8제곱킬로미터의 이 '도심 반도'는 주민의 40퍼센트가 캐나다에서 태어나지 않은 밴쿠버 시민으로 이루어져 있다. 통계에 따르면, 캐나다 이민자들이 새 도시에서 어느 정도 편안함을 느끼고 사회적·경제적으로 충분히 참여할 수 있게 되기까지는 10년이 걸리기도 한다. 트레이시가 언급했듯이

10년이 지났더라도 문화 간 교류가 없는 경우가 많다.

주변 지역의 인구통계를 반영하고 이곳을 고향이라고 부르는 다양한 문화적 그룹 간의 교류를 촉진하기 위해 텃밭 공간의 40퍼센트를 캐나다에서 태어나지 않은 참여자가 사용할 수 있게 따로 남겨 둔 이유가 바로 여기에 있다. 텃밭 경작 참여자 안내 책자들은 중국어, 스페인어, 러시아어, 페르시아어, 영어로 인쇄되어 있다. 또한 이 텃밭의 규정에 따라 모든 경작자는 문화 간 의사소통, 다양성, 인종차별 반대, 그리고 밴쿠버의 도심 반도에는 게이 인구가 많기 때문에 필요한 동성애 혐오 반대에 대한 교육과 훈련도 전부 거쳐야 했다.

이 공동체텃밭이 개장한 2010년에 53명의 경작자가 참여했다. 첫해에는 조직 구성과 작업 개시 활동에 대부분의 시간을 빼앗겼다는 점을 트레이시는 인정했다. 교육훈련 과정에는 경작자에게 자치 조직의 일원이 되는 방법에 대해 설명하는 것도 들어 있었다. 트레이시는 경작자들이 스스로 비영리단체를 설립하는 방법, 조례를 제정하는 방법, 협력하지 않거나 조례가 허용하는 범위를 벗어나 작업하는 경작자를 다루는 방법 등을 가르쳐야 했다. 그동안 한 번도 씨앗을 뿌려 본 적이 없던 많은 사람을 위한 유기농 경작 실습도 있었다.

경작자 1인당 재배 상자 2개가 배정되었는데, 하나는 햇볕이 잘 드는 곳에 있었고 다른 하나는 부분적으로 그늘이 지는 곳에 있었다. 직사각형 상자 1개에는 0.7세제곱미터 약간 넘는 흙이 들어 있어, 결국 경작자 1인당 약 1.4세제곱미터의 공간이 있는 셈이다. 관개 장치가 재배용기에 설치되어 있었지만, 아직도 경작자들이 설치되어 있는 관개 장치의 독특한 방식을 이해하려고 애쓰고 있다고 했다.

그 결과 텃밭은 계절상 늦은 출발을 했다. 그럼에도 7월 중순이 되자 잘 익은 토마토가 달리고, 피망은 살이 붙고, 몇몇 성질 급한 블루베리와 라즈베리 줄기에는 벌써 열매가 맺히고 있었다.

만약 경작자들이 원한다면 텃밭 공간 확장에 사용할 수 있는 상자가 수백 개 있지만, 옥상의 일부 지역은 백년 간 햇빛을 본 적이 없어 결코 적당한 재배 공간이 되지 못할 것이다. 트레이시와 맺은 이 프로젝트 계약 기간이 딱 1년이어서, 2011년 5월 이 그룹은 이곳을 자율적이고 자기 조직적이며 자치적이고 자립적인 공동체텃밭으로 '업그레이드하며', 자신들의 조직에 도심다문화경작자협회(DIGS)라는 새 이름을 붙였다.

소울푸드 농장

2010년 밴쿠버 도심부의 악명 높은 우범지대에 있는 허름한 호텔 옆 방치된 주차장에서 1,580제곱미터 면적의 농장이 생겨났다. 나는 7월의 아침 햇살을 받으며 20분을 걷기보다 그곳까지 자동차를 운전해 가기로 했다. 어쩌면 어리석어 보이는 결정이었지만 이게 밴쿠버의 현실이다. 반짝반짝 빛나는 고층 사무실 건물과 고급 호텔, 수많은 스타벅스 매장, 수백만 달러짜리 아파트에서 겨우 몇 블록 떨어진 곳에는 벌건 대낮인데도 극빈, 정신건강 문제, 성매매, 마약 밀매가 판을 친다. 이 때문에 주위 경관이 완전히 바뀌어 버렸다. 방문객으로서는 불안스럽다. 길을 잘못 들어서 위험한 상황에 처한 내 모습이 눈앞에 떠올랐다. 밴쿠버의 다운타운 이스트사이드는 겁 많은 사람이 갈 곳이 못 된다.

나는 건강에 집착하고 부유한 국제적인 도시라는 밴쿠버의 전반적이미지에 대비되어 매우 두드러져 보이는, 이 지역의 잘 알려진 사회문제를 자세히 다루지 않겠다. 더구나 어쩌다 이곳이 이 지경이 되었는지 판단할 자격이 나에겐 없다. 다만 다른 곳 중에서도 밴쿠버의 빈곤 지역을 둘러보는 이상한 관음증적 '빈곤 관광'이 다운타운 이스트사이드에 사는 사람들에게 불쾌감의 원천이 되었다는 사실은 알고 있다. 하지만 내가 이 농장에 관심을 가지게 된 이유 중에는 시장 출하용 고급 채소와는 무관한 지역에 자리 잡고 있다는 사실도 들어 있었다.

소울푸드(SOLEfood) 농장에 도착한 나는 농장 둘레 철책선을 돌다가 마침내 경작자 한 사람의 눈에 띄었다. 농장 안으로 들어갈 수 있도록 누군가가 맹꽁이자물쇠를 여는 열쇠를 찾는다. 몇 분이 걸렸다. 출입문을 통과해 걸어 들어가자 익숙한 식물 냄새가 코를 찔렀는데, 그때서야 나는 그곳에 들어가기를 기다리며 내가 얼마나 초조해했는지를 깨달았다. 일단 안에 들어가자 그곳은 완전히 딴 세상이었다. 아침에 작물에 물을 줄 때 흘러내린 물이 고인 웅덩이에서는 비둘기 한 마리가 요란스럽게 목욕을 하고 있었다. 젖은 포장 지면의 시큼한 냄새는 물기를 머금은 흙의 달콤하고도 진한 냄새, 광합성과 어우러졌다.

이 농장의 관리 책임자 숀 도리는 마침 수요일 오후가 1주일에 4번 있는 장날이어서 새벽 5시부터 일을 하고 있었다. 그는 지금껏 사실상 인근 지역에만 알려진 화제의 대상인 소울푸드의 이야기를 몹시 하고 싶어 했다. 며칠 씻지 않아 꾀죄죄한 얼굴에, 농부보다는 인디 음악가처럼 보이게 하는 모직 납작모자를 쓰고 있는 도리는 엄밀하게 말하자면 단지 몇 개월만 농부였다.[6]

친환경 사회적 기업을 육성하고 운영하는 풀뿌리 도심 공동체 비영리단체인 '유나이티드 위 캔'(United We Can)의 지속가능성 부서 책임

소울푸드 농장의 표지판(2010년 7월 21일).

자인 도리는 도시농장을 시작해 보자는 아이디어가 제기되었을 때 새로운 친환경 벤처기업을 찾고 있었다. '유나이티드 위 캔' 산하 이해 관계자 그룹들은 녹색 사업을 통해 도심부에 고용을 창출해 줄 기업에 대해 브레인스토밍을 하려고 모이고 있었다. "도시농업은 대부분의 에너지가 그 이면에 숨겨져 있는 것처럼 보였고, 시 차원의 지원도 대개는 마찬가지였죠." 놀고 있는 땅이나 재개발 산업단지를 녹지 공간으로 전환하는 기업에게 시가 제공하는 대폭적인 세금 감면 혜택에도 불구하고, 결국 한 해 동안 다운타운 이스트사이드에서 적당한 부지를 찾는 일은 아무런 성과를 거두지 못했다.

마침내 밴쿠버에서 가장 위험한 지역을 가로지르는 주요 간선도로에 있는 허름한 아스토리아 호텔이 주차장을 내놓았다. 그 블록의 쓰레기 투기장이 되어 버려 쓰레기가 어지럽게 널려 있고 쥐가 들끓는 곳이었다. 문제는 시의 세금 감정평가 마감 기한을 겨우 며칠 앞두고 아스토리아 호텔에서 제의가 들어왔다는 점이었다. 이에 개의치 않고 숀 도리와 50명의 자원봉사자는 그해의 세금 감면 자격을 부여하는 마감 전날인 2009년 10월 31일에 농장을 만들었다.

사실상 농장이 도리의 책임 아래 놓이게 되었으나, 이렇다 할 실제 경작 경험이나 지식을 가지고 있지 못한 상태에서 2009년에서 2010년으로 넘어가는 겨울에 전문가에게 온갖 조언을 구해야 했다. "농사 경험이 전혀 없었던 우리는 늘 전문가들을 끼고 살았죠. 나는 찾아낼 수 있는 한 많은 마스터 가드너를 붙잡아 그들을 자문위원회에 집어넣었어요. 우리는 한동안 무척 자주 만났어요." 그러한 농부 가운데 한 명이 우연히도 마이클 에이블먼이었다. 에이블먼은 현재 브리티시컬럼비아주 해안에 있는 솔트스프링 섬에서 농사를 짓고 있다. 에이블먼은 50헥타르에 가까운 폭스글로브 농장을 직접 운영하고 있으면서도 소울푸드 농장 자문위원회에 들어와 도리와 농장 직원들에게 첫해 내내 매우 귀중하고 실질적인 조언을 해주었다.

"우리는 자주 실수를 하게 마련이죠." 도리가 웃으며 말했는데, 근처에서 끝부분이 하얀 프랑스식 아침식사용 빨간 무를 씻고 있는 한 여성 때문에 점점 더 주의가 산만해졌다. 내가 본 것 중에서 가장 아름다운 빨간 무였다.

그날 아침에 있었던 무 수확을 보고 내가 받은 감명을 전혀 느끼지 못한 도리는 반들반들한 피망이 자라고 있는 높임 화단을 가리켰다. "저것들은 별로 안 좋네요. 다시 심어야겠어요." 그러고는 관수 문제, 과잉 수확 문제, 부적절한 상파(床播) 기술과 관련된 온갖 실수를 줄줄이 나열했다. "하지만 우리는 여전히 이곳에서 재배할 수 있어요."

소울푸드 농장에서 공룡 케일을 수확하고 있는 숀 도리(왼쪽)와 도시농부 조던 코크레인(2010년 7월 21일).

씻어서 시장이나 식당 배달용으로 묶은 총천연색 아침식사용 무 이외에도 경작자들은 비닐로 덮인 '높은 터널'에서 흠 하나 없이 잘 익은 토마토를 따고 있었다. 높이가 걸어서 지나다닐 수 있을 정도인 이 임시 온실은 굽은 플라스틱 관이 커다란 투명 비닐을 지지하고 있었다. 이번에는 붉은색 롤라로사, 녹색 오크 잎, 아루굴라 애기 상추가 섞여 있는 샐러드용 야채를 수확하고 있었다. 또 다른 젊은 농부 조던 코크레인은 악어가죽 같은 촉감 탓에 가끔 공룡케일이라고 불리는 진한 녹색의 '라시나토' 케일 잎을 수확하면서 사진을 찍을 수 있도록 기꺼이 포즈를 취해 주었다. 이 농장에서는 대형 양배추, 마늘, 시금치, 바질, 토마토 8종, 파프리카 7종, 고추 8종도 재배하고 있었다.

"우리가 쓰는 정밀 파종기를 한번 보여 드릴까요?" 도리는 새로 생긴 장난감을 자랑하는 아이처럼 물어보면서, 손 크기의 농기구를 가리켰다. 바깥쪽 바퀴와 핸들과 완벽하게 일직선으로 줄을 맞추어 정확한 간격으로 씨를 떨어뜨려 주는 5개의 미니 호퍼를 갖춘 파종기였다. 또 그는 벌이 농장을 찾아오는 데 그리 오랜 시간이 걸리지 않았다고 말했다. 그는 포장 지면의 갈라진 틈에서 자라는 일부 '자원봉사' 모종들을 언급하기도 했다. 최근에는 텃밭 베드에서 지렁이를 발견하고서 "지렁이다! 지렁이가 있어!" 하고 외쳤다고 한다.

나는 시장 출하용 고급 채소가 이 농장 옆을 지나다니는 사람들에게는 지불할 수 있는 가격대를 벗어나 있는 것 같다고 말했다. 솔직히 동의하면서도 도리는 곧바로 소울푸드 농장을 운영하는 목적이 이웃에 먹거리를 공급하는 것이 아니라는 점을 지적했다. 소울푸드 농장의 설립 목적은 연수 과정을 거치고 있는 사람들에게 실제적인 기술 훈련을 제공해서 그들이 안정적인 일자리를 찾고 자립할 수 있게 하는 것이었다. 그러기 위해서는 농장이 상업적으로 성장할 수 있는 기업체가 되어야 했고 현금 유동성이 필요했다. 따라서 수확물의 90퍼센트 정도를 직접 고급 식당이나 상류층 주거지역 농부시장에 모인 사람에게 팔고 있다. 나머지 10퍼센트는 식량보장 문제를 담당하는 인근 공동체 조직으로 보낸다. '유나이티드 위 캔'의 사회적 기업 모델에 충실하면서 보조금을 지원받는 신선한 먹거리를 제공하는 것은 다운타운 이스트사이드의 문제에 대한 해답이 아니다. 하지만 도시농장이 가져다주는 것과 같이 소득 흐름으로 이어지는 기술 훈련을 제공하는 것은 장기적으로 지속가능한 식량보장을 가져다준다.

그렇긴 하지만 내가 그곳에 앉아서 농장과 철책선 둘레 양쪽에서 일어나는 활동을 지켜보고 있자니 지역사회에 주는 즉각적인 이익이 분명히 드러났다. 식물과 벌과 새는 지역 주민에겐 분명히 기운을 북돋워 주는 존재였다. 내가 도리와 이야기하고 있을 때 마리오라는 한 사내가 철책에 얼굴을 짓누르고는 '자기가 기르는 콩'에 대해 물었다. 도리는 마리오가 종종 찾아와서 농장을 살펴보는 열성적인 자원봉사자라고 소개해 주었다. 비록 울타리와 맹꽁이자물쇠 너머에 있기는 하지만 소울푸드 농장은 지역 주민의 관심을 집중시키는 조그만 에덴동산이었다.

2010년 생육기의 마지막 무렵에 소울푸드 농장은 시장 가격이 높은 농산물 4,500킬로그램을 재배했다. 정규 직원 2명과 임시 직원 5명의 임금을 지급하기에 충분한 생산량이었다. 농업이 되었든 다른 사업이 되었든 신생 기업으로서 이 농장은 명백한 성공이었다. 도리는 다른 상업적 도시농장에도 동기 부여가 되기를 기대한다. "1년 만에 우리는 북아메리카에서, 그것도 도시 안에서 매우 성공적인 사회적 기업을 키웠어요."

새 도시 공설시장

내가 북아메리카의 도시농업, 식량 정책, 지역사회 개발 관련 단체를 캐묻고 다닐 때, 허브 바볼렛이라는 이름이 계속해서 나왔다. 이메일을 몇 차례 주고받은 뒤, 그는 40년 동안 지역 농업, 공동체 운동, 식량 정책 개발, 지속가능한 식량 체계에 참여한 것 중 아마도 가장 야심적인 프로젝트에 관여한 이야기를 나누는 데 동의했다. 바볼렛은 지역사회 개발 분야 석사학위와 지역사회 개발 분야와 공동체 계획 및 정치

경제학 분야 박사학위(ABT) 2개를 가지고 있었다. 대단한 학문적 자격을 갖춘 바볼렛은 지난 몇 년 동안 '로컬푸드 퍼스트'(Local Food First)라는 단체의 회원이었다. 이 단체의 설립 목적은 다름 아닌 바로 로컬푸드의 공급과 유통을 중심으로 밴쿠버의 식량 체계를 개혁하는 데 있다. 만약 이 개혁이 성공한다면 밴쿠버는 매우 선도적인 지속가능한 도시이면서도 산업적 슈퍼마켓 모델이 지배하고 있는 식품망을 끊어 보겠다는 목표를 향해 중대한 진보를 이룰 수 있을 것이다.

바볼렛은 20대에 도시 바로 외곽에서 유기농 농사를 지으면서 밴쿠버의 '의식 있는 공동체'에서 살았다. 1970년대에 색다른 유기농 샐러드 야채가 신기하면서도 약간은 받아들이기 어려운 것이었지만 10년 동안 그는 건강과 취향에 민감한 밴쿠버 시민에게 값비싼 채소를 그럭저럭 팔 수 있었다. 이 일이 그가 농촌의 먹거리 생산자와 도시의 소비자 사이를 잇는 다리 역할을 한 첫걸음이었다.

1993년 바볼렛은 먹거리 생산과 농업에 대한 도시 소비자의 인식을 높이기 위해 '시골사람/도시사람'(FarmFolk/CityFolk)을 설립했다(지금도 브리티시컬럼비아 주 생산자와 도시 거주자 간 지속가능한 지역 먹거리 관계를 위해 활발히 활동하는 교육 및 시민운동 단체다). 그해 그는 다른 광범위한 분야 중에서도 식량보장, 영양, 농지 이용, 도시계획 간의 복잡한 관계에 주목하기 시작한 풀뿌리 단체 '밴쿠버푸드태스크그룹'(Vancouver Food Task Group)을 만드는 데 도움을 주었다. 2003년이 되자 밴쿠버 시의회는 '밴쿠버 시의 정의롭고 지속가능한 식량 체계' 개발을 지지하는 동의안을 통과시켰다. 지속가능한 식량 체계는 "특정한 장소의 환경적·경제적·사회적·영양적 건강을 향상시키기 위해 먹거리 생산, 가공, 유통, 소비가 통합되는" 체계로 정의되었다.[7] 이 동의안은 먹거리 정책 태스크포스의 설치도 지지했다. 이것은 다시 도시 차원의 먹거리 정책 구상에 대해 시의회에 조언하기 위해 2003년 밴쿠버 식량정책협의회의 설치로 이어지고, 그 후 2007년 밴쿠버 식량헌장의 채택으로 이어졌다. 이 식량 헌장은 공동체와 공동체가 다루는 환경에 이익을 주는 도시 식량 체계의 비전을 시가 정식으로 승인한 것이었다.

'로컬푸드 퍼스트'는 2006년 밴쿠버의 대안적인 로컬푸드 체계의 시나리오를 논의하기 시작했다. 2010년이 되자 이 단체는 '새 도시 공설시장'(New City Market)의 예비 사업 계획과 설계 도면을 공개했다. 이 설계에는 로컬푸드의 부가가치를 높이는 식품 조리와 생산을 위한 가공 시설, 지역 농민과 생산자를 위한 저장, 도매, 소매 수용 능력을 갖춘 연중 상설 시장 공간, 공동체 교육과 봉사활동, 마케팅을 위한 공간 계획들이 들어 있었다. 이 시장은 시의회 예산의 변덕에 좌우되지 않는 자립적인 사업체가 될 터였다. 시의 2020년 목표 설정 보고서에 제시되어 있는 대로 밴쿠버 시 공무원들은 현재 이 제안을 적극 지원하고 있다. 그 보고서에는 잘 진척되어 채택된다면 밴쿠버 식품유역의 공급라인을 극적으로 바꾸게 될 먹거리 허브 모델을 밴쿠버 시가 만들고 싶어 한다고 명시되어 있었다. 만약 새 도시 공설시장의 이해 관계자들이 실제로 보고서 지면에서 지역사회로 성공적인 도약을 할 수 있다면 이것은 다른 곳의 도시 식량 체계의 새로운 모델이 될 수도 있을 것이다.

"수십 년 동안 대안식량 체계 분야에서 일해 온 우리들은 식량 체계의 1~2퍼센트를 대상으로 일해 왔어요. 월마트가 유기농으로 가겠다고 결정했을 때 우리가 수십 년 간 해왔던 것보다 더 많은 일을 전 세계에 걸쳐 1년 만에 했어요."[8] 밴쿠버의 유명한 그랜빌아일랜드 마켓에서 만나 커피를 마시며 바볼렛이 그렇게 설명했다. 이것이 바볼렛에게는 대안식량 체계가 조직화되고 그 구매력과 판매력이 높아져 산업적 식품(슈퍼마켓) 모델에 진정한 도전자가 될 수 있을 정도까지 규모가 확대되어야 한다는 또 다른 증거였다.

주류 식량 체계에서 수많은 변화가 너무나 빠르게 일어나고 있는 상황에서 바볼렛과 동료들은 그러한 변화에 참여할 기회를 발견했고 어떻게 소규모 생산자를 지원하고 지역의 농지를 보호하고 로컬푸드 수요에 편의를 제공할 것인지에 대해 생각하기 시작했다. '로컬푸드 퍼스트'에서 그들은 의욕적인 식당 주인, 소매업자, 일반 가정이 로컬푸드에 더 많이 접근할 수 있게 해달라고 거세게 요구하고 있는 상황에서, 밴쿠버 대도시 지역에 먹거리를 공급해 줄 수 있는 2만 개의 소규모 혼합농업 기업을 연결하는 방법에 대해 곰곰이 생각했다.

그렇게 심사숙고한 결과가 밴쿠버 시 한가운데에 입지한 2,780제곱미터 면적의 수직적으로 통합된 푸드 허브의 설계 보고서와 사업 계획이었다. 이 제안에는 도소매 매매 공간과 실내외 연중 농부시장은 물론 식품의 저장과 유통, 가공, 교육, 연구개발 시설을 위한 공간도 들어 있었다. 카페와 식당까지 들어서면 이 기업 복합단지가 더욱 완벽해질 것이다.

'로컬푸드 퍼스트'가 2010년 말에 이 푸드 허브 제안을 발표했을 때, 이 제안은 이미 3년 동안 했던 작업의 결과였으며 그 단체에게는 착공할지 안 할지를 결정하는 데 '3~5년'의 시간이 더 필요했다고 바볼렛이 말했다. 이상적인 시나리오는, 가능하다면 기존 건물들을 개조하는 것이었다. 사실 '로컬푸드 퍼스트'는 1908년에 밴쿠버 최초의 도시 공설시장과 도매상, 카페가 처음 만들어졌던 곳에 지금도 서 있는 시 소유

건축물들을 확인해 두었다.

바볼렛은 현재 800만 캐나다달러의 예산이 책정된 도시 공설시장이 도시 재개발 시나리오로서뿐 아니라 대안 식량 체계로서도 미지의 영역이라는 점을 인정했다. 그러나 도시계획 입안자들과 함께 기본적인 타당성 분석과 사업계획 수립 작업을 해왔기 때문에 이 새로운 푸드 허브는 곧 실현될 것이다. "시 차원에서 시 정부가 '이해하고 있다'는 사실은 모든 것을 바꿉니다. 결정적이죠." 전체적으로 볼 때, 추진력이 붙은 게 분명하고 다른 도시들도 이 개념에 주목하고 있다. "모두가 이것을 먹거리 중심으로 도시를 완전히 개조하는 기회로 봅니다."

문제는 본보기가 거의 없다는 점이다. 바볼렛은 온타리오 주 토론토의 '더스톱 커뮤니티 푸드센터'(Stop Community Food Centre)를 언급했는데, 이 센터는 1982년 푸드뱅크로 시작했으며 지금도 푸드뱅크와 같은 현장 중심의 먹거리 서비스를 제공한다. 이곳은 현재 상설 무료 급식소, 공동체 먹거리와 텃밭 경작 교육센터, 농부시장보다 훨씬 더 많은 것들이 들어 있는 성공적인 공동체 푸드 센터이다. 바볼렛에 따르면, 이 센터는 현명하게도 자선사업 모델에서 벗어나 사회적 기업 모델로 방향을 바꾸었다. "[대안 식량 체계 모델에 대하여] 우리가 배운 것은 통상적인 기업 모델에 더 가까워져야 한다는 점이에요." 바볼렛이 생각하기에 이 계획을 더 진전시키기 위해서는 도시 내 다양한 식량보장 관련 단체들이 확신을 가지고 이 새로운 인프라를 구축하는 데 자본을 집중해야 한다. 하지만 새 도시 공설시장을 짓는 데 필요한 투자 자금은 일반 대중에게서 나올 수 있을 터인데, 바볼렛이 사람들에게 상기시키고 싶어 하듯이 그 일반 대중이 "여전히 막대한 자금이 있는 곳"이다.

"기업 공개처럼 말이죠?" 내가 무심코 농담으로 말했다.

"바로 그거예요." 그가 웃으며 답했다.

바볼렛은 밴쿠버의 시티파머 도시농업 시범 텃밭의 레벤스턴과 마찬가지로 자신이 사는 도시 내 먹거리의 미래에 대하여 낙관적이지만 조심스러웠다. 그는 밴쿠버가 도시농업과 로컬푸드에 열광하는 또 한 번의 유행을 타고 있다는 점을 인정하지만, 그중 얼마만큼이 지속적인 변화로 이어질 것인지 큰 목소리로 의문을 제기했다. 도시농업의 맨 앞자리에 서 있는 주요 도시에서 추진력과 좋은 의도가 작동하고 있지만, 바볼렛은 훨씬 더 많은 것들이 변해야 하는데 가끔 도시농업이 기분전환이나 일시적인 해결책을 제공하는 데 머물 수 있다고 느낀다. 그러고는 두 가지 극단적인 도시농업 시나리오를 제시했다. 하나는 "기관총으로 무장한 사람들이 오이를 지키는" 외부인 출입 통제 텃밭이라는 디스토피아적인 전망이었다. 다른 하나는 바볼렛이 기억하기에 농작물이 길거리에서 재배되는 곳인 베트남의 호치민 시나 먹거리가 중요한 이유를 모두가 이해하는 이탈리아 볼로냐의 거리 여행에 대한 목가적인 설명이었다.

언제나 기아가 있어 왔다고 덧붙이긴 했지만 바볼렛이 설명했듯이 '세계는 언제나 식량을 자급해 왔다.' "기근이 최악에 달했던 1980년대 에티오피아는 여전히 식량을 수출하고 있었고, 이에 대응해 세계가 한 일은 에티오피아 국민에게 식량을 준 것이었죠. 그것이 지역 농업을 파괴했어요. 식량을 배급하기 위해 산을 넘어 기차가 다닐 수 있게 인프라를 제공하는 일은 더 중요한데도 하지 않았습니다. 몇몇 사람을 부유하게 만들고 가난한 사람을 더 가난하게 만드는 것은 체제 내 지배권력이죠. 이에 맞설 때까지는 그 어떤 것에도 맞설 수가 없습니다."

바볼렛은 그러한 지배권력이 지역 차원에서는 타도될 수도 있으며,

이것이 의심의 여지없이 '로컬푸드 퍼스트'가 새 도시 공설시장으로 제안하고 있는 것과 같은 대안 식량 체계라고 주장했다. "도시국가의 재출현을 보게 될 거예요." 우리가 이야기를 끝내려고 하던 참에 그가 그런 말을 꺼냈는데, 나는 그리 멀지 않은 미래에 식량 자급을 책임지는 밴쿠버 도시국가를 상상해 보았다.

도시영농의 새로운 모델 '스핀'

켈로나는 밴쿠버에서 동쪽으로 400킬로미터 떨어져 있고 밴쿠버의 약간 북쪽에 있다. 켈로나는 역사 깊은 과수원들이 지금은 대부분이 성장하는 캐나다 포도주 산업을 위한 포도밭이 되어 있는, 브리티시컬럼비아 주 오지 산악지대의 사막처럼 건조한 계곡에 있다. 또 이곳은 캐나다 서해안의 부유한 밴쿠버 시민과 동부의 석유산업으로 부자가 된 앨버타 주민의 호반 유원지이기도 하다. 켈로나는 주민이 11만 명 정도에 불과하지만 도시가 성장하면서 대형마트, 교통 문제와 함께 외부로 확산되어 나갔다. 한마디로 말해, 이곳은 채식주의자이면서 정치 성향 뚜렷하고 자전거를 타고 다니는, 인디록 뮤지션에서 도시농부가 된 사람을 찾기를 기대하는 그런 장소는 아니었다. 하지만 그때 마침 나는 커티스 스톤을 만났다.[9]

모서리가 뾰족한 경수채를 심은 이랑들과 아주 최근까지 누군가의 앞마당이었던 곳에 진한 자줏빛 겨자잎을 심은 이랑들 사이에 우리는 섰다. 스톤은 자줏빛 잎을 따서는 그 잎이 어떤 맛이 나는지 말해 보라고 했다. 단 몇 초만 씹어도 알 수 있었다. 디종 겨자의 매콤하고 시큼하며 알싸한 맛이 분명했다.

그곳에는 불그레한 취명아주, 시금치, 스위트 바질, 타이 바질, 당근, 근대, 무, 납작 잎 파슬리도 심겨 있었다. 유일하게 무질서한 부분은 경작지 구석에 있는 100년 된 너도밤나무와 느릅나무 그늘에서 자라는 꽃들이었다. 주택 한 채가 수십 년 동안 서 있다가 불에 타서 철거해야 했던 모퉁이 대지에 있는 임시 창고 안에서 수백 개의 스페인 양파와 붉은 양파가 건조되고 있었다.

"이곳은 잡초가 우거진 구덩이였어요." 검붉은 색에서 가장 연한 녹색에 이르는 이랑들로 환하게 빛나는 이 공간에 대해 스톤이 말했다. 그는 이곳을 치우고 한때 집이 서 있었던 구덩이를 메우고 그 위에 도시농장을 만들겠다고 부지 소유자와 타협을 보았다. 성장하면서 알고 지내던 가족이기도 했던 그 부지 소유자와 타협을 보았을 때, 그 부지는 공사를 벌일 준비가 아직 되어 있지 않았다. 스톤은 그 땅을 잘 관리하겠으며 사용료를 내지 않는 대가로 땅 주인 가족에게 농산물을 무료로 공급하겠다고 약속했다. 양측은 이것이 서로에게 이익이 되는 상황이라는 점에 동의했다.

구덩이와 잡초 말고도 스톤은 '300개가 넘는 쓰고 버린 주사바늘' 같은 고약한 냄새가 나는 쓰레기를 다 치웠다. 도시 간선도로의 왕래가 잦은 큰 길이 줄뿌림 작물의 오아시스로 바뀌었다. 이 길모퉁이 대지를 보호하기 위해 부지 주변에 세운 1.5미터 높이의 나무 울타리를 손으로 가리키며 "내가 처음 한 일은 이 울타리를 세우는 일이었죠." 하고 그가 말했다.

이곳은 스톤이 운영하는 조각보 같은 도시영농 기업의 일부로서 그가 최초로 작물을 심었던 바로 그 부지였다. 그에게는 길모퉁이를 돌아

브리티시컬럼비아 주 켈로나 그린시티 에이커스의 도시농부 커티스 스톤(2010년 9월 12일).

선 곳에 1.8미터 높이의 격자모양 받침대 위에서 200개의 토마토가 자라고 있는 길고 좁은 토지가 있었다. 또 다른 인근 구획에는 샐러드용 채소가 심어져 있었다. 스톤은 전부 기증받은 부지 열 곳을 동시에 관리하고 있었으나 이미 규모를 축소하기 시작했다고 말했다. 면적이 너무 컸고, 신경을 가장 많이 써야 하는 샐러드용 야채는 가장 비싼 농작물이기도 했다. 그는 그러한 구획에 더 많은 주의를 기울이는 한편, 멀리 떨어진 구획들에는 천천히 자라고 신경을 크게 쓰지 않아도 되는 농작물을 심기로 했다. 그는 혼자서 모든 일을 하면서 걷거나 자전거로만 돌아다녔기 때문에 하루 일과 중에서 조금이라도 더 효율적으로 일할 수 있는 방법이 있다면 그렇게 했다.

작업장에 붙어 있는 도표와 목록, 나아가 텃밭이 관리되는 방식에 대해 언급하니, 스톤은 "난 엄청 꼼꼼해요. 일에 아주 열심이죠" 하고 말했다.

스톤은 열여섯 살 때 채식주의자가 되었다고 한다. 그 뒤로 몬트리올에 있는 캐나다 인디 음악 중심지로 이동해 20대를 온통 바쳐 음악 경력을 쌓았다. 그가 '포스트록' 음악을 하는 밴드라고 설명한 '피플 포 오디오'(People for Audio)에서 기타와 베이스, 키보드를 연주했다. 이 밴드는 지방 치고는 그런대로 성공을 거두었고 CD도 몇 장 냈다. 그중에 마지막 CD는 스톤이 제작했다.

"나는 늘 지속가능성에 관심이 있었어요. 하지만 그와 관련해서는 아무 일도 하지 않았죠. 그러다가 갑자기 내가 그런 사람들 가운데 하나라는 사실에 너무 염증이 났어요. 그들은 음악가나 예술가와 어울려 다녔고 하나같이 모든 사안에 관해 엄청난 생각을 가지고 있는 지식인들이었지만 누구도 실제로 아무 일도 안 했어요. 나는 더 이상 그런 사람이 되고 싶지 않았죠."

스톤은 악기 몇 개만 빼고 모든 것을 남에게 줘 버리고 서해안을 따라 밴쿠버에서 샌디에이고까지 자전거 여행을 떠났다. 그 길에서 그는 다양한 유기농장을 보았다. 자전거를 타고 4,000킬로미터를 가는 것은 사실 그렇게 어렵지 않았다고 스톤은 말했다. 여행을 할 때에는 농사일에 대해 그렇게 많이 알지도 못했다. 그러나 그는 자신이 자전거를 타고 그곳까지 여행하는 것을 사람들이 어떻게 인식하는지 실제로 느꼈다. "내가 사람들에게 큰 자극을 주는구나!" 종착지인 샌디에이고에 이르렀을 때 스톤은 자신이 지속가능한 먹거리를 생산하는 일을 하고 싶어한다는 사실을 깨달았다. 스톤은 본보기를 보이면 사회적으로 큰 영향을 미칠 수 있다는 점도 새삼 깨달았다. 그는 지속가능한 먹거리 생산을 실제 행동으로 보여 준 사람이었던 것이다.

그는 지속가능한 직업으로서 농업에 관심이 있었으며, 농사지을 땅 한 필지를 구하는 일을 두고 성향이 비슷한 아버지 의견도 들었다. "이것은 초소비주의와 현대의 생활방식에 대한 경멸에서 나온 것이죠.." 스톤은 먹거리를 재배하는 일이 이념적으로 자신과 잘 어울릴 듯한 돈 잘 못 버는 직업 가운데 하나라고 말했다. 그러나 브리티시컬럼비아 주의 오지인데도 토지는 아주 비쌌다. 자칭 어느 누구와도 친해질 수 있고 외향적인 사람인 스톤은 독신이기도 해서, 낭만적이지도 않고 사람들과 어울려 생활할 기회가 이 황무지에서 존재하지 않을 것임을 깨달았다. "'내가 정말로 아버지와 함께 오지에 가서 살 각오가 되어 있는가?' 하고 스스로에게 물어보아야 했어요."

그는 2,000~4,000제곱미터 정도의 토지 규모로 동시에 여러 곳에서 다양한 종류의 작물을 심는, 도시 시장 출하용 농산물 경작을 위해 특별히 설계된 기술과 작물 선택과 사업 계획을 기반으로 해서 '1에이커의 땅에서 억대 연봉'을 버는 도시농부 이야기를 들어 알고 있었다. 이러한 형태의 농사를 '스핀 농업'이라고 한다. 스핀(SPIN)은 '소구획 집약'(Small Plot Intensive)의 머릿글자를 따온 약어로, 2000년대 초 서스캐처원 주 사스카툰에 사는 도시농부 웨일리 사체비치가 고안했다. 주거지역에 흩어져 있는 조각 토지를 이용해 도시에서 성공적으로 농사짓는 방법으로 사업 계획을 상세하게 수립한 후, 사체비치는 자신이 개발한 스핀 방법으로 다른 도시농부 지망생들을 교육하기 시작했다. 지난 10년 동안 캐나다와 미국의 도시농부를 위해 이 농사법을 발전시켜온 사체비치와 동업자 록산 크리스텐센은, 재배하는 작물의 형태에 따라 스핀 농부 한 사람이 도시 안에서 총 토지 면적이 겨우 2,000제곱미터인 경작지에서 대략 27,000~72,000달러 정도의 수익을 올릴 수 있다고 추정했다.

스핀 농업 웹사이트에 따르면, 이 농업은 "두 가지 큰 진입 장벽인 토지와 자본을 허무는" 방법이다.[10] 스핀 농업은 도시에 사는 사람들이 기꺼이 자기 택지의 일부를 기부하거나 최소한의 돈을 받고 빌려주려고 한다는 점을 활용한다. 만약 어떤 스핀 농부가 땅을 빌린다면 현행 임차료는 90제곱미터당 100달러 수준이다. 대형 장비도 필요 없다. 필요하다면 개인 승용차가 '농장용 차량' 구실을 한다. 삽과 갈퀴, 호스 정도가 연장으로 필요한 것들이다. 그렇긴 하지만 만약 자기 것을 사고 싶을 경우 좀 비싼 회전 경운기가 있으면 텃밭을 준비하는 일이 훨씬 더 쉬워질 것이다.

스핀 농업은 핵심 모델로서 농부의 노동, 현명한 작물 선택, 효율적인 재배 기술, 농부시장을 비롯하여 고객한테 직접 판매를 통해 다가가는 방식을 선택한다. 비용을 낮추고 효율을 높이면 스핀 농부 한 명은 장소에 따라 도시 내 2,000제곱미터 토지에서 한 해에 5만 달러 이상의 수익을 올릴 수 있다.

믿기지 않았으나 스톤은 스핀 농부 몇 명을 찾아내어 그들한테서 정보를 캐냈다. "그 농사로 생활비를 벌지 못하는 사람도 있었지만 버는 사람도 있었죠. 그나마 이걸 하면 재무제표는 만들 수 있겠구나 하는 자신감이 들었어요."

스톤은 사업 계획을 세우고 토지 협상을 모색했다. 그 일에 대한 소문이 퍼지자 부지를 제공하겠다는 제의가 정신을 못 차릴 정도로 빠르게 답지했다. 그는 그해 겨울 '친구들과 식당 몇 군데에 작고 하얀 양동이를' 주면서 퇴비 만들기 프로그램을 시작하기도 했다. 그러고 나서 각

각 1,000달러씩 주고 회전 경운기와 출입형 냉각기를 샀는데, 예산보다는 훨씬 적게 들었다.

첫 작물을 심기도 전에 스톤은 지역 매스컴에서 화제가 되었다. 그가 계획했던 도시 농사 아이디어에 대한 기사가 실리면서, "실제로 도시농부가 되기 6개월 전부터 이미 그는 도시농부였다." 3월이 왔을 때, 스톤은 이 모든 일이 완전한 실패로 돌아가 버릴 수도 있다는 생각에 사실은 겁이 덜컥 났다.

하지만 그렇게 되지는 않았다. 그가 열심히 숙제를 한 보람이 있어 학습곡선이 가파르게 올라갔다. '불꽃 제초'와 같이 편해 보려는 마음 못지않게 필요에 의해서도 시간 절약 기술을 몸에 익혔다. 스톤은 잡초를 태우기 위해 발아 직전에 씨를 뿌린 이랑을 따라 토치램프를 사용해서 곧 나올 새순을 위해 이랑을 깨끗이 해두는 것이 얼마나 빠르고 쉬운 일인지 설명했다. "길이가 60미터나 되는 당근 이랑의 잡초를 제거하는 데 손과 무릎을 써가며 여섯 시간을 보내는 것보다 훨씬 낫죠!"

그는 신참자가 저지를 법한 실수를 딛고 빠르게 다시 일어섰다. 식당들은 더없이 신선한 지역 농산물이라는 아이디어를 덥석 받아들였다. 그는 이 농산물을 같은 식당을 찾는 손님들한테서 부엌 퇴비를 수거하러 가는 데 사용하는 주문 제작한 자전거 트레일러 편으로 배달하곤 했다.

그가 생산한 샐러드용 야채가 요리사가 산업적 공급업자를 통해 주문한 것보다 파운드당 3달러 더 비싼 것은 문제가 되지 않았다. 스톤의 야채는 주문 당일 수확했다. 그 야채는 냉장고에서 2주나 갈 정도로 싱싱했다. 그 야채는 부피가 더 커서 더 풍성해 보였고 파운드당 부피가 아주 커서 요리사는 사실 더 적게 사용했다. 돈은 더 지불했어도 "결산을 해보면 결국은 이익이었다"고 스톤은 설명했다.

도시의 농부시장에서 고급 지역 농산물에 대한 억압 수요도 스톤에게 유리하게 작용했다. 장날 하루에 1,500달러나 벌 수 있었기 때문이다. 사실 과로한 농부에게는 꽤나 힘들 수도 있는 장날이 스톤에게는 한 주의 하일라이트였다. "하루 종일 감사할 뿐이죠." 그는 손님과 교류하는 대면 관계에서 에너지를 얻었다. "나는 여전히 변해야 하는 모든 허튼 정책에 대해 마구 지껄여 대기 시작하죠. 나에게는 그런 이야기에 귀 기울여 줄 청중이 있어요. 동시에 돈도 벌지요. 얼마나 멋집니까?" 그가 세운 도시 영농기업 '그린 시티 에이커스'(Green City Acres)의 인기가 하늘 높은 줄 모르고 치솟고 있었다.[11]

그런가 하면 1주일에 80시간 노동은 너무나도 가혹했다. "인간으로서 그건 오래 지속할 수 없어요." 스톤이 한마디 했다. "배우자가 있어서 늘 밥을 해준다면 가능할 수도 있겠죠." 어떤 때는 하루 16시간을 일한 적도 있었는데, 그러고 나면 너무 피곤해 음식을 해먹지도 못했다고 한다. 또 스톤은 긴 노동 시간이 고립감을 줄 수 있다는 점도 알게 되었다. "일이 너무 힘들어요. 신경쇠약에 걸렸죠. 외로움을 느낍니다. 제대로 인정받지 못한다는 느낌도 들고요. 켈로나는 정당한 평가를 받지 못한다고 느끼기 쉬운 곳입니다."(내가 처음 스톤과 인터뷰하고 한 달 후, 그는 '꽃피는 공동체'라는 켈로나의 공동체 미화운동 단체로부터 2010년 '올해의 가드너' 상을 받았다).

스톤이 농사를 짓기 시작한 첫해의 마지막 무렵, 나는 그를 다시 만나 그동안 일어난 일에 대해 이야기를 나누었다. 새로운 직업에 대한 열정이 여전히 있는지, 그리고 아마도 더 중요하게는 이 모델이 경제적으로 작동하고 있는지를 알고 싶었다. 도시 농사를 짓기 시작한 첫해에 놀랍게도 스톤은 여러 조각으로 나뉘어져 있는 2,000제곱미터가 약간 넘는 면적에서 20종이 넘는 다양한 작물을 길러 냈다. 7천 캐나다달러라는 초기 창업 자본이 들어갔음에도, 스톤은 반 년 동안 일해서 신참자의 실수와 그 모든 것을 딛고 2만 캐나다달러의 수익을 올리며 결국에는 이득을 보았다. 이미 그는 다음 재배 기간을 위해, 새 종자를 추가하고 가장 높은 수익을 가져다준 샐러드용 야채에 더 집중하는 등 생산물 목록을 약간 수정하고 있었다. 그는 주 단위 고객의 안정된 명단이 있음을 알 수 있도록 공동체지원농업 운영을 위해 사전에 주문을 받고 있었고, 덕분에 더 안정적으로 노동 시간을 쓸 수도 있었다. 공동체지원농업 고객이 있으니 평일 농부시장 가운데 하나를 생략할 수 있었고, 그 때문에 "더 이상 하루 18시간 일하지 않아도 되었지요" 하고 스톤이 말했다. 그러고 나서 2년차 수입 목표를 5만 달러로 정했다고 말했다.

수익을 올리고 아주 높은 목표를 정하면서 스톤은 지속가능한 먹거리 공동체, 특히 밴쿠버에서 조금은 논란을 불러일으키는 인물이 되고 말았다. "도시농업으로 돈을 버는 것은 용납되지 않는다는 암묵적인 원칙이 있어요" 하고 스톤은 빈정거렸다. 하지만 그는 상업적으로 지속될 수 있다면 변화의 항구적인 기폭제가 될 것이라고 생각한다. 그는 비수기의 연계 상품을 찾아냈다. 2011~2012년 겨울, 스톤은 북아메리카 전역에서 도시농업에 대한 스핀 농업 워크숍과 발표회를 20여 차례나 열었다.

2010년 수확이 한창일 때엔 매주 23킬로그램 정도의 먹거리를 기부했다. "그건 본질적으로 반자본주의적이며 공유의 사고방식이에요." 그는 신이 나서 말을 이어 갔다. 텃밭을 가진 사람이 수확물을 공유하도록 함으로써 그들의 마음을 편하게 해주는 것이 자신이 가진 계획의 일부라고 설명했다. 왜냐하면 스톤이 말하는 바와 같이, 만약 시스템이 무너지게 된다면 자본주의적인 사고방식을 가진 사람은 저마다 제 일은 제가 알아서 한다는 식으로 이 상황에 접근할 것이기 때문이다. 그렇게 되면 우리의 삶이 아주 급작스럽게 위태로워질 것이다. 그러나 스톤은 "이 일을 계속하면서 가정도 꾸리고 사람들이 하는 그 모든 것"을 하고 싶어 한다.

궁극적인 목표는 전통적인 식품점과 산업적 식품 체계 밖에서 이루어지는 지속가능한 생활이 도시에서 가능하다는 본보기를 보여 주는 것이라고, 스톤은 말했다. 그는 다른 사람들이 자신의 선례를 따르도록 자극하기 위해서는 반드시 성공해야 한다는 사실도 알고 있다. "비록 이것이 정원 잔디밭을 파헤쳐서 자신만을 위해 먹거리를 기르기 시작하도록 자극하는 것에 불과하더라도 말이죠. 왜냐하면 만약 여기 근처에서 우리가 필요한 모든 것을 생산할 수 있다면 그야말로 식품 체계가 왜 필요한지 의문이 들기 때문이죠."

스톤은 사람들이 삶의 태도를 바꾸지 않으려고 하는 데 대해 지금도 툭하면 열을 받는다. 그는 그것이 거슬린다. "사람들은 취미 차원의 지속가능성에는 관심이 많아요. 지속가능한 기업이나 사업을 하라고 권하는데, 나는 실제로 그런 일을 하고 있어요. 나는 자전거에 무게가 180킬로그램이나 나가는 회전 경운기를 매달아 끌고 있다고요!"

그는 작별인사를 하면서 "우리는 급진주의자가 될 필요가 있어요" 하고 힘주어 말했다. 그는 페달로 작동되는 이동식 도시 경작 비즈니스로 돌아가야 했다.

스핀 농업의 뿌리

'잔디밭이 아니라 먹거리'(food not lawns) 운동, 그리고 2006년에 같은 제목으로 출판되어 환경 분야에서 선풍적인 관심을 끈 책은, 우드칩이나 상록수로 둘러싸인 주거지역 정원이 비료를 주고 물을 지나치게 많이 주는 비생산적인 잔디밭이어야 한다는 생각을 서서히 무너뜨렸다. 그러나 변화하는 사회규범과 상식에 직면하여 대부분의 도시가 앞마당에서 먹거리를 재배하는 것을 금지하는 법을 폐지했다. 그럼에도 여러 지방자치단체에 여전히 그런 법이 있고, 그런 상황에서 이 운동은 어느 정도는 정치적인 행위이면서 어느 정도는 앞마당에서 채소 몇 포기를 뽑는 것이었다.

한편 스핀 농업은 이념이 아니라 자영업자가 수익을 올리는 것을 목적으로 하는 기업가적 비즈니스 모델인 프랜차이즈 같은 시스템으로 설계되었다.[12] 스핀 농업은 처음 시작하는 농민이 직면하는 두 가지 최대 장애물인 토지와 자본 문제를 영리하게 피해 간다.

이 시스템은 캐나다 농민 웨일리 사체비치가 1990년대 농촌 사회에서 커져 가는 위기의 새로운 해결책으로 고안했다. 이것은 자영 가족농으로 성공할 수 있는 새로운 방법이었다. 지난 몇 년 동안 스핀 농업은 갑자기 인기를 끌었다. 현재 캐나다와 미국에서 아일랜드, 영국, 오스트레일리아에 이르기까지 전 세계적으로 600명이 넘는 스핀 농부가 이 일을 하고 있다.

1993~1999년에 웨일리 사체비치와 게일 밴더스틴은 서스캐처원 주의 서스커툰에서 살며 40분 떨어진 곳에 65헥타르 땅을 갖고 있었다. 그들은 겨우 4헥타르 정도의 농지에서 유기농산물을 경작하여 도시의

농부시장에 내다팔곤 했다. 농장의 나머지 토지는 농경지가 좀 더 필요한 이웃 농민들에게 임대했다. 대부분의 농촌 가정과 마찬가지로 그들에게는 빚을 지지 않게 해주는 농외소득이 있었다. 밴더스틴은 서스캐처원대학이라는 좋은 도시 직장을 갖고 있었다.

나는 2011년 1월 중순 어느 날 아침에 사체비치에게 전화를 걸었는데, 그날은 시속 27킬로미터나 되는 강풍이 불고 거센 눈이 서스커툰에 휩쓸고 있었다. 바깥 기온은 겨울 날씨답게 영하 20도였다.[13] 그해에 눈이 아주 많이 내렸기 때문에, 우리는 처음 몇 분 동안 캐나다 대초원 지대의 주된 관심사인 날씨 이야기를 했다. 눈이 127센티미터나 내렸는데도 겨울은 아직 반도 지나지 않은 때였다. 캐나다인들도 서스캐처원의 겨울 날씨가 예민한 사람에게는 맞지 않는다는 것을 알고 있다. 하지만 우리는 곧 스핀 농업 이야기로 화제를 옮겨 갔다.

유기농 인증을 해주는 사람들이 농장에 와서는 규모 확대에 대해 지겨울 정도로 사체비치에게 말했다고 한다. "그들은 '잘 들어 봐요, 웨일리. 농부시장에서 벗어나 밴쿠버로 보내는, 세미트레일러에 실린 유기농 감자에 대해 한번 생각해 보세요' 하고 말하곤 했어요. 그것이 나에게 주입시키려고 애쓰고 있던 그런 종류의 모델인 거죠."

사체비치의 영농 방식에는 다른 문제도 있었다. 그는 해마다 나머지 40헥타르 경작지를 임대할 누군가를 찾는 일이 늘 걱정이었다. 먹이를 찾아 돌아다니는 사슴, 예기치 않게 너무 늦거나 너무 이른 서리, 북위도 지방의 매우 짧고 집약적인 생장기 탓에 농작물 피해가 자주 일어났다. 운영하는 농장이 상대적으로 소규모라서 대규모 농장이 이용할 수 있는 여러 고효율 장비를 생각해 볼 수도 없었다. 그래서 종래의 사고방식으로 볼 때 그것은 "규모를 키우거나 집으로 돌아가거나"였다.

흥미롭게도 사체비치는 집으로 돌아갔다. 도시에서 살던 집 마당에는 텃밭 구획이 있어서 언제나 새로운 작물을 시험하곤 했다. 결국 농촌에서는 계속 사슴이 습격하는 바람에 도시에서 샐러드용 채소를 재배하기 시작했다. 그는 햇볕을 받는 작은 둔덕에서부터 도시에서는 제철보다 더 일찍 베드 재배를 시작할 수 있다는 것을 알았다. 해충 문제가 거의 없었고 더 긴 생장기에 채소들이 잘 자랐다. 농촌에서는 겨우 일모작을 할 수 있었던 데 비해 도시의 텃밭 구획에서는 삼모작까지 할 수 있었다.

어떤 이웃이 자신의 가족 농장을 사겠다고 했을 때 결정적인 전환점이 왔다고 사체비치는 말했다. "바로 그 무렵 나는 도시에서 재배할 수 있겠다는 감이 있었어요." 최악의 경우 자신은 파트타임으로 샐러드용 채소를 재배하고 밴더스틴은 대학교에서 하던 일을 계속하면 될 것이라고 생각했다. 그들은 2000년에 농장을 팔았다.

그해 봄 사체비치는 가족과 친구들에게 그들의 집 잔디밭 일부를 도시 경작지로 바꾸어도 되겠느냐고 물어보았고, 그들이 동의했다. 또 지역신문에 광고를 낸 덕에 경작 가능한 잔디밭 몇 군데를 더 구할 수 있었다. 그다음 몇 년 동안 사체비치는 계속해서 경작 기법과 시기를 개선하고, 기후와 시장 판매에 가장 알맞은 작물을 선택하고, 상업적으로 성공하기 위해 편안하게 작업할 수 있는 정도의 토지가 얼마나 필요한지 계산했다.

그 후 사체비치는 '시장 판매용 텃밭 경작 개념'이라고 이름붙인, 그가 쓰는 월간 뉴스레터에 자신의 학습곡선을 실었다. 이 소구획 집약 도시농업 시스템이 스핀 농업이 되었다. "다만 내가 알게 된 것을 계량화하려고 노력했고, 누군가가 내가 했던 실수를 피하는 데 도움이 되기를 바랐어요." 또 채소 경작 농장주가 되는 데 8헥타르까지는 필요 없다는 발상을 잘 이해시킨다면 그들은 그 대신 4,000제곱미터 토지에 대해, 그 토지를 어떻게 할 것인가에 대해 생각하기 시작할 수 있을 것이라고 그는 생각했다. "나에게는 이것이 훨씬 작은 생산 규모로 농업을 정의하는 것이었죠. 그리고 가장 중요한 것은 스스로 선택하여 4,000제곱미터 이하 농업을 유지하는 일이었어요." 사체비치에게는 갑작스러운 깨달음이었다. "만약 누군가가 4,000제곱미터 토지에서 일을 한다면 하루라도 빨리 그곳을 떠나고 싶어 할 거라고 늘 생각했죠."

그러나 규모의 경제는 정말 이해가 되지 않았다. 중간 규모 농업의 계산에 대해 이야기할 때라도, 피상적인 농업 지식만 있는 사람이라면 문제를 알 수 있다. 북아메리카의 밀 가격은 지금도 부셸당 가격으로 매기고 있는데, 에이커당 30부셸 정도를 얻는다고 사체비치는 설명했다. 밀 가격이 급격한 변동 폭의 최고점, 예를 들면 부셸당 10달러라고 잡더라도 에이커당 총수입이 겨우 3천 달러밖에 되지 않는다. "그러면 [농민]은 백만 달러짜리 트랙터가 있어야 해요. 투입 비용을 대려면 은행에서 10만 달러를 대출 받아야 하고요." 그는 종자, 비료, 살충제, 제초제, 작물 보험, 트랙터 연료에 드는 비용을 나열했다. 이 모든 게 선행 투자비이다. "생장기가 급변하는 상황에서 내가 아는 많은 농부들은 그러한 비용을 전혀 대려고 하지 않아요. 결코 그럴 만한 가치가 없죠." 그래서 사체비치는 계속해서 자신의 도시농업 모델을 발전시켜 나가면서 밴더스틴과 최소의 간접비로 일 대부분을 스스로 할 수 있도록 아주 작은 토지를 기반으로 수익을 올리는 방법을 찾았다.

2010년에는 엘니뇨 기상 패턴이 두드러졌다. 그해에는 엉뚱한 시기에 많은 비가 내려 대부분의 시장 판매용 농산물 재배 농부에게 힘든 해였다. 하지만 사체비치는 경작하는 작물과 입지가 다양했던 덕분에 괜찮았다고 말했다. "내가 지금 농부시장에서 팔고 있는 당근이 저장고에 있어요." 다양한 작물 목록과 여러 입지가 그 나름의 작물 보험인 셈이다. 어떤 곳에서 피해를 입더라도 다른 곳에서는 견뎌 내서 수익을 낸다. 이것은 도시 바깥에서 농사를 지으며 서리 피해를 입기 쉽고 빗물에 더 의존하는 다른 시장 판매용 유기농 채소 경작자에 비해 그가 누리는 비교우위이기도 하다.

서스커툰의 위도가 북쪽인 점을 감안할 때 사람들을 놀라게 할 수도 있을 어떤 작물을 재배할 수 있는지 물어보자, 우리의 대화는 또 다시 흥미롭게 전개되었다. "기본적으로 이곳 도시에서는 저 멀리 남쪽에서 키울 수 있는 것도 모두 재배할 수 있어요." 조생종이나 조숙종을 선택할 때에는 정말로 신중해야 한다. 예를 들어 고구마나 수박처럼 긴 생장기가 필요하고 아주 더운 기후에서 자라는 작물을 재배할 때는 일이 '까다로워진다'고 사체비치는 말했다.

"하지만 불가능한 건 아니잖아요?" 내가 반박했다.

"그래요 불가능하지는 않죠."

하지만 캐나다의 너무 짧은 생장기는 누가 봐도 문제가 아니냐고, 다시 물었다. 사체비치는 그것이 '경제적 저해 요인'이긴 하지만 집 정원에서 생각하는 것만큼은 아니라고 시인했다.

늦봄에 서리가 내릴 가능성이 높기 때문에 5월 셋째 주까지는 작물이나 씨앗을 절대로 땅에 심지 말라는, 캐나다 원예의 불문율이 있다. "전체 스핀 농업 사고방식의 일부는 가정 원예의 관행에서 벗어나는 겁니다! 나는 4월 초 눈이 녹자마자 심어요. 시금치 같은 작물은 가을에 심지요." 사체비치가 설명했다. 시금치나 상추, 파나 새싹용 완두콩은 서리에 잘 견디는 작물이다. 집에서 먹거리를 재배하는 것과는 대조적으로, 농사는 다른 사람들이 할 수 없을 것 같은 일 가운데 내가 해낼 수 있는 게 무엇인지 아는 것이 전부이다. "농부는 생계를 꾸리기 위해서는 주어진 한계를 뛰어넘어야 해요." 도시에서 농사를 짓고 있을 때에는 농촌에서 할 수 있는 것을 뛰어넘어 조금 더 새로운 가능성을 추구할 수 있다. "도시농업이 가진 장점 가운데 하나로 미기후가 있죠."

기후가 추운 곳에 있다는 것이 오히려 장점이기도 하다. 캐나다 대초원 지대의 춥고 건조한 겨울 덕분에 대개는 해충이 나타나지 않는다. 스핀 농업 워크숍에 참석한 한 농부 지망생은 사체비치가 여름호박을 유기농법으로 재배할 수 있다는 사실에 놀라워했다. 오클라호마에서는 주체할 수 없을 정도로 해충이 끓어 호박을 유기농법으로 재배할 수 없다고 했다.

물에 쉽게 접근할 수 있는 것이 도시의 또 다른 장점이다. 사체비치는 얼어붙은 관개 수로나 시냇물이 녹기를 기다릴 필요가 없다. 그것이 지금도 도시 외부에서 경작하는 동료 시장 판매용 채소 경작자에 비해 그가 가지고 있는 또 하나의 장점이다.

2001년 필라델피아의 저술가 록산 크리스텐센은 그녀가 사는 도시에서 이루어지는 도시농업의 경제적인 측면에 관심이 있었으나 농사 경험이 없었다. 나중에 안 일이지만, 필라델피아 수자원관리국의 경제개발과장도 도시 환경에 긍정적인 효과를 미치면서 동시에 경제적인 활동이 될 수 있음을 증명하기 위해 도시농업에 관심이 있었다(사실상 환경 계획은 일어나지 않은 피해에 대비해 세우는 것이기 때문에 성공했음을 입증하기가 어려운 환경 계획이 많다. 반면에 도시농장의 생산성은 경제학적으로 측정할 수 있다.). 크리스텐센은 사체비치의 1에이커 이하 도시 스핀 농업 모델에 대해서 들은 적이 있었으며, 자신이 비즈니스 모델과 실제적인 지식을 모두 제공해 줄 수 있을 것으로 생각했다. 사체비치는 도시농장 계획에 대해 조언해 주기로 동의했으며, 2003년 봄 서머턴탱크스 농장이 면적 2000제곱미터인 시유지를 경작지로 개간했다.

크리스텐센은 시유지를 개인이나 민간 기업에 임대하는 것을 금지하는 시 규정을 따르기 위해 비영리단체를 설립해야 했다. 이 농장의 첫해 매출 목표는 25,000달러로 평범했다.

"농업 전문가들은 그런 매출이 불가능하다고 말했죠." 2010년 겨울 크리스텐센이 전화로 말했다.[14] 그녀는 전반적인 '농업의 현재 상태'가 회의적이라는 사실을 알게 되었다. 전문가들은 판단 기준으로 농업 효율성의 정점에 있는, 전통적인 수 에이커 면적 농장의 매출액을 내놓았다. 면적 0.5에이커의 농촌 농장이 벌어들이는 총수익은 기껏 해야 0.5에이커 당 3,000달러였다.

그러나 재배할 작물에 대해 사체비치의 제안을 따른 서머턴탱크스 농장은 첫해에 26,000달러의 수익을 올렸다. 그뿐 아니라 그다음 3년에 걸쳐 수익이 서서히 올라갔다. 2007년이 되자 이 농장은 68,000달러의 수익을 냈다. "우리는 재배 기간을 늘려 보려는 시도는 해보지도 않았어요." 크리스텐센이 강조했다.

시기가 딱 좋았다. 농부시장이 인기를 얻고 있었고 로컬푸드에 대한 인식이 높아 가고 있었다. "사람들은 자신이 한 말을 실제 행동으로 보여 주려고 하고 있었어요." 크리스텐센이 말했다. 결국 도시농업을 성공할 수 있는 사업으로 만드는 것은 로컬푸드에 돈을 지불할 의사가 있는 고객과 그러한 농산물을 판매할 시장이 있는지에 달려 있다고 단언한다. 서머튼탱크스 농장이 있는 곳에서 한철 수입이 68,000달러인 점을 감안하면 논지는 분명해진다. 사업 모델로서 스핀 농업은 입증되었다.

이 시스템이 입증되었다고는 하지만, 크리스텐센이 알아보았듯이 문제는 모두 '그 당시 사체비치의 머릿속에' 있었다는 점이었다. 농사는 전통적으로 시행착오이거나 조금 낫기로는 경험 많은 농부와 함께하는 오랜 시간에 걸친 실제적인 견습 과정이었다. 만약 그가 1에이커 이하 모델을 사용하고 싶어 하는 모든 도시농장에게 개인적으로 상담을 해주어야 했거나, 아니면 그들이 실제적인 현장 학습을 위해 그의 뒤를 따라다녀야 했다면, 이 모델의 활용에는 시간이 많이 걸렸을 것이다. 그러나 크리스텐센과 사체비치는 이 모델이 이미 어느 정도 체계화되어 있으며 다만 글로 써서 명시할 필요가 있다는 점을 깨달았다. "이 모델은 가맹점을 열 준비가 아주 잘 되어 있었죠."

크리스텐센과 사체비치는 동업 계약을 맺었다. 크리스텐센은 계속해서 혁신하고 수정해 나가는 농사 전문가가 되기로 했다. 사체비치는 이 시스템을 초보 도시농부가 접근할 수 있는, 정기적으로 수정되는 설명 안내서에 담아낼 수 있는 저술가가 되기로 했다.

"우리는 이것을 혼자 시작하는 사람을 위한 자기 주도 온라인 학습 시리즈라고 부른답니다." 크리스텐센이 말했다. 스핀 농업의 기초는 7개 모듈로 나뉘어 자세히 설명되어 있는데, 각 안내서는 11.99달러를 내고 온라인에서 구입할 수 있다. 7개 모듈을 하나로 묶은 것은 83.93달러에 인쇄된 교재로 구입할 수 있다. 내가 이 가격은 캐나다에서 농과대학 학부과정을 다니는 데 드는 비용의 극히 일부에 지나지 않는다고 말하자, 크리스텐센은 "농과대학 학부과정에서는 젊은 농부에게 대부분 낡은 기술과 방법을 가르치고 있죠" 하고 재빨리 지적했다.

분명 크리스텐센과 사체비치가 기울인 많은 노력이 결실을 거두었다.

현재 성공과 실패를 공유하고 이메일 대화 서비스에서 서로를 지지하는 스핀 농부 600여 명이 활동하고 있다. 스핀 모델에 대한 관심이 계속 커지고 있지만 크리스텐센은 일찍이 2003년에도 관심은 높았다고 덧붙였다. 스핀에 오는 기업가 대부분은 농업 배경이나 실제적인 경험이 없다. 그들은 경제적인 잠재력에 이끌린다. 크리스텐센은 이 관심이 2008년의 경제 위기보다 앞서서 일어났다는 점을 빠르게 지적한다. 사람들은 절망감이 아니라 가능성 때문에 스핀 농업에 이끌렸고 지금도 그렇다. "농업은 더 이상 아래로만 내려가는 직업이 아닙니다."

도시농업이 맞서고 있는 힘든 싸움 가운데 하나는 여러 도시에서 도시농업이 시대에 뒤떨어진 시 정책에 좌우된다는 것이다. 필라델피아에서는 경작한 토지에서 나오는 수확물을 판매하는 것이 여전히 불법이다. 사실상 기업가들이 도시 속 토지에 접근하는 것을 도와주는 세부 절차가 없다. 크리스텐센은 도시농부가 되고 싶어 하는 사람들한테서 들어오는 수많은 요청에 대처하기 위해 정형화된 표준 정책이나 서류를 찾고 있는 다른 지방자치단체로부터 "하루도 거르지 않고" 전화를 받는다.

도시농업이 북아메리카 같은 곳에서 오래 지속되는 비즈니스 개념이 될 수 있을지는 시장만이 결정할 것이다. 내가 크리스텐센에게 스핀 농업이 북아메리카에서 10년이나 20년 뒤에도 우리 곁에 있겠느냐고 물어보자, "이러한 방식들이 정말로 더 좋다면 지배적이 되겠죠. 우리는 무엇과 싸울 필요가 없고, 그냥 해야만 해요" 하고 답했다. 아주 적은 비용으로 비교적 쉽게 채택할 수 있는 사업 모델에서 이익을 얻을 수 있는 발전도상국 사람들, 심지어 선진국의 공업에 맞추어 더 많은 것을 얻기 위해 정부가 국민을 농업에서 멀어지게 하려고 필사적으로 노력하고 있는 그런 발전도상국의 사람들이 보이는 관심이라는 형태가 '새로운 프런티어'의 측면이다. 만약 캐나다와 미국 같은 선진국 사람들이 도시농업에 참여하기로 한다면, 도시농업이 발전도상국 사업가도 받아들일 수 있는 선택이 될 수 있을 것이라고 크리스텐센은 판단한다. 크리스텐센은 아프리카 시에라리온 여성들에게 스핀 농업 기업을 설립하는 일을 도와주는 것의 가능성에 대해 특히 들떠 있었다. 하나의 브랜드로서 스핀 농업은 즉각적인 직업 정체성을 제공한다. "펩시를 수출할 수 있다면, 스핀 농업을 수출해 이것이 받아들여져 '전력 승수'가 되게 할 수도 있을 것에요."

* * *

스핀 농업의 생산성이 최고점에 이르렀을 때, 사체비치에게는 46~275제곱미터에 걸친 도시 텃밭 구획 25개가 있었다.[15] 그 뒤로 그는 규모를 줄였다. 그와 동업자 록산 크리스텐센이 함께 준비한 스핀 농업 워크숍과 안내서에서 들어오는 수입과 스핀 농업 덕분에 그는 많은 농부가 생각조차 할 수 없는 위치에 있다. 그는 현재 은퇴 계획에 대해 생각하고 있다. 사체비치와 밴더스틴은, 사체비치가 말하기로 '클린트 이스트우드 영화 세트' 같은 소도시에 있는 토지를 조금 구입했다. 그는 이미 그곳에서 얼마간의 시장 판매용 농작물을 경작하고 있는데, 그래서 농부에게 은퇴란 다른 사람과는 다른 어떤 것을 뜻하는지도 모르겠다.

FOOD AND THE CITY

10

토론토

양배추 마을 2.0

"도시의 핵심은 선택의 다양성이다."

제인 제이콥스, 《미국 대도시의 죽음과 삶》(1961)

캐나다에서 가장 인구가 많은 도시, 토론토는 식품과 관련된 역사적 배경에 얽혀 있는 별명이 두 개 있다. '돼지 마을'은 초창기에 토론토가 (초창기의 시카고와 마찬가지로) 캐나다의 돼지고기 포장 처리 중심지로 유명해서 붙여진 별명이다. '양배추 마을'은 19세기 중반에 아일랜드 이민자들이 앞마당에서 양배추를 기르던 동쪽 마을에 붙여진 또 다른 노동자계급 별명이다.

토론토에는 지금도 작물을 재배하는 텃밭이 넘쳐나는데 요즈음엔 앞마당이나 공동체텃밭, 얼로트먼트 가든에서 양배추 몇 포기를 키우는 것만큼이나 오크라, 타이 바질, 토마틸로도 많이 기르는 것 같다. 캐나다에서 문화적으로 가장 다양한 토론토의 뒷마당과 정원은 식재료의 '국제연합'이라고 할 수 있다.

토론토 시민의 40퍼센트가 집에서 여러 가지 먹거리를 기르고 있으며, 다른 많은 사람은 시 전역에 퍼져 있는 공인 공동체텃밭 226곳에서 먹거리를 재배하고 있다.[1] 토론토에는 공인된 공동체텃밭에 속하지 않은 토지상의 공한지를 그냥 사용하고 있는 단체들이 관리하는 비공식적 자체 운영 '무단 점유' 공동체텃밭도 상당수 있다. 토론토 시에는 총 구획이 1,674개에 이르는 얼로트먼트 가든도 19곳 있지만 얼로트먼트 구획을 갖고 싶어 하는 대기자가 500명이나 된다.[2] 만약 이들을 모두 다 받아들인다면, 토론토는 텃밭으로 사실상 넘쳐나게 될 것이다.

푸드셰어 토론토

그림엽서의 사진처럼 깨끗한 10월의 어느 날 나는 캐나다의 먹거리 수도라고 해도 좋을 토론토에 있었다. 공기는 상쾌하고 가벼웠으나 햇볕은 뜨거웠다. 나는 '잇-인 온타리오'(Eat-In Ontario)라는 가을걷이 축제를 보려고 퀸즈파크로 향했다. 온타리오 주의회 앞이었다. 가까이 다가가서 보니 마치 먹거리에 초점을 맞춘 거대한 서커스단이 방금 마을에 들어온 것 같은 광경이었다.

초등학교 4학년 남학생들 한 무리가 천막 안에 머리를 맞대고 둥그렇게 모여 있었다. 비록 말린 칩이긴 하지만 비트(유럽 남부가 원산지인 짙은 보라색의 둥근 무—옮긴이)를 즐겁게 시식하는 모습을 나는 흥미롭게 지켜봤다. 비트 칩을 만들어 나눠주고 있던 요리사에 따르면, 바로 전에 비트를 우려낸 진홍색 크림치즈 아이싱(케이크 등에 입히는 설탕을 주재료로 써서 만든 얇은 막—옮긴이)을 소용돌이 모양으로 입힌 비트 초콜릿 컵케이크가 나온 모양이다. 하지만 이전에 왔던 걸신들린 듯한 한 무리의 초등학교 어린이들이 그 컵케이크들을 씻은 듯이 다 먹어치운

후 '마늘 천막'으로 옮겨갔으며, 그곳에서는 다른 요리사가 그 어린이들을 위해 마늘 거품을 크래커 위에 짜내어 장식을 하고 있었다. 수십 동의 천막 아래에서 무리 지은 아이들이 지역에서 생산된 채소와 농산물에 대해 귀담아들으면서 호박이나 당근 같은 먹거리를 시식하며 한껏 즐기고 있었다.

이리저리 옮겨 다니는 여러 무리의 어린이들이 한 시간 넘게 군것질을 한 후, 인솔자들이 그날 최고의 행사를 위해 어린이들을 불러 모았다. 호박벌 복장을 하거나 해바라기로 분장한 사람들이 카운트다운을 선창하는 동안, 어린이들은 잔디밭에 앉아서 큰 기대감을 안고 몸을 비비 꼬았다. 오후 1시 45분, 벌과 해바라기 복장을 한 사람들의 구령 소리에 맞춰 수백 명의 어린이들이 커다란 빨간 사과를 입으로 가져가 할 수 있는 한 가장 크게 한 입 베어 물었다. 이것은 모두 그날 캐나다 전역에 걸쳐 125여개 학교 64,000명의 초등학생들이 함께 벌인, 동시에 한 입 베어 물기 행사인 '빅 크런치 2010' 이벤트였다. 이듬해 행사에는 112,352명의 크런처(아작아작 씹어 먹는 사람—옮긴이)들이 전국 방방곡곡에서 동시에 함께해 참여자 수는 두 배가 되었다.

'빅 크런치'를 최초로 고안하고 오늘 개최된 수확 행사를 주최한 '푸드셰어'(FoodShare)는 1985년에 설립되었다. 현재 캐나다 최대의 공동체 식량보장 단체이다. 처음부터 이 단체는 푸드뱅크가 제공하는, 통상적인 비상 식량구호 서비스의 대안으로 지역사회 개발 전략을 이용하는, 사전적으로 대책을 강구하는 단체였다. 푸드셰어는 보조금을 지급받는 공동체지원농업 프로그램 '굿 푸드 박스'(Good Food Box)를 1994년에 시작했다. 공동체텃밭, 저소득층 거주 지역에서 이루어지는 도시농업 시연회, 공동 취사장을 통한 먹거리 교육은 이 단체의 초창기 프로그램 일부로서, 지난날 가정이나 농장에서 가르치던 지식을 전달해 '먹거리 지식'(food-literacy)의 부족한 부분을 채웠다.

푸드셰어는 토론토에서 교육과 공동체지원 프로그램 네트워크, 식량정의 운동의 허브로 발전했다. 63제곱미터의 시범 도시 텃밭과 퇴비 시설을 갖추고 있는 이 단체는 '토론토학생영양동반자들'(Toronto Partners for Student Nutrition)의 핵심 파트너로 역할을 수행했다. 720개 학생영양 프로그램을 추진하는 데 도움을 주어 왔고 단체가 추진하는 '농장에서 식탁까지' 학교 프로그램의 일부로서 다양한 학교 수십 곳에 식맹 퇴치 프로그램을 제공하고 있다. 푸드셰어는 모자(母子) 영양 교실을 열고 있다. 푸드셰어는 농부시장이 열릴 가능성이 별로 없고 도시 식품사막이기도 한 저소득층 거주 지역에서 여는 농부시장인 '굿 푸드 마켓'을 17군데 운영하고 있기도 하다.

"토론토는 식품의 관점에서 보면 세계에서 가장 발전된 복합적인 도시예요." '잇-인 온타리오' 축제의 소란스러움 속에서 이야기를 나누는 가운데 푸드셰어의 사무국장인 데비 필드가 단호하게 말했다.[3] 이 때문에 "지속가능하고 건강한 먹거리를 모두가 먹을 수 있게 보장하도록 공동체"와 함께 일한다는, 겉으로 보기에는 단순해 보이는 푸드셰어의 임무가 더욱 더 어려워진다.

토론토는 단연 세계 최고의 다문화 도시이다.[4] 토론토는 거대한 이민 중심지로서 해마다 신규 이민자 55,000명을 받아들이고 있다.[5] 토론토 주민의 51퍼센트는 타지 출신이다(일리노이 주 피오리아에서 태어나 뉴욕에서 자란 필드도 이 인구통계의 한 부분을 차지한다). 주민 240여만 명은 말할 것도 없이 이 도시의 복합적인 인구 구성을 생각하는 것만으로도 식량보장에 대한 사고방식에 엄청난 영향을 미친다고 필드는 설명했다.

그래서 푸드셰어가 회복력 있는 먹거리 체계를 만들기 위해 활동하고 있지만, 필드는 "이민자의 도시에서 사과처럼 망고도 흔히 먹을 수 있게 하는 것이 중요하다"는 점을 알고 있다. 대개 캐나다 출신의 식품 소비자보다 훨씬 더 신선한 농산물을 중요하게 여기는 계층인 이민자 때문에 신선하고 다양한 농산물에 대한 문화적 수요가 높다.

다른 대도시와 마찬가지로 토론토에도 식품사막이 있다. 필드는 토론토에서 활동하는 먹거리 운동가이자 저술가인 다시 히긴스가 수행한 최근 연구를 언급했다. 히긴스는 토론토의 식품점이 주거지역에 얼마나 가까이 있는지를 조사하여 토론토 시민의 51퍼센트만이 식품점에서 1킬로미터 이내에 살고 있다는 사실을 밝혔다.[6] "그러니까 49퍼센트의 시민은 식품점에서 5, 10, 15킬로미터나 떨어져 있는 거죠." 필드는 다시 한 번 힘주어 말했다.

시 당국이 용도지역과 도시계획 심의에 식품 소매를 포함하고 있지 않는 도시계획상의 문제가 현재 필드가 다루는 뜨거운 쟁점 가운데 하나이다. "푸드셰어는 누구라도 사는 곳에서 1킬로미터 이내에서 신선한 먹거리에 접근할 수 있다는 사실을 입증하지 못하면 개발업자가 주택을 지을 수 없도록 도시계획법이 개정되기를 촉구합니다. 정치적 의지가 있으면 금방이라도 그렇게 하도록 할 수 있어요!" 하고 필드는 설명했다. 처음엔 이 주장이 조금 지나친 것처럼 보였지만 곧 나는 농산물과 생고기 코너가 따로 갖추어져 있는, 가족이 소유하고 운영하는 식료품점이 있는 마을에서 자랐다는 사실을 기억해 냈다. 그 가게는 우리 집에서 불과 네 블록 떨어진 곳에 있었다.

"어떤 동네에는 12달러짜리 [굿 푸드 박스]를 살 형편이 안 되는 사람들이 있어요." 필드는 푸드셰어가 매주 신선한 지역 농산물을 가정에 배달한다고 말했다. 최근 푸드셰어는 저소득층 거주 지역에 '굿 푸드 마켓'을 만들기 시작했다. 저소득층 거주 지역 주택단지의 로비나 인근 주차장에서 여성 둘이서 그냥 탁자 하나에 신선한 농산물을 차려놓고 파는 것이 굿 푸드 마켓이다. '장날'인데도 300달러어치 정도밖에 팔리지 않아 그리 많지는 않지만, 이 프로젝트는 농부시장을 유치하는 데 필요한 소득 잠재력이 없는 동네에 문화적으로 적합한 신선한 먹거리를 공급하는 일을 해내고 있다. "농민은 하루에 1,000달러를 팔 수 없으면 농부시장에 들어가지 않으려고 해요" 하고 필드는 설명했다. 이것이 저소득층 거주 지역에서 농부시장이 잘 열리지 않는 까닭이다.

또한 푸드셰어는 도시농업의 잠재력과 장점을 보고 많은 투자를 해왔다. 푸드셰어는 토론토 도심부에 있는 본부에서 시범 도시농장과 퇴비센터를 운영하고 있을 뿐 아니라 중독 치료시설, 정신건강센터, 학교에서 이루어지는 도시농업 프로그램까지 지원하고 있다. 우리가 주의회 건물을 둘러싸고 있는 잘 손질된 넓은 잔디밭을 가만히 응시하고 있을 때, 필드는 "제 말은, 바로 여기에 지금 옥수수가 자라고 있어야 하는 거 아니에요?" 하고 진지하게 물었다.

필드는 토론토의 식품 체계가 복잡해서 문제가 되기는 하지만, 좋게 보면 그것은 복합적이고 발전된 것이기도 하다는 점을 인정했다. 특히 토론토의 한 간선도로에 있는 16헥타르 면적의 '온타리오 푸드터미널' 덕분에 그렇다. "토론토는 지역 농민이 올 수 있고 작은 노점상에서 체인점에 이르는 모든 사람이 와서 식품을 살 수 있어요. 주정부가 재정 지원하는 노점상 시장이 있는 전 세계에서 몇 안 되는 도시 중 하나죠." 토론토는 온타리오 그린벨트라는 728,400헥타르의 우량 농지와 삼림 지대로 이루어진 세계 최대의 농업 보호구역에 인접해 있다.[7] '온타리오 푸드터미널'은 농민에게 생활임금을 벌게 해주면서 그린벨트에서 재배한 로컬푸드를 고객에게 원활하게 운송해 주는 데 핵심적인 역할을 한다.

사실상 온타리오 푸드터미널은 몇 안 되는 비영리 기관 소유의 대형 도시 식품유통 허브 가운데 하나이다. 개방된 도매 허브가 없는 도시에서 자영업 식품 소매점과 영세 영농회사를 시장에서 효과적으로 배제시키는 자체 '공급관리 허브'를 다국적기업 식품 체인점이 가지고 있기 때문에 그러한 식품유통 허브는 거의 다 사라졌다. 작은 규모로 도시 안의 도시로서 온타리오 주 농업부가 운영하는 온타리오 푸드터미널은 지역 농민들이 재배한 과일이나 농산물을 시장에 가져와 소매상이나 식당에 직접 팔 수 있는 곳이다. 전 세계에서 들어온 다른 신선한 농산물과 직접 경쟁하고 있지만, 중심지에서 구매자들에게 농산물을 팔 수 있는 터미널이 있어서 많은 영세 농민이 변함없이 농사를 지을 수 있고 고객들도 전통적인 식료품 시장을 통해 늘 지역 생산물에 접근할 수 있게 되었다. 이런 일은 이제 더 이상 좀처럼 일어나지 않는다.

필드는 자기 동네에서 좋아하는 자영 식료품 가게 주인이나 요리사는 모두 인근 농장에서 직접 생산하는 신선한 지역 농산물을 구하려고 거의 매일 새벽 4시나 4시 30분에 일어난다고 말했다. 필드가 사는 도심부 동네에는 야채가게가 20곳 정도 있지만 토론토 시내 모든 지역이 이처럼 운이 좋지는 않다.

토론토에는 저소득, 고실업, 한 부모 가족, 이민자처럼 '사회적 위험' 요인이 높은 것으로 확인된 이른바 '우선 지원 마을'이 13군데 있다.

필드에 따르면, 식품을 구입할 소득이 부족한 것은 '지속될 수도 없을 뿐더러 제대로 돌아가지도 않는 우리의 산업적 식품 체계' 문제에서 그 비중이 30퍼센트밖에 되지 않는다. '12억 인구가 돈이 없어 굶주리고 영양실조로 잠자리에 들어야 하는' 전 세계적인 '식량 및 소득 위기'가 있다. 많은 사람이 식품 체계의 이 부분을 직관적으로 이해하고 있다고 필드는 설명했다. 돈이 없다는 것은 곧 먹을 것이 없는 것과 같다. 전통적인 푸드뱅크 모델이 초점을 맞추고 있는 것이 이 방정식이다.

필드는 똑같이 파괴적이지만 덜 알려져 있는 문제인 세계적인 '식량 및 건강 위기'도 알게 되었다. 이 위기에서는 "인류 역사상 처음으로 12억 인구가 잘못된 종류의 음식을 너무 많이 먹고도 영양실조인 채로 잠들어야 해요! 어린이 비만과 당뇨병은 세계 모든 정부의 예산에 큰 부담을 지울 겁니다." 그러고 나서 그녀는 이 비극의 다른 측면으로 지금도 일어나고 있는 농민 자살 이야기를 했다. '풍요병'으로 사람들을 죽이고 있는 산업적 식품 체계로 흘러들어 가는 상품작물을 재배하면서도 살아가기 힘들어 농민들이 자살을 택하고 있는 것이다.

"현재 캐나다의 경우, 스티븐 하퍼 총리는 만약 미국과 캐나다의 국경이나 미국과 멕시코의 국경이 폐쇄된다면 어떻게 먹고살 것인지 전혀 몰라요." 필드가 가지고 있는 정치적 염원 중 하나는 캐나다 정부에 로비를 해서 '식량안보부'(Ministry of Food Security)를 만드는 것이다. "뉴욕에서 9·11 테러가 일어났을 때 도시에는 4일치의 식량만 있었어요. 전부 합쳐서요." 필드는 '전쟁을 전제로 하고 있어' '식량안보'라는 용어를 싫어한다고 설명했지만 식량 체계의 취약성 측면을 말하고자 하는 나쁜 방법은 아니라는 점을 인정했다.

필드는 말했다. "우리는 식량안보부가 필요해요. 스티븐 하퍼도 버락 오바마도 아침에 일어나서는 여성이 냉장고에 무엇이 들어 있고 무슨 음식을 내놓을지에 대해 생각하는 것처럼, 자기 나라 국민이 무엇을 먹게 될지 생각하진 않아요." 최근의 식량 위기 문제의 한 부분을 차지하는 것은 '먹거리에 대한 전통적인 태도에 여전히 연계되어 있는' 여성의 대표성이 부족한 것이라고 필드는 설명했다. 필드는 여성이 집 안에 틀어박혀 숨어 지내라고 주장하는 것이 아니다. 오히려 그녀는 식량 체계가 개인, 공동체, 사회 차원에서 어떻게 작동하는지 정확하게 이해하는 여성이 정치권이나 사회 영역에 필요하다고 주장한다.

'식량과 농업' 위기를 다루게 될, 사회적 식량 정책의 마지막 요소는 논쟁을 불러일으킬 수 있음을 필드는 인정한다. 그녀는 지역 시장에 내놓을 농산물을 생산하는 농민에게 보조금을 지급해야 한다고 한다. 농민조차 이러한 생각에는 난색을 표하는데, 그 까닭은 그들의 의견이 미국의 농업 보조금 제도에 기초하고 있기 때문이라고 필드는 말한다. 그러나 그녀는 30년 동안이나 시행되어 온, 인도 케랄라의 특정 품목에 대한 성공적인 영농 보조금을 예로 들었다. "온타리오에서는 치즈, 당근, 사과, 콩 너트, 브로콜리 같은 다섯 품목이 해당될 수 있겠는데요, 그것들은 모두 전 식품점에서 1킬로그램 당 20센트에 팔릴 수 있을 거예요. 농민들은 [도매가격]으로 제값을 다 받을 수 있을 거구요. 그러니까 이것이 바로 지금 우리가 이루고자 애쓰는 정책입니다."

'빅 크런치'와 '잇-인 온타리오'에 대해 말하자면, 이들 행사가 주의사

당 바로 앞에서 개최되고 있는 것은 우연의 일치가 아니다. 푸드셰어는 주와 국가가 어린이나 학생을 대상으로 영양 프로그램을 추진하라고 로비를 벌이고 있다. 모든 학생이 건강한 먹거리를 선택하는 방법을 배우고, 학교에서 하루에 적어도 한 번은 건강한 식사를 하고, 텃밭 경작이나 요리나 퇴비 만들기 같은 식품 관련 활동을 통해 체력을 증진할 수 있도록 학교에 식품 지식을 제공하기 위해 '세상을 바꾸는 레시피'(Recipe for Change) 운동을 푸드셰어가 시작했다. 캐나다는 국가 차원에서 학교 영양 프로그램이나 정책이 없는 몇 안 되는 서방 국가 가운데 하나이다. 점심과 간식은 언제나 학생과 가족의 책임이었다. 그래서 푸드셰어가 상당히 야심적으로 하는 일이 세 차원 모두에서 '역량을 창출하고' 개인 차원, 공동체 차원, '마지막으로 사회 차원'에서 세 가지 위기를 모두 아우르는 것이라고, 필드는 말했다.

더스톱 커뮤니티 푸드센터

푸드셰어가 토론토에서 유일한 선구적인 공동체 지원 식량보장 단체는 아니다. 1970년대 중반, 캐나다 최초의 푸드뱅크 가운데 하나인 더스톱 커뮤니티 푸드센터(The Stop Community Food Centre)가 토론토의 웨스트엔드에서 문을 열었다. 그 뒤로 이 센터는 혁신적인 빈곤퇴치와 식량정의 프로그램의 세계적인 선구적 단체로 발전해서, 요리사에서 먹거리 교육 운동가로 변신한 영국인 제이미 올리버 같은 명사들이 방문하기도 했다.

푸드셰어와 마찬가지로 더스톱은, 먹거리가 기본적인 인권이어야 하

더스톱 커뮤니티 푸드센터 온실 연중 유기농산물 생산과 텃밭 경작 교육용으로 쓰인다. ⓒ 더스톱 커뮤니티 푸드센터.

며 사람들에게 권한을 부여해서 먹거리를 기르고 서로 돕도록 하는 것이 공동체가 회복력을 키우는 데 기여한다는 관점에서 전체론적인 지역사회 개발 방법을 택하고 있다. 푸드뱅크 시설에서는 달리 무료 급식소라고 하는 곳이 이곳 더스톱에서는 밝고 아늑한 식당인데, 이 식당에서는 보통 보는 카페테리아식 줄서기 대신 식탁에서 신선한 무농약 지역 농산물과 유기농 소고기를 사회복지 수혜자에게 제공한다. 이 상설 식사 공간은 다른 공동체 봉사 프로그램뿐 아니라 영양교육이나 산전 산후 프로그램을 위한 교실로도 사용된다.[8]

2009년, 더스톱은 녹색 헛간(Green Barn)이라 부르는 두 번째 장소를 마련하며 확대되었는데, 이곳은 저소득 공동체를 비롯하여 사회적으로 취약한 공동체에서 도시농업 프로그램을 추진하기 위한 운영본부가 되었다. 녹색 헛간은 토론토 도심부에서 공동체텃밭 사이트를 세 곳 운영하는데, 이 세 곳 모두에서 신선한 유기농산물이 연간 1,800킬로그램까지 생산된다. 교육 워크숍을 통해 신선하고 지역적이며 문화적으로 적합한 유기농산물을 재배하는 방법에 대해 동료들 간에 의견 교환을 하도록 장려된다. 더스톱은 먹거리를 재배하고 싶은 사람을 공간이 있는 사람과 연결시켜 주는 '임비'(YIMBY, Yes-In-My-Backyard) 텃밭 공유 프로그램을 지원하고 있다.

2010년 봄, 더스톱은 녹색 헛간이 있는 곳에 '글로벌 루츠'(Global Roots) 시범 텃밭을 만들었다. 글로벌 루츠 텃밭에는 토론토에서 많이 살고 있는 중국인, 남아시아인, 소말리아인, 이탈리아인, 라틴아메리카인, 폴란드인, 필리핀인 등 여러 인종 공동체의 식량작물을 심은 가로세로 6미터×4미터 구획이 있다. 다양한 인종적 배경을 가지고 대부분 수십 년의 먹거리 재배 경험이 있는 노인들은 교육과 지도를 하고, 젊은 경작자들은 무거운 것을 들거나 땅 파는 일을 한다. 구세대와 신세대가 함께 팀을 이루어 텃밭 구획을 관리하고 서로 어울리며 함께 요리하기도 한다. 재배되는 먹거리는 토론토 기후에서 기를 수 있는 작물과 이 도시를 이루는 먹거리 문화의 다양성을 보여 준다. 텃밭에서 생산된 농산물은 더스톱의 공동 취사장으로 가서 장작불을 때는, 공동체의 빵 굽는 오븐에 들어갔다 나와 지역사회에 먹거리로 제공한다.

웨인 로버츠

토론토에 머무는 동안 나는 최일선 현장에서 식량보장 운동을 펼치는 또 한 명의 활동가 웨인 로버츠와도 만났다.[9] 로버츠는 수십 년 간 환경보호주의와 노동 문제를 중심으로 사회정의 분야에서 활동한 다음, 2000년부터 2010년까지 토론토 식량정책협의회의 책임자로 일했다. 최근 은퇴한 그는 식량정책 문제에 대해 광범위하게 글을 쓰고 푸드 셰어, 공동체식량보장연합(Community Food Security Coalition), 식량 보장 캐나다(Food Secure Canada)와 같은 몇몇 단체의 위원회에서 일하는 등 그 어느 때보다 더 바쁜 것처럼 보였다. 공동체 식량보장 문제에 대한 자문이나 연설 활동을 하다 보니, 그는 토론토는 말할 것도 없고 어떤 때에는 캐나다 바깥으로 점점 더 자주 여행을 떠나게 되었다. 은퇴 후의 삶이 로버츠에게는 더 바빠진 인생 제2막이 된 것 같았다.

로버츠는 토론토의 미래가 어떤 모습이 될 것인지, 그 미래가 경제적으로 취약한 마을에서 어떻게 이미 구체화되고 있는지를 나에게 보여주고 싶어 했다. 우리는 토론토에서도 평균 가구소득이 가장 낮은 편에 속하는 다인종 거주 지역에 갔는데, 그곳에도 여기저기에 텃밭이 있었다. 한 시립공원 개방 구역 한구석에 자리한 알렉산드라 공원의 다양성 정원에 우리는 잠시 멈추어 섰다. 그곳은 외견상으로는 1970년대 후반에 세워진 전형적인 커뮤니티센터 건물인 스캐딩코트 커뮤니티센터에서 불과 몇 분 거리에 있었다. 왜성 강낭콩, 브로콜리, 근대, 해바라기, 케일, 호박, 매리골드 등이 넘쳐나는 공동체텃밭은 하마터면 정문 출입구 옆에 있는 잔디밭이 되었을 곳이었다.

로버츠는 스캐딩코트 커뮤니티센터를 통해 가능하게 된 다양한 도시농업 프로그램에 대한 열정으로 넘치고 있었다. 그는 다양한 공동체 텃밭과 공동체 퇴비 교육 센터, 젊은이에게 값싸고 건강한 음식을 주고 직업 훈련을 제공하는 공동체 카페를 나에게 하나하나 보여 주었고, 어

토론토 시 스캐딩코트 커뮤니티센터 출입구에 있는 공동체텃밭(2010년 10월 7일).

린이를 위한 식맹 퇴치 프로그램에 대해 신이 나서 이야기했다. 매년 6월마다 1주일 동안 스캐딩코트 커뮤니티센터의 커뮤니티 풀은 낚시여행(Gone Fishin') 프로그램을 위해 살아 있는 물고기가 들어 있는 송어 양식장으로 바뀐다. 어린이들은 낚시하는 법을 배우며 최소한의 요금을 내고서 잡은 무지개 송어를 집에 가지고 가기도 한다.

스캐딩코트 커뮤니티센터는 최근에 던다스 가를 따라서 노상 시장을 열었다. 한 줄로 죽 늘어서 있는 개조된 선적용 컨테이너가, 여러 마을 주민이 그들에 예전에 살던 본국에서부터 익숙하게 보던 것과 비슷한 노상 시장 가판대로 새로 꾸며졌다. 먹거리 가판대도 있는 이 시장은 특히 저녁에 활기 넘치는 거리 풍경을 장식하고 동네 주민을 위한 소기업 인큐베이터 역할도 한다.

매우 짧은 시간이었지만, 로버츠는 나를 데리고 걸어 다니며 다양한 공동체 기반 농업 프로그램을 운영하고 있는 스캐딩코트 커뮤니티센터와 여러 공동체텃밭을 보여 주었다. 바로 그것이 로버츠가 나에게 보여주고 싶은 것이었고, 토론토의 더 많은 마을들 특히 범죄와 사회 문제를 해결하려고 애쓰는 마을들의 미래가 되기를 바랐던 것이다.

"수많은 눈이 지켜보고 있는, 사람들로 붐비는 곳이 공동체로서는 안전한 곳이죠" 하고 로버츠는 말했다. 로버츠의 생각으로는 도시농업이 꼭 먹거리에 관한 것만은 아니다. 도시농업은 보통 북아메리카 도심지역 생활이라면 연상되는 부정적인 측면이 아니라 긍정적인 측면이 있는 활기 넘치고 안전한 공동체를 만드는 것에 관한 것이기도 하다. 로버츠는 스캐딩코트가 토론토 도심지역에 사는 젊은이들에게 특히 바람직한 장소라고 본다.

"나는 언제나 말하죠. '땅값이 0.1제곱미터당 50달러나 하는데도 토론토 시내에서 이루어지는 도시농업 프로그램을 정당화할 수 있는지 내게 묻지 말아요. 소년원에서 청소년 1명 당 매년 10만 달러를 사용하고 있다면, 그 대신에 도시농업 프로그램에 드는 비용을 지불할 수는 없는 것인지 내게 물어보세요.'"

게릴라 공동체텃밭과 불법 양계

내 친구 존 H.는 위치가 드러나면 안 되니까 어떻게 그곳 사진을 찍고 글을 쓰게 되었는지 말하지만 않는다면, 자신이 속해 있던 토론토의 한 공동체텃밭을 구경시켜 주겠다고 제안했다.[10] 재미있는 점은 그곳이

저층과 고층 아파트로 둘러싸인 주택가에 있고, 안이 들여다보이는 금속 그물망 울타리 뒤로 뚜렷이 보인다는 점이었다. 이 공동체텃밭이 유일하게 다른 것은 텃밭 이름이 들어간 표지판이 없고 텃밭 운영규정을 적어놓은 벽보도 없으며 연락처도 없다는 점이었다. 공식적으로 이 텃밭은 존재하지 않았다.

시에서 임차한 이전 산업 부지에 있는 그 공간은 인근 보호시설에 사는 남자들을 위한 공동체텃밭으로 제안되었지만, 텃밭이 실제로 만들어지지는 않았다. 인프라가 이미 그곳에 마련 되어 있었던 터라 동네 경작자들이 어쨌든 먹거리를 재배하기 위해 그 공간을 사용하기 시작했다. 그들은 텃밭을 자체적으로 관리했으며 엄밀히 말하자면 경작 허가를 받지 않은 도심지역 토지 일부에서 수십 개의 높임 화단과 텃밭 구획을 유지 관리하고 있다. 시가 계속해서 이 텃밭을 알지 못하거나 모른 체한다면, 경작자를 제외한 그 누구도 이곳이 원칙적으로 존재해서는 안 된다는 사실을 모를 것이다. 게다가 그곳은 지나가는 사람이나 우연히 보게 된 사람에게는 여느 공동체텃밭처럼 보일 것 같다.

늦여름인데도 온타리오 호수 인근의 습도는 높았다. 이 텃밭에는 식물에 매달려 있는 줄무늬 달팽이와 조심해야 할 프리클리 페어 선인장이 있었으며 작물과 콩 울타리와 빗물통과 마구 자란 구획 사이에 되는대로 생긴 좁은 길이 뒤얽혀 있었다. 우리는 잡초가 좁은 길을 뒤덮고 있는 곳이나 녹슨 외바퀴 손수레가 버려져 있는 곳을 허둥지둥 넘어가야 했다. 조금 더 자세히 살펴보니 이 텃밭에는 거대한 분수 같은 근대, 브로콜리, 긴 껍질콩, 허브, 가지와 낯설어서 존과 나도 알 수 없는 외래종 작물들이 자라고 있었다. 이 지역의 이전 시기에 있었던 노후화되어 가고 있는 오래된 붉은 벽돌 공장 건물과 창고들을 잠식하고

토론토 시 어딘가에 있는 비밀 공동체텃밭의 가지 잎 위 줄무늬 달팽이(2010년 10월 7일).

있는 신축 고층 아파트들에서 잘 보이는 곳에 숨어 있는 이 텃밭에서 나는 주어진 시간을 즐겼다.

* * *

이상하게도 캐나다에서 뒤처져 있는 도시농업 분야 하나가 도시양계 조례이다. 'TC'로 알려진 토론토 '뒷뜰 닭' 웹사이트(http://www.torontochickens.com)를 운영하는 익명의 블로거는 캐나다의 6개 지방자치단체와 비교되게, 시민이 달걀을 얻을 목적으로 양계를 할 수 있게(다양한 제한 규정을 두고) 허용하는 미국의 86개 지방자치단체를 열거해 놓고 있다.[11]

미국이나 캐나다의 거의 모든 도시를 돌아다니다보면 닭을 키우는 것이 합법적인지 아닌지에 관계없이 조그만 닭장과 이리저리 쪼아대며 돌아다니는 닭 몇 마리가 있는 뒷마당을 아주 쉽게 찾을 수 있다. 2009년에 큰 인기를 끌었던 '바보들을 위한' 책 시리즈에 《바보들을 위한 양계》(Raising Chickens for Dummies)가 추가되었으며, 도시양계 용품점이 오리건 주 포틀랜드와 영국 런던 곳곳에 불쑥불쑥 생겨났다. 철물점들이 양계 용품을 갖다 놓기 시작했으며, 심지어 암탉의 왕성한 산란기가 끝났을 때 늙은 암탉을 대형 스튜 냄비에 넣고 싶어 하는 고객들을 위해 몇몇 도시에서 아주 조심스럽게 비밀리에 운영하는 이동식 도축장도 있다.

토론토에서 활동하는 도시농업 옹호론자 로레인 존슨은 2010년에 《도시농부: 도시 먹거리 재배의 모험》(City Farmer: Adventures in Urban Food Growing)이라는 제목이 붙은 도시농업에 대한 책을 출판했다. 이 책에서 그녀는 자신이 기르는 3마리의 (불법) 도시 닭에 대해 길게 적어놓고 있다.[12] 나중에 내 생각이 옳았음이 밝혀졌지만, 그녀가 산란용 닭 3마리를 기꺼이 나에게 보여줄 것이라고 생각했다. 내가 그녀의 집주소를 누설하지 않겠다고 약속한 후, 존슨은 내가 녹, 허미온, 루라는 이름을 가진 닭 세 마리를 만나 보도록 기꺼이 나를 초대했다.[13]

나는 모이를 주는 바로 그 시간에 도착했다. 존슨은 나를 데리고 집을 통과해 비치볼 크기의 호박이 가득 들어찬 길고 좁은 뒷마당으로 들어갔다. 우리는 텃밭 창고를 지나고 풀밭을 구불구불 가로지르는 두꺼운 호박 덩굴손을 조심스럽게 넘어서, 추가로 포식동물의 접근을 막기 위한 내부 철망 우리를 둘러싼 철조망과 출입문에 다다랐다. 존슨은 이 이중 안전장치가 '도시에서는 필요한 것'이라며 나를 안심시켰

토론토의 불법 도시 닭 중 한 마리인 '허미온' 농장 뒷마당에서 유명 브랜드 제품인 '에글루' 닭장 앞에서 으스대며 걷고 있다(2010년 10월 8일).

다. 미국너구리가 도시양계 농부에게는 포식동물 중에도 가장 큰 걱정거리다. 우리가 접근하자 암탉들이 종종걸음을 치며 구구 울어 댔지만 곧바로 다시 천천히 왔다가며 쪼기 시작했다. 무지갯빛 적갈색 줄무늬가 든 거의 짙은 검은색 작은 배브콕 종 닭인 녹과 깃털이 황갈색인 버프 오핑턴 종인 루는 마음껏 뒷마당에서 달리기를 시도하려는 듯이 보였지만, 작은 빨간 볏에 눈처럼 하얀 아라우카나 닭인 허미온은 영국의 뒷마당 도시농업 제품 제조회사인 오믈렛이 만든 현대적인 하늘색 '에글루' 조립식 닭장 앞에서 점잔을 빼며 왔다갔다 걷고 있었다.

존슨은 알갱이 사료 몇 움큼을 약간의 채소 껍질 옆에 던져 주었는데, 그것으로 그날의 일과가 얼추 끝났다. 존슨은 이틀에 한 번씩 닭장 아래에 있는, 에글루의 배설물 트레이를 청소하고 잠자리와 짚을 바꾸어준다. 비교적 적은 노력을 들인 것치고는 평균적으로 암탉 세 마리에서 1주일에 달걀을 18개나 얻는다고 존슨은 말했다.

닭장에 갇힌 수많은 닭들이 내는 날카로운 울음소리와 코를 찌르는 암모니아 냄새가 나는 공기를 이리저리 움직이게 하는 대형 선풍기와 형광등이 켜져 있는 몇몇 상업적 산란 농장에 가본 적이 있다고 내가 말했다. 그렇게까지 해서 닭을 기르는 데에 대한 나의 인상이었으나 존슨이 세 마리 닭을 사육하는 방식은 전혀 그렇지 않았다. 그늘과 피신처를 제공하는 머리 위 나무에서 떨어진 땅을 덮는 나뭇잎과 깔짚에서 나는 냄새를 제외하고는 냄새가 나지 않았다. 논쟁은 이제 그만. 존슨은 예상과는 달리 아무 일도 벌어지지 않아 우스웠다.

사람들이 도시에서 닭을 기르는 가장 흔한 이유는 무척 신선하고 상점에서 사는 것보다 더 맛있는 달걀 때문이다. 닭은 부엌에서 나오는 거의 모든 채소 껍질의 열렬한 소비자로서 도시농부를 위한, 이동하는 퇴비화 기기이자 비료 제조기 역할도 한다. 그러나 동물복지, 도시 안으로 더 깊숙이 모여드는 코요테와 여우와 같은 포식동물, 소음 오염, 냄새에 대한 우려는 도시 닭이 뒷마당의 붙박이 같은 존재가 되도록 허용하는 것을 두고 나오는 흔한 반론이다. 얼마 동안은 조류독감에 대한 우려가 이슈가 되기도 했지만, 더 최근에 일어난 돼지독감 공포 이후로는 조류독감에 대한 우려가 점차 사라진 것 같다.

여러 도시가 부담스러운 사실상의 '도시 닭 운동'에 직면해 있듯이, 토론토도 주거지역 뒷마당에 적은 수의 닭을 허용할 수 있게 조례를 개정하는 데 대한 찬성과 반대 의견을 두고 현재 그 해결책을 찾느라 끙끙대고 있다. 존슨의 닭 세 마리는 그녀가 쓴 책과 잡지나 신문 기고문에서 매우 중요한 부분을 차지한다. 오리건 주 포틀랜드나 위스콘신 주 메디슨에서 하고 있는 정기적인 닭장 투어와 아주 비슷하게, 토론토 시에는 예를 들어 이미 널리 알려진 토론토 닭장 투어가 있다. 토론토 닭장 투어에 나서는 사람은 불법 닭장의 위치를 혼자만 알고 있으라는 부탁을 받는다. 도시 닭 블로그들의 목록은 시청의 승인이 있든 없든 토론토에서 날을 거듭할수록 계속 증가하고 있다.

나무에서 멀지 않은

'나무에서 멀지 않은'(Not Far from the Tree)의 창립자인 로라 레인스버러는 스물다섯 살 때 토론토 도심에 있는 스파디나 박물관에서 자원봉사를 할 때까지 나무에서 과일 하나 딴 적이 없었다.[14] 아, 그런데 갑자기 깨달음을 얻은 것이었다. 당시 그녀는 토론토의 요크대학 환경학부 대학원생으로 '도시농업 경험'이 있었는데, 마침 스파디나 박물관 부지 내 사과나무 50그루에서 익은 과일을 딸 수 있겠느냐는 요청을 받았다. 스파디나 박물관은 대대로 전해 내려오는 그 과수원을 유지 관리할 능력은 있었지만 생산되는 과일을 처리할 수가 없었다. 레인스버러는 도시적인 주위 환경 속에서 훤히 보이는 곳에 숨어 있던 은닉 과일 중 처음으로 발각된 사과를 따는 일에 동의했다.

"나로서는 도시 전체가 완전히 달리 보였죠." 그때 생각에 지금도 목소리가 열정적으로 올라가며 레인스버러는 말했다. "나는 우리 동네에서 자라고 있는 것과 굉장히 맛있는…… 먹거리를 생산하는 도시 토양의 잠재력을 훨씬 더 많이 알게 되었어요." 그녀의 목소리가 점점 사그라졌다가 곧 되살아났다. "과일이 그냥 있는 정도가 아니라 엄청나게 많이 있어요!"

2008년 레인스버러는 자신이 쓴 석사학위 논문의 내용을 실행에 옮겼다. 10여 명의 친구를 동원해 그렇지 않았다면 그냥 땅에 떨어져 썩어갈, 그녀가 사는 동네에 있는 시큼한 체리, 살구, 오디, 사과 같은 과일을 모으도록 했다. 레인스버러는 과실나무의 주인을 찾아가서 사람들을 데려와 공짜로 익은 과일을 따겠다고 제안했다. 합의한 내용은, 3분의 1은 나무 주인에게 주고, 3분의 1은 자원봉사자끼리 나누고, 3분의 1은 신선한 과일을 먹지 못하는 주민들을 위해 지역 보호시설이나 커뮤니티센터에 기부하겠다는 것이었다. 뜻밖에도 더 좋았던 것은 이 뒷마당 과실나무들이 대부분 농약을 치지 않아 거의 다 유기농 과일이라는 점이었다. 과일 따는 사람들은 조금이라도 오염된 땅에서 자란 과일을 피했다.

레인스버러는 현재 도시를 바라보는 그녀의 방식을 '과일 고글 쓰기'라고 설명한다. 관심을 갖기 시작하자 바로 그녀의 코앞에 있는 도시 과일 생산의 잠재력이 보이기 시작했다. 협곡과 도시 공원과 사유지에 있는 과일나무들이 눈에 띄었다. 그것들을 하나로 엮어 보니 도시 숲이라기보다는 거대한 도시 과수원 같았다. "내 눈에는 도시 전체가 변해 버렸어요." 그녀는 과거의 기억을 떠올렸다.

그녀는 바로 이웃이 무료인데다 신선한 유기농 도시 먹거리의 노다지임을 깨닫고 전적으로 자원봉사 인력으로 이루어진 도시 과일 줍기 비영리단체인 '나무에서 멀지 않은'을 곧바로 창립했다. 2008년 말에 자원봉사단원 150명이 주거지역 나무 40그루에서 과일 1,362킬로그램을 땄다. 2009년에는 '나무에서 멀지 않은'에 자원봉사자가 450명 있었고 보조금과 개인 기부금 덕분에 유급 직원 4명을 두었으며, 나무

125그루에서 과일 3,690킬로그램을 모아 정확히 1,230킬로그램을 지역 자선단체에 기부했다.[15]

도시 과일 줍기는 토론토에서만 일어나고 있는 일이 아니다. 과일 줍는 단체의 수가 모든 도시에서 폭발적으로 늘어났다. 이러한 현상이 벌어지게 된 부분적인 이유는 이 은혜로운 먹거리를 따서 다시 나누어 주려고 하는 여러 팀의 자원봉사자가 있는 가운데, 원하지 않거나 과잉 생산되는 도시 내 개인 과일나무가 있는 사람들을 연결시키기가 더 쉬운 소셜 미디어와 인터넷 때문이었다. 현재 대부분의 대도시에서 과일 줍기 단체가 활동하고 있다. 로스앤젤레스의 '푸드포워드'(FoodForward)는 2009년 창립한 이후 로스앤젤레스의 도시지역에서 197,000킬로그램의 과일을 따서 100퍼센트 모두 기부했다.[16] '포틀랜드 과일나무 프로젝트'(Portland Fruit Tree Project)라는 단체도 있다. 2006년에 설립된 이 단체는 2010년에 그렇지 않았다면 쓰레기가 되었을 13,334킬로그램의 과일을 주워 모았다.[17] 북아메리카 전역의 푸드뱅크가 자체적으로 과일 줍기 팀을 만들기 시작했다.

2010년, '나무에서 멀지 않은'을 돕는 700여 명의 자원봉사자들이 토론토 주택가 몇 곳에 있는 나무에서 8,934킬로그램의 과일을 땄다. 그렇긴 해도 그들은 토론토 시민들이 단체 웹사이트의 온라인 나무 등록을 통해 내놓은 과실나무의 겨우 4분의 1에만 손이 미쳤다. 2011년에 '나무에서 멀지 않은'은 얼마나 많은 과일이 토론토에서 자라고 있는지 더 잘 파악하기 위해 공공 과수 지도제작 사업을 시작했다. 레인스버러의 추정에 따르면, 2010년에 딴 과일은 매년 도시에서 익고 있는 과수 열매 680,390킬로그램의 극히 일부에 지나지 않는다.

'나무에서 멀지 않은'은 노르웨이 단풍나무나 도시에서 자라는 여타 당분 생산 나무의 수액을 채취하기 위해 '도시의 시럽'(Syrup in the City)이라는 나무 수액 채취 시범사업을 최근 시작했다. 점점 커져 가는 듯한 도시 과일 생산과 줍기를 향한 열정을 부추기는 요리 및 과일 보존 강좌를 제공하기 위해 공동체 기반 먹거리 단체들과 여러 가지 다른 협력 활동이 이루어졌다.

레인스버러는 과일 줍기 프로그램에 대해 다른 공동체나 도시의 자문에도 응하고 있는데, 자문 요청이 북아메리카 전역에서 들어오고 있다. 스코틀랜드와 푸에르토리코에서 자문 요청을 받은 적도 있었다. 하지만 그녀의 야심은 사실 집 가까이 있는 일에 집중되어 있다. 그녀는 2011년 14~15개의 다른 동네로 확대하기를 바랐는데, 토론토에는 그 정도 규모의 동네가 총 44개 있다는 사실을 곧 알게 되었다. 레인스버러는 처음에 주와 시 정부 지원금으로 이럭저럭 꾸려나갔으나, 지금은 민간 자금이나 다른 수입원으로 바꾸고 있다. 어떠한 어려움에도 굴하지 않는 그녀는 곧 '나무에서 멀지 않은'이 도시 전체를 대상으로 활동을 펼치게 될 것이라고 확신하고 있다. "장담컨대, 몇 년 안에 그렇게 될 거에요."

공공 과수원

사슴이 콩밭이나 옥수수밭을 습격해 밑동까지 뜯어먹어 버리면 정말 화가 난다. 그래도 동물이 그랬다면 용서받을 수 있겠지만 인간이라면 꼭 그렇지만은 않다. 공동체텃밭이나 도시농장에서 농작물을 서리하거나 무단으로 주워가는 것은 공공물 훼손 행위만큼이나 환영받지 못한다.

공동체텃밭 경작자나 텃밭 관리자와 대화를 해보면 익은 토마토를 훔쳐가고, 비트를 뽑고, 허브를 슬쩍하고, 나무딸기 줄기에서 열매를 떼어가는 도둑 이야기를 쉽게 들을 수 있었다. 공동체텃밭의 도시 경작자 대부분은 이것을 도시생활의 일부로 그냥 받아들이며 이를 보상하기 위해 여분으로 조금 더 심는다(이야깃거리로, 도시 경작자들은 범인이 대개 '작은 노파'라고 여러 차례 나에게 말해 주었다. 두 번째로 흔한 토마토 서리꾼이나 허브 도둑은 동료 경작자다). 만약 도난 문제가 계속되면, 경작자들이 울타리를 세우고 맹꽁이자물쇠를 채우기 위해 텃밭 회원들한테 돈을 거두기도 한다.

그러나 만약 먹거리를 찾아다니거나 뜯어먹는 일이 생각지도 못하게 장려된다면? 만약 공원이 햇볕 좋은 오후에 산책을 나가 나무에서 사과를 따서 다른 사람이 훤히 보는 앞에서 아작아작 씹어 먹을 수 있는 곳이 된다면? 이것이 예를 들어 토론토 벤 노블맨 공원의 아홉 그루 과일나무가 심겨 있는 공공 과수원이나 더 서쪽에 있는 앨버타 주 캘거리의 다른 공공 과수원처럼 일부 도시들이 실험하고 있는 시영 공공 과수원과 다른 생산적 경관 뒤에 있는 바로 그 발상이다.

7월 중순의 어느 날, 나는 진보적인 지자체 식량보장 시책보다는 석유가스 산업에 종사하는 기업들의 사무실로 더 유명한 도시 캘거리에서 공공 과수원을 찾아냈다. 이 경우 캐나다에서도 앞서가는 도시인 캘거리는 5년에 걸친 시범사업의 일환으로 2009년에 시영 과수원 세 곳을 만들었다. 이 사업을 추진한 의도는 시영 과수원과 자체 관리하는 공동체 운영 과수원 중 어떤 형태가 더 효과적인지를 평가하기 위해 이 두 관리 모델을 시험하는 데 있었다. 또 시는 어떤 과일과 견과

앨버타 주 캘거리에 있는 힐허스트-서니사이드 공동체텃밭과 인접한 공동체 과수원 시범사업지(2010년 8월 14일).

류 나무가 잘 자라고 열매가 얼마나 많이 열리며, 어떤 해충이나 병에 견딜 수 있고, 더 넓은 공동체 공원 부지 안에서는 과수가 얼마나 잘 되는지, 그리고 가장 기본적인 차원에서 종종 연간 무상일수가 100일이 채 안 되는 도시에서 과수원이 과연 자리를 잡을 수 있을지에 대한 정보를 수집할 필요가 있었다.

나는 캘거리에서 최초로 완성된 공동체 과수원인 힐허스트-서니사이드 공동체텃밭 과수원을 방문해 보기로 했다. 이 마을은 이 도시에서 가장 오래된 주거지역 중 하나로, 좁은 보우 강을 사이에 두고 도시 비즈니스센터 고층 건물군과 분리되어 있는데도 불구하고 고밀화에 저항해 온 지역이기도 하다. 그 과수원은 단정하게 가꾼 단독주택들이 들어서 있는 도심 주택가의 끝자락에 있었다. 내가 가장 놀란 것은

시범사업지에 있는 사과나무(2010년 8월 14일).

이곳이 내가 마음속에 그렸던 것(잘 정리되고 일직선으로 서 있는 다 자란 과일나무)과 같은 과수원이 아니었다는 점이었다. 그 대신 이 과수원은 가문비나무와 박달나무가 있는 작은 공원이 불규칙한 모양의 잔디밭 가장자리를 둘러싸고 있는 삼각형 지점에 조금은 너무 가깝게 심은 어린 나무들이 아무렇게나 모여 있는 곳이었다.

가파른 비탈이 과수원 뒤로 우뚝 솟아 있어 여름 더위를 더 심하게 만들었다. 나는 이 비탈이 과수원에 큰 도움이 될 것이라고 생각했다(힐허스트와 서니사이드라고 이름 지은 정착민들은 분명 현실주의자였다). 조금 더 가까이 다가서자 최근 6월 중순에 불어 닥친 우박폭풍의 영향으로 작은 녹색 사과와 배에 우묵우묵 자국이 나 있는 것이 눈에 띄었다. 다른 어린 나무들은 사슴이 거의 다 먹어치워 버렸다. 사과, 배, 개암, 살구, 체리 나무는 살아남기 위해 치열하게 싸워야 할 것이다.

그러나 북위 51도와 53도에 자리 잡은 캘거리와 에드먼턴처럼, 저 멀리 북쪽에 있는 도시들에서도 이 모든 과일과 견과류 나무를 기를 수 있었다. 사실 삼각형 모양의 힐허스트-서니사이드 과수원에 인접한 작은 공원 안 몇 그루의 오래된 사과나무에 사과가 매달려 있었다. 십대 소년 세 명이 축구공을 차면서 자기들끼리 까불며 놀고 있었다. 내가 어린 과실나무들을 뚫고 나왔을 때, 소년들은 놀이를 중단하고 저마다 오래된 나무에서 사과를 따서 그 (익지 않은!) 사과가 얼마나 맛있는지 이야기하기 시작했다. 약 5분 뒤, 소년들은 잔디밭을 둘러싼 우드칩 베드 안으로 사과 속을 휙 던져 버리고 나서 그들이 하던 축구 경기를 다시 시작했다.

마을 공동체 과수원의 가치에 대해 부정적으로 보는 사람을 설득할 수 있는 증거가 그곳에 있었다. 과일나무를 심으면 그들이 몰려올 것이

캘거리의 힐허스트-서니사이드 공동체 과수원 시범사업지가 눈에 묻혀 있다(2010년 12월 9일).

다. 십대 청소년까지도 신선한 과일을 즐길 것이다.

나는 이 이야기를 자원봉사직인 힐허스트-서니사이드 마을 공동체 협의회 회장을 맡고 있는 팀 키친에게 자세하게 해주었다. 그는 이 마을 공동체 과수원 관리인이기도 했는데, 하는 일이 그리 많지 않다는 것을 인정했다. "나무는 사실 그리 많은 일을 할 필요가 없다는 점이 좋아요. 얼마간의 사소한 가지치기 일이 있긴 있지만 나머지 시간에는 그냥 수확하기만 하면 되지요."[18]

키친에 따르면 시가 마을 공동체를 위한 가지치기 워크숍을 열었으나 초기 단계에는 유지 관리할 일이 거의 없었다. 현재로는 마을 공동체가 하는 역할이 단순히 나무의 건강을 모니터하고 문제가 생기면 시에 연락을 취하는 것이다. "우리가 수확을 준비하든 안 하든 과일은 사라지죠." 키친이 웃으며 말했다. "수확을 준비해야 할 만큼 수량이 많으면 좋겠지만 나무의 성숙도 측면에서 볼 때 아직 그까지는 오지 않았어요." 키친이 보았을 때 이 자율적인 수확이 '현재로서는 최선의 모델'이다.

이 시범사업은 마을 공동체와 시 모두에게 좋은 공부가 되었다. 지나고 나서 보니까 나무를 서로 너무 가까이 심었고 입지가 그렇게 적절하지 않았다고 키친은 말했다. 키친은 이 사업이 시 정부와 공원국으로서는 비약적인 발전이었음을 인정했다. 시는 도시의 특정 단체들이 가하는 대중적 압력에 대응해야만 했다. 문제의 핵심은 농업이 전통적으로 시가 아니라 주나 국가의 책임이라는 점이다. 시는 대중 소비용으로 공유지에서 먹거리를 재배하는 데 따른 법적 책임의 위험과 대중의 압력을 놓고 저울질해야 했다고 키친이 말했다.

키친이 느끼기에 가장 유망한 방식으로 떠오르고 있는 새 모델은 시가 기존 공동체텃밭과 연계해 과일을 맺는 나무를 심는 것이었다. 나는 뒤에 이러한 방식의 과수원이 영국에서 운영되고 있는 가장 흔한 모델이기도 하다는 것을 알게 되었고 직접 보기도 했다.

미국의 생산적 공공 경관

대린 노달은 캘리포니아 주 버클리에서 살고 있을 때 생산적 공공 경관을 처음으로 알게 되었다.[19] 가로와 보도 사이의 공간처럼 분명히 공유지인 곳에서 작은 채소밭을 찾을 수 있었다. 때때로 그곳에는 무화과나무, 오렌지나무, 마이어 레몬나무와 버클리 시조차 조경의 일부로 생각하지 못했을 듯한 것들이 심겨 있었다. 노달은 너무 작고 도로에 가까워 먹거리 생산 공간으로 생각해 본 적이 없었을 법한, 도로경계석과 보도 사이 길고 좁은 땅에서 작은 채소밭을 보기도 했다. 이따금 게릴라 경작자들과 이야기할 기회가 있을 때, 그는 그들이 공유지에 작물을 심었고 그래서 수확물은 엄밀하게 말해 공공 농산물이라는 말을 꺼냈다. 경작자들은 크게 반론을 펼치려는 듯이 보이지 않았다. 대개 그들은 그냥 그의 말에 동의하곤 했다.

현재 노달은 아이오와 주 대번포트 시 공동체경제개발국의 한 부서인 대번포트 디자인센터의 도시 설계자로서 바로 그러한 형태의 생산적 경관을 만들고 있다. 노달은 자신의 책 《공공 농산물: 새로운 도시 농업》(Public Produce: The New Urban Agriculture)이 2009년에 출간된 이후 미국 내 공공 과수원과 지방자치단체 식량정책 운동의 '피리 부는 사람'(많은 사람을 선동하여 자신을 따르게 만드는 사람—옮긴이)이 되었다.[20]

노달이 전화상으로 나에게 설명해 주었듯이, 과일나무는 서양호박과 아주 비슷하게 수확물이 너무 적은 것이 아니라 오히려 너무 많은 것이 현실이다. "실제로 사람들은 때때로 그냥 그곳으로 나가서 자신이나 가족이 먹을 요량으로 약간의 신선한 과일을 집어들 수 있기를 원해요. 그들은 나무가 생산하게 될 과일 90킬로그램을 먹을 생각이 없어요."

《공공 농산물》에서 노달은 지방자치단체들이 시유지에 생산적 경관을 늘리는 이점을 고려하기 시작한 증거로 아이오와 주 디모인 시의 사례를 들고 있다. 디모인 시 정부의 공원여가국 직원들은 학교와 커뮤니티 건물 주위에 과일이나 견과류 나무를 심었다. 과일이나 견과류 나무의 유지 비용은 장식용 관목과 생울타리가 있는, 잔디밭이 깔려 있는 공원의 유지비보다 훨씬 더 적게 든다. 생산적 경관은 약간의 식량보장을 제공하면서 어떠한 유형의 먹거리가 특정 기후에 실제로 적합한지 가르쳐 준다. 공원여가국은 포포(파파야와 비슷한 열대과일), 털조장나무(대부분 동아시아가 원산지인 방향성 관목), 서비스베리(캐나다에서 서스커툰 베리라고도 하는 자줏빛의 작은 과일)를 심기도 했는데, 아이러니하게도 이것들이 지역 주민 대부분에게는 특이한 나무이지만 사실 아이오와 토종 식물종이다. 생산적 경관의 목적 가운데 하나는 시민의 먹거리 지식을 늘리는 것도 있다.

노달의 책임 아래에서 대번포트도 충분히 활용되지 않고 있는 한 지상 주차장을 복원하는 데 37만 달러를 배정했다. 그곳은 곧 '과일과 견과류 과수원, 텃밭 구획, 사방으로 뻗어 나가는 포도덩굴이 가득한 퍼골라(pergola, 덩굴식물이 감고 올라갈 수 있게 만든 서양식 정자—옮긴이)가 들어찬 녹색 공간'이 될 것이다.[21] 지역의 학교와 대학, '빅 브라더스 빅 시스터스 앤드 유나이티드 웨이'(Big Brothers Big Sisters and the United Way) 같은 지역 사회단체가 자원봉사 차원에서 관리 지원을 하게 될 것이다. 소문에 따르면 길 건너 태국 식당 주인이 식당에 쓸 약간의 태국 고추, 바질, 가지를 심고 가꾸고 수확할 날을 고대하고 있다고 한다.

노달은 지역 농산물의 상징적 존재인 토마토가 대번포트에서는 재배하기가 쉽지 않다는 점을 무척이나 유감스럽게 생각한다. "그건 전문 농업인에게 맡기는 게 최선이에요" 그는 마지못해 인정했다.

먹거리를 생산하는 데 4,000제곱미터의 토지가 필요하지는 않다고 노달이 분명히 말했다. "지방자치단체는 어떤 도시에서도 가장 큰 토지 소유자죠." 노달은 대부분의 도시가 풍부하게 가지고 있는 시유지의 목록을 열거했는데, 그 모두가 더욱 생산적인 공간으로 바뀔 수 있다. 그 목록에는 가로 중앙분리대, 홍수 요역지, 전기가스 선로 용지, 공원, 마을 광장과 도서관, 법원, 학교, 시청 건물 주위의 땅 등이 있다. 보통 이러한 지역은 이미 관상용 식물이 심겨 있어서 식용 식물로 바꾸어도 사실상 유지관리비가 더 들지 않을 것이다. 더 많은 생산물이 나올 뿐이다.

시민이 공원 부지, 축구장, 그리고 보통 공원 부지로 생각되는 다른 녹색 공간을 중요시한다는 사실을 알고 있는 노달은 "이 발상은 분수나 공원 벤치를 뜯어내는 것이 아니라 알다시피 결코 이용되지 않을 공간을 찾기 시작하는 거죠" 하고 말했다. 가로를 따라 있거나 전기·가스·수도 용지이거나 하천을 따라 있는 범람원 위에 있기 때문에 결코 개발되지 않을 토지가 도시에는 많이 있다.

노달은 공한지를 공동체텃밭이나 다른 먹거리 재배 공간으로 바꾸고자 하는, 도시 환경이 열악한 지역에 대한 최근의 해결책에 이의를 제기하기도 했다. 공한지에 조성되는 공동체텃밭은 특히 그때그때 경제 상황에 영향을 받기 쉽다. 일단 공한지가 깨끗이 정리되어 먹거리가 재배되는 비옥한 공간으로 바뀌면, 그곳이 다시 호감이 가는 곳이 되면서 누군가가 그곳을 개발하고 싶어 할 것이다. 시 정부는 언제나 세수 기반을 늘리려고 하기 때문에, '대부분의 경우 마을 공동체가 지고 말 것이다.' 진정한 식량보장을 위해서는 생산적 경관은 개발 경쟁의 리스크가 가장 낮은 곳에 생겨야 한다.

공동체텃밭이 가진 다른 문제는 이것이 사실상 그렇게 공공적이지 않다는 점이라고 노달은 주장했다. 민간인이 공유지에 있는 공동체텃밭에 작물을 심는 것은 문제가 많다. "공동체텃밭은 민간인이 관리하면서 작은 구획으로 나누어진 사유지로 취급하죠." 수확한 농작물은 일반 대중이 이용할 수 없다. "그것이 내가 쓴 책의 핵심이며 공무원으로서 나의 입장이에요. 그것이 분명히 공유지에 있으니 일반 대중이 이용할 수 있어야 해요" 하고 노달은 주장했다. 이것이 공공 농산물이라는 개념을 주류화할 때 아이디어가 구체화되어 나타나는 순간이라고 노달은 말했다. "이러한 사업은 공무원과 공공정책이 자금을 제공하고 선도하며 지원해야 합니다."

"이것은 정부의 역할이 아니라고 주장하며 내 아이디어를 비판하는 사람도 일부 있어요. 나는 이게 정부의 역할이라고 주장하고 있죠." 언뜻 보기에는 노달이 늘어나고 있는 공공 먹거리 재배의 최근 추세와 부딪치는 것처럼 보인다. 자신의 책이 출간된 이후 그는 관상용 관목이나 식물 대신 생산적 경관을 좀 더 자세히 검토하는 다른 지방자치단체가 급증하고 있다는 사실을 알게 되었다. 이러한 차원에서 생산적 경관을 시의 관할 하에 둔, 개빈 뉴섬 전 샌프란시스코 시장의 2009년도 식량정책이 매우 과감한 조치로 평가된다. 노달은 이것이 지방자치단체가 나아가야 할 방향이라고 언급했다. "그가 내린 행정명령은 식량 체계 계획이 지방정부 책임이라는 점을 분명히 했어요."

그러나 이러한 방향으로 기울고 있는 대부분의 도시 정부가 이제 겨우 토지 목록을 작성하기 시작했다. 대체로 얼마나 많은 시유지가 먹거리 생산에 이용가능하거나 적합한지 전혀 알려져 있지 않다. 옥상 부분을 이 목록에 포함하는 도시도 있다. 도시에 있는 토지의 6분의 1은 대부분 먹거리 생산에 이용될 수 있는 미이용 공간인 편평한 지붕이 있는 학교, 대형마트, 고층 건물, 쇼핑몰, 창고 같은 건물이 차지하고 있는 것으로 추정된다.[22]

노달은 신선한 농산물에 대한 수요가 매우 높기 때문에 울타리를 치고 맹꽁이자물쇠를 잠근 공동체텃밭 구획이 필요하다는 점을 인정했다. 텃밭 내부의 불법 침입에서 개인 재산을 보호하기 위해 자기 텃밭 구획에 따로 울타리와 자물쇠를 설치한 공동체텃밭도 있다.

사실 노달이 가장 자주 받는 질문은 이 공공 농산물의 유통을 어떻게 관리하느냐는 것이다. 여기에 공공 농산물의 장점이 있다고 노달은 답했다. 먹거리는 일반 대중이 이용할 수 있으며, 그래서 상황에 따라서 종종 공동체 차원에서 자체적으로 규제해야 한다. 하지만 보통은 신기하게도 약간 세련된 방법으로 문제가 원만하게 해결된다. 유통 문제에 대한 해결책은 사실 그냥 먹거리를 재배하는 곳에 울타리를 치고 관리하려고 하지 않는 것이다. 오히려 그냥 먹거리를 더 많이 심는 쪽이 더 낫다. 더 많은 농산물을 이용할 수 있게 되면 희소성 문제가 더 작아진다.

편견이 있기는 하지만 노달은 이 생산적 가로경관 혁명이 도시마다, 지방자치단체에서 국가 차원에 이르기까지 계속 확산될 것으로 보고 있다. 하지만 그 추진력은 국가 식량정책을 마냥 기다리지 않고 스스로 식량보장 문제를 다루기로 결정한 도시에서 나올 것이다. 내셔널 퍼블릭 라디오에서 노달의 책에 대해 인터뷰할 때 그가 다이앤 렘에게 말했듯이 "시 당국(City Hall)이 언제나 연방의회(Capitol Hill)보다 더 빨리 행동하기 마련이지요."[23]

FOOD AND THE CITY

11

밀워키

도시농부와 사회혁명

"식품 체계를 진정으로 바꾸려면 지역사회에서 추가로 5천 만 명이 먹거리를 재배해야 한다."

월 앨런(그로잉파워 대표이사, 2011)

토론토, 밴쿠버, 뉴욕 같은 도시가 펼치고 있는 도시농업 시책에 여러 언론에서 박수갈채를 보내고 있다. 그러나 내가 실제로 실천적인 혁신가를 만나고, 도시농업 운동의 선두에 서 있는 가장 야심적인 프로젝트를 본 곳은 미국 중서부였다. 시카고는 어떤 의미에서는 초고층 건물 속 농장으로서 세계 최초 수직농장의 발상지가 되고자 하는 목표를 향해 순조롭게 나아가고 있다. 한 층에선 물고기를 양식하고 다른 층에선 돼지를 사육하고 또 다른 층에선 채소를 경작하는 식이다. 세계 최대의 상업적 도시농장이 미시간 주 디트로이트에서 계획되고 있다.

이 호칭에 불편해할지도 모르겠지만, 운동복 상의에 청바지를 입고 지렁이와 흙에 흠뻑 빠져 있는 밀워키 시민 윌 앨런은 확실히 도시농업 분야에서 세계 최고의 유명인사다.

길거리 농부 윌 앨런

나는 2009년 엘리자베스 로이트가 쓴 《뉴욕타임스 매거진》 기사를 통해 그로잉파워(Growing Power Inc.)의 창립자이자 대표이사인 윌 앨런을 처음으로 알게 되었다. '길거리 농부'라는 제목이 붙어 있었다.[1] 뉴욕에 기반을 둔 잡지가 밀워키 출신 도시농부에게 여섯 페이지를 할애했다는 사실만 보아도, 주류 사회에서 앨런의 위상이 높아 가고 있고 도시농업 분야에서 아주 유명하다는 것을 알 수 있다. 앨런은 2008년 상금이 50만 달러인 맥아더재단 '천재' 상을 받았으며, 잡지 《오》(O) 같은 다른 주류 대중매체에도 등장했다. 2010년에는 《타임》(Time)에서 선정하는 '세계에서 가장 영향력 있는 인물 100인' 가운데 한 명으로 뽑히기도 했다.[2]

그런 사람인 앨런은 지금 20여 년 전 시작된(그가 기여했던) 도시농업 혁명에 휩쓸려 지치지도 않고 출장을 다니고 있다. 젊은 시절 농구 선수였다가 외판원을 거쳐 도시농부가 된 그는 60대임에도 집보다 길 위에서 더 많은 시간을 보내는 것 같다. 앨런은 미국과 캐나다에서 언제나 만원인 군중에게 700장의 영상이 담긴 슬라이드쇼 발표를 하고, 그렇지 않을 때에는 저 멀리 영국, 케냐, 우크라이나에서 추진되는 프로젝트의 자문에 응하고 있다. 부지런함과 인내가 몸에 밴 앨런은 도시농업을 세상에 널리 알리기 위해 20년 동안 애써 왔으며, 키가 2미터가 넘는 그에게 스포트라이트가 계속해서 비추고 있는 동안 될 수 있으면 여러 장소에서 많은 사람에게 '좋은 먹거리 혁명'을 알리는 임무를 수행하고 있는 것 같다.

메릴랜드 주 로크빌에서 자란 앨런은 스포츠에 빠진 전형적인 소년이었다.[3] 이전에 소작농이었다가 건설 노동자가 된 앨런의 아버지도 가구 소득과 식료품 바구니를 보충하기 위해 농사를 조금 지었다. 집안의 원칙은 분명했다. 학교에서 좋은 성적을 유지하면서 농장 일을 해야 했으며, 그 후에야 그는 농구장에 갈 수 있었다. 학업 성적과 스포츠는 기대했던 성과를 거두었다. 고등학교를 졸업할 때 앨런은 여러 장학금 가운데 마음에 드는 것을 택했다. 그는 마이애미대학에 가기로 했고 그곳에서 장학금을 받는 최초의 아프리카계 미국인 운동선수가 되었다. 대학 시절 아내 신디를 만났고 나중에 교육학 학사 학위를 받아 졸업했다.

대학 졸업 후 처음에는 플로리다에서, 나중에는 유럽에서 프로 농구 선수생활을 했다. 앨런이 뜻밖에 취미로 농사를 짓는 파트타임 농부가 된 것은 벨기에 안트베르펜의 한 농구팀에서 뛰고 있을 때였다. 앨런은 시합이 없을 때는 차를 몰고 돌아다니며 아버지한테서 배운 것과 거의 같은 방법으로 작물을 키우는 농민들과 이야기를 나누었다. 그러다가 그의 마음속에서 무언가가 되살아나면서 결코 다시는 하지 않을 것으로 여겼던 먹거리 재배를 해볼까 하는 생각이 갑자기 들었다. 프로 농구 계약 조건에 주택 제공도 포함되어 있었기 때문에, 그는 닭을 기르고 완두콩과 강낭콩에다 심지어 땅콩을 키울 수 있는 텃밭이 딸린 집을 요구했다. 앨런 부부와 아이들은 곧 안트베르펜 변두리로 이사했다. 그는 다시 손에 흙을 묻히게 되어 기뻤으며, 팀 동료나 친구들은 공짜 달걀이나 앨런이 직접 키운 농작물로 요리한 진수성찬을 마다하지 않았다.

앨런이 농구 선수 생활을 접었을 때 나이는 겨우 스물여덟 살이었다. 밀워키에 가까운 위스콘신 주 머턴에 있던 처가에 약간의 농지가 있어서 앨런 부부와 세 아이가 그곳으로 이사했다. 부부는 영업과 마케팅 일에 그 누구보다 뛰어난 능력을 보였고 주말에는 자신이 농사지은 농산물을 농부시장에서 팔았다. 로이트의 기사와 그로잉파워의 언론 취재에서 백인이 지배하는 밀워키 농부시장에 진출하려고 애쓰는 흑인 농부로서 앨런이 극복해야 했던 차별을 다루었다. 밀워키 도심부 중앙시장인 인기 있는 폰디 농부시장의 판매대는 앨런이 공식적인 절차에 따라 그다음 빈자리가 생기면 가장 먼저 이용할 수 있었는데도 비공식적인 조정을 거쳐 백인 농민에게 계속해서 넘어갔다. 결코 마음에 드는 일이 아니었지만 시장 측은 결국 앨런이 시장 바깥쪽에 가판대를 설치하는 데 동의했다. 마침내 그는 시장 안으로 들어갔고 처음에 앨런이 들어오지 못하게 했던 바로 그 폰디 농부시장의 회장으로 뽑히기까지 했다.

1993년에 이르러 앨런은 전업으로 농사를 짓겠다는 결심을 하고 머턴에 있는 기존 농장을 보완할 다른 부지를 찾아보기 시작했다. 그는 경제적으로 낙후된 밀워키 북서부의 노동자계급 거주 지역에 있는 유질(流質, 돈을 빌린 사람이 빚을 갚지 아니하는 경우에 빌려 준 사람이 담보로 맡긴 물건의 소유권을 취득하거나 물건을 팔아서 그 돈을 가지는 일—옮긴이) 처분된 온실 영농업체 하나를 발견했다. 면적이 8,000제곱미터인 그 부지는 더할 나위 없이 훌륭했다. 기존에 온실이 여러 개 있었고 용도가 농지로 지정되어 있기까지 했다. 공교롭게도 앨런은 그 도시에 마지막 남은 농장을 살 수 있었다.

앨런이 이 '도시농장'에서 사업을 시작한 지 얼마 지나지 않아 밀워키에서 가장 큰 저소득층 주택단지에 사는 동네 아이들이 들르기 시작하면서 직접 채소를 키우는 방법에 대해 묻기도 했다. 앨런은 젊은이들이 시간을 내서 긍정적인 일을 하는 데 관심이 있는 것을 보고 아주 기뻐서, 그들이 직접 자그마한 텃밭을 만드는 일을 도와주고 조언도 해주기 시작했다. 자신의 도시농장을 이용해 먹거리를 기르고 파는 것 이상의 어떤 일을 할 기회가 왔음을 깨달은 것은 바로 이때였다. 그는 건강한 먹거리에 접근하지 못하는 동네에서 식량보장 문제를 다루는 일을 시작할 수 있었다. 그는 성공적인 도시농부로서 뛰어난 능력을 보이며, 다른 사람들이 매우 긍정적인 자세로 공동체 내에서 스스로 능력을 키우는 방법과 모델을 만들어낼 수 있었다.

1995년 앨런이 위험한 환경에 처해 있는 아이들과 함께 한 일은 좋은 평판을 조금씩 얻고 있었다. 십대들이 작업 기술을 습득하는 것을 도와주는 사회적 기업 비영리단체인 그로잉파워(Growing Power)가 그를 찾아왔다. 이 무렵 앨런은 번창하던 자기 업체도 어떤 도움이 필요하다는 것을 깨달았다. 그로잉파워는 그와 같은 파트너십에서 설립되었다.

실제적인 비영리 교육센터로서 더 많은 자금과 지원 인력이 생긴 앨런은 비교적 작은 도시 부지에서 먹거리 생산을 최대화하기 위해 창의성을 발휘하고 아이디어를 시험할 수 있다는 것을 알게 되었다. 그다음 20년에 걸쳐 실버 스프링 드라이브에 있던 최초의 농장은 그렇지 않았으면 방갈로가 줄지어 서 있었을, 가로수가 늘어선 주거지역 길거리에 삐죽이 나와 있는 농장 농산물 소매점이 만들어질 정도로 발전했다. 그 뒤쪽에 있는, 15,000개의 트레이와 허브, 샐러드 믹스, 비트 잎, 아루굴라, 겨자잎, 새싹과 묘목이 담긴 걸이분이 층층이 놓여 있는 온실 5개는 고밀 식재의 모델이자 1제곱인치의 재배 공간이라도 이용하는 효과적인 사례가 되었다. 각 온실에서 들리는 졸졸 흐르는 물소리는 틸라피아와 농어가 먹거리 작물의 비료를 만들고 작물이 다시 수조의 물을 여과하고 정화하는 폐회로 영양 순환체계인, 그로잉파워의 혁신적인 '양어수경'(aquaponics) 시스템에서 나오고 있었다. 온실마다 지렁이 퇴비화 용기가 엄청나게 많이 있었는데, 지렁이는 퇴비 속에서 자기 몸무게만큼이나 먹어치우면서 퇴비를 작물에 필요한 영양분이 풍부하고 시커먼 흙으로 바꾸어 놓는다. 2개의 커다란 양어수경 비닐하우스에는 더 많은 물고기와 샐러드 믹스와 묘목용 재배 베드가 들어 있었다. 또 다른 비닐하우스 일곱 동을 이용해 일 년 내내 샐러드용 채소와 버섯을 재배했는데, 이는 앨런의 독창적인 아이디어로서 둥근 테 위로 쭉 펼쳐진 폴리에틸렌 플라스틱 시트의 측면에 퇴비를 쌓아올려 기온이 영도 훨씬 밑으로 내려가는 밀워키의 겨울철 내내 비닐하우스가 생산을 계속할 수 있게 해주는 열원을 만들어 낸 덕분에 가능했다. 그로잉파워 농장에는 산란용 암탉과 오리가 들어 있는 가금사 3개뿐 아니라 벌통 14개도 있었다. 염소와 칠면조는 터줏대감 같은 가축이었다. 앨런은 그렇지 않았다면 밀워키의 매립장으로 갔을 음식물 쓰레기의 대규모 퇴비화와 같은 도시농업 시스템을 혁신하고 개선했다. 그곳은 점점 유명해지고 있는 한 도시 구획에 집약적이고 현대적인 혼합농 모델을 만들기 위한 앨런의 살아 있는 실험실이었다.

엘리자베스 로이트가 방문했을 무렵 그녀가 자신이 쓴 기사 '길거리 농부'에서 표현했듯이, 밀워키 주거지역 실버 스프링 드라이브에 있는 그로잉파워 대표 농장과 커뮤니티 푸드 센터는 "위로 뻗어 올라가는 덩굴손과 덕트 테이프가 감겨 있는 인프라로 이루어진 거대도시인 농업상의 뭄바이"라고 할 수 있었다. 이곳에서 지역 주민 1만 명이 먹을 수 있는 신선한 먹거리를 생산하고 연간 판매고 25만 달러를 올리면서 젊

그로잉파워의 창립자이자 대표이사 윌 앨런 양어수경 수조에서 꺼낸 물고기를 들고 있다. © Growing Power Inc.

고 열의 넘치는 수많은 도시농부와 공동체 식량보장 활동가를 훈련시키고 있었다.[4]

앨런이 2011년 1월 사이먼 프레이저대학이 후원하는 강연을 하러 캐나다 밴쿠버에 왔을 때 나와 이야기를 나누었다.[5] 바깥은 습하고 추운 저녁인데도 거의 수용 능력의 최대한도에 이를 정도로 800여 명의 사람들이 커뮤니티리그 홀을 가득 메웠다. 걸음마를 갓 시작한 아기부터 할아버지 할머니까지 전 연령층의 사람들이 모였다. 그러나 압도적으로 많은 연령층은 20~30대였다.

언제나 그렇듯이 낡은 야구 모자를 쓰고 푸른 색 후드 티에 청바지를 입은 앨런은 기립 박수를 받으며 연단 위로 천천히 올라갔다. 그는 한 달 전에 했던 무릎 관절 교체 수술에서 회복 중에 있었다. 그날 밤 그 강당에서 도시농업에 대한 거의 종교적인 열정을 느꼈던지 그는 "이 '도시'라는 생각에 너무 집착해서 농촌의 농장을 잊어버려서는 안 됩니다" 하고 호소하는 것으로 강연의 서두를 시작했다. 그는 많은 청중에게 지역의 농촌 농민을 지원하기 위해 최선을 다하라고 촉구했다. "그들은 엄청난 스트레스를 받고 있습니다. 그들도 마찬가지로 중요합니다." 그로잉파워 사업과 기본적으로 도시농업에 대한 그의 성공적인 접근방법에 대해 이야기하려고 그곳에 있었지만 그는 자신의 '좋은 먹거리 혁명'(Good Food Revolution)이 결국에는 모두 농촌과 도시를 포괄하는 지역과 관련된 문제라는 점을 명확히 하고 싶어 했다. 좋은 먹거리 혁명은 도시의 농부와 주변 농촌의 농부가 모두 좋고 건강하며 접근 가능한 먹거리를 생산하는 파트너십에 대한 것이었다.

농촌 농민을 존경하고 지원해 달라는 호소를 한 후 앨런은 슬라이드 쇼 발표의 시동을 걸었다. 앨런은 십대 4명이 아이들이 하는 식으로 카메라를 향해 빈둥거리며 퇴비 더미 위에서 포즈를 취하고 있는, 1990년 초에 만든 슬라이드로 시작했다. 그때 그는 청중들에게 슬라이드에 보이는 아이들과 오늘날의 아이들 사이의 차이점이 무엇인지를 물었다.

"그 애들은 과체중이 아니네요." 앞줄 근처의 누군가가 소리쳤다.

"휴대폰을 갖고 있지 않네요." 다른 청중의 생각이었다.

그렇고 그런 다른 몇 가지 제안들이 있은 다음 마침내 앨런이 말했다. "아니죠. 그 애들의 바지가 추어올려져 있네요."

이것이 앨런이 발표할 때에는 언제나 하는 농담일지도 모르지만, 강연하는 태도에 진정성이 있었으며 이 농담 덕분에 그날 저녁 마을 회관 안에 감돌던 질릴 정도의 진지함이 조금은 누그러졌다. "이 아이들 중 일부는 지금 서른 살입니다." 앨런은 마치 자기 자신에 빗대는 듯 다음 슬라이드로 넘어가기 직전에 조용히 덧붙여 말했다.

앨런은 도시농장의 아주 초기 시절 모습이 담긴 다른 슬라이드를 보여 주었다. 말할 필요도 없이 도시 내 혼합농은 이웃으로부터 상당한 주목을 받았는데 그들은 처음에는 염소나 닭이나 농장 판매대에 반대했지만 신선한 달걀과 샐러드용 채소를 먹어보더니 쉽게 설득되었다고 앨런은 말했다. 또 그는 그렇지 않았더라면 위험한 상황에 빠지게 될 것이거나 아니면 이미 위험한 상황에 빠진 이웃 아이들과 함께 일을 시작했다. 그들은 다 함께 조그만 화단을 만들고 채소를 길렀는데, 아이들은 그 채소를 마을 공동체에 돌려주었다. 노동을 통해 경범죄에서 벗어나려고 하던 아이들은 공동체 토지에서 먹거리를 길러서 마을 공동체에 그 먹거리를 다시 기부함으로써 그렇게 할 수 있었다.

앨런은 밀워키에서 범죄가 만연한 지역의 거리 풍경이 담긴 '이전' 슬라이드를 보여 준 후 마우스를 클릭해 그가 만든 '꽃 폭탄' 중 하나가

담긴 '이후' 슬라이드를 보여 주었다. 가로수가 심어져 있는 대로변을 꽃으로 덮는 단순한 행위만으로도 주차된 자동차의 유리를 깨고 물건을 훔쳐가는 절도 사건을 크게 줄일 수 있다는 사실을 일찍이 알았다고 앨런은 설명했다. 마약 밀매자들도 마약을 거래하는 곳으로 가장 좋아하는 공원에 있는 꽃은 꺼려했다. 앨런은 그런 생각을 우습게 여기다가 꽃 폭탄과 먹거리 텃밭을 '효과적인 범죄 예방 도구'라고 부르게 되었다.

그로잉파워

앨런은 밀워키의 매립장으로 가던 퇴비화 가능한 폐기물을 이용해 흙을 비옥하게 만들 수 있다는 사실도 알아냈다. "여러분 모두 동네를 부르릉거리며 지나가는 커다란 녹색 트럭을 보신 적이 있을 거예요. 저게 우리의 경쟁 상대죠." 앨런은 대형 쓰레기 덤프트럭을 찍은 슬라이드 한 장을 보여 주면서 말했다. 날씨가 아무리 궂어도 앨런은 그로잉파워가 폐기물 수거 회사보다 먼저 저 귀중한 녹색 폐기물에 도착하기를 바란다. 앨런으로서는 영농사업을 계속 성장시키고 확장시키고 싶으면 만들 수 있는 한 많은 흙이 있어야 한다. "우리는 작년에 단 한 공급업체에서만 9톤이 넘는 쓰레기를 수거해 왔어요." 앨런은 포장용 나무상자에 고스란히 남아 있는 한 무더기의 팔다 남은 과일과 채소의 사진을 보여 주면서 자랑스럽게 말했다. 판지와 그 모든 것들이 퇴비가 놓여 있는 줄에 쌓여 있었다. "가축에게 이것을 먹이기도 하죠." 하고 앨런은 뻔뻔스럽게 말하고 나서 다음 슬라이드로 넘어갔다. "이것도 우리

가축입니다." 앨런은 마지막으로 바글바글 모여서 꿈틀거리는 빨간 지렁이의 슬라이드를 보여 주며 미소를 지었다. "수십억 명의 직원이 있는데요, 먹거리만을 위해 일하면서 말대꾸도 안 한답니다. 이놈들 덕분에 우린 세계 최대의 고용주입니다." 앨런이 웃으며 말했다.

지렁이는 앨런의 넘치는 열정처럼 매일 자신의 몸무게만큼이나 쓰레기를 먹어치운다고 그는 계속 반복해서 말했다. 그로잉파워 아니 더 중요하게는 그로잉파워에 고용된 그 빨간 꿈틀이들이 밀워키에서 나오는 450톤 이상의 음식물쓰레기를 퇴비로 만들며, 밀워키 매립장에서 나오는 온실가스 대신 영양분이 풍부한 귀중한 흙을 만들어 낸다. 앨런은 처음에 지렁이가 미국 중서부 지방의 북부지역에서 겨울에 살아남지 못할 것이라고 들었으나, 썩어가는 퇴비의 생물학적 작용 덕분에 얼어 죽지 않게 해주는 퇴비더미의 한가운데로 깊숙이 들어갈 수 있을 정도로 크게 만든 퇴비 울타리 속에서 지렁이가 겨울을 나게 해서 그 문제를 피하는 방법도 알아냈다. "지렁이 13.6킬로그램으로 시작했는데, 지금은 2,270킬로그램이 되었어요." 지렁이는 그의 집약적인 작물 생산에서 없어서는 안 될 존재다. "지렁이 한 줌을 주고 전 세계 어디든 나를 내려 주면 나는 지렁이 사육 시스템을 만들 수 있어요." 이것이 가능한 이유는 소화 능력이 있는 이 '직원들'이 가진 힘 때문이다. 앨런은 다시 한 번 청중에게 되풀이해 말했다. "오늘 밤 여러분이 한 가지만 기억해야 한다면, 그건 흙이 가장 중요하다는 점이예요. 영양분이 풍부한 흙이 없으면 건강한 먹거리를 기를 수 없어요. 흙이 비옥해야 먹거리가 맛있는 법입니다."

지렁이 외에도 그로잉파워는 현재 틸라피아, 농어, 블루길과 푸른 잉어 몇 마리를 비롯한 물고기 10만 마리를 양식 탱크 안에서 기르고 있

작동중인 층상 구조의 양어수경 식물 양분 순환 시스템 © Growing Power Inc.

다(물고기 배설물이 작물에 비료가 되고, 작물은 가까이 있어 편리한 양분 순환으로 물을 정화한다). 그로잉파워에는 장인이 만드는 치즈 생산에 쓰이는 염소 39마리와 도시 꿀이라는 회사 라벨을 붙여 파는 꿀을 생산하는 꿀벌이 있다. 알 낳는 암탉 500마리도 있다. 개인적인 프로젝트로 앨런이 시험해 보고 있는 토종 칠면조도 몇 마리 있다. 미국 중서부의 추운 겨울 날씨를 완화시켜 주는 열을 만들고 샐러드용 작물을 1년 내내 생산할 수 있게 해주는 퇴비를 그 바깥에 쌓아둔 온실과 비닐하우스 덕분에 연중 수많은 채소류가 자란다. 경작 가능한 공간은 어느 곳이든 활용된다. 바구니가 온실 틀에 매달려 있고 작은 슈퍼마켓 크기 정도 되는 공간을 한 치라도 더 효과적으로 이용하기 위해 새싹과 묘목 트레이가 여러 층으로 놓여 있다.

하지만 그로잉파워의 야심은 밀워키에서 성취한 것을 훨씬 더 뛰어넘는다. 이 회사는 "모든 공동체의 주민에게 건강하고 안전하며 값싼 고품질 먹거리를 제공하는 데 도움이 되어서 다양한 배경을 가진 사람과 그들이 사는 환경을 지원하는 전국적인 비영리단체이자 토지 트러스트"라고 회사 강령에 명시되어 있다.[6]

현재 그로잉파워 산하에 15개 부지가 있으며, 재배 공간이 계속해서 회사 관할로 흡수되고 있다. 앨런은 마우스를 클릭해 경작 공간으로 사용하기 위해 그가 최근에 인수한, 밀워키의 한 공동묘지에 있는 비어 있는 온실의 슬라이드를 보여 주었다. "예전에는 공동묘지에서 직접 꽃을 재배했죠. 이제는 우리가 하늘나라에 가는 시간을 조금이라도 더 늦추어 주고 있죠."

지난 10년 동안 윌의 딸 에리카 앨런은 시카고에서 그로잉파워의 부지를 관리하고 확대해 왔다. 2002년, 시카고에 있는 제4장로교회가 비어 있는 농구장을 구입해서 그로잉파워와 공동으로 그곳을 공동체텃밭으로 바꾸었다. 현재 이곳은 이 마을 공동체 거주 주민들이 유기농 채소와 영양 교육, 직업기술 교육에 접근할 수 있게 해주는 공동체 농장이다. 2005년 그로잉파워는 그랜드 파크 '농장 예술' 도시농업 포타제(가정용 채소밭—옮긴이)로 도시 텃밭 1,858제곱미터를 조성했다. 도심지역 중심부에 있는 이 높임 화단 채원에는 150종에 이르는 토종 식용 꽃, 허브, 채소가 자라고 있다. 2년 후, 잭슨 파크 도시농장 및 공동체 얼로트먼트 가든이 만들어져 그로잉파워의 자원봉사자들과 함께 시카고의 사우스 사이드 주민에게 먹거리 재배 공간과 실습을 제공했다. 2010년에는 그로잉파워가 시카고에서 가장 소외된 계층이 사는 동네 중 하나가 있는 사우스 사이드에서 올트겔드 가든스 도시농장이라고 하는 1헥타르 크기의 도시농장을 시작했다. 첫해에 올트겔드 가든스는 성인 150명과 위험한 환경에 처해 있는 젊은이 40명을 고용해서 건강하고 신선한 먹거리를 길러 지역 주민에게 나누어 주었다. "그로잉파워는 미국에서 유색인종이 이끄는 유일한 다문화, 다세대 조직 중 하나죠." 하고 앨런이 말했다.

현재 그로잉파워는 도시농업인을 위한 중요한 교육센터이자 최첨단 도시 먹거리 생산, 재생가능 에너지 프로젝트, 쓰레기 감축 시스템을 위한 혁신적인 허브이기도 하다고 앨런은 설명했다. 2010년 현재, 방문객 15,000명이 그로잉파워의 여러 경작지를 찾았으며 자원봉사자 3,500명이 참여했고 상업적 도시농업 농민 32명이 졸업을 했으며 미래의 도시농부 1,000명이 그곳에서 그들의 앞날을 조금 맛보았다.

다양하고 다층적인 수입원이 있는 그로잉파워는 다른 성공적인 비영리 사회적 기업의 모델이기도 하다. 그러한 수입원에는 교육훈련 프로그램에서 들어오는 수입을 비롯해, 소매점을 통해 일반식당과 구내식당을 대상으로 하거나 농부시장에서나 공동체지원농업을 통한 먹거리 판매, 재단 지원금, 윌 앨런의 거의 끊임없는 강연 약속 등이 있다. 2010년 그로잉파워는 운영예산이 410만 달러였고 70만 달러의 흑자를 냈다.

도시농업과 사회혁명

앨런은 자신의 다음 과제가 재생가능 에너지를 도시농업에 포함하는 방법을 알아내는 것이라고 설명했다. 그는 태양전지판을 실험하고 있다. "재생가능 에너지가 이 값비싼 공간을 운영하는 데 드는 에너지 비용의 일부라도 덜어 주어야 합니다."

마지막으로 앨런은 차기 대규모 프로젝트인, 밀워키의 새로운 경작, 연구개발, 교육, 행정 본부로 쓰일 5층짜리 수직농장의 건축물 완성 예상도를 공개했다(2010년 12월 31일, 앨런은 그로잉파워의 2,508제곱미터 크기의 5층 수직농장 건축허가가 시에서 승인되었다고 발표하기 위해 밀워키에서 기자회견을 열었다. 건설 공사는 2011년에 시작될 예정이다.).

이 인상적인 재정 상태와 최첨단 수직농장은 달러 기호와 야심적인 건물 프로젝트에만 가치를 두는 사람들에게 도시농업의 경제성을 증명하는 것처럼 보인다. 더욱 인상적인 것은 그로잉파워가 도시의 먹거리 체계를 다시 활성화하고, 달리 건강하고 좋은 먹거리에 접근할 기회가 없는 사람들에게 그러한 먹거리를 제공하는, 지역에서 관리하고 지속가능한 녹색 경제를 만들었다는 점이다. 그로잉파워는 선택권이 제한되어 있는 사람들을 교육하고 훈련한다. 그로잉파워는 다른 사회 프로그램이 실패했던 마을 공동체를 육성하고 개선한다.

"먹거리는 매우 강력한 조직화 도구입니다" 하고 앨런은 결론을 맺었다. 더 중요한 것은, 앨런이 먹거리를 제외하고서는 더 이상 지역사회 개발 계획을 생각할 수 없다는 사실을 증명했다는 점이다. 먹거리는 중심적인 구성요소가 되어야 하며, 그러면 문맹, 범죄 감소, 도시 재생, 육체적 및 정신적 건강 증진과 같은 다른 이슈들은 자연적으로 따라오게 마련이다. 앨런도 마침내 흐름이 바뀌었다는 사실을 인정한다. 사람들이 이제는 공동체 기반 먹거리 체계가 도시에서도 실현 가능하고 중요하다고 여기고 있지만 '처음에는 이 많은 것들이 그냥 말뿐이었다.'

그는 일부 뜻밖의 그룹한테서도 관심을 끌었다. 한 무리의 정장을 한 중년의 백인 월마트 이사들이 틸라피아 탱크를 주의 깊게 쳐다보는 모습을 보여 주는 슬라이드를 보고 진보적인 성향의 밴쿠버 청중들은 떠들썩하게 웃음을 터뜨렸다. 앨런이 반론을 제기했다. "웃을 수도 있으시겠지만 도시농업과 관련해 중요한 것 중 하나는 좋은 먹거리 혁명의 테이블에 모든 사람이 있어야 한다는 점입니다. 사람과 조직을 파트너에서 제외하는 그런 시대는 끝났습니다." 분명히 앨런은 작은 변화가 아니라 큰 변화에 초점을 맞추고 있었다. 앞에 놓인 도전은 분명하다. 상당수 사람들을 영양이 풍부하고 좋은 먹거리에 접근하지 못하게 하는 시스템과 산업적 농업이 곧 어디론가 사라지지는 않을 것이다. 먹거리를 생산하고 이용하고 재활용하는 방법에 영구적이고 의미 있는 변화를 일으키기 위해서는 '5천만 명의 새로운 농부가 필요하다.'

그로잉파워의 성공은 부인할 수 없다. 앨런이 적당한 시간과 적절한 장소에 있는 적합한 사람이라는 점에는 의심의 여지가 없다. 그는 세계적인 인물이지만 자신의 지역사회에 뿌리내리고 있다. 그는 철학자이자 농부이다. 수많은 장애물을 극복해 왔지만 단순한 긍정과 희망은 배제한다. 그는 농장에 있을 때와 똑같이 사람들이 가득 들어찬 강당에서 이야기하는 것을 편안해 한다(지금도 직접 농장을 운영하고 있기 때문에 그는 농업계에서도 손톱 밑에 흙이 낀 사람으로서 신임을 얻고 있다). 롤 모델로서 앨런은 매우 성공적인 아프리카계 미국인 농부(그리고 대표이사)인데, 이는 때로는 인종적 양극화가 좀처럼 좁혀질 것 같아 보이지 않는 미국에서 일어난, 식량보장 운동의 중요한 발전이다. 아프리카계 미국인이 처한 상황으로 볼 때, 물납 소작이라는 노동 착취의 역사가 종종 흑인 사회를 좀먹고 있는 세계에서 앨런은 성공적인 농부의 긍정적인 모범사례이다. 앨런은 이 사실을 정면으로 인정하면서 먹거리 경작이 유색인 사회에서 거둘 수 있는 힐링 효과를 보라고 사람들에게 촉구한다. 그는 먹거리 경작을, 흔치 않은 선택지를 찾고 있는 가족들 사이에서 지역사회가 빈곤과 열악한 영양에서 벗어나는 길을 찾는 바람직하고 실현 가능성 있는 방법으로 만들고 있다.

밴쿠버에 바쁜 일정으로 방문한 후라서 몹시 피곤해 보였지만, 기관총을 '타타타타' 하고 쏘듯 끊임없이 질문이 이어지는 데다 그냥 악수라도 나누고 싶어 하는 사람들이 있다 보니 앨런은 친절하게도 시간을 내어 마지막 사람까지 악수를 나누며 친교를 나누었다. 앨런은 뉴저지주 애틀랜틱시티에서 열리는 전문가 패널 토론에 참석하러 떠났는데, 그가 일으키고 있는 좋은 먹거리 혁명 때문에 당분간은 좀처럼 그에게 쉴 틈이 없어 보인다.

디트로이트

쇠락한 공업도시의 경제 혁명

"자동차 도시에서 괭이 도시로!"

《토론토 스타》 2009년 9월 26일자 머리기사 제목

18세기에 디트로이트에 사람들이 처음으로 정착해 살았을 때 강변을 따라 피아노 건반처럼 뻗어 있는 길지만 좁은 띠 모양으로 농장이 배치되어 있어서 최대한의 농민이 수로에 접근할 수 있었다. 사람들은 그 농장들을 '리본 농장'이라 불렀다. 디트로이트의 많은 거리 이름은 초기 농민들의 이름을 지금도 가지고 있다. 물론 디트로이트는 20세기 전반에 이 도시에 일자리와 번영을 가져온 미국 자동차 산업의 위대한 발상지로 잘 알려져 있다. 이렇게 시작된 자동차 문화의 영향은 늘어나는 허리둘레에서 모든 미국 도시의 자동차 중심 도시계획에 이르기까지 모든 것에서 보이고 있다. '자동차 도시'의 유산에도 불구하고 지난 60년은 디트로이트에 끔찍할 정도로 매정했다. 오늘날의 상황은 너무나도 절망적이다. 디트로이트는 그야말로 정말로 기적이 필요한 도시이다.

1950년 전성기를 누리고 있을 때 디트로이트에는 약 200만 명이 살

고 있었다. 50년 뒤 미국 통계국은 약 90만 명으로 계산했다. 요즘에는 인구수가 80만 명 언저리에서 오르내리고 있다.[1] 인구가 70만 명 선에서 일정하게 유지될 것이라는 게 현재의 일반적인 생각이다.[2] 이 자동차 도시에 집과 사람과 먹거리가 없듯이 이젠 차도 거의 없는 편이라는 사실은 비밀이 아니다. 미국이 경기 침체에 빠져 있는 상황에서 디트로이트가 쇠퇴의 바닥을 쳤음을 보여 줄 그 어떤 조짐도 없다. 현재 디트로이트는 도시 인프라가 무너져 내리고 아직도 그곳 시민들은 도시 전역에 퍼져 있는 식품사막에 놓여 있다. 나아가 파산 직전에 있는 뒷걸음치는 탈공업화된 지방자치단체의 상징적 존재로서 늘 예로 드는 도시이기도 하다. 전국망을 갖춘 식료품 체인점이나 대형마트가 하나도 없는 도시를 다른 어느 곳에서 찾을 수 있겠는가?[3]

디트로이트가 뉴스에 등장하는 경우는 대개 이 도시의 실업률, 정치 스캔들, 범죄율, 경기 침체 때문이다. 미국 통계국에 따르면 2005년 디트로이트는 '전국에서 가장 가난한 도시'였다.[4] 실업률이 공식적으로는 30퍼센트를 오르내리지만[5] 많은 사람은 50퍼센트에까지 이른다고 생각한다. 실업과 사라지는 인구 기반 탓에 시 재정은 3억 달러 적자라서 경찰이나 소방 같은 가장 기초적인 서비스조차 제공할 수 없다.[6] 교육 시스템은 엉망진창이다.

잇따라 재임한 무능한 시장들은 사태를 더욱 악화시켰을 뿐이었다. 주택은 디트로이트에서 사실상 가치가 거의 없다. 어떤 사람이 디트로이트에서 실제로 팔 수 있는 주택 가격의 중앙값은 7,500달러이지만,[7] 1,000달러도 채 안 되는 가격으로 쉽게 집을 살 수 있다고 내가 그곳에 있을 때 여러 차례 들었다. 사실상 흔히 하는 비교를 해보자면, 개인 승용차의 1년 보험비보다 적은 돈으로, 특이하게도 디트로이트 바로 외곽에 있는 호화로운 교외 아니면 디트로이트 시내에 있는 집을 살 수 있을 정도이다.

절망적인 시기에 필사적인 조치가 나온다는 격언도 있듯이, 디트로이트는 도시 재생을 위한 모든 아이디어가 검토되고 있는 단계에 와 있다. 디트로이트 시의 정확한 도시 면적은 357제곱킬로미터에 이른다.[8] 이것은 맨해튼, 보스턴, 샌프란시스코를 다 합친 면적과 같다. 주민의 이주를 막고 디트로이트를 다시 한 번 살기 좋은 지역으로 만들어 가고 있다. 힘겨운 과제일 수도 있는 일을 향해 주먹을 휘두르기 시작한 것은 사회정의 공동체텃밭 및 협동조합들과 골수 자본주의자들이 각각 조직한 도시농업 단체들이다.

식량정의 옹호론자 알레시아 카는 1960년대 디트로이트에서 성장했다. 디트로이트에 불어 닥친 꽤 심한 겨울 눈보라 탓에 예정된 면담이 보류되어 전화로 이야기하게 된 카는 디트로이트 동쪽에 있는 어릴 적 살던 집의 바로 뒷마당에 복숭아나무, 벚나무, 돌능금나무가 있었다고 나에게 말했다.[9] 이웃집 마당에도 배나무나 심지어 포도나무가 자라고 있었던 것으로 그녀는 기억했다. "그 지역이 원래 과수원이었다고 들었어요" 하고 카가 말해 주었다.

나는 그녀가 고향의 식량보장 문제와 관련해 하고 있던 일 때문에 그녀와 접촉한 적이 있었다. 그녀는 농업무역정책연구소(Institute of Agriculture and Trade Policy, 국제 비영리 식량보장 싱크탱크)의 연구원이자 오랫동안 미시간 주 모자보건 프로그램을 맡아 온 보건소장이다. 살고 있던 지역의 식량보장 문제에 개인적으로도 직업적으로도 관심을 가지고 있던 그녀는 영양, 건강, 그리고 도시지역에서 건강하고 값싼 먹거리에 접근할 수 있는 권리를 둘러싼 문제와 관련된 여러 디트로이트

풀뿌리 사업에 줄곧 관여해 왔다. 내가 그곳의 식량보장 문제를 이해하는 데 그녀가 도움을 줄 수 있을 것으로 기대하고 있었다. 그러나 첫 10여 분 동안 결국 우리는 서로 어린 시절의 먹거리 추억을 주고받고 말았는데, 그 추억이 너무나도 비슷해서 깜짝 놀랐다.

우리 둘 모두 울타리 뒤로 쉽게 눈에 띄는 생기 넘치고 생산적인 뒷마당 먹거리 정원을 기억하고 있다. 우리 둘 모두 실제로 농산물, 채소, 밀가루, 설탕, 버터와 다른 주요 식품을 갖추어 놓고 생고기 판매대는 가장 뒤쪽에 있는, 걸어 다닐 수 있는 거리 이내에 있는 작은 자영 식품점이 적어도 한 개는 있는 동네에서 성장했다. 신선한 제철 먹거리는 집에서 준비하는 식사(두 집안 모두 이것이 당연한 일이었다)의 재료가 되었으며, 생활은 요즈음 그러하듯 집안에서가 아니라 바깥 길거리에서 이루어졌다. 길거리는 텅 비어 있고 버려진 주거 블록들이 계속 이어지고 도심 바로 중심부에 창문을 판자로 막은 상업용 건물들이 있는 도시를 내다보면서, 약간의 세대차가 있지만 이처럼 비슷한 어린 시절 추억을 가질 수 있었는데도 그때와 지금 사이에 무슨 일이 벌어졌는지 나는 알고 싶었다.

카는 1960년대와 오늘날의 디트로이트 사이에 벌어진 좀 더 개인화된 역사를 나에게 하나하나 가르쳐 주었다. 아버지가 자동차 업계에서 일했던 아프리카계 미국인인 카는 어릴 때의 '정말로 잘 통합된' 도시를 기억하고 있다. 카가 성장한 곳은 주로 아프리카계 미국인이 거주하던 지역이었다. 그곳에는 '한동안' 그러한 길모퉁이 식료품 가게가 있었다고 그녀는 말했다.

자동화가 제조업에서 사람의 필요를 대체하면서 디트로이트의 경제가 쇠퇴하기 시작했다. 실업이 증가했으며, 흑인 디트로이트 시민을 향해 함부로 행사된 백인 경찰력의 남용에 자극받아 사회적 긴장이 한계점에 이르렀다(1967년 7월 토요일 밤 흑인 나이트클럽에 경찰이 급습함으로써 끝내 화약통에 불을 붙였고, '디트로이트 폭동'이라고 알려진 악명 높은 5일간의 혼란과 폭력으로 이어졌다). 일찍이 1950년대부터 이미 사업장들이 디트로이트를 떠나면서 시작된, 교외로의 '백인 탈출'이 가속화되었다. 그다음 수십 년에 걸쳐 디트로이트는 느리지만 꾸준하게 죽어 가는 공업도시로서 쇠퇴를 겪었다.

산업과 일자리가 떠나자 도시의 세수 기반이 줄어들면서 도시가 끌어들여야 할 기업과 주민에게는 더욱 바람직하지 않게 되었다. 교외가 중상류 소득 계층의 대부분을 빨아들이면서 도시가 공동화되었다. 식품점도 뒤따라 교외로 이동했다. 여전히 도시에 살던 사람들은 어쨌든 쇼핑을 하러 도시 바깥에 있는 대형마트로 기꺼이 차를 몰았다.

"우리 친척이 식료품점을 하나 가지고 있었죠. 조그만 구멍가게였지만 그들은 대형 상점과 같은 브랜드를 가지려고 애썼죠. 그러나 주문량이 너무 적었어요." 우리가 대형 체인점의 횡포와 어떻게 그 체인점들이 새로운 교외에서 특혜를 받아 자리를 잡게 되었지에 대해 이야기할 동안 카가 말했다. 얼마 지나지 않아 식료품 유통회사가 이러한 작은 자영상점을 공급망에서 빼 버렸다. 자영 상점은 소매점이나 일반 도매점에서 물건을 사서 되파는 재판매업자가 되어야 했다. 결국 물건 가격이 고객층에게 너무 비싸졌다.

그러한 동네 식품점은 사라지거나 다루는 품목을 바꾸었다. "식품점은 엄청나게 다양한 식료품을 취급하다가 다양한 맥주나 주류를 취급하게 되었어요." 카가 탄식했다. 디트로이트에는 전국 규모의 식품 체인점이 없다는 것은 귀가 따가울 정도로 자주 듣는 사실이다.

그녀는 평생 디트로이트에서 살았다는 이유 이상으로 직업적인 경력 덕분에 디트로이트의 식량보장 문제에 독특한 시각을 가지게 되었다. 등록된 영양사로서 중등과정 이후 공부를 하고 경영학 석사과정을 마친 그녀는 20여 년 동안 공중보건에 관여해 왔다. 카는 미시간 주 공동체건강국 산하 보건소의 모자보건 책임자일 뿐 아니라 9년 동안 미시간 주의 여성·유아·아동(WIC) 프로그램의 책임자로서 일했다. 미시간 주의 WIC 프로그램은 미국에서 여덟 번째로 크며 연간 23만 명의 수혜자를 위해 일한다.

'여성·유아·아동을 위한 영양공급 보조 특별프로그램'(Special Supplemental Nutrition Program for Women, Infants, and Children)은 식사를 보조하는 영양이 풍부한 먹거리와 건강한 식생활 정보, 진료 기관 소개 같은 서비스를 제공해서 영양상 위험에 처해 있는 저소득층 여성, 유아, 5세 이하 아동의 건강을 지키기 위한 전국적인 프로그램이다.[10] 보통 여성과 아동이 식량 불안으로 가장 큰 영향을 받기 때문에 1974년 미국 정부는 저소득이 먹거리 선택에 영향을 미치는 개인과 가족을 위한 WIC 프로그램을 만들었다. 현재 미국에서는 매달 여성, 유아, 아동 917만 명이 WIC 프로그램의 혜택을 받고 있다.[11] "미시간 주의 프로그램에는 특정 식품의 선택권이 들어 있는 직불카드가 있어요" 하고 카가 설명했다. 그러한 특정 식품은 건강에 좋고 영양분이 파괴되지 않은 자연식품이다.

"아이가 아직 어린 많은 가정에서 우리가 관심을 기울이는 과제는 요리하는 방법, 즉 소금과 설탕이 많이 들어 있는 것들로 채워진 그런 포장 용기 속 먹거리가 아니라 천연식품으로 요리하는 방법이에요." 아직 어린아이가 있는 가정은 기본적인 요리 기술에 대한 지식과 식사에 적절하게 균형을 맞추는 방법을 아예 모른다고 카는 말한다. 좋고 신선한 먹거리에 대한 접근은 여전히 큰 걱정거리이다.

특히 저소득 계층 주거지역에서 신선하고 건강한 먹거리에 대한 접근 부족뿐 아니라 '먹거리 지식 결핍'과 싸우는 데 도시 텃밭 경작이 효과적인 수단이 되었다. 다른 문화나 인종 집단에 비해 흑인 사회가 가장 큰 식량 불안을 겪고 있기 때문에 디트로이트 흑인 사회의 공평한 접근 부족은 특히 우려된다. 도시농업은 이 괴리를 개선하는 한 가지 방법으로서 지난 수년간 더욱 진지하게 검토되고 있다. "우리 지역의 건강 당국은 이곳 도시 내 불량한 먹거리 접근과 해야 할 일에 관심을 기울여 왔어요. 디트로이트 시 도시계획위원회는 지난 1년 반 동안 도시농업을 검토해 왔습니다."

일반 대중의 지지와 사회 및 시민 프로그램의 격려에 힘을 얻어 도시농업이 디트로이트에서 큰 인기를 얻고 있다. 여러 도시와 달리 디트로이트에는 공한지가 많다. 디트로이트에는 공한지가 12,140헥타르나 된다. 잠재적으로 이용 가능한 토지는 마이애미의 전체 행정구역 면적보다 더 넓다.

음악가인 타자 세블이 설립한 국제 비영리단체인 '도시농업'(Urban Farming)은, 재배된 모든 농산물이 지역 주민에게는 무료인 도시 텃밭을 디트로이트에서 지금껏 500곳이나 만들었다고 주장한다.[12] 1989년에 설립되어 주로 도시 재식림 사업을 펼치는 비영리단체인 '디트로이트의 녹화'(The Greening of Detroit)는 200여 학교, 가정, 공동체텃밭을 지원하며, 도시농업 사업에서 해마다 20퍼센트의 증가세를 보고 있다.[13] '디트로이트흑인사회 식량보장네트워크'(Detroit Black Community Food Security Network)는 8,000제곱미터 디-타운 농장(D-Town Farm)을 2001년에 20,000제곱미터로 확대했다.[14] 2010년 디트로이트에는 여러 단체에 흩어져 있는 도시 텃밭 1,300곳이 있었다.[15] 이러한 프로젝트들은 좋은 먹거리에 대한 접근성 문제에 대처하고 디트로이트 시민에게 권한을 부여하는 데 중요한 진전을 보여 주고 있다.

그러나 도시 내 주거 환경이 열악한 지역의 상황을 전환시키고 실업 위기를 다루는 일을 시작하기 위해서는 디트로이트에 이러한 작은 사업들이 수만 개는 있어야 할 것이다. 내가 디트로이트에 온 주된 이유는 나의 관심을 끌었을 뿐 아니라 미국의 주요 뉴스 미디어의 주목을 받았던, 2009년에 헤드라인을 장식한 발표 때문이라고 마침내 카에게 말했다. 나는 디트로이트에서 제안되어 논쟁을 불러일으키고 있는 세계 최대의 민영 도시농장이라는 야심적인 사업에 관해 카의 의견을 듣고 싶었다.

한츠 팜스

존 한츠는 토지를 찾고 있는 농민이 아니다. 개인 재산이 약 1억 달러에 이르는 한츠는 미시간 주에 있는 자기 고향 디트로이트의 위기에 대한 해결책을 찾고 있는, 하버드대학을 나온 자수성가한 주식 중개인이자 금융업자이고 기업가이다. 한츠는 20여 년 전에 당시 쓰러져 가고 있던, 아메리칸익스프레스 디트로이트 지사 금융 서비스 부문을 다시 일으켜 세우기 위해 디트로이트로 옮겨왔는데, 그는 결국 해냈으며 미국에서 최고의 성과를 내는 곳 가운데 하나로 만들었다. 1998년 한츠는 아메리칸익스프레스를 떠났고 그 이후 그야말로 자신만의 제국을 세웠다. 한츠 그룹은 전용 항공기 전세 회사(한츠 에어), 20억 달러 이상을 관리하는 자산관리 회사(한츠 금융서비스), 음료 회사(유나이티드비버리지 그룹)와 목재 청산회사를 비롯해 직원 500명을 거느리는 다각화된 기업 제국이다.

신문과 잡지가 '한츠 팜스 프로젝트' 계획을 발표하는 보도자료를 입수한 2009년까지 디트로이트 시민 대부분은 존 한츠에 대해 들어 본 적이 없었다. 2009년 3월 23일 한츠 그룹이 내놓은 최초의 보도자료에는 "디트로이트 시내 신개발 도시농장 예비 계획은 세계 최대의 도시농장인 한츠 팜스를 만들기 위해 공한지와 방치된 토지를 활용할 것이다"라고 적혀 있었다.[16] 이어서 그 보도자료에는 1단계에서는 "디트로이트의 동남부 지역에 있는 28.3헥타르 이상에 이르는, 제대로 활용되지 않고 있는 공한지와 방치된 토지를 활용할 것"이라고 적혀 있었다. 시가 이 계획을 일단 승인하면 "이 농장은 6개월 이내에 운영될 것이다." 하지만 이 대담한 계획은 좋은 평가를 받지 못했다.

특히 디트로이트의 식량보장 단체에서 일하고 있던 사람들 사이에서 보인 최초의 반응은 토지 수탈에 대한 의심과 불안감이었다. "사이렌이 울리는 것과 같은 엄청난 불안감"을 느끼며 디트로이트의 식량보장 네트워크에 속해 있던 많은 사람이 한츠 팜스 프로젝트 뉴스를 받아들였다고 카가 말했다. 그 농장은 이 도시를 희생해서 생길 것이며, 창출될 수도 있는 부를 도시 주민들과 나누겠다는, 정식으로 표명된 계획이 없다는 것이 우려 사항이었다. 가장 중요한 것은 한츠가 디트로이트의 절망적인 상황을 이용해 먹는다고 비난을 받았다는 점이었다.

잊어버려서는 안 되는 사실은 존 한츠가 인구의 82퍼센트가 아프리카계 미국인인 도시에 사는 백인 백만장자라는 점이다. 약 33퍼센트를 차지하는 만성적인 실업과 범죄, 마약과 빈곤 문제에 더해 사회문제가 산적해 있는 디트로이트에서 재산은 종종 인종 구분을 따른다. 하지만 디트로이트가 안고 있는 최대 문제는 땅은 너무 많고 사람은 너무 적다는 사실이다. 시 정부의 예산 적자가 3억 달러에 이른다. 2011년의 통계에 따르면, 평균 하루 65명꼴로 수천 명의 사람이 매달 도시를 떠나는 가운데 인구가 계속 감소하고 있다.[17]

도시농업이라는 비즈니스

자수성가한 백만장자이면서 여전히 디트로이트에서 살고 있는 몇 안 되는 성공한 기업인인 존 한츠는 다른 비전을 가지고 있다. 2010년 4월 한츠는 미시간대학 디어본 캠퍼스에서 열린 '도시농업 정상회의: 도시농업 비즈니스'라는 공개 토론회에서 자신의 도시농업 아이디어에 대해 직접 이야기했다.[18] 청중 중에는 거대한 개인 도시농장을 만들려는 동기를 공공연하게 의심하는 비판적인 사람이 많이 있을 것임을 알고 그는 개인 농장이라는 아이디어의 논리적 근거를 설명하고 싶어 했다. 디트로이트가 공동 토지 소유와 공동 이익 배분이라는 좀 더 협력적이고 사회주의적인 모델을 채택하기를 기대하는 사람이 많았다. 여하튼 시 정부가 유질(流質) 처분을 통해 시의 대부분 지역을 소유하게 될 것이어서, 시에서 값싼 토지를 빌리는 도시농업 협동조합 아이디어가 도시 재생을 향해 나아가는 한 가지 수단으로 제안되기도 했다. 쿠바의 성공적인 도시 유기농 프로그램에 기초한 모델이었다.

20년 동안 한츠는 인디언 빌리지(주거 환경이 열악한 지역으로 둘러싸인 디트로이트 동부에 있는 지역으로, 백년이나 된 주택 350여 채가 밀집되어 있다)에 있는 집에서 사우스필드(청결하고 질서 정연하고 쾌적해 보이는 디트로이트 교외 지역)에 있는 사무실로 자동차를 운전했다. "해마다 나는 내 자신에게 '앞으로 좋아질 거야' 하고 말하지만 그렇게 되지 않고 있어요." 한츠는 디트로이트의 재생을 위해 세계 최대의 도시농장을 세우겠다는 급진적이며 논란을 불러일으키는 계획을 가진 사람의 이야기를 들어 보려고 나온, 기업인과 대학교수, 공동체 활동가, 디트로이트의 비영리 부문에서 활동하는 시민들로 이루어진 청중에게 말했다.[19]

2008년 어느 날 한츠는 평소처럼 차를 운전하며 방치된 주거지역과 상업지역의 주요 거리를 지나갈 때 자신의 낙관주의가 비관주의로 변했다고 설명했다. 그는 아무런 일도 일어나지 않을 것이며 디트로이트는 그냥 오랫동안 쇠퇴와 파멸로 계속 빠져들 것임을 깨달았다. 비관적인 시나리오를 받아들이고 싶지 않았고, 누군가 '무슨 일'이든 해야 한다고 생각했다. "그리고 그때 나는 그 누군가가 바로 나일지도 모른다는 몹시 혐오스럽고 끔찍한 느낌이 들었어요." 한츠는 강당의 이곳저곳을 향해 빙그레 웃음을 보내어 긴장을 다소 풀면서 말했다. 하지만 그 해결책이 무엇인지 모른다는 사실 때문에 그는 괴로웠다.

특히 디트로이트의 이미지에 드리워진, 기록에 의해 충분히 입증된 부정적인 측면을 감안하면서 사람들을 다시 돌아오게 하고 그들이 이 도시에 다시 투자하게 하도록 위해 시가 해야 할 일에 대해 생각했다. "범죄 문제가 있지요. 학교 문제도 있고요. 또 세수 기반 문제도 있죠." 계속 악화되어 가고 있는 도시에 돈과 삶을 투자하도록 사람들을 도대체 어떻게 끌어들여야 하나?

한츠는 다른 여느 투자 상황에서 했던 것과 똑같이 이 문제를 봤다.

토지가 더 이상 아무런 가치가 없는, 디트로이트의 근본 문제를 어떻게 해결할 것인가? 무엇이 토지 가격을 높이고 기회를 만들어 주며 사람들이 실제로 도시 곳곳에서 살고 싶어 할 긍정적인 해결책이 될 것인가? 무엇이 사람과 기업을 다시 디트로이트로 불러오기에 충분할 만큼 토지 가격을 높여 줄 것인가?

기업의 세계에서는 가치가 희소성을 통해 만들어진다고 한츠는 설명했다. 희소성을 만들기 위해서는 많은 토지가 순환되지 않게 해야 한다고 그는 판단했다. 그렇지 않으면, 땅값이 마냥 떨어질 것이기 때문에 누구도 디트로이트에 투자하지 않을 것이다. "내가 시카고에 있고 내 집 옆에 팔려고 내놓은 빈 터를 보았다면 나는 바로 사러 갈 겁니다." 한츠는 예를 들어 말했다. "왜냐하면 다른 사람 역시 그 토지를 원할 수 있기 때문이죠. [디트로이트] 시에서는 어떤 부지가 비게 되면, 사람들은 기다립니다. 다음 해가 되면 더 싸질 지도 모르기 때문이죠." 한츠가 말했다.

그러나 한츠는 이것은 토지 수탈이라고 우려하며 값싼 토지를 찾고 있는 돈 많은 기업인의 첫 번째 제안을 시가 곧바로 받아들여서는 안 된다고 그의 비판자들이 말하고 있다는 것을 알았다. 이용할 수 있는 토지가 많다는 것이 디트로이트 최대의 자산, 아마도 이 도시에 유일하게 남은 자산이라는 생각을 가진 그룹들이 많았다.

"녹지와 공한지는 다릅니다." 한츠는 이 주제를 두고 불가피하게 벌어지는 논쟁에 선수를 치며 말했다. "녹지는 삶의 질을 개선하기 위해 시민으로서 당신이 그렇게 하기로 선택한 계획된 변화입니다. 공한지는 충돌 사고가 난 열차의 잔해죠. 공한지는 가치를 파괴합니다. 공한지는 그 목적이 없을 때에는 지역사회도 파괴합니다." 공한지가 가진 정말로 파괴적인 측면은 이것이 도시의 자원을 낭비하고 있다는 사실이라고 한츠는 주장했다.

한츠는 한 도시의 공한지 한 필지는 5년이라는 기간에 걸친 보유 비용이 약 12,000달러라는 데이터를 제시했다. 디트로이트에는 도시 곳곳에 흩어져 있는 20만 필지의 공한지(대부분이 유질 처분된)가 있어 돈을 고갈시키고, 유지 관리하는 데 노동력이 들어가고, 경찰이나 소방과 같은 도시 서비스를 이용한다(공개 토론회에 함께 있었던 디트로이트 시 도시계획국장 알 필즈는 이 수치가 정확하다고 확인해 주었다. 그는 이것이 많은 경우 재정 부족으로 시가 필수적인 서비스를 제공해야 하는 의무를 수행하지 못하게 하는 비용이라고 덧붙였다). "그리고 우리는 왜 3억 달러 적자가 나는지 의아해 하죠." 한츠가 질책했다. 한츠의 계산에 따르면, 일부 사람들이 도시 자산으로 보는 이 모든 공한지는 5년 동안의 보유 비용이 3억 달러에 이른다. 그와 같은 '자산'을 당신은 어떻게 하시겠습니까? 하고 한츠는 물었다. "누군가에게 팔아치우겠죠. 가능한 한 빨리!"

그래서 그 '무엇을 해야 할지 모르겠다는 끔찍한 느낌'은 뜻밖의 새로운 사실에 자리를 양보했다. 바로 도시 안에 있는 대규모 농장이 대량의 토지를 '긍정적인 측면에서' 순환하지 못하게 하기 시작할 것이다. 많은 빈집을 무너뜨리는 만연한 방화 행위에 내맡겨져 허물어지거나 타 버리게 놓아둔 집에 비해, 보살피고 관리하는 생산적인 토지는 사람들이 그 주변에서 살고 싶어 하는 어떤 것이 될 수도 있다(디트로이트에서는 집을 허무는 비용이 시가 그 집을 팔아서 회수할 수 있는 것보다 곱절도 더 든다. 바로 이것이 압류되고 버려진 집들이 허물어지거나 방화범에 의해 초토화되게 방치되는 이유이다). 한츠는 강당에 모인 사람들에게 디트로이트에는 120제곱킬로미터가 넘는 공한지가 있다는 사실을 상기시켜 주었는데, 그는 디트로이트 시민들이 "우리 시에는 공한지가 2만 제곱미터밖에 없다는 듯이 행동하죠" 하고 말했다. 한츠는 시도해 볼 만하다고 판단했다. 마침내 그는 한츠 팜스라는, 디트로이트 같은 곳이 위기를 벗어나기 위해 실제로 해 볼 수 있는 실험에 3천만 달러의 개인 자금을 투입했다.

한꺼번에 28헥타르를 사 버리겠다는 최초의 의욕적인 규모에 문제가 있었듯이 아마도 농장이라는 용어는 약간 문제가 있었던 것 같다. 트랙터, 콤바인, 산업적으로 농사를 짓는 대규모 단작을 상상한 사람도 있었다. 도시 환경에서 아마도 가축이나 그 모든 것들이 있는 뚜렷하게 전통적인 혼합농이 어떤 모습을 보이게 될지를 이해하려고 노력하고 있던 사람도 있었다. 한편 농사를 지어 본 경험이 없는 한츠는 '농장' 개념을 새로운 관점으로 바라보았다.

한츠 팜스는 활엽수림, 크리스마스트리, 심지어 그물버섯 재배지까지 포함할 것이다. 한츠 팜스는 실내 연중 재배 시스템을 실험하기 위해 낡은 상가 건물을 재활용할 것이다. 기본적으로 이것저것 되는 대로 모든 것을 농장에 다 해볼 작정인데, 올바른 조합이 어떻게 될지 아무도 몰랐기 때문이었다. 한츠는 그중 한 가지 아이디어를 고집하지 않았다. 사실 한츠는 농장 자체에 필사적이지도 않았다. 농장은 디트로이트의 토지에 가치를 되돌려주고, 지역사회를 다시 일으켜 세우는 데 사람들이 투자하게 만들고, 한츠가 공한지 옆에 살 필요가 없는 도시로 만들기 위한 목적을 이루는 수단에 지나지 않았다.

"만약 내가 당신한테서 얻을 수 있는 것이 토지 전체를 자작농으로 경작해야 한다는 점에 동의해야 하는 것이라면 나는 내일이라도 한츠 팜스를 팔아 버릴 거예요." 한츠는 디트로이트 자영농지법이 농장보다 훨씬 더 좋은 해결책이 될 수 있을 것이라고 느끼고 있는데, 그 까닭은 그 모든 토지를 순환하지 않게 해서 토지를 다시 한 번 비싸게 만들어 주는, 같은 결과가 나오게 될 것이기 때문이다. 많은 토지를 관리하는 기업인 한 명이 아니라 그들의 토지를 비싸게 만드는 여러 가지 방법을 생각해내는 기업인 수만 명이 있을 것이다. "어느 쪽이든 내 옆에 빈 땅은 없어지죠!"[20]

한츠는 1862년에서 1934년 사이에 미국 토지의 10퍼센트인 100만 제곱킬로미터를 시민 200만 명이 소유하는 농지로 만든 미국 연방정부 프로그램인 자영농지법 관련 통계를 인용했다. 이것은 직접 농사를 지을 의사가 있는 개인에게 토지를 주는, 인구수가 줄어드는 특정 도시나 농촌 지역에서 부활을 경험한 개념이다.

(최근 2010년 네브래스카 주 비어트리스에서 자영농지법이 시행되었다.[21] 사람들은 온라인으로 신청서를 내려 받아 토지를 신청할 수 있다. 신청이 승인되면, 규정에 따라 소유자는 최소한 83.6제곱미터의 주택을 그 토지에 지어야 하며 토지 소유권을 확보하기 위해 적어도 3년 동안 그 토지에서 살아야 한다. 자영 농지 소유권 취득 비용은 서류 제출과 토지 양도비 지불에 드는 금액뿐이다. 오하이오 주 데이턴과 일리노이 주 그래프턴도 최근의 자영농지법 부활 시류에 편승했다.)

영리를 추구하는 농업 분야에도 많은 사람이 고용될 수 있을 것이라고 한츠는 주장했다. 사회로 복귀하는 전과자를 위한 도시농업 교육 프로그램을 관리하는 사회복지사 칼턴 플레이크스는 토론자 중 한 명으로서 이미 일자리의 필요성에 대해 발언했다. "120제곱킬로미터에 달하는 빈 땅에 대해 듣고 있어요. 나에게는 대부분이 적절한 직장을 필요로 하는 전과자 3만 명이 있죠. 충분히 활용되고 있지 않지만, 여러분이 믿거나 말거나, 일을 하며 생산적이 될 의사가 있고 몹시 그러고 싶은 노동력이 있습니다."[22]

1시간 20분에 걸친 토론이 끝나갈 무렵이 되자 많은 청중의 마음에 분명히 있던 의문이 마침내 제기되었다. '이게 정말 토지 수탈이 아닌가?' 하는 것을 많은 사람이 알고 싶었다.

"분명 토지 수탈입니다. 토지가 없으면 농사를 지을 수 없잖아요." 한츠가 쏘아붙였다. 그러고 나서 그는 결국 '자신의' 토지 가치를 개선하게 되고, '스스로에게' 도움이 되는 무엇인가가 그것에 있다면 더 빠르고 효율적으로 일을 더 잘하게 될 것이라는 자신의 믿음을 설명했다. 그것이 자본주의가 작동하는 방식이다. 그와 같은 사람들이 관련된 위험을 받아들이게 하는 유일한 길은 보상이 있느냐 하는 것이다. 한츠는 계속해서 말했다. "자본이 문제의 큰 부분이라는 것은 이미 증명되었어요. 그리고 비영리가 모욕을 당하는 데 지쳐 있는 것과 똑같이 자본도 모욕을 당하는 데 지쳐 있어요." 사람들이 투자를 하려면 이익이 날 가능성이 반드시 방정식의 일부가 되어야 한다.

"오늘 열 번도 더 들었던 모든 아이디어는 지금 당장 할 수 있는 일입니다" 하고 한츠는 강조했다. 그는 지금이 디트로이트가 모험을 해보고 배우고 실수를 저지르고 그러한 실수로부터 개선할 때라고 주장했다. "현재로서는 상황이 썩 좋지 않아요" 하고 그는 결론지었다. 만약 기업가 정신이 번성할 수 있게 허용되고 현재 디트로이트에서 그러하듯이 방해받지 않는다면, '도시농업 시스템이라면 꼭 가 보아야 하는 곳'이 디트로이트가 되는 그날을 한츠는 상상한다. 그렇게 되면 디트로이트가 전 세계 어느 지역에서라도 시행하고 싶어 할 온갖 시나리오를 보여 주는 일종의 국제 전시장이 될 것이다. 기업인과 각급 정부 공무원들이 디트로이트에 와서 전문 지식을 이용하고, 모델을 보고, 디트로이트에서 개발된 기술을 구입하게 될 것이다.

한츠 팜스의 마이크 스코어

나를 태운 택시 운전사는 아담한 단층 벽돌 건물인 한츠 팜스를 별 어려움 없이 찾아냈다. 특히 과거 언젠가 번창하는 상가들이 늘어선 번화가였을 것이 분명한 마운트엘리엇 스트리트를 따라서 있는 사용 중인 건물들은 디트로이트 남동부에서 눈에 확 띈다. 그러고 보니 압류 통지서를 고지하는 노란 봉투들이 지금도 건물이 서 있는 집 현관문 대부분에 스테이플러로 박혀 있다. 건물을 찾았고 사용 중인 건물처럼 보였는데도 택시 운전사는 차에서 내리지 못하게 했다. 거리에는 사람이나 다른 차들이 없었는데도 "안 됩니다. 이곳은 위험한 지역이에요." 택시 운전사가 주의를 주었다. 그는 내가 전화를 걸어 누군가에게 택시에서, 아니면 적어도 문 앞에서 만나자고 부탁하라고 우겼다.

한츠 팜스의 사장 마이크 스코어가 검은 색 바지 아래 카우보이 신발을 신고 나를 맞이하러 왔다. 작업용 셔츠 위에 멜빵을 하고 깔끔하게 다듬은 턱수염을 기르고 있어 어느 모로 보나 농부로 보이는 모습이다. 제대로 된 모자를 썼다면 그가 아미시 농부라고 해도 통했을 것이다. 하지만 그렇지 않고 그는 도시 젊은이다. 내가 방문한 건 살을 에는 듯이 추웠던 2011년의 2월 한겨울이었다. 그의 사무실 벽난로에서 장작불이 탁탁 소리를 내며 타고 있는 가운데, "나는 여기서 3.2킬로미터 떨어져 있는 집에서 태어났어요" 하고 스코어가 나에게 말했다.[23]

스코어는 유년 시절을 디트로이트 동남부에서 보내고 청소년기를 인근 교외에서 보냈으며, 대학의 경영학 전공이 싫어 한 학기 만에 작물 및 토양학 학위 과정으로 바꾸는 바람에 농업 쪽으로 오게 되었다. 모교인 미시간주립대학을 졸업하자마자 그를 고용했으며, 스코어는 한마디로 말해 농민들이 효율성과 수익성을 위해 사업을 조정할 수 있도록 도와주는 컨설턴트인 농촌지도원으로 일하기 시작했다.

스코어는 신생 식품·농업회사가 규모를 확대하고 방침을 바꾸고 농업의 추세에 따라 전반적으로 변화하기 위해 사업계획을 수립하는 것을 돕는 일로 경력을 쌓았다. 존 한츠가 도시농장의 3개년 사업계획을 수립해 줄 사람을 찾으려고 미시간주립대학과 접촉했을 때 학교 당국이 추천해 준 사람이 스코어였다.

그것은 꿈꾸던 일었다고 스코어는 털어놓았다. 이미 그는 농업을 다시 디트로이트에 가지고 오는 것을 꿈꾸었던 적이 있었다. 상세 계획과 재무 계획을 제출하는 데 사흘밖에 걸리지 않았다.

한츠는 깊은 인상을 받았고, 더 긴 6년 계획을 수립해 달라고 요청했다. 스코어는 수립한 계획을 다시 전달했다. 이것이 한츠식 채용 면접이었다는 사실을 스코어는 전혀 몰랐다. 2009년 12월, 스코어는 한츠 팜스의 사장으로 발표되었으며, 지난 2년 동안 그가 했던 일 대부분은 '대화 방식을 바꾸는' 것이었다.

"일부 좋지 못한 표현이 있었죠. 아프리카계 미국인 도시의 거대한 백인 농장이라는…… 아시겠지만 귀에 익은 소리잖아요." 스코어가 말했다. 하지만 스코어는 그 계획을 비판하는 사람들과 만나 이야기를 하면서 우려의 목소리를 듣고 질문에 답도 했다. 그는 동네 집집마다 돌아다니며 남은 사람들에게 우리 지역에 농장이 있는 것을 어떻게 생각하는지 물었다. 스코어에 따르면 이구동성으로 나오는 반응은 분명하게 "그래요 좋죠"였다.

현재의 답답한 상황은 시의 정치를 이해하는 사람이라면 누구에게나 익숙한 것이다.

나는 스코어에게 전 세계 도시농업계에서 많은 소문이 나게 했던 그 사업의 개시 일자를 캐물었다. 그가 마침내 답했다. "추측만 하고 있죠. 이 사업에 뛰어든 지 지금까지 3년이 지났네요, 사업 개발비로 100만 달러 이상이 들어갔고요. 시의 압류 부동산 목록에서 토지 7,300제곱미터를 살 수 있을지도 모르는 단계에 이제 막 이르고 있어요." 그것은 시 토지 은행에 다시 병합된, 100제곱킬로미터에 이르는 압류 부동산 목록(지금도 계속 증가하고 있다)의 극히 일부에 지나지 않는다.

"디트로이트 시에서 나쁜 사업이 벌어지지 않게 도와주는 여과 장치가 있다면, 그건 아주 효과적인 여과 장치일 거라고 말하고 싶네요. 아마도 너무 심하게 효과적이겠죠." 스코어가 웃으며 말했다. 그러나 소문은 효율적으로 작동되는 도시까지 포함해 대부분의 도시가 운영되는 매우 더딘 속도에 대한 한 가지 반응에 불과하다고 나는 짐작했다.

나는 스코어가 낙천주의자가 아닐까 생각했다. 농업 부문에서 일하는 사람 대부분이 낙천주의자라서, 나도 작물 식재에 대한 억측을 계속해서 밀어붙였다. "최선의 시나리오는 이번 봄에 토지의 첫 번째 블록에 대한 승인을 얻게 되는 것이죠. 2011년 가을이 되면 경작지 준비의 상당 부분이 끝나고 첫 다년생 작물이 심어져 있을 거예요."

한츠 팜스가 제안한 최초의 프로젝트는 28헥타르 규모였다. 시가 한꺼번에 소화하기에는 너무 크고 너무 많다는 점을 스코어는 인정했다. 최초의 제안 이후 토지가 단계별로 이행될 작은 필지로 쪼개졌다. 시의 허가를 받게 된다면 첫 시험 농장 부지는 한츠 팜스의 사옥 바로 옆에 있는 곳으로 예정되어 있다.

스코어의 사무실 책상 뒤로는 대지 경계선과 법률 관련 설명문이 보이는, 총 8헥타르 정도 되는 사무실 주변 지역의 측량 지도가 벽에 테이프로 붙어 있었다. 지도에는 한츠 팜스가 이미 매입을 해서 그 면적이 약 4,000제곱미터에 이르는 여러 부지를 가리키는 녹색 점이 여럿 있었으나 그 점들이 현재로서는 한 곳에 모여 있었다. 나는 노란색 점들이 대부분임을 눈여겨보았다. "노란색 점은 시유지입니다." 스코어가 설명해 주었다. 나머지 필지는 사유지이지만, 거의 모든 사유지에 스코어가 갈겨 쓴 글은 세금이 얼마나 오래 밀려 있는지를 보여 주었다. "이 지역 전체에서 재산세를 꼬박꼬박 내고 있는 집은 몇 채 되지 않아요. 나머지는 모두 2~3년씩 세금이 밀려 있어 압류를 당하게 될 처지에 있습니다." 앞으로 몇 년 안에 시유지가 될 8헥타르 면적의 토지가 한츠 팜스 본사 인접한 곳에 있었는데도 한츠 팜스의 축소된 1단계 사업 대상은 2헥타르 면적의 시험 부지가 될 것이다.

스코어의 사무실에서 한 시간 이상 여러 계획과 장애가 되는 문제에 대해 이야기하고 있을 때, 그가 '현장 견학'을 제안했다. 우리가 이야기하던 그 동네들을 차를 타고 돌아보자고 제안을 해서, 나는 직접 그 풍경을 볼 수 있었다.

스코어는 포드 포커스 차량을 몰고 거리를 따라 천천히 가는 동안 쉬지 않고 말했다. '집 한 채를 허무는 데 1만 달러가 든다는' 그 집들은 지붕이 무너져 내리고, 현관문이 활짝 열린 채 가구가 앞쪽 테라스 위 여기저기에 흩어져 있었다. "디트로이트 주택 가격의 중앙값은 현재 8,000달러예요." 내가 수차례 계속해서 듣고 있던, 평균 주택가격이 약 7,500달러라는 수치를 되풀이하며 스코어가 말했다. 하지만 이 지역에서 집은 보통 1,500달러 이하로 팔린다. 그러나 "기본적인 도시 서비스를 제공하기 위한 비용으로 시는 제곱킬로미터당 350만 달러를 쓰고 있어요. 1년에 디트로이트 시 전체로 3억 6,000만 달러를 쓰는 셈이죠." 이것이 시의 적자가 계속 불어나는 까닭이다.

지금은 버려진 상업용지가 있고, 간선도로에서 주거지역이 시작되는 곳들이 어수선하게 뒤섞여 있는 거리를 우리가 차를 타고 오르락내리락 하는 동안, 나는 기본적으로 쫓아낼 사람이 남아 있지 않다는 의견을 말했다. "우리는 어느 누구도 그들이 사는 집에서 쫓아내지 않을 겁니다. 매티는 원하면 그녀 집에서 계속 살 수 있어요" 하고 스코어는 말하고 나서 유지 관리가 되고 있는 집 한 채를 손으로 가리켰다. 그러나 사실 그 지역에는 말을 붙일 사람이 거의 없었다. 우리가 차를 몰고 둘러본 4헥타르 크기의 지역에서 단 두 집에서만 사람이 산다고 스코어는 말했다.

아무 때고 일어나는 방화 때문이거나 할로윈 전날 밤에 벌어지는 연례 악마의 밤 광란으로 불타 버린 집들은 약탈자들이 파괴하고 시간과 비바람이 나머지 일을 하도록 방치되어 있었다. 우리는 지붕이 무너져 내린 집들을 지나갔다. 완전히 버려진 거리도 있었다. 반만 헐린 집도 있었는데, 마치 그 집의 단면도를 만든 것처럼 변기와 세면대가 2층에 그대로 있었다. 빈터는 쓰레기 버리는 곳이 되었다. 보통 전쟁터나 재난지역이 연상되는 그런 풍경이었다.

스코어의 낙천주의는 놀랄 만했다. 나는 반만 서 있거나 다 타서 골격만 남은 집들을 지나칠 수 없었다. "직접 수확용으로 이곳에 크리스마스트리를 심고 싶어요." 나로서는 어둠이 내린 후에는 머물고 싶지

다 타서 골격만 남은 건물 디트로이트의 한츠 팜스 본사 인근 주거지역에 있다(2011년 2월 1일).

않은 동네를 차를 몰고 돌아다니는 동안 그는 쾌활하게 말했다. 주거지역의 흙은 사실 상태가 좋은데, 흙이 잔디로 덮여 있었고 산업폐기물에 노출된 적이 없었기 때문이라고 그는 말을 이어 나갔다. 토양 개선이 쉬울 것이므로 과실수를 심거나 채소밭을 가꿀 수도 있다. 어떤 경우에는 기존의 오염된 토양과 새롭게 경작에 이용되는 토양 사이에 울타리를 치고 높임 화단을 설치할 필요가 있을 것이다.

이전의 공업 용지나 상업 용지는 이야기가 다르지만 그것에 대해서도 계획이 있다. 오랜 역사를 거치며 도시에서 사용된 그 많은 콘크리트와 석고 때문에 현재 특정 지역의 토양은 보통 pH가 약 8이 될 정도로 강한 알칼리성을 띤다고 스코어는 말한다. "그것은 흙을 아주 싹 바꾸지 않고 기를 수 있는 작물의 범위를 바꾸죠." 이러한 점 때문에 디

디트로이트에 있는 한 벽돌 건물의 지붕 없는 골조 안에 만들어진 텃밭 © Caesandra Seawell.

트로이트 도심부에서조차 산림 작물이 주목을 받게 된다. “이곳에서는 산림 작물이 아주 잘 됩니다.”[24]

현재 계획에는 U-컷 크리스마스트리 농장과 U-피크 사과 과수원과 과수원 안 그물버섯 재배장도 있다. 디트로이트 중심부에 활엽수림을 조성한다는 아이디어가 흥미를 끌면서, 나는 몇몇 상태가 안 좋은 구조물만 남아 있는 곳에 있는 떡갈나무, 너도밤나무, 단풍나무 숲을 상상해 보았다. 마치 스코어의 확신에 찬 낙관주의가 나에게 옮겨오고 있는 것 같았다.

존 한츠 같은 사람은 어디에 사는지 궁금하고 디트로이트에서 섬처럼 번창하고 있는 지역을 보고 싶어서, 나는 스코어에게 인디언 빌리지로 차를 몰고 갈 수 있는지를 물었다. 몇 분 안에 우리는 그곳에 도착

추운 겨울을 견디고 있는 암탉(2011년 2월 1일).

했다. "이 지역은 면적이 120헥타르나 되지만 번창한 거리가 세 곳밖에 없어요." 스코어가 말했다. 인디언 빌리지는 문자 그대로 사방이 버려진 집과 공한지로 둘러싸여 있는 곳이다.

우리는 한 시간은 족히 넘게 차를 몰고 여러 동네를 돌아다녔다. 스코어는 자신의 주장이 정당함을 보여 주었다. 내가 소규모 불량 주거지역을 둘러보고 있는 것이 아니었고, 문자 그대로 모든 곳이 불량 주거지역이었다. "이처럼 두 시간 더 차를 몰고 돌아볼 수 있을 정도에요." 하고 그는 말했다.

그렇게 하는 대신에, 우리는 한츠 팜스 사옥으로 되돌아와 스코어가 말했던 '도시 모험'을 도보로 계속 했다. 우리는 토끼 몇 마리와 다른 동물들이 지나간 자국이 보이는, 바람에 날려 쌓인 눈 더미가 발목까지 오는 뒷길을 건넜다. 그렇게 오래 되지 않은 시기에 매우 큰 창고나 공장이었던 곳을 분명히 자연이 빠른 속도로 되찾아 가고 있었다. 우리는 꿈지럭거리면서 굵은 철사를 다이아몬드 모양으로 엮은 울타리에 나 있는 작은 틈 사이를 지난 후 버려진 거대한 창고의 금속제 외벽에 나 있는 구멍을 지났다. 실내 수경재배와 시장 소매점 용도로 기존 구조물을 사용한다는 아이디어를 가지고 있었다. 도로와 연석을 없애고 나면 그 지역이 복원된 습지가 있는 곳이 될 것이므로 지붕과 연결된 빗물 수집 장치는 커다란 연못으로 물을 흘려보내게 될 것이다. 스코어는 태양전지판으로 지붕의 대부분을 덮고 싶어 하는 한 회사와 협의를 해왔다. 다른 회사는 대체에너지 공급원으로 메탄을 생산하기 위해 바이오다이제스터를 설치하는 데 관심이 있다.

햇빛 한 줄기만 새어 들어오고 이 공간의 다양한 '점유자'들의 잔해가 흩어져 있는 버려진 공장 내부에 서서 스코어는 이 농장의 목표를 이렇게 요약했다. "우리는 황폐한 주거지역과 버려진 공업지역을 대체에너지로 움직이는 경치 좋은 농업과 실내 재배 시스템이 있고 오염되고 버려진 산업 부지를 개선하는 연구를 하는 곳으로 바꾸어 나갈 겁니다."[25]

계획을 자세히 살펴봐 왔으며 외부의 관심과 투자가 곧 밀어닥칠 태세이지만, 이 구상은 아직도 준비 중에 있어서 스코어와 한츠 두 사람의 인내심을 시험하고 있다. 2009년 말, 기업인이자 디트로이트 피스톤스에서 12시즌을 뛴 전 NBA 프로농구 포인트가드로 이제 60대 후반인 데이브 빙이 디트로이트의 새 시장으로 뽑혔다. 새 시장이 디트로이트 재정이 얼마나 심각한 상황인지를 파악하고 도시 재생 계획을 마련하는 데에는 시간이 걸렸다. 도시 재생을 위해 현재 검토 중에 있는 계획은 '디트로이트가 움직인다'(Detroit Works) 계획이라고 한다. 한마디로 말해 이 계획은 기존 인구 즉 '전체 주민'을 지정된 지역 몇 곳으로 이주시켜 인구밀도가 높은 동네들을 만든다는 것이다. 다시 말해 디트로이트에 남아 있는 사람들을 모두 이사시킨다는 것이다. 이렇게 해서 더욱 많은 공간이 생겨나면 한츠 팜스 프로젝트가 한층 더 매력적인 사업이 되고 어쩌면 시로서는 반드시 해야 할 일이 될 것이라고 스코어는 언급했다.

그러나 한츠 팜스 개설 계획은 1년 동안이나 착륙 대기 선회 비행 중에 있다. 디트로이트 시는 시가 토지를 한츠에게 팔고 싶어 하는지, 만약 그렇다면 어떠한 조건으로 해야 하는지 아직도 결정하지 못하고 있다. 더 작은 규모인 2헥타르나 8헥타르 농장 부지(결국에 그 어느 쪽이 되든지 간에)가 한 농장이 디트로이트에 미칠 수 있는 영향 형태의 원형이 될 것이다.

"우리가 시에 말해 온 것은 농장이 이곳에서 어떻게 보이고 어떤 느낌이 드는지를 보여 주겠다는 것이에요." 스코어는 작은 시험 필지에 대해 언급하며 말했다. "우리가 시작하고 나서 작업 대부분이 완료된 후에 이사하지 않은 사람들에게서 피드백을 받을 수 있을 거예요. 농장 옆에 사는 게 어때요? 이 지역이 더 깨끗하나요? 더 안전하나요? 우리 도시에 새 농장이 있기 때문에 사람들이 디트로이트에 대해 좋게 이야기하고 있나요?"

"우리가 약속하고 있는 모든 일이 앞으로 일어나게 된다면, 나쁘지 않고 좋은 일이 일어난다면, 이 지역을 한번 살펴보자고요." 한츠는 시가 팔고 싶어 하는 만큼 많은 토지를 사겠다는 점을 분명히 해왔다. "만약 다른 구매자가 더 많은 돈을 지불하고 싶어 한다면, 존은 기분

나빠하지 않을 거예요. 하지만 기본적으로 그는 가격에 하한선을 정할 겁니다." 스코어의 말에 따르면, 한츠는 만약 시가 팔고 싶어 한다면 4,000헥타르를 살 거라고 말했다고 한다.

알고 보면 농업은 한계산업이다. 농업이 돈을 버는 쪽이 아니어서, 나는 스코어에게 이 프로젝트에 대한 예상 수익이 얼마나 되겠는지 노골적으로 물었다. 모델과 생산물 혼합에 따라 달라지겠지만(이는 직접 소매 대 도매, 고가 작물 대 다른 작물의 비율, 오염되고 버려진 산업 부지의 정화 연구를 위한 보조금, 생겨날 수도 있는 도시농업 '관광'을 뜻한다), "수익은 −2%와 +5% 사이 어딘가에 있을 거예요" 하고 스코어는 답했다. 처음에 투자한 3,000만 달러로 몇 년 동안 계속 사업을 추진해 나갈 수 있다면 한츠가 기뻐할 거라고 스코어는 말했다. "그로서는 이게 유산 프로젝트입니다."

현재 반쯤 무너져 가고 있는 집과 쓰레기 폐기장이 있는 곳에 활엽수림과 그물버섯 재배장이 생기게 된다는 사실을 나로서는 심적으로 받아들이기가 쉽지 않다. 정치인이 느리고 조심스럽게 움직이는 것은 전혀 놀랄 일이 아니다. 그러나 결국 디트로이트를 다시 일으켜 세우기 위해서는 어떤 일이 일어나야 한다. 그곳을 방문했을 때 나는 "디트로이트는 복권 당첨이 필요해"라는 말을 여러 번 들었다. 이 말은 실제 상황을 전달하기에는 턱없이 부족한 표현이다. '디트로이트는 기적이 필요하다.' 하지만 디트로이트는 수십 년 동안 기적을 기다려 왔을 뿐이다. 지금은 급진적인 어떤 일이 일어나야 할 시점이며, 그렇지 않으면 디트로이트는 유명한 과거를 가지고 미래가 없는 유령도시가 되어 버릴 것이다.

한츠는 선각자일 수도 있고 폭리를 취하는 사람일 수도 있는데, 오직 시간만이 말해 줄 것이다. 현재로서는 도시농업이 유일하게 검토 중인 제안이다. 만약 시가 한츠 팜스에 허가를 내 준다면, 세계는 디트로이트가 후기 산업도시로 전환하는 가장 급진적인 실험장이 될지 지켜볼 것이다. 만약 그렇게 된다면 디트로이트는 도시농업의 세계적 중심지로 떠오를 것이다.

비행기를 타고 디트로이트 상공을 날아서 떠나며 구멍이 숭숭 나 있는 도시 경관을 조감도처럼 보았다. 나는 그 어떤 다른 선택의 가능성도 볼 수 없었다. 나는 과수원과 숲을 상상하려고 애썼다. 더 나아가 사람들을 상상하려고 애썼다.

FOOD AND THE CITY

13

시카고

수직농장의 꿈

"건물들의 또렷한 윤곽선이 하늘을 배경으로 까맣게 드러났다. 수많은 건물 위로 커다란 굴뚝들이 이곳저곳에 솟아 있고 연기의 강물이 세상 끝으로 흘러가고 있었다."

업턴 싱클레어, 《정글》(1906)

요즈음 책이 으레 그러하듯, 딕슨 데포미에의 《수직농장: 21세기 세계 식량 공급》(The Vertical Farm: Feeding the World in the 21st Century)이 2010년 말에 많은 홍보와 기대 속에서 나왔다.[1] 그 책이 출판되기 훨씬 전에 데포미에는 미국의 전문 채널인 코미디 센트럴의 문화적으로 영향력 있는 풍자뉴스 프로그램인 '콜버트 리포트'(Colbert Report)에 게스트로 출연했다. 음악가이자 활동가인 스팅이 그 책의 표지를 과도하게 선전했다. 맥아더 '천재상' 수상자 마조라 카터가 서문을 썼다. 《이코노미스트》는 기사에서 데포미에를 '수직농업의 아버지'라고 일컬었다. 수직농업에 관한 기사가 일제히 어디에서나 보이는 듯했다.

대중매체에 따르면 2010년은 돼지, 물고기, 아루굴라, 토마토, 상추가 층층이 있는 사실상 초고층 건물인 수직농장의 해였다. 딱 한 가지 문제가 있었다. 아직 누구도 수직농장을 지은 적이 없다는 사실이었다.

물론 선견지명 있는 개발업자나 유산 프로젝트를 찾는 부유한 억만장자를 기다리는, 여러 장의 건축물 완성 예상도는 있었다. 데포미에의 책에는 미국의 건축가 블레이크 큐러섹이 일리노이대학의 2008년도 졸업논문 프로젝트로 구상한, 초목으로 뒤덮인 30층짜리 나선형 계단의 그림이 실려 있다.[2] 그 책에는 벨기에 건축가 뱅상 칼보가 뉴욕의 스카이라인을 위해 설계한, 정교한 132층짜리 날개 모양의 '도시농업을 위한 물질대사 농장'인 잠자리 수직농장 개념을 보여 주는 그림도 들어 있다.[3] 이러한 상상도는 데포미에와 동료 교수 에릭 엘링센이 직접 구상한 유리 피라미드 농장의 상상도와 마찬가지로 확실히 지적으로 흥미롭고 미적으로 인상적이었다(지금도 여전히 그렇다).[4] 엘링센의 작품은 먹거리 생산을 위해 그러한 구조물을 세울 돈이 있는 유일한 도시일 것 같은 아부다비를 염두에 두고 설계되었다. 그러나 이러한 수직농장이 아직도 먹거리를 재배하는 현실이라기보다 공상과학 소설로 남아 있는 이유 중 하나일 수도 있는 것은 1억 달러 이상의 가격표가 붙어서 나올 게 뻔하기 때문이다.

몇 년 전만 하더라도 학계 외부에서는 수직농업이라는 용어를 들어본 사람이 많이 않겠지만, 이 개념은 신화에나 나올 법하게 초목이 계단 폭포처럼 흘러내리도록 식재된 바빌론의 공중정원 이래 존재해 왔다. 전통적인 농업이 토지·물·노동·연료 집약적인 상황에서, 부지 면적을 급격히 줄이고 '높이'라는 제3의 차원을 추가하여 농업의 2차원적인 특성을 바꾸는 것은 논리의 비약이었다. 서로 다른 작물이나 가축이 층층이 있는 고층 건물 농장은 공간이 없는 그 어떤 도시 환경의 한 가운데에서도 아마 대규모 먹거리 생산을 가능하게 할 수 있을 것이다.

수직농업이 가능하다는 생각은 상당히 도발적인 디자인으로 이어졌다. 네덜란드 디자인 회사 MVRDV는 2001년에 돼지 1,500만 마리를 수용해 50만 명이 먹기에 충분할 정도의 유기농 돼지고기와 바이오가스용으로 쓰이는 엄청난 양의 퇴비를 생산하게 될 야외 40층짜리 농장 '피그 시티'(Pig City)를 제안했다.[5] 이 때문에 수직농장은 '스타이 스크레이퍼'(sty-scraper, 돼지우리 초고층 건물—옮긴이)라는 초기의 별명을 얻었다. 곧 다른 야외 수직농업 개념이 토론토, 밴쿠버, 파리, 시카고에 있는 건축가의 제도판 위에 나타났으나, 실제로 만들어진 것은 하나도 없었다.

수직농업 아이디어의 최근 추세는 특히 '폐회로 체계'에 초점을 맞추고 있다(전통적인 혼합농장을 여러 층으로 자르고 수직으로 쌓아 올려 온실 안에 기밀 밀봉한다고 생각해 보라). 가축 폐기물은 작물의 비료로 집약적으로 재활용되고 민물고기가 수조에서 자라며 샐러드용 작물을 위한 영양분 풍부한 물을 만든다. 증발에 따른 물 손실이 최소화되며 어머니 자연의 변덕이 더 이상 이 하루 24시간, 1주일 내내, 1년 365일 지속되는 실내 재배 시스템을 방해하지 않는다. 굶주린 사슴이나 메뚜기나 다른 해충들이 작물을 망치지도 않을 것이다. 기후가 문제가 되지 않을 것이며 기후변화, 가뭄, 작물 생장 중에 발생하는 우박 동반 폭풍도 문제가 되지 않을 것이다.

아주 가까운 미래에 90억 명이 거대도시에 살게 된다는 시나리오대로라면 수직농업이 성장하는 도시에 먹거리를 공급하는 유일한 방법이 될 것으로 보는 사람들이 있다. 수직농업이 본말이 전도된 일이라고 보는 사람들도 있다. 수직농장 설계자와 건축가들은 마치 관련 기술들이 완성된 것처럼 기무재배(aeroponics, 뿌리에 영양분이 풍부한 물을 분무하는, 흙이 필요 없는 재배법), 수경재배(hydroponics, 흙이 필요 없이 영양분이 풍부한 물속에서 작물을 재배하는 방법), 양어수경(aquaponics, 실내 물고기 양식을 수경재배 기술과 결합해 자체 정화와 자체 시비의 물 재활용 순환체계를 형성한다)에 대해 이야기한다. 다소 소규모로 이런 기술들을 실험해 오고 있지만 대규모 농업은 또 다른 문제다. 그런 기술이 아직은 아니다. 15세기에 레오나르도 다빈치가 헬리콥터의 모형을 그렸다는 사실을 떠올려 보자.

무엇이 계기가 되어 이 기술이 추진될 것인가? 현재 우리 앞에 놓여 있는 여러 요인들의 결합이 될 수도 있다. 기후변화와 급격한 도시화, 전통적인 농업과 수송의 연료비 상승, 인구 증가 때문에 마침내 현재의 식량자원을 이용하는 데 한계에 다다를 수도 있다.

기술이 도시농업의 미래 전망을 따라잡아서 이러한 모델이나 변형된 형태가 실행 가능한지는 시간이 말해 줄 것이다. 그러나 그런 것이 실현되기 위해서는 여러 가지 일을 다루어야 할 것이다. 구체적으로 말하자면, 특히 데포미에의 책에 나오는 공상적인 고층 수직농장 건물이 책장에서 튀어나와 현실적으로 존재하기 위해서는 건축과 실내 재배 기술의 비약적인 발전이 있어야 할 것이다.

내가 수직농장이 현실로 다가오기까지에는 수십 년은 더 있어야 하고 우리는 농업이 한계산업이라는 사실을 완전히 무시하는 것처럼 보이는 정교한 초현대적인 시나리오에 대한 상상을 계속하게 될 것이라고 생각하던 바로 그 때, 시카고의 산업개발업자 존 에델과 그가 '더플랜트'(The Plant)라고 부르고 있는 새로운 도시 재이용 프로젝트를 알게 되었다. 여기에는 종이 위에서 생기를 잃고 있는 다른 수직농장의 자기

1982년에 만든 하워드 지역 공동체텃밭 시카고에는 잘 조성된 공동체텃밭이 많다. © Cristina Silva.

중심적 디자인이 없었으며, 규모가 적당하고 실제적이어서 실내 다층 농장이라는 아이디어가 현실성이 있어 보였다. 그런 이유만으로도 나는 그곳을 직접 보고 싶어졌다. 결국 만약 에델이 그리 크지 않은 형태의 수직농장이라도 이루어 낼 수 있다면 그것은 도시농업 역사가 새로 만들어지는 것이 될 것이다. 나는 4층밖에 안 되지만 세계 최초의 수직농장이 되는 초기 단계에 있는 더플랜트를 보러 시카고를 방문할 계획을 세웠다.[6]

수직농장, 더플랜트

블레이크 데이비스가 방진마스크를 벗어 툭툭 치고 후후 불어 손에서 콘크리트를 털어 내면서 "보시다시피 분명, 난 대학교수예요" 하고 농담을 했다.[7] 짧은 머리에 끊임없이 웃는, 건장한 시카고 사람인 데이비스는 일리노이공과대학에서 도시농업을 가르친다. 그러나 내가 그를 만났던 그날에 그는 교수가 되기 전에 배웠던 기술을 살려서 활용하고 있었다. 그가 입고 있는 낡은 카하트 작업용 재킷과, 멜빵과 앞주머니가 달린 작업복은 습기가 차 못쓰게 된 콘크리트 바닥을 착암기로 부수는 과정에서 생긴 미세한 콘크리트 먼지로 덮여 있었다. 오후가 되자 그는 용접 토치와 비슷하게 생겼지만 스테인리스강을 절단할 수 있어서, 식품 조리용으로 안전한 조리대나 다른 참신한 재이용 용도로 쓰기 위해 고기 훈연기에서 철판을 잘라 내려고 플라스마 토치를 사용하고 있었다. "시카고에는 바로 도시 안에 '문자 그대로 수십만 제곱미터'에 이르는, 비어 있고 많은 경우 버려진 산업 공간이 있었죠. 허무는 데 비용이 너무 많이 들어요." 데이비스가 말했다.

데이비스는 수직농장의 실용 모형을 만들기 위해, 1925년에 건설된 8,700제곱미터 면적의 과거 육가공 공장을 외부의 붉은 벽돌 골조만 남겨두고 해체해서 가능한 한 많은 재활용품을 다시 이용하기로 작정한 고도로 숙련되고 지속가능성에 관심이 많은 에델의 팀에 속한 여러 명의 자원봉사자 팀원 중 한 명이었다.

수직농장이 현재 도시농업의 염원이고 실행 가능한 모델을 내놓을 수 있는 사람에게 엄청난 돈이 돌아갈 수 있기 때문에 다른 기업가라면 모델 프로젝트에 대해 입을 굳게 다물었겠지만, 에델은 그렇기는커녕 몇 시간을 내어 나를 데리고 다니며 '수리가 필요한 낡은 집'을 구경시켜 주었다. 그는 내가 마음대로 돌아다니며 데이비스, 알렉스 폴토랙(엔지니어링 자격증이 있는 또 다른 자원봉사자), 오드리 티보(중국으로 계속 출장을 다녀야 하는 직업을 가진 산업디자이너인 그녀는 더플랜트와 같이 '굉장한 어떤 것의 일부가 그냥 되고 싶다'고 생각했다) 같은 사람들과 이야기를 나눌 수 있도록 해주었다.[8]

이것은 다소 야심적인 목적을 가진 현재진행형 실험이다. 에델과 그의 팀이 실제로 상승작용을 일으키며 작동하는 적절한 모델과 요소들의 혼합 비율을 알아낼 수 있다면, 실행 가능한 물리적이고 경제적인 수직농장 모델을 만들 수 있을 것이다. 또 에델은 더플랜트가 계속 서 있을 이유를 기다리는 기존 건물 골조들이 부족하지 않은 도시에서 산업적 재이용을 위한 무상공개 실험실이자 촉매 역할을 하게 할 생각이다.

임시 가축 수용소

1878년 거스테이버스 스위프트가 처음으로 냉동 기동차를 만들었는데, 이것 덕분에 급속히 육가공 산업이 시카고에 집중하고 믿기지 않을 정도로 효율성이 올라가면서 전국 시장을 계속해서 지배할 수 있었다. 1900년대의 전환기에 유니언스톡야즈는 면적이 176헥타르였으며 '세계의 도축장'으로 알려지게 되었다. 그것이 약간 과장이기는 했지만 미국을 먹여 살린 것은 적어도 도축업자였다. 당시 미국에서 소비되는 육류의 82퍼센트는 유니언스톡야즈에서 나왔다. 이전에는 축산업 분야에서 시도된 적이 없었던 엄청난 규모의 효율성을 이루어 냈다. 옛날 사진을 보면 하늘에서 내려다본 16헥타르에 이르는 소와 돼지우리가 나오는데, 현재 이러한 곳은 집중가축사육시설(CAFO)이라 불린다.

오늘날에도 그렇듯, 당시에도 산업화된 육류 거래에는 상당한 숨은 비용이 따랐다. 육가공산업에 종사하는 노동자들이 경험하는 가난, 불결함, 가혹한 노동(그리고 생활) 환경은 업턴 싱클레어의 1906년 소설 《정글》(The Jungle)을 통해 영원히 기억되게 되었다. 노동조합에 가입하지 않은 값싼 이민자와 '최하층' 노동자들이 밀려들면서 조립라인에서의 도축, 해체, 몸통 처리라는 혁신이 가능해졌다.[9]

'백 오브 더 야즈' 마을이 고기를 자르고 포장하는 일을 하러 밀려드는 이민자들과, 유니언스톡야즈의 남쪽과 서쪽 경계에 있는 육가공업체를 둘러싸고 있는 무두질 공장, 비누 제조회사, 악기줄 제조업체와 같은 다양한 기업들을 위한 베드타운으로 활기를 띠었다. 그러나 1950년대가 되자 육가공업은 가축 떼에 가깝고 토지 가격이 싼 서부로 향했다. 임시 가축 수용소는 1971년 공식적으로 폐쇄되었으며 그 시대의 유일한 잔존물로 거대한 석회석 입구 아치를 남겼다. 백 오브 더 야즈는 산업단지로 변했다. 수년이 지나자 거대한 인프라는 존재할 이유가 줄어들었다. 시카고의 이 지역에 있던 업체들이 그러했듯이, 업체가 떠나면서 인프라가 방치되어 허물어지고 노후화되어 있다. 시카고에서 남아도는 인프라가 너무 방대하다보니 대부분 황폐한 지역이 되었다.

내가 시카고의 활기 넘치는 초고층 건물과 '루프'라고 하는 시내 중심부를 떠나 시의 아주 오래된 임시 가축 수용소와 백 오브 더 야즈 지구 쪽으로 갔을 때 본 것의 대부분은 낡아서 황폐화되어 가고 있었다. 그렇지 않았으면 집들이 가까이 서 있어야 할 주거지역 거리에는 비어 있는 공간이 너무 많았다. 출입문이나 트럭 차고지, 창고, 목적이 불분명한 공장을 에워싼 그물형 철조망에 채워져 있는 녹슨 맹꽁이자물쇠가 수없이 많이 있었다. 창문에 창살을 댄 패스트푸드점과 주류 판매점, 편의점과 같이 아직도 남아 있는 업소들은 쇠퇴하는 동네의 표지판이었다.

1925년에 짓고 수년에 걸쳐 증축한 피어푸즈의 붉은 벽돌 건물은 끝까지 버티고 있었다. 이 가족 소유 훈제 및 염장 육류 전문 회사는 2007년까지 백 오브 더 야즈에서 영업을 계속해 왔다.

그 당시 에델은 55,000제곱미터에 이르는, 제1차 세계대전 시절 무기고였다가 지금은 비어 있는 시카고 교육위원회 건물을 구입하기 위해 시와 협상을 하고 있었다. 철거비가 1,200만 달러나 든다는 사실에 직면한 시는 이 건물을 1달러에라도 팔 용의가 있는 것처럼 보였다.[10]

에델은 이미 공장 건축물 리모델링으로 지역에서 명성을 약간 얻고 있었다. 비용을 적게 들이고 창조적으로 이용하는 방법을 찾아 역사적인 건축물을 보존하고, 그러한 건축물 대부분의 내부에 널려 있는 물건을 재이용하고 싶은 욕구를 달래기 위해 그는 컴퓨터 지원 제도와 모델링 작업을 아주 많이 필요로 하는, 돈 잘 버는 방송 텔레비전 디자인 일을 그만두었다.

2002년, 그는 1960년대 이후 공식적으로 사용되지 않았고 그 이후 오토바이족들이 들끓으며 창문은 총을 맞아 깨져 있는, 버려진 건물이 되어 버린 1910년에 만든 페인트 공장을 샀다. (에델의 말에 따르면 그 건물은 한때 국스, 맥, 산타클로스, 더블, 카우보이 같은 이름을 가진 '수많은 거친 사내들'이 접수하고 있었다. 그곳에는 건물을 인계받은 '비공식 경제'와 관련된 '많은 총과 많은 칼'이 있었다.) 에델은 자신이 받은 산업디자인 교육 내용, 개인과 자원봉사자의 엄청난 노동력이 부가된 노동 제공형 가옥 소유제도, 타고난 폐품 수집자 성향을 모두 활용하여 2,230제곱미터 면적의 건물을 완전히 개조했다. 벽돌담에 구멍을 내는 데 사용하는 에어치즐과 불필요한 콘크리트를 제거하는 데 사용하는 착암기를 돌리기 위해, 내버려진 크고 오래된 공기압축기 같은 유용한 산업기계를 다시 사용했다. 새 입구 차양과 같은 물품을 만들기 위해 철판 조각이 개조되고, 이곳저곳에 널려 있다가 발견된 이전의 기계공구 부품과 파이프는 미술학교풍의 계단 난간이 되었다. 에델은 우수 유출을 줄이기 위해 더위와 가뭄에 잘 견디는 꿩의비름(물을 많이 줄 필요가 없는 다육식물)을 잔뜩 심어 살아 있는 녹색 지붕을 만들었고, 건물에서 재이용하기 위해 빗물을 수집하려고 물탱크를 설치했다(위에서 보거나 구글 어스를 통해 보면, 수많은 꿩의비름이 빨간색과 녹색으로 된, 에델의 딸이 웃는 얼굴 모습을 이룬다).

에델은 얼마 안 되는 돈으로 이 모든 일을 했으며, 방치된 기존 구조물의 95퍼센트가 용도 변경되었다. 이 건물은 현재 공식적인 이름이 시카고 지속가능한 제조업센터인 '버블리 다이내믹스'가 쓰고 있다.[11] 버블리 다이내믹스는 현재 100퍼센트 입주해 있으며 시카고의 틈새 부티크 제조업과 지속가능한 기술 기업가를 끌어들이고 있다. 버블리 다이내믹스에는 급여를 받는 상근 직원 35명이 일하고 있는데, 이들은 주문제작 자전거 프레임 제조업자 5명으로 이루어진 협동조합, 직물 인쇄 영사 회사, 위험에 처한 어린이를 위한 개인지도 프로그램 등에 속해 있다. 버블리 다이내믹스는 업체들이 다 들어차서 아주 효율적으로 운영되며, 건물 주인인 에델에게도 수익을 올려 주고 있다. 버블리 다이내믹스는 방치된 나머지 살릴 수도 없고 수익을 낼 수도 없는 건물이란 없다는 자신의 직감을 입증하기 위해 필요한 유일한 증거였다.

버블리 다이내믹스로 성공을 거둔 에델의 다음 계획은 시카고에 있는 또 다른 쓸모없는 건물을 쓰레기 없는 유기농 먹거리 생산 건물로 바꾸는 것이었다. 그는 교육위원회 건물을 보고 그 대상을 찾아냈다고 생각했다. 에델은 일부 엄선된 식품제조 공정을 먹거리 재배와 결합한 '넷 제로'(net-zero) 건물을 만들고 싶었다.

"시의원 한 사람을 제외하고 시 정부의 모든 사람이 이 아이디어를 지지했어요. 그 시의원은 우리가 취득하려고 애쓰고 있던 그 '오렌지색 등급' 역사적 건물을 허물고 월마트가 들어서게 하고 싶었지요. 그것은 그의 꿈이었습니다." 에델은 자세히 이야기해 주었다.[12](오렌지색 등급이란 해당 건물이 랜드마크 보호 수준보다 한 단계 낮다는 것을 뜻하는 시카고 도시계획 용어이다).

한 시의원의 월마트 꿈은 2년 동안이나 허가 과정을 지체시키기에 충분했지만, 그 시간 동안 에델은 그의 팀과, 에델 및 버블리 다이내믹스에 이끌렸던 마음 맞는 실무 전문가들의 네트워크를 이용해 55,741제곱미터의 공간에 야심적으로 새 생명을 불어넣는 계획을 계속해서 구상했다. 바로 그때 데이비스가 에델이 구상하던 계획에 참여하게 되었다. 데이비스는 학생들을 위한 도시농업 프로젝트를 찾고 있었고, 에델의 비즈니스 모델은 많은 자원봉사 시간과 '무상공개 전문 지식'이 필요했다. 에델이 공간을 취득하기 위해 열심히 노력하고 있는 동안 데이비스와 학생들은 버블리 다이내믹스 지하실에서 어류 생산과 작물 재배 시스템을 통합하는 공생적 양어수경·수경재배 시스템에 대한 연구를 시작했다.

교육위원회 건물에 붙은 1달러 가격표가 매력적이긴 했지만 시와의 협상은 더디게 진행됐다. 더욱이 에델은 시카고에 이용 가능한 기존 건

시카고 시의 백 오브 더 야즈에 있는 피어푸즈 빌딩 © Rachel Swenie.

물이 여럿 있는 상황에서 끝까지 기다릴 만한 가치가 없다고 판단했다. 그는 상태가 비교적 좋은, 이전의 육류 도축, 훈제, 가공 공장을 하나 발견했다. 그 건물은 1925년에 신축되었지만 여러 해에 걸쳐 개축되고 증축되었다. 그 건물은 겨우 4년 동안만 비어 있어서 많은 것이 나빠지기에는 그리 많은 시간이 흐르지 않았다. 가장 중요한 것은 그 건물이 먹거리 생산 용도로 지어졌다는 점이었는데, 식품과 관련한 상업적 용도로 다양하게 쓰기에 법적으로 적합했기 때문에 에델로서는 시간과 돈을 엄청나게 절약할 수 있을 것 같았다.

에델은 2010년 7월 1일 1제곱미터당 60달러를 주고 낡은 피어푸즈 빌딩의 매매 거래를 성사시켰다. 그러나 싸게 나온 부동산 물건처럼 보이지만, 구입 가격이 525,000달러에 달해 그 좋다는 에델의 수완이 의심스러울 정도였다. 에델은 훌륭한 자격을 갖춘 자원봉사자들을 끌어들일 수 있는 만큼 임대료를 내는 세입자들도 끌어들일 수 있을 것으로 보인다. 이미 여러 명의 기업인이 더플랜트에 입주 신청을 했으며 리모델링 공사가 마무리되는 대로 업체를 옮겨올 예정이다.

더플랜트 견학

내가 방문하기로 했던 1월 초의 그날, 더플랜트 내부의 끔찍하게 추운(그리고 어두운) 상황에 나는 전혀 준비가 되어 있지 않았다.[13] 그곳은 학문적인 수직농업 진영이 자랑하는 자연광 쏟아지는 천상의 고층 건물이 분명 아니었다. 그곳은 덮개가 씌워진 재배 공간이 연상되는 전통적인 온실 구조도 아니었다. 바로 그날 사실상 냉기를 가두어 놓고 있는 듯이 보이는, 그곳의 높은 천장 탓에 실외보다 실내에 있는 것이 몇 도는 더 추웠다.

에델이 자연광이 부족하다는 문제에 '어떻게든 대처해야 할 것'이며 이것은 반드시 해결해야 할 문제라고 나는 다소 순진하게 생각했다. 그렇기는커녕 에델은 벽돌담이 두껍고 창문이 부족한 것이 더플랜트의 큰 장점이라고 설명해 주었다. 그러나 현재 창문 역할을 하는 골동품 유리블록은 교체해야 할 터였다("유리블록은 빛이 들어오지 못하게 할 뿐 아니라 열이 들어오거나 나가지 못하게 하죠" 하고 에델은 말했다. 유리블록은 창문으로서는 전혀 쓸모가 없었다). 그 건물에 있는, 구입비에 포함되지 않은 몇 안 되는 물건들 중의 하나는 고효율 유리가 끼워져 있는 새 창문 몇 개였다.

에델은 주의 깊게 들여다보고 있던 고효율 창문 제품의 샘플을 들고서 고효율 유리도 빛을 많이 차단한다고 설명했다. "이 유리가 얼마나 어두운지 보이세요?" 그것은 어두운 회색이었다. 고효율 유리는 본래 식물이 성장하는 데 필요한 빛스펙트럼 부분을 차단한다. 더 많은 빛스펙트럼을 통과시키는 투명 유리는 너무 많은 열이 전달되게 한다. 그러고 나서 에델은 시카고의 겨울철에 북위도 지역의 광단위 문제를 설명했다. "오늘 같은 날 미국 중서부의 북쪽 지역에서는 이용 가능한 빛을 못 얻을 거예요. 이상적인 [여름] 날에는 빛이 4.5미터 정도는 뚫고 들어올 수 있겠죠." 에델이 씩씩거리며 말했다.

"그래서 어떻든 인공 빛 아래에서 재배를 하게 될 거예요. 열에너지가 빠져나가므로 유리가 많이 있을 필요가 없어요." 유리를 통해 새나가는 난방비에 비하면, 자연광 사용에 따른 전기 절약으로 생기는 그 어떤 이익도 소용이 없어지거나 완전히 무의미해질 것이다. 게다가 더 플랜트와 같이 단열이 잘 되는 벽돌 건물이 겨울에는 열을 내부에 가두어 두고(에델은 건물 단열이 충분히 잘 되어 있다면 빛에서 나오는 열이 건물 난방에 크게 도움이 될 수 있다고 생각한다), 여름에는 실내를 시원하게 유지하는 데 매우 효과적일 것이다. 그날 내가 알게 되었듯이, 열은 다른 그 무엇보다도 추운 지방에 있는 초효율 수직농장의 소중한 자산이 된다.

동굴 같아 보이는 그 건물이 가진 가장 큰 장점은 "낮 시간을 통제할 수 있다"는 것이라고 에델은 설명했다. 이러한 장점 덕분에 에델은 전기료가 전력 수요가 많은 낮 시간 전기료의 극히 일부에 지나지 않는 '밤에 재배'할 수 있다. 식물은 밝은 낮 시간이 필요한 것과 마찬가지로 어두운 밤 시간도 필요하므로 에너지 비용이 높은 낮 동안에 밤을 만들 수 있다. 에델은 피크 아워가 아닌 시간에 재배를 하면 에너지 비용을 반으로 줄일 수 있다고 판단하고 있다.

다른 장점은 "실내 시스템의 다양한 구역에 다른 시간대를 만들 수 있다는 거죠. 정격부하를 균일화하면 전력 수요가 급증하는 일이 없어집니다." 에델이 말을 이었다. 전기회사는 하루 에너지 소비 요금이 최고일 때의 금액으로 요금을 부과하고 싶어 한다. 몇몇 재배 구역 간에 '낮 시간을 이리저리 옮기면' 더욱 균일하고 더욱 일관된 전력 소비 패턴을 얻게 되고 그에 따라 공공요금을 절약할 수 있다. 혐기성 소화조가 만들어져 세입자와 먹거리 재배 공간의 에너지 수요를 떠맡으면서 건물이 자체적으로 전력을 생산하고 난방을 시작할 때에는 에너지 소비에 대한 수요를 고르게 하는 것이 건물의 물질대사를 조절하는 데 큰 역할을 할 것이다.

에델이 약간의 비효율을 감수하기로 한 것은 '재배 로비'일 것이다. 건물 전면을 따라 있는 커다란 창문들 덕분에 많은 자연광이 들어오게 될 것이다. "우리는 홉이나 라벤더 그리고 아마도 물이 정말로 깨끗하고 물고기가 예뻐 보이는, 틸라피아가 들어 있는 마지막 단계수조와 같은 것들을 가지게 될 거에요."

열과 빛만이 건물의 고려 요인에서 유일하게 중요한 것은 아니었다. 산소와 이산화탄소도 고려해야 했다. 20대 앳된 얼굴의 네이선 와이즈가 그날 에델과 이야기를 나누려고 더플랜트에 들렀다. 와이즈는 자신이 '스라이브'라는 상표를 붙인, 요즈음 수익성이 좋은 주류(主流) 특제 음료 시장에 나온 발효 약용차인 곰부차를 다음 사업 단계로 가져가는 것에 기대를 걸고 있는 잠재적인 세입자였다.

곰부차 내 당분을 발효시키는 데 사용되는 효모는 산소를 필요로 하며, 발효 과정에서 여분의 이산화탄소를 내놓는다. 안성맞춤으로, 성장하는 식물은 이산화탄소를 좋아한다. 에델에 따르면, 식물은 '보통의 대기 중 이산화탄소 농도보다 6배나 높은 곳에서도 아주 잘 자란다.' 와이즈는 에델이 더플랜트에서 차 만드는 공간과 재배 공간 간에 이 두 기체가 어떻게 효율적으로 교환될 수 있는지에 대해 생각해 볼 수 있는지 물었다.[14] 만약 두 기체가 교환될 수 있다면 와이즈의 곰부차 포기(曝氣)는 크게 향상될 것이다. 에델은 곰부차 발효 베드와 재배 베드 간에 산소를 재순환시키기 위해 산소를 뽑아내는 한편(한 기체가 다른 기체보다 더 무겁다), 여분의 이산화탄소를 관을 통해 재배 구역에 보낼 수 있을 것 같다고 말했다.

"그래 이것에 대해 이미 생각해 본 적이 있다고요?" 와이즈가 물었다.

"그랬다니까요." 에델이 무덤덤하게 말했다.

"알았어요. 그럼, 발효를 더 잘 되게 하기 위해 기꺼이 이산화탄소와 산소를 교환하겠어요."

나는 내가 공개시장 거래 시스템에서 산소와 이산화탄소 같은 자원에 가격이 매겨지는 미래에 발을 내디디는 것 같은 기분이 들었다. 분명히 에델이 구상했던, 수직농장 같은 폐회로 체계는 몇몇 식물에 인공 빛을 공급하고 어류의 배설물을 식물의 비료로 재활용하는 것보다 훨씬 더 많은 기능을 했다. '유일하게 밖으로 나가는 것은 먹거리뿐'인 쓰레기 제로 생태계를 만들기 위해 건물 내 정교한 균형을 맞추려는 작업이 이루어지고 있었다.

우리가 계단을 걸어올라 2층으로 갔을 때 틀림없는 베이컨의 기름진 향기가 나를 감쌌다. "피어푸즈가 이사 나가는 바로 그날까지 훈제기가 하루 24시간 1주일 내내 사용되었죠." 에델이 확인해 주었다.

일부 훈제기는 새 것으로 높이가 1.5미터 정도 되는, 선박의 현창처럼 보이는 것이 붙어 있는 커다란 스테인리스강 탱크였다. 스테인리스강은 고가라서 에델과 팀원들은 이미 식품 제조용 조리대와 테이블로 쓰기 위해 훈제기를 철판으로 잘라내기 시작했다. 다른 철판들은 새 화장실 칸이 될 것이다.

거의 백 년은 사용한 것 같은 냄새가 나는, 동굴처럼 아주 크고 깊은 더 오래된 훈제기도 있었다. 연기 얼룩이 1920년대 만들어진 아름다운 광택 타일 벽 위에 커다란 검은색 칠을 남겼다. 기존 구조물을 되살리는 방법을 몰라 이런 건물이 노후화되고 헐리게 된다고 생각하니 유감이라고 내가 말했다. 그런데도 시의원들은 건물을 허물고 월마트로 대체하는 꿈을 꾸었다.

에델은 즉시 반박했다. "새 건물을 짓는 것은 정말로 비효율적이에요! 식물은 기둥이나, 시장으로 나가려고 화물용 승강기를 타는 것에 신경 쓰지 않습니다. 정말로 기존 구조가 가장 적당한 상태에요."[15]

스테인리스강 훈제 탱크는 식품기반 사업 인큐베이터 구역 중 하나인, 빵집으로 지정된 구역에 있었다. 상업 공간 사용에 간접비가 들어가는 상황에서 식품 생산 사업에 발을 들여놓으려는 대부분의 사람들에게 큰 경제적 장애가 되는 공간을 신생업체들은 시간제로 빌릴 수 있다. 나아가 185제곱미터에 이르는, 식품 제조를 위한 영업용 공유 부엌도 사용할 수 있게 될 것이다. 세입자들은 옥상정원의 텃밭 구획을 빌릴 수 있고, 건물의 다른 구역에서 키우게 될, 버섯과 같은 다른 품목도 조달할 수 있다. "여기에 나무를 때는 오븐이 있게 될 거에요." 에델이 흥분해서 말했다. 빵집에서 나오는 열은 건물의 다른 구역을 난방하는 데 중요한 역할을 하게 될 것이다. 이 건물의 원래 기능이 식품 관련 시설이었기 때문에 몇 발자국 갈 때마다 바닥 배수구가 있었다. "저걸 설치할 때 얼마나 돈이 많이 들어갔겠어요?"

"이 방들은 모두 전선과 파이프와 다른 모든 것이 거대한 숲을 이루고 있었죠. 어디에든 고기를 써는 장비가 있었습니다. 이 중 약간은 그대로 두고 거의 모든 것을 재이용할 겁니다. 다행스럽게도 가장 오래된 전선도 겨우 15년밖에 안 됐어요." 한 노동자에게서 다음 노동자에게로 고기 몸통을 이동시키는 데 이전에 사용된, 오래되어 검게 변한 철제 레일들도 쓸데가 있었다. 에델은 이 철제 레일들을 건물의 과거를 기념하는 역사적 기념물로서 목재 지지대에 매달아 놓을 계획이다.

"이것들은 도저히 어떻게 해볼 수가 없어서 그냥 내버려 둘 작정이에요." 그는 계량기, 파이프, 전선, 계측기, 스위치가 아주 엉망으로 뒤엉켜 있는 곳을 가리키며 웃으며 말했다. 에델은 이것이 그의 미술학교 교육이 영향을 미치기 시작한 부분이라고 재치 있게 말했다. 바닥에서 천장까지 이어지는 유리 벽이 설치될 것이며, 극적인 조명이 이 '산업적 파운드 아트'(초현실주의에서 주장하는 예술—옮긴이)에 초점을 맞출 것이다. 이미 만들어져 있는 관심 지점인 이 파운드 아트는 더플랜트의 제빵, 양조, 조리 시설을 사용하게 될 영세 업체에게 빌려줄 인큐베이터 사무실 공간과 회의실에서 보이는, 3층에 있는 주요 예술 작품이 될 것이다.

뉴시카고 양조회사가 계약을 맺어 핵심적인 주요 세입자가 되었고, 더플랜트에서 운영되는 자가 양조주 협동조합도 있게 될 것이다. 양조는 많은 열을 내놓게 될 뿐 아니라 방대한 양의 사용된 양조용 맥아즙을 텃밭과 온실 또는 바이오다이제스터에 쓸 퇴비에 공급할 것이다.

우리는 견학의 대단원의 막을 내리기 위해 어둡고 동굴 같은 지하실로 내려갔다. 발밑을 조심하면서 고철과 감아 놓은 전선 뭉치를 빙 돌고, 마치 우리가 잠수함 내부를 통과해 올라가고 있는 듯이, 큰 해머로 내려칠 예정으로 있던 천장 창의 틀을 넘어갔다. 에델은 곧 버섯 재배상으로 가득 차게 될 방을 손가락으로 가리켰다. 그는 바이오다이제스터가 만들어지면 전기 생산용으로 쓰이게 될 이전 군용 전투기 엔진을 확보해 두었다.

에델은 견고한 철문을 확 잡아당겼으며, 우리는 잠수함 같은 곳을 지나 한쪽은 자홍색 빛으로 물들어 있고 다른 한쪽은 틸라피아가 들어 있는, 커다란 방으로 들어갔다. 콸콸거리는 소리가 나는 물탱크가 있고 실험실 같이 하얀색으로 된 방이었다. 더플랜트 수직농장은 단순히 철거나 미래의 시나리오가 아니었다. 지하실 방에 있는 실험 장치에서는 실제로 먹거리가 자라고 있었다.

"이것이 제1호 재배장치입니다." 에델이 우리가 물고기 양식용 수조인 정사각형 플라스틱으로 만들어진 1,000리터짜리 통을 향해 가는 동안 말했다. 이것은 더플랜트가 먹거리 생태계를 늘렸을 때 더 큰 규모로 실행될 수 있도록 데이비스의 학생들이 조금씩 개조를 하면서 완벽하게 만드는 작업을 하고 있는 프로젝트였다.

틸라피아 치어의 작은 무리들이 탱크 여기저기에서 번쩍거렸다. 치어들은 굽어보는 우리를 보자마자 수면으로 올라왔다. "이 물고기들은 하루 24시간 먹게 되죠." 에델이 물고기들이 수면을 쿡쿡 찌르는 동안 말했다. 플라스틱 통과 하얀색 플라스틱 PVC 파이프가 죽 이어져 있는 곳에 탱크가 두 개 더 연결되어 있었으며, 인근에 있는 펌프가 시끄러운 소리를 내며 물이 탱크들을 가로질러 이리저리 움직이게 했다. 출하 체중에 이른 틸라피아 60마리가 마지막 단계 수조에서 빙빙 돌고 있었다. "먹이를 얼마나 많이 줄 것인지 통제해야 할 거예요. 그렇지 않으면 물고기들이 너무 빨리 너무 크게 자랄 겁니다. 먹이의 양과 재배하고 있는 작물의 양의 균형을 맞추어 주기도 해야 하죠." 에델은 장치에 작물이 더 많아질 때까지 물고기들이 '다이어트 중'이라고 설명했다.

어류 양식 수조의 물은 철물점에서 파는 평범한 검은색 정원용 플라스틱 여과망이 있고 물이 채워져 있는 다른 탱크로 흘러들어 갔다. 에델은 그 망 때문에 '영양분이 더 풍부한 것'이 여과 탱크의 바닥으로 떨어진다고 설명했다. 더플랜트의 바이오다이제스터가 준비되면 이 고형 어류 배설물은 메탄가스를 생산하는 데 사용되며, 메탄가스는 열과 전기 에너지로 다시 바뀌게 된다.

망 뒤의 다음 탱크에는 벌집 모양의 검은색 플라스틱 패널이 있었는데, 에델은 '400달러짜리 실책'이라고 우는소리를 했다. 그 탱크는 어류 배설물의 암모니아를 훌륭한 작물 비료가 되는 아질산염과 질산염(질소 화합물)로 바꾸어 주는 박테리아의 온상이 되는 곳이다. 에델은 값이 비싸고 특수한 그 플라스틱 벌집 모양 패널 대신에 돌멩이나 잘라낸 낡은 플라스틱 병을 사용했더라도 그 가격의 극히 일부만 들이고도 거의 같은 좋은 효과를 거두었을 것이라고 주장했다.

펌프는 물을 여과기에서, 작은 모종들이 박혀 있는 발포고무 뗏목들이 깨끗하나 질소를 다량 함유한 물 위에 떠 있는 얕은 용기 속으로 보냈다. 아루굴라나 적상추나 팀이 재배하고 싶은 그 어떤 것의 어린 모종 각각의 뿌리를 안정시키기 위해 뗏목의 각 구멍에는 코코넛 껍질이 가득 차 있는 조그만 플라스틱 바구니가 들어 있었다. 코코넛 껍질 섬유는 잘 부서지지 않지만 바구니의 틈을 지나 물속에까지 대롱대롱 매달려 있는 뿌리계를 제약하지 않을 정도로 빈틈이 많다. 작물이 질소를 받아들이면서 자연 생태계에서 그렇게 하듯이 효과적으로 물을 정

시카고의 더플랜트 지하실에 있는 물고기-작물 루프 © Rachel Swenie.

화하기 때문에 물과 비료의 순환이 다시 시작될 수 있도록 물이 어류 탱크로 다시 재활용되어 들어갈 수 있다.

최첨단 LED 식물생장촉진 램프의 자홍색에 물들어 있는 작물들은 매우 멋지고 건강해 보였다. "식물은 녹색을 볼 수 없어요." 그래서 붉은빛과 푸른빛만 있으면 된다고 에델은 설명했다. LED가 비교적 최근에 시장에 나온 것이라서 에델과 데이비스와 학생들은 LED를 실험하고 있었다. LED가 정상적으로 기능한다면 일반적으로 사용되는 다른 생장촉진 램프보다 훨씬 더 효율적일 것이다. 한 컴퓨터 엔지니어가 묘목 위에 매달린 가변 높이 레일을 따라 빛을 움직여 줄 무상공개 소프트웨어와 하드웨어를 만들고 있다. 빛이 재배 베드의 한쪽 끝에서 다른 쪽 끝으로 천천히 움직이며, "그래야 작물들이 결국 이렇게 자라게 되지 않지요." 에델은 한쪽으로 몸을 갑자기 기울이며 설명했다.

마침내 나는 벽돌담 같다고 소문이 나 있는 시 조례에 새로운 아이디어가 부딪치는 경향이 있는, 난제처럼 보이는 중대한 문제를 물어보았다. "그래서 이 모든 일을 할 수 있도록 허가를 받았나요?"

결국 시는 에델과 동료들이 크게 걱정하지 않고 계속할 수 있게 허용했다. 양조 허가에는 실랑이가 있었으나 결국 허가를 받아냈다. "우리가 부닥쳤던 유일한 다른 반대는 어류와 양식이라는 아이디어를 좋아하지 않았던 용도지역 담당 부서에서 나왔죠. 그 어떤 타당한 이유도 없었어요. 왜냐하면 같은 용도지역에서만 차를 부수고, 쇠를 녹이고, 가축을 도축할 수도 있거든요. 그러나 어떤 이유로 유기 재배법으로 어류를 기르는 것은 나쁘다는 거예요. 도무지 이해가 안 돼요." 에델이 말했다.

어류는 어쨌든 특히 걱정스러운 일이 아직 아니었으며, 데이비스가 가르치는 학생들이 해야 하는 학습 과제의 일부이기도 했다. 그들은 학교 교과과정의 일환으로 샐러드용 어린 채소와 새싹과 더플랜트에서 곧 시험해 볼 버섯을 포함하는 이 양어수경-농업 루프의 세부 사항을 연구하고 있었다.

이 학습 과제의 일부에는 일리노이공과대학 학생들의 마케팅 계획과 경제적 타당성 연구도 들어 있었다. 내가 데이비스에게 지역에서 재배한 먹거리에 대한 수요가 시카고에서 얼마나 많은지 물었을 때, 그는 도시 주위로 반지름 800킬로미터의 원을 그리더라도 시장과 기존 수요에 맞출 수 있는 농장이 충분하지 않다고 답했다. 바로 도시 내에 있다는 것은 초신선 농산물에 추가 요금을 지불할 용의가 있는 식당에게는 커다란 이점이 될 것이다. "우리가 '오전 9시에 따서 10시까지 가져다주면 점심으로 내놓을 수 있을 겁니다' 하고 말할 수 있는 거의 유일한 사람일 거예요."[16]

데이비스에 따르면, 시카고 수직농업의 실현 가능성에 도움이 되는 다른 요인은 시카고의 공립학교가 현재 학교 점심 예산의 20퍼센트를 로컬푸드를 위해 따로 떼어 두고 있다는 사실이다. "먹거리의 대부분이 생산되는 여름에 학생들이 사실상 학교에 가지 않는다는 점을 고려하더라도 우리로서는 기회가 되죠."

식품 도매 농산물 공급업자들은 더플랜트가 생산할 수 있는 것은 모두 가져가겠다고 데이비스에게 말하기도 했다. 그래서 더플랜트의 신선한 유기농 로컬푸드에 많은 돈을 지불할 의사가 있는 시카고의 지속가능한 고급 식당이든 지역 농산물 도매업자든 시카고 공립학교든(교육위원회가 가격 면에서 다른 두 곳과 경쟁해 이길 수 없는 것이 분명해 보이지만), 먹거리를 내다팔 시장을 찾는 일은 쉬운 편이 될 것이다.

데이비스의 의견으로는, 현 시점에서 다른 더 야심적인 '먹거리만' 재배하는 고층 건물이 이론상으로만 오랜 시간을 보내고 있을 때, 제조업 세입자가 먹거리 재배 공간에 보조금을 지급하게 한다는 에델의 계획은 더플랜트를 현실로 만드는 가장 중요한 요소였다. "우리는 800킬로미터 이내에 있는, 거의 모든 다른 도시농업 사이트를 가보고, 거의 모든 사이트들이 각종 재단의 직업훈련 지원금으로 운영되고 있다는 것을 알았어요. 이것이 좋은 운영 방식은 아닐 거라고 생각했죠. 그게 내가 정말로 이 프로젝트에 뛰어든 이유입니다. 기술적으로 흥미로운 프로젝트이기는 해요. 하지만 재현될 수 있는 비즈니스 모델을 만들려고 노력하고 있어요. 사회복지 사업이나 40층짜리 도시농장이 안고 있는 문제는 일단의 사람들을 훈련시키지만 그들을 고용할 기업이 그 어디에도 없다는 거죠."[17]

세계 최초의 수직농장이 맨해튼 외곽 고급 주택가나 상하이, 두바이처럼 모든 것이 가능한 도시에 있는 고층 건물 중에 자리 잡지 않고, 별로 크지 않은 규모와 별로 많지 않은 예산으로 시카고에서 생길 것이라는 사실에 조금 놀랐다고 내가 말했을 때, 데이비스는 그냥 눈웃음만 지었다. "그것은 뉴욕과 미국 중서부 지역 간에 보이는 일종의 대립이죠. 모든 실제적인 도시농업은 시카고의 800킬로미터 이내에서 생기고 있는데도 모든 신문은 40층 건물에만 관심이 있죠."

"샘 월튼(월마트 창업자)이 사업을 시작했을 때, 그는 37,000제곱미터의 슈퍼스토어를 만들려고 하진 않았어요. 그는 오래된 크레스지 스토어 한 곳을 사고 나서 '비교적 작은 이 공간에서 비즈니스 모델을 찾아낼 겁니다. 만약 성공한다면 또 다른 것을 만들 겁니다' 하고 말했죠. 그리고 당신은 언젠가는 월마트 전용 건물을 지을 여유가 생기겠죠. 만약 당신이 도시농업에 능해지고 몇 가지 기술적인 진전을 이룬다면 언젠가 80층짜리 도시농장을 설계할 건축가가 필요할 거라고 나는 생각합니다. 아마도 당신의 비즈니스 모델은 그런 도시농장을 만들 수 있을 정도로 견실하겠죠. 현재로서는 조금 이른 듯합니다."

나는 시가 어쨌든 더플랜트를 봐주거나 도와주고 있는지 물었다. "시가 보조금을 지급하고 있지는 않아요. 하지만 시카고에서 가장 중요한 것은 시가 이 일을 하도록 허락해 주고 있다는 점이죠." 데이비스가 답했다.

* * *

산업적 재이용이라는 에델의 발상은 지금껏 도시 수직농장을 이론적인 발표와 건축 설계도면에 국한시켜 온 난처한 상황에 대한 합리적인 해결책인 것처럼 보인다. 에델이 말했듯이 '1억 달러나 되는 건물의 본전을 뽑으려면 순무를 엄청나게 많이 팔아야 한다.' 불필요한 상업 공간을 되살리고 아름답게 만들며, 아마도 가장 중요하게는 다시 한 번 생산적이고 수익이 나게 만드는 에델의 능력은 후기 산업사회의 시카고에 큰 도움이 되는 촉매제가 될 수도 있을 것이다. 이것은 당분간 자기중심적 고층 건물을 제도판 위에 남겨 두겠지만 이른바 수직농장 경쟁이 시작되는, 수직농업의 기념비적 순간일 수도 있을 것이다.

FOOD AND THE CITY

14

쿠바

국가 차원의 도시농업

"환경을 오염시키지 않고 지속가능한 발전을 위해 모든 과학을 이용하라. 생태 부채는 갚되 외채는 갚지 말라. 굶주림과는 싸우되 사람과는 싸우지 말라."

피델 카스트로(1992, 리우 환경회의)

만약 국경이 폐쇄되어 모든 식량 수입이 중단된다면 '어떻게' 될까? 슈퍼마켓과 식당에 먹거리를 공급해 주는 세계 식품망이 무너지거나 그 먹거리가 다른 곳으로 가 버린다면 어떻게 될까? 최신식 콤바인과 트랙터, 파종기, 분무기에 넣을 연료가 갑자기 떨어진다면 어떤 일이 벌어질까? 기계가 고장 났는데 교체할 부품이 없다면? 경작지에 뿌릴 화학비료와 살충제, 제초제가 없다면? 거래하려고 해도 아무도 거래를 하지 않으려 한다면? 바꿔 말하면 갑작스런 식량 파동이 한 나라 전체의 산업화되고 화석연료 의존적이며 세계적으로 상호 연계된 식품 체계를 덮친다면 무슨 일이 벌어질 것인가? 빌 매키븐이 2005년 《하퍼스》(Harper's, 쿠바의 수년간에 걸친 식량 위기를 실제로 인정한 몇 안 되는 주류 대중매체 가운데 하나)에 실린 특집 기사 〈쿠바의 식생활: 혁명이 일어나면 무엇을 먹게 될 것인가?〉에 썼듯이 "누군가가 이미 그 실험을 해왔다는 사실을 아는 게 어느 정도 도움이 된다."[1]

그렇다면 쿠바의 특별한 상황에서 나타난 그 실험이란 무엇이었을까?

1950년대 말부터 1980년대까지 공산주의 국가 쿠바는 자본주의 국가가 따르던 것과 같은 길을 걸었다. 쿠바는 산업화된 대규모 농업이 효율성을 높여 비용을 절감한다는 사실을 깨닫게 되었는데, 중앙집권화된 공산주의 경제와 국가 소유 농장에서 한층 더 그러했을 것이다. 고도로 기계화된 단일경작(특히 사탕수수)과 집약적인 축산이 쿠바 농업을 지배했다. 1980년대에 이르러 화학비료 130만 톤과 8천만 달러 어치의 살충제가 국가가 관리하는 쿠바의 초대형 농장에서 사용되고 있었다.[2] 나는 타고 가던 관광버스의 차창을 통해 녹슬어 가는 제당공장들이 쿠바의 좁고 평평한 중부지역에 유산처럼 남아 있는 모습을 보았다. 설탕은 엄청난 양의 화학비료와 제초제, 살충제, 트랙터의 도움을 받으며 전성기를 누렸다. 대규모 설탕 운송 터미널에서는 하루 7만5천 톤까지 선적할 수 있었으며, 이 단일 농작물이 1980년대 중반 쿠바 수출 총액의 74퍼센트를 차지했다.[3] 카스트로 정부는 산업화된 다수확 농업에 재정적으로 이념적으로 투자했다. 집단농장이 현대적이고 효율적이면서 동시에 효과적인 성과를 낸 것은 쿠바 공산주의의 대성공 사례였다.

하지만 그것은 허위의 경제였다. 쿠바는 선택한 몇몇 무역 상대국과 특혜 협정을 맺었다. 공산주의 이상에 대한 변함없는 열정과 미국에서 160킬로미터밖에 떨어져 있지 않다는 이데올로기적 존재감의 대가로 소련은 쿠바의 설탕 값을 국제 가격보다 더 쳐주었다. 쿠바는 몇 안 되는 수출 가능한 농작물만을 재배하는 특화의 함정에 빠져든 가운데 연료, 기계, 쌀을 담합 거래했다. 그런데 이 담합이 작동하고 있을 동안에는 쿠바의 경제가 비교적 좋았다.

쿠바 국민은 그들 나름대로 북아메리카의 이웃 나라들과 별로 다르지 않은 생활을 영위하고 있었다. 그들은 주중에 식당이나 음악회나 영화관에 갔고 해마다 차를 몰고 해수욕장에 가서 가족 동반 휴가를 즐겼으며, 텔레비전이 저녁 무렵에 거실을 환히 비추었다.[4]

국내에서 쿠바 국민은 낙농업을 열광적으로 자랑스러워했다. '우브레 블랑카'(Ubre Blanca) 즉 하얀 젖통이라는 이름을 가진 한 암소는 신화적인 지위를 얻었다. 우브레 블랑카의 고향인 후벤투드 섬 누에바헤로나에는 지금도 이 암소의 대리석상이 서 있다. 이 암소는 1980년대 초 세계에서 가장 생산적인 젖소로서 쿠바의 산업적인 식량 생산이 이룬 또 다른 업적이었다. 이 암소의 젖꼭지에서는 엄청난 양의 우유가 흘러나왔다. 어느 날 이 암소는 보통 젖소가 생산하는 양의 4배가 넘는 110리터의 우유를 생산했다.[5] 이 암소는 '기네스북'으로부터 세계 기록으로 인정받기에 충분했다. 하얀 젖통의 하루 생산량은 종종 쿠바 국내 뉴스에 보도되고 피델 카스트로가 연설할 때 인용되기도 했다. 문제는 이 암소가 해마다 사료 60만 톤을 수입해야 하는 쿠바 축산 및 낙농업의 일부라는 사실이었다.[6] 대개 열대지방은 곡물을 재배할 데가 못 된다.

이처럼 과도하게 농업의 산업화가 진행되는 동안 쿠바 인구는 급격하게 도시에 집중되었다. 1956년에 쿠바 국민의 약 56퍼센트가 살던 농촌은 1980년대 말에 이르러 인구의 28퍼센트만 남게 된다.[7] 전통적인 노동 집약적 농업 체제 아래의 고된 노동에서 해방되었으나 힘을 쏟아부을 자본주의적 기업 제도가 없는 쿠바의 압도적인 도시 인구에서 독특한 점은 쿠바국민이 대학까지 적용되는 무상교육을 이용했다는 것이었다. 문자 해득률이 높아지고 교육받은 시민 계층이 급증했다. 나중에 밝혀진 바에 따르면, 교육은 닥쳐온 식량 파동에서 쿠바가 살아남을 수 있었던 중요한 요인이었다.

또 하나의 혁명

1980년대 말에 동유럽권 공산주의 국가들이 무너지기 시작하고 마침내 1991년 크리스마스에 소련이 공식적으로 해체되자 쿠바는 설탕의 판로를 잃게 되었다. 동시에 식량 공급량의 3분의 2와 연료 전체, 농기구의 80퍼센트를 해외 수입에 의존하던 국가가 해외무역의 80퍼센트를 잃어버린다는 것은 치명적인 재난이었다.[8] 서른 살이 넘는 쿠바 국민이라면 누구라도 이야기하겠지만, 그 상황은 누군가가 불을 끄고 가스를 끊고 냉장고를 비워 버린 것과 같다. 쿠바는 그 나라의 공산주의 국가 지도자가 30년 동안 내내 자본주의 이웃 국가들을 경멸해 왔던 그런 국가에 별로 동정적이지 않은 세계에서 의지할 곳이 없었다.

전기가 없으니 공장은 문을 닫을 수밖에 없었다. 트랙터는 버려진 경작지에서 녹 쓸고 있었다. 수확할 수 없는 작물은 들판에서 썩기 시작했다. 가축 수만 마리는 태어난 메마른 목초지에서 그대로 굶어죽었다.[9]

미국은 피델 카스트로와 카리브 해 지역의 공산주의에 마침내 치명타를 입힐 좋은 기회임을 감지했다. 미국은 1992년에 '토리첼리 법'(Torricelli Act)을 제정하여 1960년대에 쿠바에 가했던 경제 제재를 더욱 강화했다. 이 법에 따라 해외 자회사를 포함한 그 어떤 미국 기업도 쿠바와 거래를 못하도록 하는 엄격한 금지 조치가 내려졌다. 지난 180

일 이내에 쿠바에 간 적이 있는 외국 선박은 미국의 그 어떤 항구도 사용할 수 없게 되었다. 미국인이 쿠바에 있는 가족이나 친구에게 현금을 송금하는 것도 금지되었다. 이러한 조치는 카스트로 정부와 쿠바 공산주의의 빠른 종말을 가져올 것이라고 여겨졌다. 실제로 그런 일이 벌어지지 않자 1996년 미국에서 '헬름스-버튼 법'(Helms-Burton Act)이 표결로 제정되었다. 이 법을 제정한 목적은 쿠바와 무역을 하거나 통상에 관여한 외국 회사를 처벌하는 데 있었다.

쿠바는 외부의 지원으로부터 고립되었다. 가장 시급한 걱정거리는 대규모 기아였다. 하루 칼로리 섭취량이 30퍼센트 줄어들었으며, 소련 붕괴에 뒤이은 3년 동안 쿠바 국민의 몸무게가 평균 13.6킬로그램이나 줄었다.[10] 카스트로는 국가 비상사태를 선포하고 이른바 '평화시대의 특별시기'라고 불렀다.[11] 탈석유, 탈산업, 탈세계화 의존 위기에서 벗어나기 위해 지금도 남아 있는 긴축계획이 곧 수립되었다. 식량 배급이 시행되었고 정부는 고등교육을 받은 시민의 관심을 쿠바의 식량 체계 개편에 집중시켰다.

쿠바의 과학자에게는 농민이 인간 노동력과 값싼 유기물질만 투입해도 되는 다수확 재배 시스템을 찾아내는 일을 지원하라는 임무가 주어졌다. 일을 하고 밭을 비옥하게 하기 위해 황소가 다시 도입되었다. 과학자들은 천연 살충제를 개발하고 혼식과 윤작을 실험했다. 국가 종자 공유 프로그램이 수립되었으며 정부에서 토양 전문가를 훈련시켜 도움이 필요한 모든 농민이 활용할 수 있게 했다. 수송 연료의 부족 문제(이 문제라면 냉장도 마찬가지였다)를 극복하기 위해 쿠바 국민은 모든 도시의 빈 땅을 작은 소매점이 붙어 있는 도시 유기농 농장인 '오르가노포니코'(organopónico)로 바꾸어서, 쿠바의 새로운 도시 식품 체계를 정

산타클라라 시에 있는 오르가노포니코 라 파트리아(2010년 5월 7일).

오르가노포니코 라 파트리아의 소매점에 붙어 있는 농산물 가격표(2010년 5월 7일).

착시키기 위한 방대한 도시농업 구성 요소의 기초를 놓았다. 2000년대 초에 아바나에서는 도심이나 인근에 있는 오르가노포니코에서 신선한 농산물의 90퍼센트가 생산되고 있었다.[12]

비상 조치로 시작한 도시농업이 식량보장 분야에서 '쿠바 모델'이라고 일컫는 지방 분권화되고 탈산업화된 먹거리 체계의 중요한 토대로 등장했다.

수요와 공급으로 가격이 매겨지고 소비자에게 직매하는 농장 입구 소매 판매점과 농민시장이 있는 오르가노포니코는 북아메리카와 유럽 도시의 편의점이나 식품점처럼 현재 쿠바에서 흔히 볼 수 있다. 쿠바의 중소도시 한 곳만 해도, 계절에 따라 바뀌는 채소와 과일, '녹색' 의약품(약용식물)이 넘쳐나는, 말 그대로 수십 개의 도시농장이 운영되고 있다. 200만 명이 사는 아바나에는 도시농장이 무려 200개나 있다.[13]

북아메리카나 유럽의 방문객들에게 쿠바의 먹거리 체계에서 아마도 가장 충격적인 부분은 식품점이 전혀 없고 심지어 작은 식품 시장도 없다는 점이다. 쿠바 먹거리 체계에서 먹거리를 도시에서 생산한다는 특징과 농민이 소비자에게 직매한다는 특징 때문에 식품점은 별로 중요하지 않게 되었다. 나는 아바나의 외교 구역에서 슈퍼마켓을 딱 하나 본 적이 있다. 사람들이 식용유와 초콜릿, 사지 않더라도 배급되는 다른 식품과 같은 몇 가지 먹거리를 사고 있던, 아바나 구시가의 한 식품점 안으로 들어가 본 적이 있다. 이렇게 해서 쿠바를 두 번 방문하는 동안 나는 식료품 중간상인 두 명을 봤을 뿐이다. 쿠바인들은 먹거리를 도시농장이나 농민시장에서 직접 산다. 따라서 고기나 가공된 탄수화물 함유 식품보다 신선한 채소와 과일을 강조하는, 대부분 유기농으로 생산된 제철 음식을 먹는다. 하지만 솔직히 말해 쿠바인들은 수완

좋게도 고기와 흰 쌀을 쉽게 구할 수 있어 조금만 부유해져도 허리둘레가 늘어나고 있다.

그럼에도 쿠바는 다국적기업의 이익이 아니라 영양상의 필요에 따라 움직이고 있다. 생태적으로 건전하고 무척 생산적이며 지역적으로 관리되는 먹거리 체계를 만드는 데 있어 세계적으로 앞서 나가는 국가로 등장했다. 모두 알다시피 이것이 사람에게 먹거리를 공급하는 훨씬 더 지속가능하고 안정적인 방법이다. 북아메리카에서는 식탁에 올라오는 한 단위의 음식물 에너지 당 10단위에서 12단위의 재생 불가능 에너지가 사용된다. 쿠바에서는 이 비율이 기본적으로 거꾸로이다.[14] 2006년 쿠바는 세계자연보호기금(World Wildlife Fund)의 《살아 있는 지구 보고서》(Living Planet Report)에서 제시한 지속가능한 생활과 발전의 목표치를 달성한 유일한 국가였다.[15] 2006년은 미국과 캐나다가 에너지와 자원을 낭비한다고 해서 '블랙리스트에 오른' 10개국에 속한 해이기도 했다.

흠잡을 데 없이 완벽한 유기농 제철 과일과 채소 수십 종이 포장도로나 헐린 건물 부지에 번듯이 자리 잡은 도시농장은 캐나다나 미국, 영국에서는 뉴스거리가 되겠지만, 쿠바에서는 길거리 저쪽에 있는 오르가노포니코에 지나지 않는다. 쿠바의 독특한 먹거리 체계의 결과로 농업 관광이 작지만 중요한 사업 모형이 되었다.

이것이 내가 쿠바에 두 번이나 간 이유이다. 나는 2007년에 캐나다의 농업 전문가 웬디 홈과 함께 쿠바 전역의 먹거리와 농업 체계를 돌아보려고 쿠바에 갔다. 도시농업과 대안식량 체계와 식량보장 모델에 관심이 있는 다른 사람과 마찬가지로, 나는 꽤 오랫동안 거의 출입이 금지되어 있던 나라에 호기심이 생겼고 실제로 기본으로 돌아간 식품 체계가 어떤 모습일지 직접 보고 싶었다.

나는 2010년에 아바나에서 열린 '지속가능한 유기농업 국제 컨퍼런스' 제8차 회의에 참석하기 위해 쿠바에 다시 갔다.[16] 하지만 두 차례의 여행에서 나는 탈산업화된 먹거리 체계의 고난과 희생을 너무나도 분명히 보았다. 그 두 차례의 여행 모두 결코 음식관광이라고는 할 수 없었고, 그보다는 지속가능하고 깨끗하며 공정한 로컬푸드 체계를 만들려면 어떻게 해야 되는지를 솔직하게 살펴보는 여행이었다. 쿠바 모델은 우리가 소비하는 먹거리의 생태 발자국과, 기업 이익이 아니라 영양상의 필요에 의해 움직이는 투명하고 안정적인 먹거리 공급이라는, 캐나다에서 이제 막 씨름하기 시작한 문제의 이상적인 모습에 도달해 있다. 이것은 쉽지도 않고 비용도 많이 드는데, 바로 이 점이 선진 공업국이 집착하고 있는 두 가지 근본적인 가치이다. 쿠바가 이러한 모델로 전환한 것은 원해서 그런 것이 아니었다. 만약 이 급진적인 실험을 겪은 누군가를 붙잡고 묻는다면 그 사람은 이 시기에 대한 당신의 낭만적인 생각을 바로잡아 줄 것이다. (쿠바인들이 몹시 좋아하는) 고기와 정제된 탄수화물은 배급되고 있으며 채소와 과일의 선택은 계절에 좌우된다. 20여 년이 지났는데도 식량 부족 문제가 많은 쿠바인에게는 일상적 현실로 남아 있으며, 내가 쿠바의 어디에나 있는 유기농 도시농장 수십 군데를 둘러보는 동안 몇 번이고 알게 되었듯이 음식비와 의복비로 지출하고 나면 일상적인 여유를 누릴 만한 돈은 거의 남지 않는다.

시에고데아빌라 시의 오르가노포니코(2007)

햇볕에 그을린 40대 중반의 땅딸막한 남자 호르헤 카르메나테는 엘라바니토(작은 무) 오르가노포니코를 찾아온 호기심 많은 캐나다인과 미국인 무리를 환영해 주었다.[17] 말을 시작하면서부터 그는 본능적으로 땅딸막한 체구를 인근에 있는, 잎 속에 들어 있는 살충제 성분을 이용하기 위해 재배하는 커다란 열대 나무인 인도멀구슬나무의 그늘 아래로 조금씩 움직였다. 뺨이 불그레해진 된 우리(10명)도 카메라와 노트북을 든 채 그를 따라 움직였다. 2월인데도 쿠바 중부지역의 아침나절 열기는 타는 듯했다.

카르메나테가 스페인어로 이야기하다가 잠시 멈추면 통역사가 열심히 순차 통역을 해주었다. 카르메나테는 해마다 이 섬을 방문하는 200만 명의 관광객 그 누구도 거의 찾지 않는 쿠바 중부 도시 시에고데아빌라에 있는 이 3헥타르 면적의 시장 판매용 채소밭을 방문한 우리를 반갑게 맞아 주었다. 쿠바 중부 지역 여러 도시의 외곽에 있는 매우 낡아서 허물어져 가는 버려진 사탕수수 공장들과 소련식 콘크리트 블록 건축물은 결코 그림엽서에 실릴 만한 그런 아름다운 모습이 아니다. 작은 무 농장은 쿠바에서 생산량이 가장 높은 오르가노포니코 가운데 하나이다. 카르메나테는 우리처럼 쿠바의 도시농업과 독특한 먹거리 체계에 관심이 있는, 점점 늘어가는 많은 외국 방문자에게 잘 준비된 브리핑을 했다. 통역사가 끼어들 수 있도록 정확히 언제 말을 멈추어야 하는지를 알았다.

작은 무 농장이 시립 야구장에 너무 가까이 있는 바람에 카르메나테는 종종 하던 말을 잠시 멈추고 토요일 오전 경기를 응원하는 팬들이

작은 무 농장에서 오이를 수확하고 있는 조합 농민회원(시에고데아빌라, 2007년 2월 4일).

지르는 함성이 끝나기를 참을성 있게 기다렸다. 그는 웃으면서 우리에게 텃밭을 구경시켜 주는 일이 끝나는 즉시 고향 팀을 응원하러 갈 것이라는 점을 고백했다. 그러나 그는 당분간 시간을 아낌없이 내주었고 과거 아스팔트로 덮여 있던 평평하고 넓은 곳에다 동료 농부들과 함께 만든 텃밭을 보여 주는 것을 틀림없이 자랑스러워했다.

"일반 대중이 무슨 작물을 심을 건지 정하죠." 카르메나테는 북아메리카의 요리사들이 구하고 싶어 안달일 것 같은 50종의 서로 다른 채소 작물이 주렁주렁 매달려 있는 여러 개의 높임 화단 쪽으로 가자는 손짓을 하며 설명했다.[18] 도시 곳곳에 있는 소련식 아파트 건물이 흠잡을 데 없이 완벽한 배추와 토마토, 상추, 오이, 요리용 허브의 배경을 이루고 있는 가운데, 약용 화초가 반듯하고 평행하게 여러 줄로 길게 늘어서 있는 높임 화단에서 자라고 있었다. 독창적으로 재활용된 콘크리

작은 무 농장의 소매점(시에고데아빌라, 2007년 2월 4일).

트 연석들은 낮은 화단의, 멋진 발목 높이 직선 테두리가 되었다. 높은 화단용으로는 연석(인도와 차도 사이의 경계석—옮긴이)이 두 개 쌓아올려져 있었으며, 필요한 곳에는 한층 더 높은 이랑용으로 콘크리트 블록이 세로로 세워져 있었다. 덮개가 없는 관개수로가 텃밭 둘레를 둘러싸고 나 있었고, 검은색의 관개용 관이 중심부에 스프링클러가 있는 각 베드로 뻗어 있었다. 이 경우, 수압을 만들기 위해 사용된 물탱크에 펌프로 물을 퍼 올려졌다.

이 농장은 농민들이 소유하고 운영하는 상당히 전형적인 협동조합이다. 13명의 농민들은 '사회 공헌'으로 지역 학교와 병원, 노인 요양원, 보육 시설에 공급하기 위해 농산물 20킬로그램을 생산해야 한다.[19] 이 목표량을 초과해서 생산된 것은 얼마든지 농장 입구에 있는 작은 판매점에서 자유시장 식으로 팔린다. 그날 준비된 작물과 가격은 매장으로 쓰이는 조그만 오두막에 있는 칠판에 분필로 적어 놓는다. 경쟁 때문에 높은 품질과 낮은 가격이 유지된다. 인구가 14만 명이 안 되는 도시에 오르가노포니코가 31개나 있다. 도시 내 시장 판매용 채소밭이 4,387명당 한 곳이 있는 셈이다.[20]

"농사는 힘든 일이에요. 햇빛을 받으며 온종일 텃밭에서 살아야 하죠. 하지만 보수가 아주 좋고 무척 만족스러운 일자리지요." 카르메나테는 자신의 두툼하고 거친 손을 흘끗 쳐다보며 말을 이었다. 카르메나테 곁에 서 있던 다른 농민 회원 호세가 동의한다는 듯이 고개를 끄덕이고 나서는 오이가 한 줄로 심어져 있는 밭으로 되돌아갔다. 예를 들어 작년에 작은 무 농장은 227,000페소어치의 농산물을 팔아 이 협동조합에 97,000페소의 수익을 남겼다.[21] 언제나 그러듯 수익의 반은 인프라에 재투자되고 나머지 반은 13명의 노동자가 나누어 가진다. 토지는 국가가 무상으로 제공하기에 기본적으로 임대료가 없다. 카르메나테는 1년에 1페소의 임대료, 말하자면 250원을 정부에 지불한다고 말했다.

쿠바의 농민들은 북아메리카인의 기준으로 보면 전혀 부유하지 않지만 맨 위 단계의 국가 봉급을 받고 있다. 의사나 변호사보다 높다. 농민들이 가장 적은 비용으로 가장 효율적이고 생산적인 결과를 얻을 수 있도록 도와주기 위해 국가는 믿기지 않을 정도로 많은 자원을 제공한다. 쿠바에서 농사를 짓는 것보다 더 많은 임금을 줄 것 같은 유일한 공식 직업은 고수익의 관광산업 분야 일자리뿐이다.

작은 무 농장 운영을 경제적으로 분석한 후 카르메나테는 집약적인 윤작의 복잡한 균형에 대한 활기찬 기술적 담론으로 빠져 들어갔다. 생산되고 있던 작물이 떨어지자마자, 다양한 생장 단계에 있는 다른 두

작물이 수확기에 이를 준비가 되어 있어서, 언제나 한 가지 작물은 생산되고 있었다. 다른 작물로부터 해충을 유인하기 위해 해바라기가 각 화단의 끝에 서 있었고 '혼식' 기법으로 원치 않는 벌레를 제어하려고 금잔화가 사이사이에 섞여 있었다. 인도멀구슬나무는 마당에서 그늘용으로 제격일 뿐 아니라 이 나무의 잎은 물에 푹 잠기게 담가두었다가 필요할 때마다 어디에나 뿌리면 좋은 천연 살충제가 된다. 퇴비통 속의 캘리포니아줄지렁이들이 헤집고 다니며 썩어 가는 식물을 먹고 그것을 영양분이 풍부한 양토로 바꾸는 데 바빴다. 쿠바가 산업화된 플랜테이션 농업과 삼림 벌채의 유산을 가지고 있기 때문에 이 섬은 오늘날까지 계속되는 상당한 정도의 사막화와 토양 침식을 겪게 되었다. 도시에서는 완전히 처음부터 토양을 만들어야 하는데, 캘리포니아줄지렁이는 집약적인 재배와 열대지방의 기상 특성(폭우와 허리케인은 토양에서 양분을 고갈시키며 토양 침식의 요인이 된다) 때문에 잃어버린 비옥도를 꾸준히 대체하는, 양분이 풍부한 토양을 만들어 주는 없어서는 안 될 존재다. 내가 도시농부에게서 여러 번 반복해서 들은 학술 용어인 농업생태학은 윤작, 간작, 퇴비화, 지렁이 양식(지렁이의 도움을 받는 퇴비화), 천연 살충제, 토양 관리의 복잡하지만 효과적인 상호작용을 말한다. 모든 것은 텃밭의 전체적인 건강에 기여해야 한다. 그러한 의미에서 텃밭은 고객이 영향을 미치는 그 만큼 농민이 무엇을 심어야 할 것인지에 영향을 준다.

야구 경기의 요란스러운 소리가 주위에서 미친 듯이 울려 대는 가운데 견학 일정이 끝났을 때, 카르메나테와 다른 농민들은 시간을 내준데 대해 우리가 감사의 표시로 준 비누 몇 개, 일회용 면도기, 연필, 종이 패드, 탈취제, 샴푸, 그들의 가족 사이에 같이 쓸 수 있는 소형 가정용 싸구려 장신구 같이 언뜻 보기에 이상한 것들을 기꺼이 받아 주었다. 이 견학은 쿠바의 도시농업 모델이 학문적인 노력이나 반문화적인 저항이 아니라 필요의 산물임을 상기시켜 주었다. 이 때문에 나는 이와 동일한 필요와, 결코 값싸고 풍부하며 상대적으로 접근 가능한 먹거리 체계가 아닌 것에 대한 형식적인 정치적 지지가 있는 상황에서 캐나다의 변화 의지가 얼마나 강할지 궁금해졌다.

아바나의 비베로 알라마르(2010)

작은 무 농장이 관광 코스에서 한참 벗어나 있지만, 아바나 시(아바나는 도와 수도를 동시에 가리키는 이름이다) 동부 알라마르 지구에 있는 비베로 알라마르(알라마르 종묘장)는 상당한 관광 명소가 되어 있었다. 아바나에서 가장 크고 성공적인 오르가노포니코인 이곳은 요즈음 호기심 많은 외국인들이 텃밭 투어를 위해 자주 버스를 타고 온다.

알라마르는 아바나 동부 지역에 있는, 소련 시절에 만들어진 계획 공동체이다. 현재 오르가노포니코가 운영되고 있는 토지는 종합운동장과 병원이 들어설 예정이었으나, 1997년 지역 주민을 위한 오르가노포니코가 되었다. 현재 11헥타르 면적의 도시농장 비베로 알라마르에는 농장 노동자 143명이 협동조합 소유자로 있다.[22]

내가 방문한 그날, 작물을 심을 준비가 되어 있었던 것 같은 밭의 아래위로 쟁기를 끄는 한 쌍의 황소에 이르기까지 마치 농장 전체가 말쑥하게 단장을 하고 우리 그룹이 도착하기를 기다린 것처럼 보였다. 다른 한 쌍의 황소는 쿠바에서 가축 사료로 쓰이는 매우 긴 열대형 목초

아바나의 비베로 알라마르(알라마르 종묘장)에서 일하고 있는 황소(2010년 5월 13일).

인 킹그래스처럼 보이는 것의 수확물을 집으로 옮겨 오고 있었다.

채소와 샐러드용 작물을 전문적으로 취급하고 있는 비베로 알라마르에서 우리는 완벽하고 깔끔하게 줄을 지어 심은 작물들이 어도비 벽돌 같이 붉은 흙에서 자라고 있는 모습을 보았다. 잡초 한 포기 보이지 않았다. 이 농장은 쿠바에서는 약용작물로 알려져 있으나 우리는 그냥 박하, 바질, 고수, 꽃박하 등과 같은 요리용 허브로 생각하기 쉬운 농작물도 전문적으로 취급하고 있다. 농민들은 종교의식용으로 쓰이는 특정 식물을 기르고 있기도 하다. 믿기지 않을 정도로 흠 하나 없는 농산물이 무척 분주한 농장 입구 판매점에서 지역 주민에게 팔리고 있다. 비베로 알라마르는 상추 같이 좀 더 여린 작물이 너무 강한 햇볕과 열기 속에서 자라고 있는 대부분의 밭이랑을 보호하기 위해 검은색 작물 가리개에 투자할 수 있을 정도로 충분한 돈이 있었다.

작은 무 농장과 마찬가지로 비베로 알라마르도 협동조합이라서 일도 함께 하고 수익도 공유한다. 농민들은 알라마르에서 급여 체계의 위쪽을 향해 일한다고, 농장 부소장은 우리 그룹에게 설명해 주었다. 농민들은 일부 힘든 일을 하는 맨 아래 단계에서 시작하는데, 그 일을 참고 견디며 잘 해내면 다른 농민들이 좋아하게 되고(그래서 계속 일을 할 수 있게 인정을 받고), 그러면 1단계 농민에서 승진하며 이렇게 해서 5단계 농민까지 올라가게 된다. 최고 단계에 오른 비베로 알라마르의 농민은 연간 500달러를 버는데, 이는 쿠바의 사무직 노동자 급여의 거의 곱절이며 한 달 최저임금이 10달러인 점을 생각하면 엄청난 임금이다.

식량 배급이 오늘날에도 여전한 쿠바 식량 부족의 쓰라린 현실이지만 공급이 공개시장 체계에 대처할 수 있다면 식량 배급이 곧 끝날 수도 있다는 이야기가 있다.

내가 쿠바 사람들에게 다달이 배급 식량으로 어떤 품목을 받는지 물었을 때, 그 품목들을 너무 빠르게 줄줄 늘어놓는 바람에 적당한 목록이라도 대충 만들기 위해 여러 사람에게 다시 물어보아야 했다. 모든 쿠바 국민은 배급품이라고 하더라도 매우 싼 값을 치르고 식용유 2분의 1파운드, 쌀 7파운드 커피 8온스, 닭고기 1파운드, 달걀 10개, 설탕 4파운드, 말린 콩 20온스, 건조된 파스타 한 봉지, 생선 11온스(여러 가지 이유로 보통은 살 수가 없어 닭고기로 대체된다)를 살 수 있다. 13세 이하 어린이는 갈아 놓은 소고기 1파운드를 살 자격이 있으며, 7세 이하의 어린이는 열흘마다 분유 2.2파운드(1킬로그램)를 받을 수 있다. 7세에서 13세 사이의 어린이는 분유 대신 콩 요구르트 배급 식품을 받는다.[23]

다른 생활필수품은 가족 단위로 할당된다. 각 가족은 두 달마다 비누 한개, 넉 달마다 주방용 세제 한 통을 받을 수 있고, 어른 두 명에 어린이 두 명인 가족은 매달 치약 한 통을 살 수 있다. 질병이 있는 사람에게는 더 많은 배급량이 지급된다. 예를 들어 HIV 양성반응을 보이는 사람은 무료로 배급 식량과 약품을 받는다.

쿠바 사람들은 이런 배급품이 그리 오래가지 못하고 한 달의 아주 적은 기간 동안만 쓸 수 있다고 말할 것이다. 대부분의 식품은 훨씬 더 많은 돈을 주고 농민시장이나 도시 유기농 농장에서 산다.

내가 2007년 캐나다의 농업 전문가 웬디 홈과 함께 쿠바로 첫 번째 여행을 갔을 때의 일이다. 우리가 쿠바 중부 지역의 카마구에이 시를 거쳐 갈 때 웬디는 여행 일정의 일환으로 배급품 상점을 방문하도록 주선해 두었다.[24] 상점에 들어가 보니, 새 폴로셔츠와 다리미질한 카키색 바지를 입은 잘생긴 남자가 다 쓰러져 가는 건물의, 거리와 같은 높이의 입구 안쪽에 들여다 놓은 책상에 앉아 있었다. 남자 뒤쪽으로는 손으로 쓴 표지판이 몇 개 있었다. "미성년자에게 담배를 팔지 않습니다"라고 안내문에 적혀 있었다. "욕설은 용납되지 않습니다"라는 표지판도 있었다. 앞의 진열대 안에는 저녁식사용 롤빵 수십 개가 있었지만 다른 것은 아무 것도 보이지 않았다. 오직 샘플 품목만이 가격을 알려 주는, 손으로 쓴 가격표가 붙어 진열되어 있었다. 진열 케이스는 레모네이드 판매대만큼 거의 첨단이었는데 이상스럽게도 아주 잘 어울렸다. 어느 누구도 '충동구매'를 하려고 하지 않았으며 여러 브랜드의 식용유는 다른 브랜드 상품과 경쟁하기 위해 눈부시게 빛날 필요가 없었다. 이 배급품 상점은 실제로 그냥 몇 가지 기본적인 물품을 담당하는 동네 배급소에 불과했으며, 특히 품질이 좋다거나 호기심을 불러일으키는 물품이 하나도 없었다. 그 상점을 꾸미는 것은 약간 모욕적일 수 있겠다 싶었다(내가 이야기를 나눈 많은 쿠바 사람이 배급 식품의 질이 낮다고 심하게 불평했다).

그 상점은 작았으며 그냥 둘러보는데도 나는 불안감을 느꼈다. 이 불안감은 볼만한 것이 그리 많지 않다고 해서 나온 그런 것이 아니었다. 나는 판매원이, 갖춰 놓은 물건들이 외국인에게 얼마나 한심스럽게 보일지 분명히 인식하고 있다는 것을 알았다. 우리 둘 모두 이 상황이 불편해서 나는 사진 한 장을 찍을 수 있겠느냐고 물었다. 그는 어깨를 으쓱하며 그러라고 했다. 나는 재빨리 사진을 찍었다. 그곳을 떠난 후 그 배급품 상점이 내가 쿠바에서 방문한 모든 식품점 가운데 가장 가까이에서 본 곳이었다는 생각이 문득 들었다.

농민시장

1994년, 식량 생산을 촉진하고 국민을 위해 식품 가격을 낮추려는 추가적인 시도로 농민시장이 쿠바에서 합법화되었다.[25] 쿠바의 농민시장은 국영 농장이 잉여 농산물은 무엇이든 팔 수 있는 정부 승인 농민시장으로 시작되었으나, 상품의 질이 너무 낮아 곧 쿠바 정부는 국가의 규제를 받지 않고 단지 수요공급의 법칙으로만 운영되는 다른 형태의 농민시장을 허가해야만 했다. 이 농민시장은 쿠바에 국영 농장이 있듯이 지금도 국영 농민시장이다. 국영 농장에서 일하는 농민들이 쿠바 국민이 농장 생산물에 대해 가지고 있는 인상을 바꾸기 위해 노력하고는 있지만 국영 농장이라고 하면 일반적으로 질이 떨어지는 먹거리 품목이 연상된다.

카마구에이 시에 있는 '자유시장' 농민시장의 피망 노점상인(2007년 2월 6일).

나는 2007년 국영 농민시장 한 곳을 방문했는데 별 감흥을 느끼지 못했다. 사람들이 그곳에서 먹거리를 사는 이유는 정부가 가격을 규제해서 가격이 품질과 마찬가지로 보통 낮기 때문이다. 노점상은 농산물을 팔려고 '서두르지' 않으며 작은 가판대는 낡고 허름해 소련식의 밋밋한 느낌이 난다.

더 인기가 많고 훨씬 더 흔한, 쿠바의 자유시장 농민시장은 몇 가지 점을 제외하고 북아메리카의 농민시장과 별로 다르지 않다. 첫 번째 차이점은 열대 과일이 놀랄 만큼 풍부하고 다양하다는 것이다. 나는 아바나의 북적거리는 아그로메르카도 19 y B(19번 도로와 B 도로의 모퉁이에 있기 때문에 그렇게 이름을 붙였다)에서 크기와 형태가 커다랗고 두툼한 망고 같은 아주 달고 부드러운 열대 나무 과일인 마메이를 샀다.[26] 거칠

아바나의 아그로메르카도 19 y B '자유시장' 농민시장(2010년 5월 15일).

고 갈색인 겉모습만 보고 나는 그 속에 부드럽고 달콤한 하얀 과육이 있으며 삶은 고구마와 매우 단 아보카도가 합쳐진 것이라고 표현할 수밖에 없는 맛과 점도를 지니고 있을 것이라고 짐작조차 할 수 없었다. 그 시장은 다양한 색깔의 하바네로 고추(쿠바인들은 가장 순한 매운 맛이라 하더라도 매운 음식을 대부분 싫어하기 때문에 아주 매운 고추가 아님)에서 동양무, 청경채, 파슬리, 바나나, 긴 덩굴강낭콩, 토마토, 양파, 라임, 파프리카, 감자 등에 이르기까지 다양한 농작물을 갖추어 놓고 있었다.

대부분의 북아메리카인과 유럽인은 쿠바의 농민시장에 나와 있는 고기류를 보면 머리카락이 쭈뼛 설 것이다. 옥외 조리대 위에 소고기와 돼지고기의 거대한 몸통이 쫙 벌어져 있고 보통 그리 깨끗해 보이지 않는 큰 칼을 든 건장한 남자가 고기를 조각으로 잘라 주문한 대로 손님에게 건네준다(쿠바에서는 고기를 포함해 그 어떤 것을 사든 그것을 담을 비닐봉지나 용기를 직접 가져가야 한다). 나는 어떤 사람이 생닭의 넓적다리와 깃털을 뽑고 내장을 다 발라낸 생닭을 자전거의 신문 놓는 시렁 위에 신축성 있는 고무 끈으로 단단히 묶고는 농민시장을 떠나는 모습을 몇 번 보았다. 이것을 보면 쿠바에서는 고기를 거의 언제나 뭉근히 끓이거나 바싹 튀기는 이유를 알 수 있다.

외국인 관광객으로서 농민시장에서 먹거리를 살 경우, 이것이 '허용되는지' 나도 잘 몰랐는데, 국가화폐가 아니라 쿠바의 태환 페소화인 CUC로 지불해야 한다. 그러한 점에서 보면 쿠바의 농민시장이 전적으로 자유시장 체계에 속하는 것은 아닌데 쿠바 사람들이 무엇을 만들고 식품 구입에 얼마나 많은 돈을 쓰는지를 알고 보면, 그럴 필요가 없음을 이해하게 된다.

마지막으로, 쿠바에서는 농민시장이 시끌벅적하다. 판매자들은 그들이 내놓은 물품을 쇼핑객에서 외친다. 어떤 판매자는 느닷없이 노래를 부르기 시작하거나 새 소리를 흉내 낸다. 아침에 쿠바의 농민시장에 갔을 때 보이는 에너지와 활기는 보는 사람을 흥분시킨다. 캐나다나 미국에 있는 식품점의 통로를 쇼핑 카트를 밀고 가면서는 그런 감정을 결코 느끼지 못한다.

티토 누녜스, 혁명 속의 혁명

내가 쿠바에서 경험한 최고의 음식은 어디에서도 먹어 본 적이 없는 것이었다. 아바나의 유명한 비베로 알라마르 오르가노포니코를 둘러볼 수 있었던 날과 같은 날에 '지속가능한 유기농업 국제컨퍼런스' 제8차 회의에 참석했던 동료 몇몇은 라스 테라사스에 가서 지속가능한 먹거리 운동을 펼치는 생태 식당에서 일하는 쿠바의 일류 요리사 티토 누네스를 방문했다.

라스 테라사스는 아바나에서 50킬로미터가량 떨어져 있는 생태 휴양촌이다. 이 지역은 1791년부터 1809년까지 짧지만 강력한 영향을 미친 프랑스의 쿠바 식민통치 기간에 식민지 커피 플랜테이션 소유자들(더 정확히 말하면 그들의 노예들)에 의해 삼림이 벌채되었다. 마침내 1960년대 말 라스 테라사스는 다시 조림 사업을 벌여 복구되었다. 그곳에 600만 그루가 넘는 나무를 다시 심고 작은 생태 마을을 만들었다. 1986년 라스 테라사스는 5천 헥타르에 달하는 유네스코 생물권 보존지역이 되었으며, 현재 하이킹 코스, 수영, 수풀이 우거진 자연환경, 생물다양성 덕분에 국내외 관광객에게 커다란 인기를 끄는 곳이다. 또 여기는 요리사 티토 누네스가 혁명 속에서 혁명을 서서히 일으키고 있는 본부가 있는 곳이기도 하다. 쿠바에서 몇 안 되는 완전 채식주의자인 누네스는 호텔 모카에서 엘 로메로(로즈메리)라고 하는, 좌석이 36개 있는 작은 생태 식당을 운영하고 있다.

우리 그룹의 상당수가 개인적으로 그의 식당을 방문할 수 없었기 때문에 누네스가 몸소 아바나로 왔다. 그는 체격이 왜소하고 머리를 짧게 깎은 수도자 같은 남자다. 그는 수도자의 인내심을 가지고 있기도 하다. 누네스는 건강과 윤리적 이유로 채식주의자가 되었으며, 20년 동안 한 끼 한 끼 참을성 있게 천천히 사람들을 전향시켜 왔다.[27]

그 식당의 모토는 "그리하여 암소, 닭, 바닷가재, 아프리카대나무쥐, 숫염소[작은 카리브 해 염소], 물고기가 살 수 있기를"이다. 그는 쿠바에서 몇 안 되는 슬로푸드 인터내셔널의 회원이기도 하다. 또 그는 북아메리카에서 유행병 수준인 것과 동일한 만성적인 음식 관련 질병을 현재 앓고 있는 쿠바 국민의 건강을 심각하게 걱정하고 있다. 그는 어렸을 때와 젊었을 때 건강이 나빠 채식주의자가 되었으며, 지금과 마찬가지로 그 시절 쿠바에서는 외로운 길이었다.

누녜스는 자신이 운영하는 생태 식당과, 그가 사용하는 먹거리의 70퍼센트를 자신의 식당에 공급하는 100제곱미터 면적의 식물원 및 먹거리 텃밭을 찍은 슬라이드를 보여 주었다. 이 식당은 식기 세척기에 물을 공급하는 태양열 온수기, 태양열 조리기, 음식을 요리하는 장작 때는 오븐 같은 다른 지속가능한 기술을 이용한다. 환경에 대한 그의 헌신은 단순히 현장 텃밭이나 채소와 과일 기반 음식을 뛰어넘는다. 엘로메로 식당에선 직원들이 가져가는 음식은 바나나 잎으로 포장해 주며, 메뉴판은 재활용 종이로 만들어 천연섬유로 묶여 있고, 빨대는 속이 빈 식물 줄기이며, 와인 바구니는 야자나무 잎을 꿰매 만들고, 현장의 벌통은 식당에서 쓰는 감미료를 제공한다.

에덴동산 같이 꾸민 식당 실내장식뿐 아니라, 요리를 찍은 슬라이드를 휙휙 넘기는 동안에도 누녜스의 기교가 분명히 드러났다. 그가 식당에서 보인 음식 연출은 내가 쿠바에서 본 그 어떤 것보다 뛰어났다(그는 엔지니어로 교육을 받았으며 정확한 수학적 두뇌가 분명 그의 요리에 영향을 미치고 있다. "화가가 색으로 하는 것을 나는 맛으로 하죠." 그가 나에게 말했다).

음식은 신선하고 색채가 선명하며 풍미가 가득하고 매우 독창적으로 보였다.

누녜스가 겉으로 보기에는 쉽게 이러한 형태의 요리를 하는 것처럼 보이지만, 회의에 참석한 채식주의자들은 여행을 하면서 최고급 나시오날 아바나 호텔이나 그 어느 곳에서든 입에 맞는 음식이나 심지어 적절한 칼로리의 음식을 구하느라 끔찍한 시간을 보냈다. 채식이라는 개념은 우리가 쿠바에서 마주쳤던 식당 요리사 모두를 혼란스럽게 했다. 검은콩과 쌀, 플랜테인 바나나, 채소 조금씩을 그냥 합치기보다 그들은 한결같이 당황해 어쩔 줄 몰라 하며 수북이 쌓아 놓은 맛없는 찐 당근이나 너무 익힌 껍질콩과 같이 끔찍하게 잘못 이해한, 채식주의자를 위한 '창조물'을 내놓곤 한다. 누네스는 더 건강하고 더 지속가능하며 윤리적인 먹거리를 선택하기 위한 자신의 운동이 대부분의 쿠바인에게는 설득하기 어려운 일이었음을 인정했다.

"이것은 문화적인 문제죠." 누네스가 설명해 주었다.[28] 쿠바 사람들은 '고기와 정제 곡류와 럼주'만을 먹고 싶어 한다. 그러나 누군가가 열렬하게 육식을 좋아하는 사람을 채식주의자로 전향시킬 수 있다면, 그 모든 것이 먹을 수 있는 예술 작품처럼 보이는 66개의 메뉴를 갖추고 있는 누네스와 직원들이 그렇게 할 수 있는 유리한 입장에 있는 것처럼 보인다.

쿠바의 교훈

쿠바에서 나는 내가 했던 모든 여행 중에서 가장 인상적이고 생태적으로 통합적인 농장 여러 곳을 보았다. 두 차례의 쿠바 여행은 약간의 창의성을 곁들이면 '고급 기술-저급 기술' 장치와 시스템이 어떻게 활용될 수 있는지에 대한 어지러울 정도로 자극적인 경험이었다. 오스발도 프란키-알파로 로케는 아바나 바로 외곽에 있는 농장 라 호야에서 커다란 소다수 병, 재활용한 병원 정맥주사 관, 조절 밸브, 회전 요람을 활용해서 만든 독창적인 관개용 타이머를 자랑스럽게 보여 주었다. 이 관개용 타이머는 과수 종묘장의 묘목에 쓰기 위한 것이었다. 또 다른 농민들은 자동차와 농기구 부품을 이용해 수제 탈곡기를 만들어 냈다. 쿠바에서 단 2주 있은 후인데도 완전한 낭비인 북아메리카 소비 지상주의로 다시 돌아가기가 힘들었다.

특히 피델 카스트로에서 라울 카스트로로 정권 이양 때문에 나는 2007년과 2010년에 있었던 나의 두 차례 방문 사이에 일어난 변화에 충격을 받았다. 쿠바는 공산주의와 거리를 두면서 좀 더 사회주의 쪽으로 움직이고 있는 것처럼 보였다. 내가 2007년에 목격했던 내핍 생활은 어느 정도 완화되고 있는 듯이 보였다. 2010년에는 자유시장 허용과 쿠바와 베네수엘라 간 석유-의사 교환 합의가 분명히 영향을 주고 있었다. 사람들은 더 좋고 더 세련된 옷을 입고 있었다. 쿠바 국민들은 대체로 더 부유해진 것 같았다(쿠바 국민의 가처분 소득이 상대적으로 부족하다는 것을 생각하면 이것이 조금 이상하게 들릴지는 모르겠지만). 도로 상의 자동차는 많아졌고 당나귀가 끄는 짐마차는 적어졌다. 도로에서 히치하이크하는 사람이 줄어들었다(교통 흐름을 조정하는 공식적인 히치하이킹 관리자가 배치되어 있는, 공인된 히치하이킹 도로 구역에서 쿠바의 차량이 히치하이킹하는 쿠바 사람을 태우지 않으면 불법이다). 심지어 나는 2010년에 여러 농장에서 몇몇 트랙터가 다시 나타난 것을 보았는데, 이것은 몇 년 전에만 해도 생각할 수조차 없는 일이었다.

변하지 않은 것도 몇 가지 있었다. 2007년과 2010년에 내가 이야기를 나누었던 쿠바인들은 모두 미국의 수출입 금지 조치가 끝나기를 바라면서도 소비 지향적인 문화가 그들의 삶의 질에 가져올 변화를 두려워했다. 그러나 내가 이야기를 나누었던 농민들은 쿠바 정부나 국민들이 산업적 농업으로 되돌아가는 것을 용납하지 않을 것이라고 확신했다. 1990년대 초의 교훈은 지금도 너무나 고통스럽게 가까이 있었다. 그 대신 쿠바인들은 풍부하고 재생력 있는 자연 체계를 닮은 방식으로 생활 공간과 통합되는 농업 체계를 설계하는 퍼머컬처 분야에서 그들이 추구하는 혁신에 신이 나 있었다. 그들은 태양에너지나 바이오가스 같은 대체 에너지를 농업 분야에 통합하는 일에도 열심이었다.

쿠바 여행과 수십 명의 쿠바 도시농부를 만난 기회는 내가 도시를 바라보는 방식을 영원히 바꾸어 버렸다. 지금 나는 도처에서 먹거리 재배의 가능성을 본다. 쿠바는 소비주의가 얼마나 깊이 우리 몸에 배어 있는지에 대해 내 눈을 뜨게 해주었다. 소비주의는 선진 공업국의 먹거리 체계라는 몸통을 흔드는 꼬리다. 쿠바 모델은 더 균형 잡히고 회복력 있으며 지속가능한 먹거리 체계가 어떤 모습일지에 대해 많은 것을 우리에게 가르쳐 줄 수 있다. 문제는 충분히 많은 사람이 보고 듣고 배울 것인가, 아니면 우리가 굶주림을 각오할 것인가이다. 우리는 피크 오일에 직면해 있을 뿐 아니라 피크 워터, 피크 랜드, 심지어 인과 같은 것을 비롯한 피크 미량영양소에도 직면해 있다. 이 모든 것은 산업적 농업을 계속하기 위해 필요한 것들이다.

현대 도시와 식생활

"당신은 시골로 돌아갈 필요가 없으니,
이미 그곳에 있다."

도시농부 론 베레잔(2009)

이 책을 쓰기 시작했을 때 나는 몇 가지 간단한 의문을 풀어 보려는 계획을 세웠다. 왜 갑자기 사람들이 도시 텃밭과 도시양계와 도시양봉에 관심을 가지게 되었을까? 먹거리와 식품 체계를 다시 통제하고 있는 여러 도시에서 또 무슨 일이 벌어지고 있는가?

찾아다니기를 그만두고 책을 쓰기 시작해야 했을 때까지, 될 수 있으면 많은 곳을 방문한 나에게는 지금 먹거리와 우리 도시의 미래를 곰곰이 생각해 보는 일이 남아 있다. 이러한 먹거리 혁명의 불꽃이 우리를 어디로 데려갈 것인가? 우리 도시들이 내가 2007년에 본 쿠바 도시들 가운데 하나의 변형처럼 보일 것인가, 아니면 늘어나는 도시 인구를 먹여 살리기 위해 40층짜리 수직농장을 세우게 될 것인가? 도시 먹거리 혁명을 지속해 나가기에 충분한 임계질량(핵분열 물질이 연쇄 반응을 할 수 있는 최소의 질량—옮긴이)과 의지가 있는가, 아니면 급격히 악화되어 대도시가 극단적인 식품사막으로 변할 것인가?

물론 나는 이러한 의문에 대한 답을 가지고 있지 않다. 아무도 모를 것이다. 하지만 내가 본 것을 통해서 적어도 우리가 다 함께 올바른 방향으로 가고 있다는 희망을 얻었다. 일반 시민과 중소기업, 시 정부가 엄청난 에너지를 도시 환경보호에 쏟아 붓고 있으며, 그 결과 상당히 눈에 띄는 혁신과 성과가 나오기 시작했다.

뉴욕 시에는 현재 대형 상업적 옥상 농장이 적어도 두 곳 있다. 브루클린 그레인지 농장(Brooklyn Grange Farm)은 퀸즈 구의 한 건물 옥상에 있는 면적 3,716제곱미터의 유기농 채소 농장이다.[1] 역시 퀸즈 구에 있는 이글 스트리트 옥상 농장(Eagle Street Rooftop Farm)은 면적이 557제곱미터인 평평한 지붕 위에 있으며, 인근 식당과 이 농장의 공동체 지원농업 프로그램 가입 회원뿐 아니라 현장의 농부시장에 유기 농산물과 벌꿀을 공급한다.[2]

퀘벡 주 몬트리올의 한 건물 옥상에서 2011년부터 25종의 채소를 생산하기 시작한, 면적 3,000제곱미터의 온실 농장인 루파 팜스(Lufa Farms)는 연중 옥상 작물 생산에 앞장서고 있다.[3] 이 기업은 몬트리올에 있는 1,000가구에 매주 상추, 토마토, 가지, 요리용 허브와 심지어 향신료까지 꾸러미로 보낼 만큼 충분한 신선한 먹거리를 생산한다.[4] 또한 2011년 여름, 뉴욕 브루클린 구의 고담 그린스(Gotham Greens)는 면적 1,393제곱미터의 옥상 온실에서 처음으로 수확을 했다고 발표했다.[5] 고담 그린스는 1년 사시사철 신선한 농산물 80톤을 생산하는 것을 목표로 하고 있다.[6]

지면 높이에서는 주택 소유자들이 가정용 채소밭을 마련하기 위해 잔디밭을 파내고 있다. 기업가적인 도시농부들은 상업적으로 재배한 도시 농산물을 인근 농부시장에서 팔기 위해 여기저기 흩어져 있는 소규모 토지에 씨를 뿌리고 잡초를 뽑고 있다. 도시에서 불법으로 닭을 키우던 사람들은 뒷마당의 산란용 닭에 대해 정식 허가를 얻고 있다. 시 정부는 더 많은 공동체텃밭을 지원하고 장식적인 경관 대신에 공공 과수원을 조성하기 시작하면서 풀뿌리 운동을 따라잡고 있다.

각급 학교에 학교 먹거리 텃밭이 확산되고 있는 가운데 여러 학교가 요리 교육을 교과과정에 반영하고 있다. 학교가 900개나 되는, 미국에서 2번째로 큰 교육구인 로스앤젤레스 통합교육구(LAUSD)는 미국에서 가장 환경친화적이고 건강한 교육구가 되겠다는 목표를 향해 큰 진전을 보이고 있다.[7] 로스앤젤레스 통합교육구는 예산 압박에도 불구하고 학생들에게 건강한 먹거리와 재배기술, 기본적인 먹거리 지식을 가르치기 위해 100곳이나 되는 학교운동장 먹거리 텃밭을 지원하고 있다.[8] (또 LAUSD가 2003년에 탄산음료 판매 금지를 일찍이 시작하고 2004년에 학교에서 다른 정크푸드를 금지한 것은 인정받을 만하다). 여러 종합대학과 단과대학에서도 도시농업이나 도시 식량보장 문제에 대한 학위나 수료증을 수여하고 있다.

현재 각급 정부는 자신들이 얼마나 시대의 흐름을 잘 읽고 있는지 보여 주기 위해 시청(콜로라도 스프링스, 포틀랜드)과 정부 청사(백악관)에 시범 텃밭을 조성하거나 양봉(시카고, 백악관)을 하고 있다. 더욱 중요하게는 주거지역과 공업지역, 나아가 상업지역에서 먹거리 생산을 장려하기 위해 용도지역 규제를 완화하고 있다. 온타리오 주 토론토 같은 일부 도시들은 상업용 신축 건물에 녹색 지붕을 의무화하기 시작했다.[9] 도시양봉가들은 자신의 '취미'에 대한 대중의 지지를 획득하기 위한 투쟁에서 이기고 있다. 물론 도시농업 기술과 체험기를 다룬 새로운 텔레비전 프로그램과 책, 잡지도 많이 있다.

이것은 분명 고무적인 소식이죠, 그렇죠?

몇 년 동안(어떤 경우에는 수십 년 동안) 도시농업 분야에서 일해 온 사람들은 현재 흥분이 고조된 상태라는 것을 알고 있을 뿐 아니라 우리가 정말로 생활방식의 지속가능성을 다루고 싶다면 습관, 행동, 그리고 어떻게 살아갈 것인가에 대한 기대를 바꾸는 데 무엇이 실제로 필요할 것인가에 대한 현실적인 시각도 가지고 있다.

"손수 먹거리를 기를 시간을 어떻게 내죠? 어떠한 형태의 지속가능한 생활이라도 시간이 듭니다" 하고 론 베레잔은 주의를 주었다.[10] 도시농부로도 알려져 있는 베레잔은 2004년 이후 상근 도시농업 컨설턴트, 조경 설계가, 교육자로 일해 왔다. 그는 대부분의 도시 거주자가 그러하듯이 더 지속가능한 생활을 하고 싶지만 대개 한 세대나 두 세대 동안 시골에서 떨어져 살던 사람들의 기술과 지식의 공백을 메우는 데 도움이 되게, 먹거리를 주거지역과 도시의 경관에 반영하는 방법에 관한 여러 워크숍을 쉴 새 없이 진행하고 있다. "내 편견도 있겠지만, 만약 당신이 환경에 미치는 영향을 줄이기 위해 단 한 가지 일을 하고 싶다면 직접 먹거리를 길러 보라고 강력하게 주장하겠어요" 하고 베레잔이 말했다.[11]

베레잔은 먹거리를 기르는 데 드는 시간과 이에 따르는 신체 활동이 시간에 쫓기고 일을 안 해 손이 보드라운 도시 사람들에게 큰 장애물이라는 것을 잘 알고 있다. 베레잔이 퍼머컬처와 생산적 산림을 들고 나온 것은 바로 이 때문이다. 그는 한때 잔디밭이 있던 곳에서 화분에 작물을 기르는 일반적인 도시농업 말고도 다른 방식을 과감하게 시도해 보고, 지속가능한 먹거리 생산의 모델도 다시 생각해 보고 있는 몇 안 되는 이단아적인 도시농업 사상가 가운데 한 사람이다. 퍼머컬처는

"우리가 어떻게 먹거리와 에너지, 물, 주거를 포함한 모든 인간의 필요를 충족시키고, 어떻게 생태적 설계 원칙에 기초해 이러한 시스템을 디자인해서 지속가능한 방법으로 그렇게 할 수 있는지를 결정하는 생태적인 디자인 방법론이죠" 하고 베레잔은 말한다.[12]

얼핏 보기에는 퍼머컬처 기법을 도입하면 텃밭이 거칠고 제멋대로이고 외관상 지저분해지는 경향이 있지만, 이 기법을 올바르게 설계하면 꽃가루 매개 곤충을 유인하는 꽃, 꽃가루 매개 곤충과 작은 야생동물을 위한 수원, 새가 씨앗을 떨어뜨린 곳에 싹이 튼 해바라기를 모두 통합하는 더 큰 생물다양성과 함께, 전통적인 텃밭에 들어가는 노력의 일부만 기울여도 엄청나게 다양하고 많은 먹거리를 생산한다.

바꿔 말하면 퍼머컬처 원칙이 디자인되어 더 자급적이고 자기 재생적인 방식으로 먹거리와 다른 필요로 하는 것을 제공하는 생산적인 경관을 만들거나 촉진한다. 퍼머컬처는 자연 생태계를 모방하려고 한다. 농작물과 동물을 키우는 힘든 일 대신에 퍼머컬처 경작자는 자연의 생태적 균형을 흉내 내는 시스템을 만든다. 그 후 설계자는 조금 뒤로 물러나서 자연이 일을 하게 내버려 둔다. 이것은 가끔 씨를 뿌리지 않고 수확한다고 설명된다. 또한 이것은 현대 생활과 지속가능한 삶이 중간의 어딘가에서 만나야 한다는 점을 인정한다. 퍼머컬처는 생태적으로 지속가능할 뿐 아니라 하나의 활동으로서 '지속가능한' 시스템이다.

생산적 산림(산림 텃밭 경작이라고도 한다)은 산림과 삼림지대가 우선 베리, 나무 견과류, 버섯, 과일, 덩이줄기 작물, 뿌리채소 같은 풍부한 먹거리를 생산하는 경향이 있다는 사실을 기반으로 하는 퍼머컬처 개념을 포함한다.

유엔 경제사회이사회와 세계은행에 따르면, "완전히 산림에 의존해

사는 6천만 명의 원주민과 소득과 생계를 주로 산림에 의존하는 그 밖의 3억5천만 명을 비롯해 약 16억 명이 생계를 유지하기 위해 산림자원에 크게 의존하고 있다."[13] 따라서 퍼머컬처와 마찬가지로 산림 텃밭 경작은 새로운 것이 아니며 서양이 기여한 것도 아니라는 점을 언급해 두는 것도 중요하다. 산업화 과정에서 잊어버렸고 아주 최근에야 재발견된 이러한 오래된 원칙들은 훨씬 작은 생태 발자국을 남기며 생명을 유지해 온 다른 많은 사회에서 결코 그 실행이 중단된 적이 없었다. 생산적 산림은 수렵채취 먹거리 문화에서 결코 떠난 적이 없었던 생각의 일부이다.

생산적 산림은 교목과 관목의 열매와 베리, 나무 견과류, 지표면의 먹거리와 열매 식물, 뿌리와 덩이줄기, 위로 뻗는 덩굴과 같이 먹거리 생산 높이를 고려해서 삼림과 삼림지대를 모방한다. 단순히 2차원이 아니라 3차원으로 자라는 높이를 고려하면 먹거리의 수확량이 엄청나게 증가한다. 이것이 토지 집약적 지표면 농업에 대해 수직농업이 의미하는 바이다.

베레잔이 생산적 산림과 퍼머컬처 워크숍을 열기 시작한 이후 이에 대한 관심이 크게 높아졌다. 이러한 방법들은 자원을 더 현명하게 사용함으로써 다른 재배 시스템보다 단위면적당 더 많은 산출을 낼 뿐 아니라, 자연 시스템이 지속되도록 내버려 두어 경작자가 할 일이 더 적어지기도 한다. 한해살이 식량 작물은 생육기 말기에 스스로 종자를 떨어뜨린다. 다년생 작물은 잎이 져 퇴비가 되어 흙에 새로운 유기물 층을 형성한다. 나무는 그늘을 만들어 연약한 작물을 보호한다. 닭 같은 가축은 민들레를 먹어치우고 흙을 발로 긁어 벌레와 해충을 처리하면서 줄곧 이동식 시비 서비스를 제공한다.

나는 자기 재생적인 무료 먹거리를 주렁주렁 매달고 있는, 대부분의 북아메리카 도시에 있는 나무가 우거진 공원 부지를 상상하기 시작한다. 그러나 대부분의 도시는 공유지에서 먹거리를 따가는 것을 허용하지 않으며, 심지어 뉴욕 같은 일부 도시는 그런 행위를 전면 금지하거나 벌금을 부과할 것을 고려하고 있다. 센트럴 파크에서 먹거리를 따가는 것은 최근 유행하는 행동이 된 것처럼 보이며 마침내 공원 관리 직원은 그러한 행동이 통제 불능 상태가 되어 버렸다고 말하고 있다.[14] 나는 머지않아 북아메리카 도시의 생산적 공공 산림에서 많은 먹거리를 조달하게 될 것으로는 생각하지 않는다.

또한 나는 북아메리카 도시에서 슈퍼마켓이 완전히 사라질 것으로 생각하지도 않으며 도시농장이 시민 5천 명당 하나 꼴로 갑자기 생길 것으로 생각하지도 않는다. 그러나 도시 농지에 용케 남아 있는 몇 안 되는 완강한 농가를 보완하는 몇몇 스핀 농부는 어떻게 그리고 누구에게서 먹거리를 얻고 있는지에 대한 사람들의 생각을 바꾸는 출발점이 되기에 충분하다. 이것은 도시 및 지역 농장 네트워크를 향한 발걸음의 시작이다. 로컬푸드에 대한 지속적인 관심이 있는 한, 시장 수요를 채우기 위해 기업가들이 쇄도할 것이다.

사실 모든 공동체와 모든 도시에 효과가 있는 단 하나의 도시농업 해결책은 없을 것이다. 각 도시는 자신의 한계와 필요에 대처해야 할 것이다. 숲속 생활로 다시 돌아가기보다 길모퉁이마다 있는 도시농장을 통해 완전한 식량보장을 달성할 수 있을 것이다.

이 시점에서 나 스스로 몇 가지 예측을 해본다면, 평형추가 중간 지점으로 조금 더 뒤로 움직일 것이라는 점이다. 우리가 국제 식량 거래와 산업적 식품 생산의 이점을 완전히 포기하지도 않겠지만 그 앞에 완전히 속수무책으로 있지도 않을 것이다.

도시 내 공간을 먹거리 생산과 먹거리 생산자에게 내어주게 된다면 그것 때문에 우리는 더욱 건강하고 더욱 행복하며 우리의 짧은 삶의 실제적인 현실에 더욱 연결될 것이다. 먹거리 선택으로 직접적인 영향을 받는, 불어나는 의료 예산 문제가 수박 겉핥기식으로 다루어져 왔다. 실제로는 푼돈은 아끼면서 큰돈은 함부로 쓰고 있는지도 모른다.

자연을 앞지르고 지배하려는 이상한 집착을 끝내고 자연을 고맙게 여기기 시작해야 한다. 그러면 스스로 먹고 서로 먹여 주는 것을 기본적인 인권으로 보기 시작하게 될 것이다. 이러한 목표 가운데 어느 하나로 가는 길을 따라 걷기 시작할 수만 있다면, 파리의 한 건물 옥상의 벌통 몇 개에서부터 도시 내 5헥타르 농지를 두고 벌이는 싸움에 이르는 도시농업의 다양한 실험과 운동은 마지막 한 순간의 노력까지 모두 가치가 있을 것이다.

나는 아마도 조금은 낭만적으로 도시농부나 뒤뜰 먹거리 경작자들이 한때 영세 농민이 하던 역할을 이어받았다고 보게 되었다. 그러한 역할이란 기업들이 한두 개 유전자를 조작해서 우리가 잴 수 있는 시간보다 더 오랫동안 존재해 온 기술의 소유권을 주장할 수 있다는 부자연스러운 생각에 반대하는 입장을 취하며 농업이 항상 그래 왔던 오픈소스 기술의 신중한 관리자로서의 역할을 말한다.

자연은 언제나 인간보다 백보 앞서 있으며 내장된 대리 기능성과 생물다양성(참다랑어와 대구 같은 특정한 것은 별도로 하고)을 너무 많이 가지고 있어 전체적으로 보아 희소성을 조작하려는 인간의 노력에도 불구하고 스스로 회복할 수 있다.

'여러분의 텃밭' 캐나다 앨버타 주 에드먼턴에 있는, 특별히 공공의 이용과 즐거움을 위해 일반 시민이 가로변 가로수길 공공용지에 조성한 먹거리 텃밭의 예(2010년 6월 30일).

도시는 혹은 오히려 도시에 사는 우리들은 더 이상 그저 먹거리 소비자이자 쓰레기 생산자일 수 없다. 순환체계로 만들어야 할 때임을 우리는 깨닫고 있다. 약간의 먹거리를 기르고 지역에서 나는 식품으로 식단을 짜고 음식 쓰레기를 퇴비화해야 한다. 이렇게 해야 우리는 가라앉고 있는 세계화된 산업적 식품 체계라는 '타이타닉 호'에서 해방될 수 있다.

감사의 말

책을 쓴다는 것은 사람을 겸손하게 만드는 마라톤이다. 도시농업과 지역에서 기른 좋은 먹거리가 그냥 좋아서 시간을 내어 질문에 답을 해주거나 정보를 제공해 준 가족과 친구, 동료, (내가 기쁘게도 그리고 놀랍게도) 전혀 모르는 사람들의 지지와 지원의 큰 네트워크가 없었더라면 이 일을 할 수 없었을 것이다. 내가 처음으로 아이디어를 얻었을 때부터 마지막으로 책을 낼 때까지 나를 도와주었던 모든 사람에게 큰 감사를 드린다. 모든 충고, 재미있는 사실, 도움이 되는 인맥, 계속 글을 쓰도록 격려하는 말 덕분에 이 책이 현실이 되었다.

이 책을 쓰기 위해 자료 조사를 하고, 또 책을 쓰는 동안 내가 느꼈던 가장 큰 즐거움 중 하나는 도시농업과 먹거리 체계, 도시 텃밭 경작 분야에서 활동하고 있는 수많은 열정적인 사람들을 만난 것이었다. 그들이 지금 하고 있는 일을 왜 하는지 내가 이해하는 데 도움을 주려고 시간과 에너지를 제공한, 책을 쓰는 과정에서 내가 만난 새로운 친구들을 나는 언제나 소중하게 생각할 것이다. 앞뜰에서 재래종 채소를 기르고 공동체 과수원을 돌보고 아파트 건물 옥상에서 벌통을 치는 것이 그 자체로는 별로 중요하지 않은 일처럼 보일지는 모르지만 새로운 먹거리 혁명의 선두에 서 있는 것은 이러한 자립과 공동체 자급자족의 작은 행동이라는 사실을 내가 깨닫는 데 여러 사람이 각자의 방식으로 나를 도와주었다. 더욱 중요한 것은 그들이 하는 중요한 일 때문에 세계가 더 풍부해지고 더 매력적이 된다는 점이다. 그들에게 다만 이런 말을 하고 싶다. 계속 경작하세요.

내가 이름을 들어 감사를 표하고 싶은 사람이 몇 명 있다. 특히 이 프로젝트를 두고 초기에 논쟁이 벌어졌을 때 나의 의논 상대가 되어 주었던 미피 퍼비스(Mifi Purvis)와 크레일 맥과이어 길리즈(Craille Maguire Gillies), 최고의 문학 네트워크 멤버인 애드리아 이와수티액(Adria Iwasutiak)이 그들이다. 또 처음부터 이 책의 출판이라는 생각에 호의를 보이고 책을 쓰는 긴 여정을 내가 끝까지 견디어낼 수 있다고 믿어준 앤 맥더미드 앤 어소시에이츠의 나의 대리인 크리스 부치(Chris Bucci)에게 진심으로 감사드린다. 초안 원고 단계에서 책꽂이 너머로까지 이 책을 이끌어준 프로메테우스 북스의 팀 전체에게 지도를 해주고 조언을 해준 데 대해 한없는 감사의 마음을 전한다.

무엇보다도 나는 내 남편 마이크(Mike)에게 감사해야 한다. 자기 몫의 일보다 더 많은 일을 떠안아 나에게 글 쓸 시간을 주지 않았더라면 이 책은 끝날 수 없었을 것이다. 대개는 내 책상에 음식 접시와 수없이 많은 찻잔을 가져다준 것을 뜻하는 일상적인 도움 제공에도 감사한다. 여보, 사랑해요.

마지막으로, 이 책 원고를 준비하는 마지막 몇 달 사이에 독립 저술가가 사회정의 문제를 드러내는 것을 도와주는, 캐나다의 서적 및 잡지상인 데이브 그레버 프리랜스 작가 상의 2011년도 수상자로 내가 선정되었다고 알려주는 전화를 받아 크게 기운을 얻었다. 먹거리와 사회정의를 연결시키고 내 책이 이 상을 받을 가치가 있음을 알아준 점에 감사드린다.

용어 해설

간작(intercropping) 한 가지 작물을 심고 키우고 수확하고 베어 낸 후에 그 다음 작물을 심는 경우보다 보통은 더 빨리 연속적으로 수확하기 위해 두 가지 이상의 작물이나 식물을 같은 곳에서 동시에 기를 때를 말한다.

공동생산자(co-producer) 슬로푸드 운동의 창시자 카를로 페트리니가 사용한 용어. 페트리니는 소비자에게 그들의 먹거리 선택이 중요하며 그들이 먹거리 체계에서 소극적인 역할이 아니라 적극적인 역할을 한다는 점을 인지할 것을 권장하기 위해 그들 자신을 공동생산자로 생각하도록 촉구한다.

공동체지원농업(CSA, Community Supported Agriculture) CSA 참여 소비자와 농장 간 사업 계약으로서 소비자가 봄에 선불을 하고 재배기간의 마지막까지 보통 주 단위로 수확물의 자기 몫을 받는다. CSA의 몫은 보통 주 단위로 박스 배달이나 픽업 장소를 통해 소비자에게 배달된다.

녹색 혁명(Green Revolution) 새로운 화학비료와 살충제를 함께 사용해 수확량이 훨씬 더 많은 곡물류를 생산하는, 농작물과 화학 분야에서 이룬 진보에 사용된 용어. 원조와 해외 개발의 형태로 멕시코와 인도와 같은 당시 개발도상국의 농업을 산업화하기 위해 그런 나라들에 이 새로운 기술을 수출하는 것과도 관련이 있다. 녹색혁명은 1940년대와 1970년대 사이에 일어났다.

도시농업(urban agriculture) 일정한 도시지역에서 먹거리를 재배하고, 어떤 정의에 따라서는, 유통하는 행위. 이 개념은 소비자 대부분이 있는 도시에 가까운 곳에서 먹거리를 생산한다는 것이다. 도시농업은 소규모 농기업체이거나 가구 규모인 경향이 있다.

로커보어(locavore) 지역에서 재배했거나 지역에서 생산한 먹거리를 찾는 사람

무단점유 경작(guerilla gardening) 토지 소유자의 동의를 얻지 않고 충분히 활용되지 않고 있는 사유지나 공유지에 경작자가 꽃이나 식용작물을 심는 일종의 사회적, 정치적 운동.

바이오연료(biofuel) 식물 기반 알코올(바이오에탄올)이나 식물성 기름(바이오디젤)으로 만든 대체 연료원. 이것은 석유나 가스층에서 얻은 화석연료의 대체에너지다.

벌집군집붕괴 현상(CCD, colony collapse disorder) 일벌이 갑자기 벌집에서 사라지는 우려할 만한 현상. CCD의 원인은 아직 잘 이해되지 않고 있다. 이 현상은 상업적 또는 아마추어 양봉가에게 매년 우려할만한 중대한 손실의 원인이 되기도 한다.

산업적 식품(industrial food) 단위 생산 당 가능한 한 최소 비용을 달성하기 위해 대규모 생산과 제조 및 유통망 집중을 통해 생산을 기계화하고 비용을 절감하는 것을 중시하는 기업가의 사고방식에 따라 재배하고 생산하는 먹거리. 《잡식동물의 딜레마》의 저자 마이클 폴란은 산업적 식품을 다음과 같이 정의한다. "생산 이력이 너무 복잡하고 난해해서 확인하는 데 전문가의 도움이 필요한 먹거리"

생산적 산림(edible forest) 텃밭의 모델로 자연적인 삼림지대의 생태계를 모방하거나 이용하는 먹거리 텃밭을 경작하는 관행. 이 시스템은 농업보다 더 저투입하는 먹거리 경작 대안이지만 놀랄 정도로 많은 양의 식용 생산물을 생산할 수 있다. 산림 텃밭 경작이라고도 한다.

수직농업(vertical farming) 토지기반 농업이 차지하는 공간을 줄이기 위해 수직으로 쌓아올린 층에서 농업 생산을 한다는 개념. 일부 수직농장 설계 작품은 기본적으로 먹거리를 생산하는 초고층 건물이다(하지만 이러한 설계 작

품 중에서 실현된 것은 아직 하나도 없다). 수직농업은 먹거리 생산과정에서 양분이 한 먹거리 생산구역(민물 어류탱크 같은)에서 다른 생산 구역(샐러드용 채소와 같은)으로 재순환되는 폐회로 농업체계를 통합하는 경향이 있다.

슬로푸드(Slow Food) 현재 130개국에 걸쳐 회원이 10만 명이 넘는, 이탈리아에 기반을 둔 풀뿌리 먹거리 운동. 1989년 패스트푸드 세계화 반대운동으로 시작했지만 지금은 식량 주권과 생물다양성 보존 문제를 개선하기 위해 애쓰면서 "모든 사람을 위한 좋고 깨끗하며 공정한 먹거리"라는 모토를 위해 힘쓰고 있다.

식량보장(food security) 개인이나 가족이나 공동체가 신선하고 건강하며 영양이 풍부한 먹거리에 접근할 수 있는 정도를 가리키는 포괄적인 용어. 유엔식량농업기구가 내린 식량보장의 최신 정의는 "모든 사람이 건강하고 활동적인 삶을 유지하기 위하여 그들의 음식 필요와 먹거리 선호를 충족할 수 있는 충분하고 안전하며 영양이 풍부한 먹거리에 물리적, 사회적, 경제적으로 언제나 접근할 수 있을" 때이다.

식량 정책(food policy) 일정 그룹의 사람을 위해 먹거리의 생산, 분배, 소비를 둘러싼 가이드라인과 정책을 제시하는 훈령. 많은 시 정부가 그들 도시의 풀뿌리 식량보장 단체가 만든 식량 정책을 채택하고 있다.

식량정책협의회(food-policy council) 식량 정책을 수립하고 감독하는 조직. 식량정책협의회는 공식적으로 임명된 일단의 사람으로 구성되거나 자천 시민 자원봉사단체로 구성되기도 한다.

식량 주권(food sovereignty) 그들 자신의 먹거리와 농업생산체계를 선택할 수 있는 개인이나 단체의 능력을 설명하는 용어. 이 개념은 먹거리 종류 또는 먹거리 생산 방법을 선택하는 문화적, 개인적 자유를 거의 남겨두지 않는 산업적 식품망과 먹거리 세계화에 대한 반응으로 나왔다.

식량 파동(food shock) 날씨나 자연 재해, 전쟁이나 연료 부족과 같은 이유로 식량 공급이 갑자기 대폭 중단되는 것.

식품사막(food desert) 상당한 수준의 인구밀도에도 불구하고 신선하고 영양이 풍부한 먹거리를 파는 식료품점이나 시장이 희소하거나 없는 도시 현상. 종종 식품사막에 사는 사람들은 값싸고 편리한 교통수단 선택권이 없어서 건강에 좋은 먹거리에 접근하지 못한다. 식품사막에는 보통 먹거리 구매의 유일한 선택으로 패스트푸드 판매점이나 편의점이 있을 뿐이다.

식품유역(foodshed) 한 지리구 안에서 생산되고, 분배되고 소비되는 모든 먹거리 간 관계의 복잡한 상호작용을 말한다.

오르가노포니코(organopónico) 쿠바에서 인근 지역사회를 위해 먹거리를 재배하는, 조합이 운영하는 소규모 유기농 도시농장. 이 용어는 현재 다른 남아메리카 국가들에서 비슷한 소규모 도시 유기농장에 대해서도 사용되고 있다.

집중가축사육시설(CAFO, concentrated animal feedlot operation) 사료 공급, 비육, 그리고 보통은 도축을 위해 비교적 좁은 곳에 한 종류의 가축을 대량으로 수용하는 시설. CAFO에서는 가축의 삶의 질이나 안락함을 거의 고려하지 않는다.

테루아(terroir) 여러 먹거리의 특유한 맛에 미치는 지리, 지질 차이, 기후의 누적적 영향을 포괄하는, 포도 재배와 와인 생산에서 빌려온 프랑스어 용어. 테루아는 와인용 포도의 경우에서처럼 심지어 유전자 복제 작물과 같이 동일한 작물이라 하더라도 다른 곳에서 재배한 같은 작물이 맛이 다른 이유를 설명하는 데 이용된다. 테루아는 장소의 영향을 설명할 뿐 아니라 생산물이 만들어진 시간적 배경도 고려한다.

퍼머컬처(permaculture) 자연 생태계에 크게 의존하거나 심지어 자연 생태계를 그대로 흉내 내는 영구적으로 지속가능한 방식으로 생활과 먹거리 재배에 접근하는 방법. 이는 먹거리 생산체계와 다른 인간 필요에 대해 통합적인 접근방법을 취한다.

푸드마일(food mile) 재배하거나 사육한 곳에서 소비자나 최종사용자가 마지막으로 구입하는 곳까지 먹거리가 이동한 거리.

프랑스식 집약 농업(French Intensive Agriculture) 높임 화단, 퇴비 대량 시비, 작물 조기촉성재배용 냉상, 따뜻한 미기후를 만들기 위한 텃밭 주위의 두

꺼운 돌담, 혼식, 수분 손실과 잡초 뽑기를 줄이기 위한 밀식 작물과 같은 여러 기법을 결합한 먹거리 생산 시스템. 프랑스식 집약 농업 덕분에 파리에서 19세기 전반에 도시 내에서 상당량의 신선한 먹거리가 생산되었다.

피크 오일(peak oil) 석유 채취가 최대의 속도와 효율에 도달하고 그 이후 공급량이 계속적인 감소 상태로 들어서며 석유 채취의 노력(그리고 비용)이 계속 증가하는 지점.

피크 워터(peak water) 자연적으로 재생할 수 있는 것보다 더 빠르게 재생가능한 민물 자원을 이용하는 최고 지점. 이후 민물 공급량이 감소하면서 희소성과 비용 상승이 생긴다.

피크 푸드(peak food) 먹거리를 일반적으로 재생가능한 자원으로 보는 것에 반하여 석유가 유한한 자원이라는 피크 오일 개념을 흉내 낸 용어. 피크 푸드는 한 시스템(세계 또는 지역)이 최대 수확량을 생산하고 그 이후에는 생산량이 감소하기 시작하는 지점을 말한다. 이러한 생산량 감소의 원인은 토양 침식과 토양 양분 고갈, 수분 부족, 먹거리 재배 능력에 부정적인 영향을 미치는 여러 변수 때문일 수 있다.

혼식(companion planting) 식량작물의 수확량이나 활력을 높이기 위해 두 가지 이상의 작물에 생물학적 또는 구조적 공생관계가 이용될 수 있을 때를 말한다.

주석

서문

1. 식료품점에서 파는 물품이 농장에서 소비자에게까지 평균 2,400킬로미터 이상 이동한다는 통계는, 아이오와주립대학 레오폴드 지속가능한 농업 센터에서 2001년에 나온 보고서 "Food, Fuel, and Freeways: An Iowa Perspective on How Far Food Travels, Fuel Usage, and Greenhouse Gas Emissions"에서 신선한 농산물이 평균적으로 이동하고 있는 것으로 밝혀진 1,518마일(2,442킬로미터)이라는 수치를 반올림한 것이다. 이 보고서의 연구책임자는 리치 피로그(Rich Pirog)이다.
2. Jerome Taylor, "How the Rising Price of Corn Made Mexicans Take to the Streets," *Independent*, June 23, 2007, http://www.independent.co.uk/news/world/americas/how-the- rising-price-of-corn-made-mexicans-take-to-streets-454260.html(2011년 8월 22일 접속).
3. Sarah Bridge, "Pasta Strike 'Shocks' Italy," *Guardian*, September 13, 2007, http://www.guardian.co.uk/world/2007/sep/13/italy(2011년 8월 22일 접속).
4. "Argentines Launch Tomato Boycott," BBC News, October 8, 2007, http://news.bbc.co.uk/2/hi/americas/7034152.stm(2011년 8월 22일 접속).
5. "World Population Prospects," United Nations, Department of Economic and Social Affairs, Population Devision, Population Estimates and Projects Section, 2008 Revision. 2010년 11월 10일 수치 업데이트, http://esa.un.org/unpd/wpp/index.htm(2011년 8월 22일 접속).
6. "Trade, Foreign Policy, Diplomacy, and Health," World Health Organization, http://www.who.int/trade/glossary/story028/en/(2011년 11월 8일 접속).
7. "Food Security in the United States: Key Statistics and Graphics," Economic Research Service/USDA's Briefing Room, http://www.ers.usda.gov/briefing/foodsecurity/stats_graphs.htm(2011년 8월 22일 접속).
8. Ibid.
9. Mark Nord et. al., "Household Food Security in the United States, 2009,"

ERS/USDA, November 2010, p. 1. http://www.ers.usda.gov/Briefing/FoodSecurity/stats _graphs.htm에서 다운로드 가능.
10. Ibid p. 2.
11. Erik Millstone and Tim Lang, *The Atlas of Food: Who Eats What, Where, and Why*(Berkeley: University of California Press, 2008), p. 54.
12. Ibid.

01 현대적 식품점의 허울

1. "Supermarket Facts, Industry Overview 2010," Food Marketing Institute, http://www.fmi.org/facts_figs/?fuseaction=superfact(2011년 8월 22일 접속).
2. Raj Patel, *Stuffed and Starved: The Hidden Battle for the World's Food System*(Toronto, ON: Harper Perennial, 2009), p. 90.
3. World Retail Hall of Fame: Clarence Saunders, http://www.worldretailcongress.com/hall-of-fame-member-detail.cfm?id=180(2011년 5월 24일 접속).
4. Ibid.
5. Bryan Walsh, "Getting Real about the High Price of Cheap Food," *Time*, August 21, 2009, http://www.time.com/time/health/article/0,8599,1917458,00.html (2011년 5월 24일 접속).
6. "Supermarket Facts, Industry Overview 2010," Food Marketing Institute, http://www.fmi.org/facts_figs/?fuseaction=superfact(2011년 8월 22일 접속). 이 수치가 2009년 현재 식료품점에서 파는 평균적인 품목 수인 4만 8,750개보다 상당히 적다는 사실은 언급해 둘 가치가 있다.
7. USDA ERS Food CPI and Expenditures, Table 7, http://www.ers.usda.gov/Briefing/ CPIFoodAndExpenditures/Data/Expenditures_tables/table7.htm(2011년 7월 18일 접속).
8. Erik Millstone and Tim Lang, *The Atlas of Food: Who Eats What, Where, and Why*(Berkeley: University of California Press, 2008), p. 58.
9. Ibid.
10. "Who Will Feed Us? Questions for the Food and Climate Crises," ETC Group Communiqué, issue 102(November 2010), p. 12. 이 보고서는 인터넷 홈페이지 http://www.etcgroup.org에서도 찾을 수 있다.
11. Ibid, p. 10.

12. Ibid, p. 12.
13. 산업화된 현대농업에 대한 심도 있는 최신 분석을 알고 싶다면, Barry Estabrook의 *Tomatoland: How Modern Industrial Agriculture Destroyed Our Most Alluring Fruit* (Kansas City: Andrews McMeel, 2011)를 읽어보기를 권한다.
14. 이 통계는 "Fact Sheet", p. 8에서 나왔는데, 연출자이자 감독인 Robert Kenner의 *Food, Inc*(New York: Magnolia Pictures, 2009)의 인터넷 연계 사이트 http://www. foodincmovie.com/에서 다운로드할 수 있다.
15. Rosie Boycott, "Nine Meals from Anarchy—How Britain Is Facing a Very Real Food Crisis," *Daily Mail*, June 7, 2008, http://www.dailymail.co.uk/news/article-1024833 /Nine-meals-anarchy—Britain-facing-real-food-crisis.html(2011년 5월 24일 접속).
16. "Supermarket Facts, Industry Overview 2010," Food Marketing Institute, http://www.fmi.org/facts_figs/?fuseaction=superfact(2011년 8월 22일 접속).
17. Michael Pollan, *The Omnivore's Dilemma: A Natural History of Four Meals* (Toronto, ON: Penguin, 2007), p. 11.

02 산업적 식품

1. *Food, Inc.*, Robert Kenner 연출 및 감독(New York: Magnolia Pictures, 2009).
2. Charles Lathrop Pack, *The War Garden Victorious: Its Wartime Need and Its Economic Value in Peace*(Philadelphia: J. B. Lippincott Company, 1919), p. 15.
3. Victory Gardens, Prelinger Archives, Library of Congress, Motion Picture, Broadcasting, and Recorded Sound Division, http://www.archive.org/details/victory_ garden(2011년 11월 8일 접속).
4. T. H. Everett and Edgar J. Clissold, *Victory Backyard Gardens: Simple Rules for Growing Your Own Vegetables*(Racine, WI: Whitman Publishing Company, 1942), p. 5.
5. Michael Pollan, "Farmer in Chief," *New York Times Magazine*, October 12, 2008, http://www.nytimes.com/2008/10/12/magazine/12policy-t.html(2009년 4월 13일 접속).
6. Carol Ferguson and Margaret Fraser의 *A Century of Canadian Home Cooking: 1900 through the '90s*(Winnipeg, MB: Prentice Hall Canada, 1992), p. 118에서 가져온 인용문.

7. Pollan, "Farmer in Chief."
8. Joseph Chamie, "World Population in the 21st Century," paper presented at the Twenty-Fourth IUSSP General Population Conference in Salvador, Brazil, August 18-24, 2001, p. 4. Chamie는 United Nations Population Division의 책임자였다.
9. Ibid.
10. "The Nobel Prize in Chemistry 1918: Fritz Haber," NobelPrize.org, http://nobelprize.org/nobel_prized/chemistry/laureates/1918/haber-bio.html(2011년 8월 22일 접속).
11. Wayne Roberts, *The No-Nonsense Guide to World Food*(Oxford, UK: New Internationalist Publications, 2008), p. 31.
12. "Population 7 Billion," *National Geographic*, January 2011, p. 50.
13. "Poverty, Population and Development," United Nations Population Fund 2008 Annual Report, UNFPA.org, http://www.unfpa.org/about/report/2008/en/ch4.html(2011년 8월 22일 접속).
14. "Population 7 Billion," p. 35(접힌 부분)
15. Parag Khanna, "Beyond City Limits," *Foreign Policy*(September/October 2010), http://www. foreignpolicy.com/articles/2010/08/16/beyond_city_limits?page=full(2011년 8월 22일 접속).
16. "Population 7 Billion," p. 68.
17. Erik Millstone and Tim Lang, *The Atlas of Food: Who Eats What, Where, and Why*(Berkeley: University of California Press, 2008), p. 44.
18. *Food, Inc.*
19. ISAAA Brief 42-2010: Highlights of "Global Status of Commercialized Biotech/GM Crops: 2010," International Service for the Aquisition of Agribiotech Applications, http://www.isaaa.org/resources/publications/briefs/42/highlights/(2011년 11월 8일 접속).
20. Ibid.
21. William Neuman and Andrew Pollack, "Farmers Cope with Roundup-Resistant Weeds," *New York Times*, May 3, 2010, http://www.nytimes.com/2010/05/04/business/energy- environment/04weed.html(2011년 8월 22일 접속).
22. "Tracking the Trend toward Market Concentration: The Case of the Agricultural Input Industry," United Nations Conference on Trade and

Development(UNCTAD), April 20, 2006, p. 8. 이 보고서는 인터넷 사이트 http://www.unctad.org/en/docs/ditccom200516_en.pdf에서 읽을 수 있다.
23. Ibid, p. 1.
24. Eric Holt-Giménez, "Policy Brief No. 16, The World Food Crisis—What's Behind It and What We Can Do about It," Food First Institute for Food and Development Policy, October, 2008, p. 6.
25. Jonathan Watts, "Field of Tears," *Guardian*, September 16, 2003, http://www.guardian. co.uk/world/2003/sep/16/northkorea.wto(2011년 8월 22일 접속).
26. George Lerner, "Activist: Farmer Suicides in India Linked to Debt, Globalization," CNN World, January 5, 2010, http://articles.cnn.com/2010-01-05/world/india.farmer.suicides_1_farmer-suicides-andhra-pradesh-vandana-shiva?_s=PM:WORLD(2011년 8월 22일 접속).
27. "Percy Schmeiser's Battle," CBS News Online, May 21, 2004, http://www.cbs.ca/ news/background/genetics_modification/percyschmeiser.html(2011년 8월 22일 접속).
28. 소규모 농민이나 농업 생산자를 대상으로 몬산토가 펼친 기업 차원의 약자 괴롭히기의 역사에 대해 좀 더 많은 정보를 얻고 싶은 사람은 다음의 참고자료를 읽어보라. Donald L. Barlett and James B. Steele, "Monsanto's Harvest of Fear," *Vanity Fair*, May 2008. 이 기사는 인터넷 사이트 http://www.vanityfair.com/politics/features/2008/05/monsanto200805에서도 읽어볼 수 있다.

03 식품 소비자

1. Peter Menzel and Faith D'Aluisio, *Hungry Planet: What the World Eats*(Napa, CA: Material World Press; Berkeley, CA: Ten Speed Press, 2005), pp. 270-71.
2. Ibid, pp. 266-267.
3. Ibid, pp. 260-261.
4. Christopher Cook, "The New Farm Crisis," *Baltimore Chronicle*, December 1, 1999, http://baltimorechronicle.com/farms_dec99.html(2011년 5월 24일 접속).
5. Rich Pirog et. al., "Food, Fuel, and Freeways: An Iowa Perspective on How Far Food Travels, Fuel Usage, and Greenhouse Gas Emissions", Leopold Center for Sustainable Agriculture, Iowa State University, 2001, p. 1.

6. Ibid.
7. Ibid, p. 6.
8. 이 문단에 나오는 수치들의 출처는 Ibid pp. 6-7.
9. Ibid, p. 7.
10. Ibid, p. 1.
11. Ibid, p. 11.
12. *Food, Inc.*, Robert Kenner 연출 및 감독(New York: Magnolia Pictures, 2009), 기자회견 자료집 p. 8. 이 기자회견 자료집은 http://www.foodincmovie.com/about-the-film. php에서 다운로드할 수 있다.
13. "2009 Summary Report on Antimicrobials Sold or Distributed for Use in Food-Producing Animals," US Food and Drug Administration, December 9, 2010, http://www.fda.gov/ForIndustry/UserFees/AnimalDrugUserFeeActADUFA/ucm236149.htm(2011년 5월 24일 접속).
14. Bryan Walsh, "Getting Real about the High Price of Cheap Food," *Time*, August 21, 2009, http://www.time.com/time/health/article/0,8599,1917458,00.html(2010년 1월 12일 접속).
15. Erik Millstone and Tim Lang, *The Atlas of Food: Who Eats What, Where, and Why*(Berkeley: University of California Press, 2008), p. 38.
16. Ibid, p. 113.
17. Ibid, p. 119.
18. 이 문장과 나머지 문단에 나오는 수치의 출처는 Ibid p. 38.
19. 1초당 6천 제곱미터의 열대우림이 파괴되고 있다는 이 수치의 출처는 Rainforest Foundation의 웹사이트 http://www.rainforestfoundation.org이다.
20. Lester Brown, "Corn for Cars: Will Biofuels Starve the Developing World?" *Der Spiegel* online, April 27, 2007, http://www.spiegel.de/international/world/0,1518,479940,00. html(2010년 5월 23일 접속).
21. Ibid.
22. Eric Holt-Giménez, "Policy Brief No. 16, The World Food Crisis—What's Behind It and What We Can Do about It," Food First Institute for Food and Development Policy, October, 2008, p. 3. Holt-Giménez는 바이오연료 산업이 세계 곡물가격의 75% 인상을 야기했다고 못 박은, 유출된 세계은행 보고서를 언급하고 있다.
23. *Food, Inc.*, 기자회견 자료집, p. 8.
24. Millstone and Lang, *The Atlas of Food*, p. 113.

25. *Food, Inc.*, 기자회견 자료집, p. 9.
26. "Obesity and Overweight," Centers for Disease Control and Prevention, http://www. dcd.gov/nchs/fastats/overwt.htm(2011년 5월 24일 접속).
27. "Food CPI and Expenditures: Table 7," United States Department of Agriculture Economic Research Service, http://www.ers.usda.gov/Briefing/CPIFoodAndExpenditures/Data/ Expenditures_tables/table7.htm(2011년 5월 24일 접속).
28. Raj Patel, *The Value of Nothing: How to Reshape Market Society and Redefine Democracy*(New York: Picador, 2010).
29. Bryan Walsh, "Getting Real about the High Price of Cheap Food," *Time*, August 21, 2009, http://www.time.com/time/health/article/0,8599,1917458,00.html.
30. 이 수치의 출처는 Raj Patel의 인터뷰인데, 인터넷 사이트 http://www.youtube.com에서 'Raj Patel'이나 'The Real Cost of a Hamburger'라는 키워드를 치면 볼 수 있다.
31. "Obesity in Canada: Snapshot," Public Health Agency of Canada, http://www.phac-aspc.gc.ca/publicat/2009/oc/index-eng.php(2011년 5월 24일 접속).

04 식량 위기와 지구

1. Jeff Rubin, *Why Your World Is about to Get a Whole Lot Smaller*(Toronto, ON: Vintage Canada Editions, 2010), pp. 25-26.
2. "Number of World's Hungry to Top 1 Billion this Year—UN Food Agency," UN News Center, June 19, 2009, http://www.un.org/apps/news/story.asp?NewsID=31197(2011년 4월 24일 접속).
3. Eric Holt-Giménez, "Policy Brief No. 16: The World Food Crisis—What's Behind It and What We Can Do about It," Food First Institute for Food and Development Policy, October, 2008, p. 1.
4. Ibid, pp. 2-3.
5. Ibid, p. 2.
6. Martk Nord et. al., "Household Food Security in the United States, 2009," *USDA Economic Research Service Report Summary*, November 2010, p. 1

이 미국 내 식량보장이 불안정한 시민이 15퍼센트라는 통계의 출처인데, 필자가 14.7퍼센트(2009)와 14.6퍼센트(2008)를 반올림했다. 다른 통계 수치들의 출처는 다음과 같다. USDA ERS, "Food Security in the United States: Key Statistics and Graphics," http://www.ers.usda.gov/Briefing/FoodSecurity/stats_graphs.htm(2011년 2월 7일 접속).

7. "World Food Prices at Fresh High, Says UN," BBC News, January 5, 2011, http://www.bbc.co.uk/news/business-12119539(2011년 2월 4일 접속).
8. Ibid.
9. James Melik, "Australia's Floods Disrupt Commodity Supplies," BBC News, January 4, 2011, http://www.bbc.co.uk/news/business-12111175(2011년 2월 4일 접속).
10. 기후변화에 관한 정부간 패널은 2007년에 나온 제4차 평가보고서 p. 2에서 "기후 체계의 온난화는 의심의 여지가 없다"고 결론지었다. 더욱이 이 보고서는 1950년 이후 지구가 경험해 온 지구온난화의 대부분이 인간 활동에 그 책임이 있다고 결론지었다.
11. Gwynne Dyer, "The Future of Food Riots," January 9, 2011, http://gwynnedyer. com/2011/the-future-of-food-riots/(2011년 2월 4일 접속).
12. Ibid.
13. Holt-Giménez, "Policy Brief No. 16: The World Food Crisis," p. 6.
14. 재난 자본주의에 대해 상세히 알고 싶다면 다음 책을 참고하기 바란다. Naomi Klein, *The Shock Doctrine: The Rise of Disaster Capitalism*(New York: Picador, 2008).
15. 99년 동안 옥수수와 야자나무의 집약적 단작 후, 마다가스카르의 토지는 전혀 농사를 지을 수 없는 땅이 되어 버릴 것이다.
16. John Vidal, "How Food and Water Are Driving a 21st-Century African Landgrab," *Observer*, Guardian News, March 7, 2010, http://www.guardian.co.uk/ environment/2010/mar/07/food-water-africa-land-grab(2010년 8월 28일 접속).
17. 이 문단과 다음 두 문단에 나오는, 아프리카의 토지 수탈 관련 수치와 연구 결과의 출처는 다음과 같다. Ibid와 Nancy Macdonald, "What's the New Global Source for Fresh, Shiny Produce?" *Maclean's*, August 19, 2010, http://www2.macleans.ca/2010/ 08/19/out-of-africa/2/.
18. Marie-Béatrice Baudet and Laetitia Clavreul, "The Growing Lust for Agricultural Lands," English transl. Leslie Thatcher, *Le Monde*, April 14, 2009.

19. "Our Vision and Mission," Walton International, http://www.waltoninternational.com/wigi/company-overview(2011년 4월 26일 접속).
20. *Food*, Inc., Robert Kenner 연출 및 감독(New York: Magnolia Pictures, 2009), 기자회견 자료집 p. 8. 이 기자회견 자료집은 http://www.foodincmovie.com/about-the-film. php에서 다운로드할 수 있다.
21. Evan D. G. Fraser and Andrew Rimas, *Empires of Food: Feast, Famine, and the Rise and Fall of Civilizations*(Toronto, ON: Free Press, 2010), p. 245.
22. Vaclav Smil, *Energy Myths and Realities: Bringing Science to the Energy Policy Debate*(Washington, DC: AEI Press, 2010).
23. Erik Millstone and Tim Lang, *The Atlas of Food: Who Eats What, Where, and Why*(Berkeley: University of California Press, 2008), p. 24.
24. Ibid.
25. Vidal, "How Food and Water Are Driving a 21st-Century African Landgrab."
26. Baudet and Clavreul, "The Growing Lust for Agricultural Lands."
27. Michael Pollan, "Farmer in Chief," *New York Times Magazine*, October 12, 2008, http://www.nytimes.com/2008/10/12/magazine/12policy-t.html(2009년 4월 13일 접속).
28. Michael Barclay, "Indian Food Prices Hit a Major Spike," *Maclean's*, January 18, 2010, p. 27.
29. Tom Gjelten, "The Impact of Rising Food Prices and Arab Unrest," NPR Morning Edition, February 18, 2011, http://www.npr.org/2011/02/18/133852810/the-impact-of-rising-food-prices-on-arab-unrest(2011년 8월 22일 접속).

05 새로운 먹거리 운동과 도시농업

1. 2010년 10월 21일 Tim Lang과 이메일을 주고받았다. 그 이메일에는 1992년 텔레비전 프로그램 코너와 이 코너가 미친 영향에 대해 그가 쓴 한편의 글이 포함되어 있었다. "Locale/Global(Food Miles)," Slow Food, no. 19(May 2006, pp. 94-97.
2. 내가 조사한 바로는, 최초의 지방자치단체 식량정책협의회는 1982년 테네시 주 녹스빌에서 만들어졌다. 물론 이것은 북아메리카 최초의 도시식량협의회였다.
3. Lang, "Locale/Global(Food Miles)," pp. 94-97.
4. Ibid.

5. 내가 찾을 수 있었던, 신문 즉 주류 신문에서 푸드마일에 대해 최초로 언급한 것은 1993년 10월 23일 조애나 블리스먼(Johanna Blythman)이 영국의 일간지 《인디펜던트》 토요일 먹거리 섹션에 쓴 기사였다. "지역 농산물을 먹고 식품망을 끊자"라는 제목의 이 기사는 푸드마일을 "식품이 원산지에서 당신한테까지 이동한 거리"라고 간단하게 정의하고 시작한다. 또 블리스먼은 평균적인 유럽인 쇼핑카트 안의 식품이 2,200마일 이상을 이동한다고 보고하고 있다. 이 기사는 인터넷상의 다음 주소에서 찾을 수 있다. http://www.independent.co.uk/life-style/food-and-drink/food—drink-eat-local-and-sever- the-food-chains-organic-farmers-are-cutting-out-the-middlemen-and-bypassing-the-supermarkets-by-delivering-their-produce-direct-to-the-local-consumer-as-joanna-blythman-explains-1512614.html(2011년 5월 1일 접속).
6. Sustain이라는 단체가 2011년에 업데이트된 Food Miles Report를 발표할 예정이다.
7. Carl Honoré, *In Praise of Slow: How a Worldwide Movement Is Challenging the Cult of Speed*(Toronto, ON: Vintage Canada, 2004), p. 59.
8. Steve Martinez et al., "Local Food Systems: Concepts, Impacts, and Issues," *ERS Report Summary*, US Department of Agriculture Economic Research Service, May 2010, p. 1.
9. Ibid.
10. Ibid.
11. "Our Philosophy," Slow Food, http://www.slowfood.com/international/2/our- philosophy(2011년 5월 1일 접속).
12. "Manifesto for Quality," Slow Food, http://www.slowfood.com/international/2/our- philosophy(2011년 5월 1일 접속).
13. http://www.slowfood.com
14. "Oxford Word of the Year: Locavore," *Oxford University Press OUPblog*, November 12, 2007, http://blog.oup.com/2007/11/locavore/(2007년 12월 23일 접속). 블로그에 실린 이 글은 이 단어의 정의에 대한 언급을 회피하면서도 다음과 같이 설명했다. "'로커보어' 운동은 신선한 지역 농산물이 더 영양이 풍부하고 맛이 더 좋다고 주장하며, 소비자가 농부시장에서 사거나 직접 먹거리를 기르거나 수확하도록 권장한다. 또 로커보어는 환경 친화적인 조치로서 슈퍼마켓에서 파는 물건을 멀리하는데, 장거리에 걸친 식품 운송에 많은 수송 연료가 들기 때문이다."
15. "Linking Population, Poverty, and Development," United Nations Population Fund, UNFPA.org, http://www.unfpa.org/pds/urbanization.htm(2011년 8월 22일 접속).

16. 도시화를 향한 큰 변화가 아시아와 아프리카에서 일어날 것이며, 그 지역은 높은 인구 증가를 보였고 현재도 일어나고 있는 곳이기도 하다.
17. Carolyn Steel, *Hungry City: How Food Shapes Our Lives*(London: Vintage Books, 2009).
18. 슬로푸드는 엄청나게 영향력이 큰 운동이 되었다. 2011년 5월 현재, 153개국에 10만 명의 회원이 있다. 최근 슬로푸드는 특히 아프리카에서 식량보장과 식량 주권을 위한 대책으로 도시농업을 옹호하기 시작했다. 2010년 말 슬로푸드는 '아프리카의 1,000개 텃밭'이라는 중요한 새 프로젝트를 발표했다. 이 프로젝트의 목적은 아프리카가 잃어버린 공동체 식량보장을 재건하는 것을 도와주고, 전통적인 식량작물의 생물다양성을 보호하는 것을 도와주며, 아프리카 청년의 관점에서 농업과 먹거리 생산에 대한 관심을 높이는 데 있다. 이탈리아 슬로푸드는 공동체텃밭 500개를 조성하는 데 필요한 자금을 지원하는 일을 도울 것이며, 전 세계 다른 슬로푸드 회원국들도 목표 달성을 위해 아프리카에서 벌이는 여러 사업에 협력하고 있다.
19. Erik Millstone and Tim Lang, *The Atlas of Food: Who Eats What, Where, and Why*(Berkeley: University of California Press, 2008), p. 54.
20. Martinez et. al., "Local Food Systems: Concepts, Impacts, and Issues," p. 1.
21. Vandana Shiva, *Soil Not Oil: Environmental Justice in an Age of Climate Crisis*(Cambridge, MA: South End Press, 2008), p. 38.

06 파리, 현대 도시농업의 뿌리

1. Gerald Stanhill, "An Urban Agro-Ecosystem: The Example of Nineteenth-Century Paris," *Agro-Ecosystems* 3(1977): 269.
2. Ibid, p. 277.
3. Ibid.
4. Mary Blume, "In Praise of All Local Produce Great and Small," *New York Times*, July 21, 2001, http://www.nytimes.com/2001/07/21/style/21iht-blume_ed3_.html (2010년 12월 15일 접속).
5. Pascale Brevet, "Farms Flee the Cities," November 18, 2010, *Atlantic*, http://www. theatlantic.com/life/archive/2010/11/farms-flee-the-cities-can-paris-and-milan-feed-themselves/66726/(2010년 12월 15일 접속).
6. 파리 시 공동체텃밭 경작지와 정보의 웹페이지는 http://www.paris.fr/loisirs/jardinage-vegetation/jardins-partages/p9111.

7. 2010년 10월 2일 파리에서 장 그리포(Jean Griffault)와 나눈 인터뷰. 필자가 프랑스어를 영어로 번역했다.
8. 2010년 10월 3일 프랑스의 베르사유에서 앙투안 야곱슨(Antoine Jacobsohn)과 나눈 인터뷰(인터뷰는 영어로 이루어졌다).
9. Mairie de Paris 웹사이트. http://www.paris.fr/loisirs/jardinage-vegetation/vegetation/les-vignes-de-paris/rub_8348_stand_35598_port_19375(2010년 11월 10일 접속).
10. Ibid.
11. Ibid.
12. Ibid.
13. Ibid.
14. Alison Benfamin, "Fears for Crops as Shock Figures from America Show Scale of Bee Catastrophe," *Observer*, May 2, 2010, http://www.guardian.co.uk/environment/2010/may/02/food-fear-mystery-beehives-collapse(2011년 8월 25일).
15. Zach Howard, "Researchers Seek Causes of Honeybee Colony Collapse," Reuters, March 5, 2011, http://www.reuters.com/article/2011/03/05/us-honeybee- deaths-idUSTRE7242C220110305(2011년 8월 25일 접속).
16. "Questions and Answers: Colony Collapse Disorder," United States Department of Agriculture, Agriculture Research Service, 2010년 12월 17일 최종 수정. http://ars. usda.gov/News/docs.htm?docid=15572(2011년 8월 25일 접속).
17. Hugh Schofield, "Paris Fast Becoming Queen Bee of the Urban Apiary World," BBC News, August 14, 2010, http://www.bbc.co.uk/news/world-europe-10942618 (2011년 2월 11일 접속).
18. http://www.aeroportsdeparis.fr/ADP/fr-FR/Passagers/Actualites/Groupe-Aeroports-de-paris/Charte-abeille.htm(2011년 8월 23일 접속).
19. Tim Hayward, "My Bee Eats Because I'm a Londoner," video report for the *Guardian*, October 9, 2009, http://www.guardian.co.uk/lifeandstyle/wordofmouth/2009/ oct/09/food-and-drink?intcmp=239(2011년 2월 11일 접속).
20. 2009년 10월 30일 캐나다 온타리오 주 토론토에서 데이비드 가셀론(David Garcelon)과 나눈 인터뷰.

07 런던, 캐피털 그로스

1. Erik Millstone and Tim Lang, *The Atlas of Food: Who Eats What, Where, and Why*(Berkeley: University of California Press, 2008), p. 55.
2. Ibid.
3. "Nation of Gardeners: Russians Go Crazy about Organic Lifestyle," Russia Today, television video report, September 6, 2010, http://rt.com/news/prime-time/ russia-rural-urban-gardening/(2010년 10월 4일 접속).
4. "Einstein Scolded for Not Weeding His Allotment—1922," Cityfarmer.info, December 7, 2008, http://www.cityfarmer.info/2008/12/07/einstein-scolded-for-not-weeding- his-allotment-1922/(2011년 8월 24일 접속).
5. Carolyn Steel, *Hungry City: How Food Shapes Our Lives*(London: Vintage Books, 2009), p. 5.
6. Ibid, p. 246.
7. Ibid, p. 261.
8. Rosie Boycott, "Nine Meals from Anarchy—How Britain Id Facing a Very Real Food Crisis," *Daily Mail*, June 7, 2008, http://www.dailymail.co.uk/news/article-1024833/ Nine-meals-anarchy—Britain-facing-real-food-crisis.html(2011년 8월 24일 접속).
9. 2010년 9월 29일 영국 브리스틀에서 세인트 워버그 도시농장의 관리자 팀 차일드(Tim Child)와 나눈 인터뷰.
10. Ibid.
11. Allotment Gardens: Food and Health from NSALG 웹사이트 http://www.nsalg.org.uk에 근거한 수치.
12. T. H. Everett and Edgar J. Clisshold, *Victory Backyard Garden: Simple Rules for Growing Your Own Vegetables with Simple Rules and Charts*(Rachine, WI: Whitman Publishing Company, 1942), p. 3.
13. 이 수치의 출처는 30년 경력의 얼로트먼트 경작자이자 역사가, 저술가인 브라이언 킹(Brian King)의 개인 웹사이트 http://www.bkthisandthat.org.uk/ShortHistoryOfAllotmentshtml.html.
14. 보도자료. National Allotment Week 2010, National Society of Allotment & Leisure Gardeners Limited, August 2010.
15. Sean Coughlan, "Can You Dig It?" BBC News Magazine, August 11, 2006, http://news.bbc.co.uk/2/hi/uk_news/magazine/4776325.stm(2011년 8월 24일

접속).
16. 2010년 9월 30일, 영국 런던에서 마크 리즈딜(Mark Ridsdill)과 나눈 인터뷰.
17. 월간 먹거리 가치의 계산값은 리즈딜 스미스의 블로그 http://www.verticalveg. org.uk에서 구할 수 있다.
18. Matthew Weaver, "Squirrel Meat Flies off of Supermarket's Shelves," *Guardian*, July 29, 2010, http://www.guardian.co.uk/environment/2010/jul/29/squirrel-meat-supermarket(2011년 8월 25일 접속).
19. 이 주장은 손턴스 버진스(Thornton's Budgens)의 웹사이트 http://www.thorntonsbudgens. com/social-environment/food-from-the-sky(2011년 1월 20일 접속)에 올라 있었다.
20. 2010년 9월 30일, 영국 런던에서 아술-발레리(Azul-Valérie Thomé, 하늘에서 내려온 먹거리의 공동창립자이자 프로젝트 책임자)와 나눈 인터뷰.
21. "Compost Centre," Londonwaste.co.uk, http://www.lodonwaste.co.uk/environment-and-society/compost-centre/(2011년 8월 30일 접속).
22. Azul-Valérie Thomé, 개인 인터뷰.
23. 2010년 9월 28일, 영국 런던에서 알렉스 스미스(Alex Smith, 알라라 홀푸즈의 창립자이자 사장)와 나눈 인터뷰.
24. Ibid.
25. Ibid.
26. Mark Prigg, "Ideal Spot for Chateau King's Cross," *London Evening Standard*, March 16, 2009, http://www.thisislondon.co.uk/standard/article-23662523-ideal-spot- for-chateau-kings-cross.do(2010년 2월 12일 접속).
27. 알라라 포도밭에 대한 이 정보는 2010년 9월 28일 영국 런던에서 알렉스 스미스와 나눈 인터뷰에서 나왔다.
28. 2010년 5월 31일, 영국 런던에서 있었던 루시 배런 톰슨(Lucy Baron Thompson, 도시 와인 회사)과 필자의 전화 인터뷰.
29. "Heat Island Effect," Untied States Environmental Protection Agency, http://www.epa.gov/heatisland/(2011년 8월 25일 접속).
30. Ibid.
31. 런던 광역시의 인구와 런던 시 행정관할구역의 출처는 다음과 같다. "2010 Mid-Year Population Estimates"(2011년 11월 수정)과 런던 광역시 웹사이트 http:// www.london.gov.uk/who-runs-london/mayor/publications/society/facts-and-figures/population(2011년 8월 29일 접속).
32. "High Temperatures and the Urban Island Effect," London Climate Chnage

Partnership, http://www.london.gov.uk/lccp/ourclimate/overheating.jsp(2011년 8월 25일 접속).
33. 런던과 북프랑스, 독일의 주요 포도 재배 지역의 여름철 일일 평균 기온을 서로 비교한 결과 이러한 판단이 가능했다.
34. 수확량 통계는 http://www.urbanwineco.com/theexperience.html에서 찾을 수 있다.
35. Urban Wind Company의 웹사이트 http://www.urbanwineco.com
36. http://www.capitalgrowth.org/.
37. 2010년 9월 28일, 영국 런던에서 필자와 나눈 인터뷰에서 버트 더트카(Bert Dutka, 킹스크로스 스킵 가든)가 한 말.
38. 2010년 9월 28일, 영국 런던에서 필자와 나눈 인터뷰에서 폴 리친스(킹스크로스 스킵 가든)가 한 말.
39. Ibid.
40. 2012년 런던 올림픽 및 장애인올림픽 조직위원회 공식 웹사이트는 http://www.london2012.com/이다.
41. LOCOG 보고서 "For Starters"는 다음 웹사이트에서 다운로드할 수 있다. http://www.london2012.com/documents/locog-publications/food-vision.pdf.

08 로스앤젤레스, 두 농장 이야기

1. G. Scott Thomas, "The Biggest US Metro Areas in 2025," MSNBC, June 7, 2009, http://www.msnbc.msn.com/id/31130897/ns/business-local_business/t/biggest-us-metro-areas/#.TmEix5h_wSk(2011년 8월 19일 접속). 이 기사에 인용된 것처럼 로스앤젤레스 대도시권 인구가 1,280만 명이라는 수치는 2005년 실제 인구수에서 나온 것임에 주의하기 바란다.
2. Alexa Delwiche, *The Good Food for All Agenda: Creating a New Regional Foodshed for Los Angeles*(Los Angeles Food Policy Task Force, September 2010), p. 16.
3. Jonathan Gold, 서문, in Delwiche, *The Good Food for All Agenda*, p. 8.
4. Michael Ableman, *On Good Land: The Autobiography of an Urban Farm*(San Francisco: Chronicle Books, 1998), p. 33.
5. Michael Ableman, "Feeding the Future". 2010년 11월 17일, 펜실베이니아 주 디킨슨칼리지에서 열린 Clarke Forum for Contemporary Issues에서 한 강연. 이 강

연의 비디오는 http://clarke.dickinson.edu/michael-ableman/에서 볼 수 있다.

6. Ableman, *On Good Land*, p. 134.
7. "Farming on the Edge," American Farmland Trust, http://www.farmland.org/ resources/fote/default.asp(2011년 5월 10일 접속).
8. Robert Gottlieb, "Showdown at South Central Farm," *Next American City*, Winter 2007, http://americancity.org/magazine/article/showdown-at-south-central- farm-gottlieb/(2010년 7월 14일 접속).
9. Ibid.
10. 2010년 6월 3일 캘리포니아 주 밴나이스에서 필자와 나눈 인터뷰에서 테조조목(Tezozomoc)이 한 말.
11. 필자가 참석한 2010년 6월 12일, 캘리포니아 주 버턴윌로에서 열린 새 사우스센트럴 농장의 개소식에서 맥신 워터스(Maxine Waters)가 한 연설.
12. 2010년 6월 12일, 캘리포니아 주 버턴윌로에서 필자와 나눈 인터뷰에서 존 퀴글리(John Quigley)가 한 말.
13. Ibid.

09 밴쿠버, 캐나다 환경운동의 발상지

1. "Vancouver 2020—A Bright Green Future"는 인터넷상의 http://vancouver.ca/greencapital/ index.htm(2011년 11월 10일 접속)에서 찾아 다운로드할 수 있는 자료이다. 이 문단에 나오는 모든 수치는 이 자료에서 나왔다.
2. "Survey and Market Assessment for Backyard Composting and Grasscycling," Mustel Group Market Research for the City of Vancouver, May 2007, http://vancouver.ca/fs/bid/bidopp/RFP/documents/PS10088AttachmentA-CityofVancouverBackyardComposting.pdf(2011년 2월 11일 접속).
3. 2010년 7월 19일, 브리티시컬럼비아 주 밴쿠버에서 필자와 나눈 인터뷰에서 마이클 레벤스턴(Michael Levenston)이 한 말.
4. City Farmer의 첫 웹사이트(http://www.cityfarmer.org/)는 개시 연도인 1994년부터 2008년 1월 1일까지 실린 자료의 기록보존소로서 인터넷상에 지금도 남아 있다. 이 웹사이트는 도시농업과 관련한 여러 가지 동향의 추진 일정을 추적하려고 하는 모든 사람에게 아주 좋은 정보센터이다. City Farmer의 새 주소는 http://www.cityfarmer.info/이다.

5. 2010년 7월 21일, 브리티시컬럼비아 주 밴쿠버에서 진행한 인터뷰에서 데이비드 트레이시(David Tracey)가 한 말.
6. 2010년 7월 21일, 브리티시컬럼비아 주 밴쿠버에서 진행한 인터뷰에서 숀 도리(Seann Dory)가 한 말.
7. 이 인용문의 출처는 http://vancouver.ca/commsvcs/socialplanning/initiatives/foodpolicy/policy/history.htm(2011년 5월 14일 접속).
8. 2010년 7월 21일, 브리티시컬럼비아 주 밴쿠버에서 진행한 인터뷰에서 허브 바볼렛(Herb Barbolet)이 한 말.
9. 2010년 9월 12일, 브리티시컬럼비아 주 켈로우나에서 커티스 스톤(Curtis Stone, 그린 시티 에어커즈의 소유자이자 관리인이며 농부)과 나눈 인터뷰.
10. "What's SPIN," http://www.spinfarming.com/whatsSpin/(2011년 2월 11일 접속).
11. 그린 시티 에어커즈의 웹사이트는 http://www.greencityacres.com/.
12. SPIN Farming의 공식 웹사이트는 http://www.spinfarming.com/.
13. 2011년 1월 20일, 웨일리 사체비치(Wally Satzewich)와 필자의 전화 인터뷰.
14. 2011년 1월 21일, 록산느 크리스텐슨(Roxanne Christensen)과 필자의 전화 인터뷰.
15. 2011년 1월 20일, 웨일리 사체비치(Wally Satzewich)와 필자의 전화 인터뷰.

10 토론토, 양배추 마을 2.0

1. 뜰에서 약간의 먹거리를 기르는 토론토 가구의 비율 수치는 Erik Millstone and Tim Lang, *The Atlas of Food: Who Eats What, Where, and Why*(Berkeley: University of California Press, 2008), p. 54에서 나왔다. 토론토의 공동체텃밭 수에 대한 통계의 출처는 Theresa Boyle, "City Sees Boom in Urban Gardening," Toronto Star, May 22, 2011. 기사는 http://www.thestar.com/news/article/995391—city-sees-boom-in-urban-gardening(2011년 5월 26일 접속)에서 찾을 수 있다.
2. Boyle, "City Sees Boom in Urban Gardening."
3. 2010년 10월 8일, 온타리오 주 토론토에서 데비 필드(Debbie Field)와 나눈 인터뷰.
4. "Toronto's Racial Diversity," City of Toronto 웹사이트, http://www.toronto.ca/ toronto_facts/diversity.htm(2011년 8월 24일 접속).
5. Ibid.
6. 필드는 2010년 10월 8일에 진행된 인터뷰에서 토론토의 먹거리 저술가 다시 히

긴스(Darcy Higgins)가 한 통계 작업에 대해 언급하고 있다. 이 수치는 http://pushfoodforward.com/category/topics/Farmers%27%20markets?page=6(2011년 8월 24일 접속)에서도 찾을 수 있다.
7. "Greenbelt Protection," Ontario Ministry of Municipal Affairs and Housing, http://www.mah.gov.on.ca/Page187.aspx(2011년 3월 1일 접속).
8. The Stop Community Food Centre의 웹사이트는 http://www.thestop.org/이다.
9. 2010년 10월 7일, 온타리오 주 토론토에서 웨인 로버츠(Wayne Roberts)와 나눈 인터뷰.
10. 2010년 10월 7일, 온타리오 주 토론토에서 존 에이치(John H.)와 나눈 인터뷰.
11. 정확히 2011년 5월 26일 현재의 이 수치의 출처는 http://www.torontochickens.com/ Toronto_Chickens/Where_are_chickens_legal.html.
12. Lorrain Johnson, *City Farmer: Adventures in Urban Food Growing*(Vancouver, BC: Greystone Books, 2010).
13. 2010년 10월 8일, 온타리오 주 토론토에서 로레인 존슨과 나눈 인터뷰.
14. 2011년 4월 27일, 로라 레인스버러(Laura Reinsborough)와 필자의 전화 인터뷰.
15. "About," Not Far from the Tree, http://www.notfarfromthetree.org/about(2011년 4월 27일 접속).
16. "Mission Statement," FoodForward의 웹사이트와 "fruit counter," http://foodforward. org/about/(2011년 5월 27일 접속).
17. "About Us," Portland Fruit Tree Project, http://portlandfruit.org/(2011년 5월 27일 접속).
18. 2011년 1월 20일, 팀 키친(Tim Kitchen)과 필자의 전화 인터뷰.
19. 2010년 9월 8일, 대린 노달(Darrin Nordahl)과 필자의 전화 인터뷰.
20. Darrin Nordahl, *Public Produce: The New Urban Agriculture*(Washington, DC: Island Press, 2009).
21. Darrin Nordahl, "Smart Governments Grow Produce for the People," http://www. grist.org/article/food-smart-city-governments-grow-produce-for-the-people, August 5, 2010(2011년 5월 27일 접속).
22. Wayne Roberts, "Eat this Recession," Alternatives online journal, October 15, 2009, http://www.alternativesjournal.ca/articles/eat-this-recession(2011년 5월 19일 접속).
23. *The Diane Rehm Show*, NPR, 2009년 10월 25일 첫 방송, http://thedianerehmshow.org(2010년 9월 6일 접속). 해당 사이트에서 키워드 'Darrin Nordahl'과 'public produce'를 검색하기 바란다.

11 밀워키, 도시농부와 사회혁명

1. Elizabeth Royte, "Street Farmer," ***New York Times Magazine***, July 1, 2009, http://www.nytimes.com/pages/magazine/index.html(2010년 1월 11일 접속).
2. "Together We Are Growing Power," Growing Power, Inc., 윌 앨런(Will Allen)이 제공한 기자회견 자료집, 2011, 그로잉파워의 기자회견 자료집은 http://www.growingpower. org/assets/presskit.pdf에서 다운로드할 수 있다.
3. 윌 앨런의 배경과 회사 역사에 대한 정보는 주로 Ibid와 Royte, "Street Farmer"를 바탕으로 작성되었다.
4. Royte, "Street Farmer."
5. 2011년 1월 27일 필자는 브리티시컬럼비아 주 밴쿠버의 사이먼프레이저대학 Centre for Dialogue에서 있었던 윌 앨런의 강연에 참석했다.
6. 그로잉파워의 회사 사규의 출처는 "Together We Are Growing Power" 기자회견 자료집, 2011.

12 디트로이트, 쇠락한 공업도시의 경제 혁명

1. Tim Jones, "Detroit's Outlook Falls Along with Home Prices," ***Chicago Tribune***, January 29, 2009, http://articles.chicagotribune.com/2009-01-29/news/0901280800_1_ home-prices-mayor-kwame-kilpatrick-outlook(2011년 2월 25일 접속).
2. David Whitford, "Can Farming Save Detroit?" CNNMoney.com, December 29, 2009, 미시간 경제 지도자 모임 대표인 Doug Rothwell 인용, http://money.cnn.com/2009/12/29/news/economy/farming_detroit.fortune/(2011년 2월 24일 접속).
3. Catherine Porter, "From Motown to Hoetown," ***Toronto Star***, September 26, 2009, http://www.thestar.com/news/insight/article/700654(2011년 8월 25일 접속).
4. "Detroit Poverty Getting Worse," hosted by Farai Chideya, NPR, October 5, 2005, http://www.npr.org/templates/story/story.php?storyId=4955488(2011년 8월 25일 접속).
5. Daniel Okrent, "Detroit: The Death—and Possible Life—of a Great City," ***Time***, September 24, 2009, http://www.time.com/time/magazine/

article/0,9171,1926017,00. html(2011년 8월 27일 접속).

6. Ibid.
7. Jones, "Detroit's Outlook Falls Along with Home Prices."
8. "State & County Quickfacts: Detroit(city), Michigan," US Census, last revised July 8, 2009, http://quickfacts.census.gov/qfd/states/26/2622000.html(2011년 5월 24일 접속).
9. 2011년 2월 2일, 미시간 주 디트로이트에서 알레시아 카(Alethia Carr)와 나눈 전화 인터뷰.
10. 이 정의의 출처는 연방정부의 WIC 웹사이트인 http://www.fns.usda.gov/wic/aboutwic/(2011년 5월 24일 접속).
11. "WIC-Fact-Sheet.pdf," p. 2, http://www.fnd.usda.gov/wic/aboutwic/(2011년 8월 27일 접속)에서 다운로드.
12. 디트로이트에서 이루어지고 있는 타자 세블(Taja Sevelle)의 도시농업 프로그램은 유휴지에 농장을 시작해서 농장 주변 지역사회를 위해 무료로 나눠주는 채소와 농산물을 기르고 있다. http://www.urbanfarming.org.
13. Greening of Detroit의 웹 주소는 http://www.greeningofdetroit.com/.
14. 다른 식량보장 단체들 중에서도 디트로이트 흑인사회 식량보장 네트워크는 D-Town Farm을 운영하고 있다. 이 단체의 웹사이트는 http://detroitblackfoodsecurity.org/.
15. 디트로이트에 1,300개의 도시 먹거리 텃밭이 있다는 이 수치는 유명한 6개 블록 농부시장인, 디트로이트의 이스턴마켓 책임자 댄 카모디(Dan Carmody)가 제시했다. 알레시아 카가 그 농부시장에 가 보았으며 이 수치에 대해 http://www.foodandsocietyfellow.org/digest/ artice/detroit-business-urban-agriculture(2011년 8월 27일 접속)에서 보고했다.
16. "World's Largest Urban Farm Planned for the City of Detroit," Hantz Farms 보도자료, April 23, 2009, http://www.hantzfarmsdetroit.com/press.html(2010년 12월 22일 접속).
17. Shea Howell, "Detroit Counts," ***Michigan Citizen***, April 3, 2011, http://michigan citizen.com/detroit-counts-p9645-1.htm(2011년 5월 24일 접속).
18. 이 공개 토론회의 내용은 인터넷상의 http://www.umd.umich.edu/urbanfarming에서 볼 수 있다.
19. 존 한츠(John Hantz)가 한 이 말은 2010년 4월 7일 미시간대학 디오본 캠퍼스에서 열린 '도시농업 정상회의: 도시농업 비즈니스'라는 공개 토론회에서 나온 말이다.
20. Ibid.
21. "Homestead Act 2010," City of Beatrice, Nebraska, http://www.beatrice.

ne.gov/ departments/city/attorney/homestead.shtml(2011년 8월 25일 접속).

22. Carlton Flakes, panel discussion, "Urban Farming Summit: The Business of Urban Agriculture," April 7, 2010.
23. 2011년 2월 1일, 미시간 주 디트로이트에서 마이크 스코어(Mike Score, 한츠 팜스의 사장)과 나눈 인터뷰.
24. Ibid.
25. Ibid.

13 시카고, 수직농장의 꿈

1. Dickson Despommier, *The Vertical Farm: Feeding the World in the 21st Century*(New York: Thomas Dunne Books, 2010).
2. Blake Kurasek의 Living Skescraper는 http://blakekurasek.com/thelivingskyscraper. html에서 볼 수 있다.
3. Vincent Callebaut의 잠자리 수직농장은 http://vincent.callebaut.org/page1-img-dragonfly.html에서 볼 수 있다.
4. Despommier와 Ellingsen의 피라미드형 수직농장은 http://www.verticalfarm.com/ designs?folder=b9aa20a4-9c6a-4983-b3ad-390c4f1fa562에서 볼 수 있다.
5. MVRDV의 웹사이트 주소 http://www.mvrdv.nl.
6. 더 플랜트의 웹사이트 주소 http://www.plantchicago.com/.
7. 2011년 1월 29일, 일리노이 주 시카고의 더 플랜트에서 블레이크 데이비스(Blake Davis, 일리노이공과대학 도시농업 겸임교수)와 나눈 인터뷰.
8. 2011년 1월 29일, 일리노이 주 시카고의 더 플랜트 현장에서 존 에델(John Edel, 더 플랜트의 소유자/개발업자/책임자) 블레이크 데이비스(일리노이공과대학 도시농업 겸임교수), 알렉스 폴토랙(더 플랜트의 자원봉사자), 오드리 티보(더 플랜트의 자원봉사자)와 인터뷰를 진행했다.
9. 나는 시카고 스톡야즈의 '해체 라인'이 헨리 포드의 자동차 조립라인 아이디어에 미친 영향에 대해 언급한 여러 자료를 발견했다. 포드는 근로자 한 명당 한 가지 특정한 일을 주고 몸통을 그다음 근로자에게 이동시켜서 얻는 효율을 보았다. 포드는 자동차를 조립하기 위해 이 과정을 뒤집었지만, 근로자 전문화라는 아이디어는 임시 가축 수용소 도축장의 피에 젖은 바닥 위에서 태어났다. 이러한 사실을 밝히고 있는 많은 인터넷상의 자료 중에는 다음과 같은 것도 있다. http://www.pbs.org/wgbh/amex/

chicago/peopleevents/p_armour.html.

10. 존 에델이 피어푸즈 빌딩을 구입하게 된 뒷이야기와 더 플랜트에 대한 정보는 2001년 1월 29일 존 에델과 나눈 인터뷰에서 나왔다.
11. 버블리 다이내믹스는 인근 버블리 크릭에서 그 별명을 따왔다. 버블리 크릭은 시카고에서 100년이나 된 축산 및 도축업을 중심으로 해서 임시 가축 수용소와 관련 기업들이 갑자기 생겨나던 시절에 이름이 붙은 수로인데, 끓인 폐기물과 썩는 물질로 그 시내가 거품을 내며 끓는 것처럼 보였다.
12. 2011년 1월 29일, 일리노이 주 시카고의 더 플랜트에서 존 에델과 나눈 인터뷰.
13. Ibid.
14. 2011년 1월 29일, 일리노이 주 시카고의 더 플랜트에서 존 에델과 네이선 와이즈(Nathan Wyse)와 나눈 대화.
15. 2011년 1월 29일, 일리노이 주 시카고 더 플랜트에서 존 에델과 나눈 인터뷰.
16. 2011년 1월 29일, 일리노이 주 시카고의 더 플랜트에서 있었던 블레이크 데이비스와 나눈 인터뷰.
17. Ibid.

14 쿠바, 국가 차원의 도시농업

1. Bill McKibben, "The Cuba Diet: What Will You Be Eating When the Revolution Comes?" *Harper's* magazine, April 2005, http://harpers.org/archive/2005/04/0080501(2007년 3월 20일 접속).
2. Fernando Funes et al., *Sustainable Agriculture and Resistance: Transforming Food Production in Cuba*(Oakland, CA: Food First Books, 2002), p. 5.
3. Ibid, p. 37.
4. 이러한 상세한 정보는 2007년 2월과 2010년 5월에 있었던 쿠바 시민들과 직접 나눈 대화에서 나왔다.
5. McKibben, "The Cuba Diet."
6. Funes et al., *Sustainable Agriculture and Resistance*, p. 5.
7. Ibid.
8. Ibid.
9. McKibben, Fernando Funes in "The Cuba Diet" 인용.
10. Ibid.
11. 스페인어로는 *Período Especial en Tiempo de Paz* 혹은 간단히 *Período Especial*라

고 한다.

12. Funes et al., *Sustainable Agriculture and Resistance*, p. 235.
13. Sarah Murdoch, "Future of Food: The Vegetable Gardeners of Havana," BBC Two, August 22, 2009, http://news.bbc.co.uk/2/hi/8213617.stm(2010년 5월 24일 접속).
14. "The Accidental Revolution, Pt. 1," *The Nature of Things*, CBC Television, 2006.
15. Living Planet Report 2006, World Wildlife Fund, http://wwf.panda.org/about_our_ earth/al_publications/living_planet_report/living_planet_report_timeline/lp_2006(2007년 8월 26일 접속). 이것이 각국의 자기 보고식 통계에 기초하고 있다는 사실을 언급해 둔다.
16. 2010년 5월 11일에서 14일 사이에 쿠바의 아바나에서 열린 지속가능한 유기농업 국제 컨퍼런스 제8차 회의에 개인적으로 참석했음.
17. 2007년 2월 5일, 쿠바의 시에고데아빌라에 있는 작은 무 오가노포니코에 개인적으로 방문했음.
18. 2007년 2월 5일, 쿠바 시에고데아빌라에서 호르헤 카르메나테(Jorge Carmenate, 작은 무 오가노포니코의 책임자)와 나눈 인터뷰.
19. Ibid.
20. 시에고데아빌라에 있는 오가노포니코의 수와 이 도시의 인구수를 기초로 해서 필자가 계산했다.
21. 쿠바에는 두 종류의 화폐가 있다. 하나는 보통 '국가 화폐'라고 부르는, 쿠바 국민들이 사용하는 국내용 화폐인 쿠바 페소(CUP)이다. 식품이나 약과 같은 필수품의 경우처럼 국가 임금은 CUP로 지불된다. 쿠바 페소는 일반적으로 관광객은 사용할 수 없으며 쿠바 이외에서는 실질 가치가 없다. 따라서 CUP 가격을 달러로 환산하는 것은 어렵기도 하고 대개는 무의미하다. 쿠바 태환 페소(CUC)는 사치품을 사는 데 관광객과 쿠바인들이 사용하는 화폐이다. CUC는 '경화'라고 부르는데, 그 까닭은 이 화폐는 환전시 10퍼센트 세금을 붙여서 미국 달러와 1:1의 비율로 교환할 수 있기 때문이다.
22. 2010년 5월 10일, 쿠바 아바나의 비베로 알라마르를 개인적으로 방문했음.
23. 이 배급품목 목록과 수량은 2010년 5월 우리 일행의 쿠바 관광 안내원, 통역사와 나눈 대화에서 나온 것을 필자가 정리했다.
24. 2007년 2월 6일 쿠바의 카마구에이 시에 있는 배급품 상점을 직접 방문했음.
25. Clifford L. Staten, *The History of Cuba*(New York: Palgrave, Macmillan, 2003), p. 6.
26. 2010년 5월 15일, 쿠바 아바나의 아그로메르카도 19 y B 직접 방문.

27. 2010년 5월 12일, 쿠바 아바나의 친환경 식당 라스테라자스에서 있었던 티토 누네스 (Tito Nuñez, 엘 로메로의 요리사)와 필자의 개인적인 인터뷰.
28. Ibid.

15 현대 도시와 식생활

1. Brooklyn Grange Farm, Queens, New York, http://www.brooklyngrangefarm.com.
2. Eagle Street Rooftop Farm, Queens, New York, http://rooftopfarms.org.
3. Lufa Farms, Montreal, Quebec, http://lufa.com/en.
4. "Rooftop Farm Set to Deliver Fresh Produce to Montreal Consumers," Lufa Farms 보도자료, March 22, 2011, http://www.cnw.ca/en/releases/archive/March2011/ 22/c5312.html(2011년 8월 27일 접속).
5. Gotham Greens, Brooklyn, NY, http://gothamgreens.com/.
6. Ibid.
7. "Design a School Garden(with LAUSD) and We'll Build It!" Good Education, April 26, 2010, http://www.good.is/post/design-a-school-garden-with-lausd-and-we- ll-build-it/(2011년 8월 27일 접속).
8. Ibid.
9. Terence Belford, "Developers Blue over Green Roofs," *Globe and Mail*, June 16, 2009(updated January 10, 2010), http://www.theglobeandmail.com/report-on- business/developers-blue-over-green-roofs/article1183436/(2011년 8월 26일 접속).
10. 2009년 4월 29일, 앨버타 주 에드먼턴에서 론 베레잔(Ron Berezan)과 나눈 인터뷰.
11. Ibid.
12. Ibid.
13. 수치의 출처. "Intergovernmental Dialogue," United Nations Department of Economic and Social Affairs, http://www.un.org/en/development/desa/financial-crisis/ government-dialogue.shtml(2011년 5월 31일 접속).
14. Lisa Foderaro, "Enjoy Park Scenery, City Says, But Not as a Salad," *New York Times*, July 29, 2011, http://www.nytimes.com/2011/07/30/nyregion/new-york-moves-to-stop-foraging-in-citys=parks.html?pagewanted=allfourteen(2011년 8월 31일 접속).

참고문헌

Ableman, Michael. *On Good Land: The Autobiography of an Urban Farm*, San Francisco, CA: Chronicle Books, 1998.

Brown, Celia Brooks. *New Urban Farmer, From Plot to Plate: A Year on the Allotment*, London: Quadrille Publishing, 2010.

Despommier, Dickson. *The Vertical Farm: Feeding the World in the 21st Century*, New York: Thomas Dunne Books, 2010.

Fraser, Evan D. G., and Andrew Rimas. *Empires of Food: Feast, Famine, and the Rise and Fall of Civilizations*. Toronto, ON: Free Press, 2010.

Funes, Fernando, Luis García, Martin Bourque, Nila Pérez, and Peter Rosset. *Sustainable Agriculture and Resistance: Transforming Food Production in Cuba*. New York: Food First Books, 2002.

Honoré, Carl. *In Praise of Slow: How a Worldwide Movement Is Challenging the Cult of Speed*. Toronto, ON: Vintage Canada, 2004.

Johnson, Lorraine. *City Farmer: Adventures in Food Growing*. Vancouver, BC: Greystone Books, 2010.

Kropotkin, Peter. *Fields, Factories and Workshops*. Montreal: Black Rose Books, 1994.

Millstone, Erik, and Tim Lang. *The Atlas of Food: Who Eat What, Where, and Why*. Berkeley: University of California Press, 2008.

Mougeot, Luc J. A., *Growing Better Cities: Urban Agriculture for Sustainable Development*. Ottawa, ON: International Development Research Centre, 2006.

Nestle, Marion. *Food Politics: How the Food Industry Influences Nutrition and Health*. 2nd edition. Berkeley: University of California Press, 2007.

Nordahl, Darrin. *Public Produce: The New Urban Agriculture*. Washington, DC: Island Press, 2009.

Palassio, Christina, and Alana Wilcox. *The Edible City: Toronto's Food from Farm to Fork.* Toronto, ON: Coach House Books, 2009.

Patel, Raj. *Stuffed and Starved: The Hidden Battle for the World's Food System.* Toronto, ON: Harper Perennial, 2009.

———. *The Value of Nothing: Why Everything Costs So Much More than We Think.* Toronto, ON: HarperCollins, 2009.

Pollan, Michael. *In Defense of Food: An Eater's Manifesto.* New York: Penguin Press, 2008.

———. *The Omnivore's Dilemma: A Natural History of Four Meals.* Toronto, ON: Penguin, 2007.

Richardson, Jill. *Recipe for America: Why Our Food System Is Broken and What We Can Do to Fix It.* Brooklyn, NY: Ig Publishing, 2009.

Roberts, Wayne. *The No-Nonsense Guide to World Food.* Oxford, UK: New Internationalist Publications, 2008.

Rubin Jeff. *Why Your World Is about to Get a Whole Lot Smaller.* Toronto, ON: Vintage Books, 2010.

Schlosser, Eric. *Fast Food Nation: The Dark Side of the All-American Meal.* New York: Houghton Mifflin, 2001.

Staten, Clifford L., *The History of Cuba.* New York: Palgrave Macmillan, 2003.

Steel, Carolyn. *Hungry City: How Food Shapes Our Lives.* London, UK: Vintage Books, 2009.

도시농부를 위한 참고자료

《푸드 앤 더 시티》는 북아메리카와 유럽의 여러 도시에서 일어나고 있는 도시농업 혁명을 설명하고 있는 책이다. 만약 여러분이 자극을 받아 소량이라 하더라도 자신의 먹거리를 직접 기르기 시작한다면(나는 여러분이 그러기를 기대한다) 계속 그렇게 할 수 있게 해줄 약간의 자료들을 모아 보았다.

책

《도시농부: 도시 먹거리 재배의 모험》 City Farmer: Adventures in Urban Food Growing(Vancouver, BC: Greystone Books, 2010). 로레인 존슨(Lorraine Johnson)이 쓴 이 책은 도시양계에 이르는 도시 먹거리 기르기에 대한 조언과 정보가 가득 차 있다.

《한평 텃밭 경작: 작은 공간에서 적은 노동으로 텃밭을 가꾸는 새로운 방법》 Square Foot Gardening: A New Way to Garden in Less Space with Less Work(Emmaus, PA: Rodale Books, 2005). 멜 바톨로뮤(Mel Bartholomew)의 이 책은 가정에서 먹거리를 기르는 것에 대해 쓴 고전이다. 가장 초보적인 경작자가 성공적으로 텃밭 구획 경작을 시작하는 것을 도와주는 훌륭한 안내서다.

《도시농업: 뒤뜰과 지역사회와 세계에서의 지속가능한 도시 생활》

Urban Farming: Sustainable City Living in Your Backyard, in Your Community, and in the World(Irvine, CA: Hobby Farm Press, 2011). 토머스 J. 폭스(Thomas J. Fox)가 쓴 이 책은 도시 먹거리 경작에 대한 새로운 백과사전적 안내서다. 경작에 대한 조언뿐 아니라 도시 텃밭을 조성하는 방법에 대한 실제적인 여러 사항들이 들어 있다.

온라인 자료(북아메리카)

상업적 도시농업

스핀 농업(SPIN farming)은 도시농부를 위한 낮은 창업비용과 상당한 수익을 제공하는, 쉽게 재현 가능한 소규모 도시농업 모델 덕분에 국제적인 운동이 되었다. http://www.spinfarming.com.

젊은 도시농부(Young Urban Farmers)는 사람들이 도시에서 먹거리를 기르는 것을 도와주는, 토론토에 있는 회사다. http://youngurbanfarmers.com/.

공동체와 식량보장

공동체식량보장연합(CFSC, The Community Food Security Coalition)은 지방 차원에서 국제 차원에 걸쳐 공동체 식량보장을 구축하기 위해 일하는 다양한 사람과 조직이 모인 북아메리카 연합체다. 리스트서브(특정 그룹 전원에게 메시지를 전자 우편으로 자동 전송하는 시스템—옮긴이) 공동체는 특히 신속하게 대응을 해주고 많은 도움이 된다. 공동체 식량보장: http://www.foodsecurity.org.

디트로이트흑인사회식량보장네트워크(The Detroit Black Community Food Security Network)는 도시 먹거리 기르기와 먹거리 체계 분야에서 공정한 먹거리 정책, 건강한 식사, 도시농업과 직업훈련을 증진하는 공동체 기반 먹거리 옹호 단체다. http://detroitblackfoodsecurity.org/.

그로잉파워(Growing Power, Inc.). 위스콘신 주 밀워키에 있는 이 회사는 공동체 기반 비영리 도시농업, 공동체 교육, 직업 훈련의 우수한 사례다. http://www.growingpower.org/.

공동체텃밭 경작

미국공동체텃밭경작협회(The American Community Gardening Association)은 미국과 캐나다의 공동체텃밭 경작을 지원하는 2개국으로 이루어진 비영리단체다. http://www.communitygarden.org/. 또한 이 협회를 통해 여러 북아메리카 도시의 공동체텃밭 경작 단체들과 링크될 수 있다. http://communitygarden.org/connect/links.php.

여러 지방자치단체에 있는 원예 학회와 협회도 많은 대도시에서 이루어지고 있는 도시 텃밭 경작에 대해 우수한 참고자료를 제공해 준다.

식량안전과 식량보장

상을 수상한 저자이자 교육자인 마리온 네슬레(Marion Nestle)의 우수한 블로그인 '식량 정치'(Food Politics)는 북아메리카의 식량안전과 식량보장 문제에 대한 믿을 만하고 정확한 정보원이다. http://www.foodpolitics.com/.

라 비다 로커보어(La Vida Locavore)는 《미국을 위한 레시피: 우리의 먹거리 체계가 무너진 이유와 이를 바로잡기 위해 우리가 할 수 있는 것》 Recipe for America: Why Our Food System Is Broken and What We Can Do to Fix It(New York: Ig, 2009)의 저자 질 리처드슨(Jill Richardson)이 이끄는 정치적 성향을 띤 블로그이다. http://www.lavidalocavore.org/.

접시의 정치학(Politics of the Plate)은 식량안전과 정치를 다루는 저자 배리 애스터브룩(Barry Estabrook)의 뛰어난 블로그다. http://

politicsoftheplate.com.

일반적인 도시농업 정보

도시농부(City Farmer)의 웹사이트는 도시농업계의 흥미로운 프로젝트와 소식에 대한 최신 뉴스를 알아보기 위해 전 세계에서 찾는 사이트다. http://www.cityfarmer.info/.

저녁 식사 해체하기(Deconstructing Dinner)는 북아메리카의 식량보장, 도시농업, 로컬푸드 시스템의 최신 이슈에 종종 초점을 맞추는, 우수한 캐나다 라디오 프로그램이자 인터넷 팟캐스트다. http://kootenaycoopradio.com/deconstructingdinner/index.html.

그리스트(Grist)는 도시농업과 다른 먹거리 이슈를 정기적으로 보도하는 온라인 환경 뉴스매거진이다. http://grist.org.

토지 공유 웹사이트

랜드셰어(Landshare)는 주로 도시지역에서 토지를 가지고 있는 사람이 토지를 가지고 있지 않지만 먹거리를 기르고 싶어 하는 사람에게 토지를 빌려주는 것을 중개하는 웹사이트다. 이것은 영국에서 한 프로그램으로 시작되었지만(http://www.landshare.net/) 현재는 캐나다에서도 시작되었다. http://landsharecanada.com.

공유 토지(Shared Earth)는 미국에서 무료로 도시 경작 공간을 찾는 사람을 위한 주요한 중개 웹사이트다. http://www.sharedearth.com/.

주거지역 도시 먹거리 텃밭 경작 자료

도시농부인 론 베레잔(Ron Berezan)은 쿠바의 지속가능한 생활 정보, 퍼머컬처 디자인, 교육 교류가 가득 실려 있는 웹사이트를 가지고 있다. http://theurbanfarmer.ca/.

학교 먹거리 텃밭

베이 에어리어의 유명한 식당주인 앨리스 워터즈(Alice Waters)는 그녀의 생산적 학교운동장 프로젝트(Edible Schoolyard Project)에 상당한 시간과 노력을 들여왔다. 이 프로젝트의 공식적인 목표는 "각급 학교에 먹거리 교과과정을 만들고 공유해서 모든 학생의 건강과 가치를 변화시키는 것"이다. http://www.edibleschoolyard.org/.

도시양봉

뉴욕에 있는 자치구 벌(Borough Bees)은 한 경험 많은 도시양봉가가 운영하는 뛰어난 블로그다. 정기적으로 업데이트를 하고 있을 뿐 아니라 '양봉 101 Beekeeping 101'은 앞으로 양봉을 하고 싶은 사람을 위한 좋은 입문서 역할도 하고 있다. http://www.boroughbees.com/.

만약 여러분이 사는 도시에서 양봉이 허용된다면 양봉 관련 지역 링크, 정보, 도움을 얻기 위해 인터넷에서 지역 양봉 협회를 검색해보기 바란다.

도시양계

도시양계와 관련해서는 블로그와 자료가 많이 있다. 처음 시작하는 사람을 위해서는 토론토 닭(Toronto Chickens)이라는 블로그가 있는데, 도시양봉과 관련한 유용한 기초지식과, 조례를 제정해 도시 행정구역내에서 적은 수의 닭을 허용하는 도시의 목록이 실려 있다. http://torontochickens.com/.

수직농업

시카고의 더 플랜트(The Plant Chicago)는 세계 최초의 수직농장으로 http://www.plantchicago.com/에 진척사항과 시스템에 대한 정보를 싣고 있다.

수직농장(The Vertical Farm)은 같은 이름을 가진 책의 자매격인 웹사이트다. http://www.verticalfarm.com에는 여러 장의 설계도면과 블로그가 있다.

윈도팜스(WindowFarms)는 언급할만한 가치가 충분히 있는, 뉴욕 주 뉴욕 시에 있는 기업체다. 이 업체는 재활용 물병이나 일부 플라스틱 배관으로 단독주택이나 아파트에서 수직농장을 만드는 방법에 대한 설명서를 보유하고 있다. http://www.windowfarms.org/.

인터넷상의 자료(국제)

캐피털 그로스(Capital Growth)는 2012년 말까지 런던 전역에서 2012개의 새로운 공동체 먹거리 경작 공간을 조성하는 것을 목적으로 하는, 런던시가 시 차원에서 지원하는 도시농업 개발 및 자원 조직이다. http://www.capitalgrowth.org/.

런던양봉가협회(The London Beekeepers Association)은 런던 중심부 지역의 도시양봉가를 대표한다. http://www.lbka.org.uk/.

전국얼로트먼트여가경작자협회(The National Society of Allotment & Leisure Gardeners)는 영국 얼로트먼트 운동의 전국 대표 기관이다. http://www.nsalg.org.uk.

슬로푸드 인터내셔널(Slow Food International)의 최우선 프로젝트는 아프리카의 1000개 텃밭(A Thousand Gardens in Africa)인데, 이 프로젝트는 모든 아프리카 국가에 학교, 공동체, 지방자치단체 텃밭을 만드는 것을 목표로 하고 있다. http://www.slowfood.com/education/pagine/eng/pagina.lasso?-id_pg=24.

토양협회(Soil Association)는 영국 전역에 걸쳐 교육 캠페인과 공동체 프로그램을 통해 생태적으로 건전한 농업과 지속가능한 먹거리를 촉진한다. http://www.soilassociation.org/.

서스테인(Sustain)은 런던에 있는, 영국 내 100여 개의 서로 다른 단체의 연합체다. 서스테인은 도시 식량보장과 도시농업 분야에서 엄청나게 많은 일을 하고 있다. 서스테인의 웹사이트는 정보와 교육 자료의 아주 좋은 정보원이다. http://sustain.web.org/.

도시 벌(Urban Bees)은 도시양봉가이자 양봉 강사인 브라이언 맥컬럼(Brian McCallum)과 앨리슨 벤자민(Alison Benjamin)의 런던 소재 웹사이트다. http://www.urbanbees.co.uk/.

버티컬 베지(Vertical Veg)는 많은 먹거리를 기르고 싶으나 매우 제한적인 공간만 있는 사람을 격려하고 지원하는 런던 소재 사회적 기업이다. http://www.verticalveg.org.uk/.

내가 운영하는 푸드걸(Foodgirl) 웹사이트 http://foodgirl.ca에 도시농업 인터뷰와 모험에서 나온 도시농업 이야기와 기록들을 계속 실을 것이다. 페이스북 http://www.facebook.com/FoodandtheCity에서 나와 함께 해주기를 바라며, 트위터 http://twitter.com/jennifer_ck에서 팔로우해 주기 바란다.

찾아보기

ㄱ

ㄴ

ㅇ

ㅎ